Süssmuth   Frauen – der Resignation keine Chance

„Ich dachte, es ist nötig, daß die Frauen,
die wirklich wollen, daß sich ihre Lage ändert,
selbst ihr Schicksal in die Hand nehmen.“

Simone de Beauvoir

Für Hans und Claudia

Rita Süssmuth

FRAUEN – der Resignation keine Chance

Sammlung wissenschaftlicher und politischer Texte
1980–1985

Schwann Düsseldorf

CIP-Kurztitelaufnahme der Deutschen Bibliothek

Süssmuth, Rita:
Frauen – der Resignation keine Chance / Sammlung wissenschaftlicher und politischer Texte 1980–1985 / Rita Süssmuth. – 1. Aufl. – Düsseldorf: Schwann, 1985.
ISBN 3-590-18052-8

1. Auflage 1985
Titelbild: Bundesministerin Rita Süssmuth (18. 9. 1985);
Foto: Bernd Beuermann, 3400 Göttingen/
dpa-Fotoreport-aktuell-PUW-D-Serie (3001-17 v. 10. 6. 1983);
dpa-Foto von Dieter Klar (10. 6. 83-672-DB-A 2580-35-)
Gesamtherstellung: Boss-Druck, Kleve
ISBN 3-590-18052-8

Inhalt

Vorwort

Der Wechsel von der Forschung in die Politik veranlaßt mich, bislang gewonnene Einsichten und vertretene Positionen in einem Sammelband der Öffentlichkeit vorzulegen.
In meiner eigenen Berufsbiographie ist die Frauenfrage erst in den letzten Jahren zu einem meiner wichtigen Forschungsschwerpunkte geworden. Der Weg führte von der wissenschaftlichen Auseinandersetzung mit der Familie zu den Frauen.
Nicht von ungefähr war die Frauenfrage im öffentlichen Bewußtsein lange aufgehoben in Familienfragen und Familienpolitik. Erst Ende der sechziger Jahre beginnt ein allmählicher und bald auch ein radikaler Differenzierungsprozeß. Frauenbewegung und die Reformpolitik der siebziger Jahre machen die im Grundgesetz verankerte Gleichberechtigung der Frau in Familie, Beruf und Öffentlichkeit zum herausgehobenen Thema in Politik und Wissenschaft.
Die Enquête-Kommission Frau und Gesellschaft, die 1976 vom Bundestag eingesetzt wurde, führte groß angelegte öffentliche Hearings zur Aufdeckung und zum Abbau bestehender Benachteiligungen der Frau in Familie, Beruf und Öffentlichkeit durch.
Seit der Mitwirkung an diesen Hearings haben mich Frauenfragen zunehmend intensiv beschäftigt.
1981 berief der niedersächsische Ministerpräsident eine Kommission, die zu prüfen hatte, ob ein Frauenforschungsinstitut eine sinnvolle Forschungseinrichtung bilden könne. Dabei spielte eine entscheidende Rolle, welche konzeptionellen Vorgaben für den Forschungsansatz und die Forschungsschwerpunkte entwickelt werden sollten.
Während dieser Arbeit wurde mir verschärft deutlich, daß Frauenfragen nicht isoliert von Männerfragen angegangen werden dürfen. Ursachen und Wirkungen der Benachteiligung von Frauen verweisen gleichsam zwangsläufig auf die gesellschaftliche Stellung des Mannes und die Beziehung zwischen den Geschlechtern. Ungleichheiten zwischen Mann und Frau äußern sich durchgängig in fast allen Lebensbereichen. Benachteiligungen im Beruf treten nicht isoliert auf. Sie sind in gleicher Weise in Familie und Öffentlichkeit, vor allem auch in der Politik, aufweisbar.

Von daher haben Frauenforschung und Frauenpolitik den Wechselwirkungen zwischen diesen Bereichen Rechnung zu tragen. Die verstärkten Anstrengungen, die Bildung und Berufsausbildung der Mädchen zu verbessern, reichen zur Durchsetzung der beruflichen Integration der Frauen nicht aus, wenn nicht gleichzeitig verbesserte Rahmenbedingungen zur Vereinbarkeit von Familie und Beruf geschaffen werden. In diesem Sinne ist Gleichberechtigung die Zielvorgabe einer umfassenden Gesellschaftspolitik.
Frauenforschung hat in diesem Feld folgende Aufgaben:

- die Fähigkeiten und Leistungen von Frauen aufzuarbeiten,
- Stereotypen und Vorurteile von der Wesensart und Bestimmung der Frauen aufzubrechen,
- den Lebensalltag und damit die Vielfalt von Frauenleben in den Blick zu nehmen,
- die strukturellen und individuellen Probleme, die versteckten und offenen Benachteiligungen zu untersuchen,
- die Frauenpolitik selbst zum Thema wissenschaftlicher Erkenntnis zu machen.

Forschung allein genügt nicht, um die Situation von Frauen zu verändern. Sie vermag mit ihren Erkenntnissen zu einer Veränderung des Bewußtseins beizutragen. Aber wenn Forschung sich nicht in die Politik einbringt, bleibt sie für die Verbesserung der Lebenssituation von Frauen unwirksam.
Dieses Problem wurde verstärkt in den siebziger Jahren von Frauen erkannt und durch neue Wege - umstrittene und anerkannte - zu lösen versucht.
Frauenforschung und Frauenpolitik bilden aufeinander bezogene und zugleich eigenständige gesellschaftsrelevante Arbeitsfelder. Sie sind Basiselemente eines langwierigen, von Widerständen, Mißerfolgen und Fortschritten bestimmten Prozesses, der dem Ziel eines gleichberechtigten Zusammenlebens von Mann und Frau verpflichtet ist.
Die nachfolgenden Beiträge sind in den Jahren 1980–1985 entstanden. Sie wurden den für diesen Sammelband ausgewählten thematischen Schwerpunkten zugeordnet. Dabei ließ sich die Wiederholung bestimmter Positionen und Argumente nicht vermeiden. Die Texte sind weitgehend in ihrer ursprünglichen Fassung belassen worden, weil die behandelten Probleme nach wie vor bestehen und die an die Politik gestellten Forderungen in wichtigen Punkten unverändert Gültigkeit haben. Insoweit gehen sie auch in mein familien- und frauenpolitisches Programm ein.
Grundlegende Verbesserungen werden ab 1986 in der Familienpolitik durch die Neuregelung des Familienlastenausgleichs, die Einführung des Erziehungsgeldes sowie die Anerkennung von Erziehungszeiten im Rentenrecht erreicht. Bei der Lektüre ist zu beachten, daß Wissenschaft in erster Linie in einem analytisch-kritischen Verhältnis zur Politik steht. Das betrifft die politischen Ziele, die ihnen zugrundeliegenden Konzeptionen, die Stringenz von Zielen und Maßnahmen. Auch Politik ist dem Postulat der Rationalität verpflichtet. Dennoch sind die Interessen und Aufgaben der Politik nicht iden-

tisch mit denen der Wissenschaft. Auszugehen ist von zwei aufeinander bezogenen und doch voneinander verschiedenen Handlungsfeldern. Gemeinsamkeiten und Unterschiede, fließende Übergänge und harte Abgrenzungen, spezifischer Sinn und Nutzen beider sind von mir in Erfahrung zu bringen.

Bonn, im Oktober 1985 *Rita Süssmuth*

Einführung

Geben wir der Resignation keine Chance! (Januar 1983)

1. Frauen zwischen Fortschritt und Rückschritt

Noch ehe die Frauenpolitik entscheidende Durchbrüche auf dem Weg zur Gleichberechtigung erzielen konnte, gerät die „Sache der Frauen" ins Abseits, ist sie öffentlich immer weniger gefragt. Die bevorstehenden Wahlen und das Interesse der Parteien an den weiblichen Wählerstimmen zwingt zu aktuellen Stellungnahmen und beruhigenden Absichtserklärungen. Lange genug ist Frauenpolitik in programmatischen zukunftsbezogenen Erklärungen mit immer neuen Varianten an die Frauen herangetragen worden. Gleichberechtigung in Familie, Beruf und Öffentlichkeit erweist sich als abstrakte Zielangabe, hinter der die Wirklichkeit immer weiter zurückbleibt.

Frauen befinden sich in einer widersprüchlichen, ja paradoxen Situation. Fast zwei Jahrzehnte wurden sie angehalten zu qualifizierter Bildung und Ausbildung, zu Erwerbsfähigkeit, zu sozialem und politischem Engagement. Die positive Resonanz blieb nicht aus. Immer mehr Mädchen strebten qualifizierte Bildungsabschlüsse und eine qualifizierte berufliche Ausbildung an. Mädchen und junge Frauen sind vermehrt in die Gesellschaft eingestiegen und nahmen die Angebote des Bildungswesens auf den verschiedenen Ebenen wahr. Auf der Ebene der mittleren Abschlüsse schneiden die Mädchen besser als die Jungen ab, und auch der Anteil der Abiturientinnen steht nicht mehr hinter dem der Jungen zurück. Vergleichbare Entwicklungen sind mit Ausnahme der ingenieurwissenschaftlichen Studiengänge auch in den meisten universitären Fachrichtungen zu erkennen.[1]

Frauen sind die Hauptinteressenten der Weiterbildungsangebote an Volkshochschulen, Familienbildungsstätten und an den sonstigen Einrichtungen in öffentlicher und freier Trägerschaft. Sie nutzen diese Möglichkeiten weitaus häufiger als die Männer.[2]

Stark zugenommen hat das politische Interesse und Engagement der Mädchen und Frauen.[3] Sie arbeiten in Verbänden, Gewerkschaften, Parteien und Initiativen mit. Aber auch dort entspricht der Anteil der weiblichen Mitglieder keineswegs ihrer Repräsentanz in den Führungsämtern.

Eine qualifizierte Berufsausbildung wird für immer mehr Frauen eine Selbstverständlichkeit. Der Beruf wird zu einem festen Bestandteil im Lebensentwurf. Sie wollen beides: Familie und Beruf; sie möchten Kinder, ohne wesentliche Nachteile im erlernten Beruf zu erfahren. Viele von ihnen wollen nur für eine kurze Familienphase unterbrechen und sobald die Kinder größer sind wieder beruflich einsteigen. Junge Frauen planen ihr Leben auf der Grundlage einer eigenständigen Berufstätigkeit, sie wollen keine vom Mann abgeleitete ökonomische Existenzgrundlage, sie erwarten eine andere Arbeitsteilung in der Familie.[4]

Frauen kämpfen heute nicht wie ihre Mütter um Bildung, sondern um den Zugang zu einer qualifizierten Berufsausbildung und einen ihrer Ausbildung entsprechenden Arbeitsplatz. Ihr Problem ist es nicht, zur Erwerbsarbeit gesellschaftlich oder politisch gezwungen zu sein, sondern an der Verteilung der Erwerbsarbeit gleichberechtigt beteiligt zu werden. Nach wie vor wird nur jeder dritte Ausbildungsplatz im dualen System von einem Mädchen besetzt; 70% erhalten ihre Ausbildung in beruflichen Vollzeitschulen und haben keine Chance, in nichttraditionellen Frauenberufen ausgebildet zu werden. Im Zeitraum 1970–1982 hat sich der Anteil der Mädchen im dualen System von 35% auf 38% erhöht. Diese geringfügige Erhöhung ist weitgehend auf die Modellversuche „Mädchen in gewerblich-technischen Berufen“ zurückzuführen.

Mädchen wie auch junge Frauen sind überproportional hoch von Arbeitslosigkeit betroffen. 61% aller 1981 bei den Arbeitsämtern gemeldeten, aber nicht vermittelten Bewerber für Berufsausbildungsplätze waren Mädchen.[5]

Die Wünsche und Erwartungen der Mädchen und jungen Frauen stehen im krassen Gegensatz zu den gesellschaftlichen Entwicklungen.

Verschlechtert haben sich die Chancen im Ausbildungswesen, in der Berufs- und Arbeitswelt, in den Möglichkeiten zur Vereinbarkeit von Familie und Beruf, im Feld der Politik.

Der Verteilungskampf wird zu einem wesentlichen Teil auf dem Rücken der Frauen ausgetragen. Die Widersprüche spitzen sich zu und lösen allzu leicht resignative Reaktionen aus.

2. Gründe für Resignation

Was gibt Grund zur Resignation? Die Gründe liegen auf der Hand:

1. Frauen sehen sich dem Widerspruch ausgesetzt, einerseits zu qualifizierter Berufsausbildung und Beruf angehalten zu werden und andererseits äußerst erschwerten Zugang zu beiden Bereichen zu haben;
2. Frauen erleben den Widerspruch zwischen der proklamierten Wahlfreiheit, den Absichtserklärungen zur besseren Vereinbarkeit von Familie und Beruf und dem gleichzeitigen Rückgang der Frauenarbeitsplätze und dem Mangel an Betreuungsmöglichkeiten für Kinder;
3. sie hören die Aufforderung zu sozialem und politischem Engagement und erleben gleichzeitig die Abwehrtendenzen gegenüber verstärkter politischer Mitwirkung der Frauen in Führungsämtern.

Es fehlt den Frauen eine klare Zukunftsperspektive. Ihre Bildungsanstrengungen scheinen sich - zumindest mit Blick auf Ausbildung und Beruf - nicht zu lohnen. Einerseits wissen sie, daß sie in Konkurrenz zu den Jungen bessere Schulabschlüsse brauchen, um in Ausbildung und Beruf berücksichtigt zu werden, andererseits müssen sie zur Kenntnis nehmen, daß ihnen die Anstrengungen der letzten 20 Jahre nicht genug gebracht haben.[6] Nach wie vor stehen die Mädchen und jungen Frauen einem geteilten Arbeitsmarkt mit frauen- und männerspezifischem Arbeitsangebot gegenüber.

Die Berufschancen in den traditionellen Frauenberufen nehmen spürbar ab; das gilt ebenso für das Bildungs- wie das Sozialwesen. Die dort bislang verfügbaren Arbeitsplätze fallen vielerorts dem Rotstift der öffentlichen Einsparungen zum Opfer.

Frauenarbeitsplätze im Dienstleistungsbereich wie beispielsweise Verwaltung und Schreibdienste werden mit Hilfe der neuen Technologien wegrationalisiert oder mit veränderten technischen Qualifikationsanforderungen häufiger an Männer vergeben.

Konjunkturelle und strukturelle Krisen mit ihren Folgen auf dem Arbeitsmarkt und in der Politik sind ein allgemeines gesellschaftliches, kein frauenspezifisches Problem. Arbeitslosigkeit trifft auch die Männer aller Altersgruppen. Dennoch bestehen in den Auswirkungen dieser Krise gravierende Unterschiede.

Die Arbeitsmarktkrise führt bei Männern nicht dazu, ihre Berufsrolle infrage zu stellen. Anders verhält es sich bei den Frauen. Sie erleben nicht nur ungleich erschwertere Bedingungen im Zugang zu Ausbildung und Beruf, sondern auch ein erhöhtes Risiko arbeitslos zu werden. Versteckt und offen wird den Frauen in Zeiten der Arbeitsplatzknappheit bedeutet, daß sie einen Arbeitsplatz in der Familie haben. Eine verheiratete oder alleinstehende Frau mit Kindern ist auf dem Arbeitsmarkt am wenigsten erwünscht.

Frauen erfahren im Unterschied zum Mann, daß ihre berufliche Tätigkeit, ihre Beteiligung an der bezahlten Arbeit keineswegs selbstverständlich, ihr Anspruch auf Arbeit im öffentlichen Bewußtsein nicht abgesichert ist.

Nicht abreißende Erörterungen über die „natürliche" Bestimmung der Frau, die ihre angeborene Mütterlichkeit, die Festlegung der Mütter auf Kinder bishin zur Thematisierung der spezifisch weiblichen Fähigkeiten und Einstellungen bergen die Gefahr der erneuten Verunsicherung der Frauen, nähren schon bestehende Ambivalenzen und verschaffen jenen ein Alibi, die sich in ihrer Argumentation auf eine „Weiblichkeitsideologie" abstützen.[7]

Die Frauen werden wieder einmal verantwortlich gemacht für Fehlentwicklungen in unserer Gesellschaft, werden einseitig in die Pflicht genommen für den Lebensbereich Familie und sollen dort weiterhin allein die Verantwortung übernehmen. Eine so verstandene Partnerschaft erstarrt oder führt zu einer Überforderung in der privaten Beziehung.

Frauen werden ebensowenig als Mütter geboren wie Männer als Väter. Mutterschaft ist eine, wenn auch für viele Frauen die zentrale Bestimmung im weiblichen Lebenslauf. Aber sie allein füllt den Lebensentwurf vieler Frauen ebensowenig aus wie Vaterschaft den des Mannes. Für beide ist Mutterschaft und Vaterschaft keine zwingende Bestimmung, ein erfülltes Frauen- und Männerleben ist auch ohne leibliche Mutter- und Vaterschaft denkbar und möglich. Frauen werden „Wesensmerkmale" zugeschrieben, die zum einen nur bei einem Teil der Frauen - und ebenso bei Männern - nachweisbar sind und zum anderen in ihrer einseitigen Überbetonung Frauen daran hindern, jene Fähigkeiten in sich zu entfalten, die für den familialen, wie für den beruflichen und politischen Alltag unverzichtbar sind. Gefühls- und Verstandeskräfte, Nüchternheit und Spontaneität, Rücksichtnahme und Durchsetzungsfähigkeit, Du- und Ich-Orientierung vertragen keine geschlechtsspezifische Zuordnung.

Frauen treten auch heute ein für Mutterschaft, aber sie sind weniger als ihre Mütter bereit, sich durch Kinder einseitig auf den häuslichen Bereich abdrängen zu lassen.

Wenn es in unserer Gesellschaft wirklich das Ziel ist, die Arbeit der Frauen in Familie und Beruf in gleicher Weise anzuerkennen und zu fördern, dann muß das andere Konsequenzen im politischen Handeln haben als bisher.

Die Wahlfreiheit hat sich für Frauen in keiner Weise erhöht. Die Einführung des Mutterschaftsurlaubs stellt einen positiven Ansatzpunkt dar, aber die Laufzeit ist zu kurz und bleibt hinter dem zurück, was in anderen, auch ärmeren europäischen Ländern familienpolitisch durchgesetzt wurde. Ebenso fehlt eine Einbeziehung der Väter.

Entscheidet sich die Frau für die Fortführung der Erwerbstätigkeit oder ist sie gar zu dieser gezwungen, dann muß sie in aller Regel einen Vollzeitarbeitsplatz annehmen, denn das bisherige Teilzeitarbeitsangebot umfaßt nur 6% der Arbeitsplätze und außerdem ist die Chance zu qualifizierter Teilzeitarbeit nur sehr begrenzt gegeben. Betreuungsmöglichkeiten für Kinder stehen in der Mehrzahl der Gemeinden nicht zur Verfügung, die Sparmaßnahmen der jüngsten Zeit haben zu einer weiteren Reduktion oder sprunghaften Verteuerung der ohnehin geringen Betreuungsangebote geführt.

Frauen werden gegenwärtig weder gleichberechtigt in den Arbeitsmarkt integriert, noch hinreichend vom sozialen Netz aufgefangen. Klare Zukunftsperspektiven sind nicht erkennbar.

Ob es in den nächsten Jahren zu einer für Familien mit Kindern entlastenden täglichen Arbeitszeitverkürzung und/oder zu einem erweiterten Teilzeitarbeitsangebot kommt, ist durchaus offen. Die Anerkennung von Erziehungszeiten ist angesichts der fehlenden Finanzmittel ebensowenig zu erwarten wie ein Erziehungs-/Familiengeld. Wenn dieses gezahlt werden sollte, so offenbar

nur sehr eingeschränkt unter frauenpolitischer Perspektive. Verfolgt wird mit dieser Maßnahme weder die wirtschaftliche noch die soziale Sicherung der Frau. Gedacht ist an ein Familiengeld als einkommensabhängige Maßnahme des Familienlastenausgleichs. Mit ihr soll verhindert werden, daß Familien durch die Geburt eines Kindes auf das Niveau der Sozialhilfe absinken bzw. beide Elternteile zur Erwerbstätigkeit gezwungen sind. Ein einkommenabhängiges Familiengeld würde somit nicht als allgemeine Anerkennung von Erziehungsleistungen noch als Ausgleich für entgangenen Lohn gesehen, letzteres allenfalls für Bezieher kleinerer Einkommen.*
Was bleibt den Frauen angesichts solcher Perspektiven?
Die Entscheidung zur Unterbrechung der Erwerbstätigkeit ist für sie nach wie vor mit gravierenden Berufsnachteilen verbunden, beinhaltet Verzicht auf eine eigenständige wirtschaftliche und soziale Sicherung. Die Aussichten auf Wiedereingliederung sind für Frauen mit mehr als einem Kind als relativ gering anzusetzen.
Unverständlich ist, daß die Phase der Familiengründung in der Bundesrepublik noch immer weitgehend als ein ausschließlich privater, politisch nicht relevanter Vorgang betrachtet wird. Anders ist die Abstinenz in bezug auf eine gezielte Förderung der jungen Familie und hier speziell der Frauen kaum zu interpretieren. Offenbar wird in der Politik nicht wahrgenommen, daß die Kinderwünsche und die Erfüllung dieser Wünsche abhängig sind von den nachfolgenden Perspektiven. Frauen mit Kindern haben unvergleichbar schlechtere Einkommens-, Berufs- und soziale Sicherungschancen als Frauen ohne Kinder, so daß dieser Grad der Benachteiligung unzumutbar erscheint. Auf viele Frauen muß die politische Absichtserklärung zur Wahlfreiheit wie eine Vertröstungsformel wirken.
Vorrangigstes Ziel der Frauenpolitik müßte die Verringerung der eklatanten Widersprüche sein.
Die Geschichte der Frauen ist bisher nicht durch Kontinuität, sondern durch Diskontinuität gekennzeichnet. Frauen sind in immer kürzeren zeitlichen Abständen von „Wechselbädern“ betroffen, hatten kaum Gelegenheit eine stabile persönliche, soziale und berufliche Identität zu entwickeln.
In den vorausgegangenen Ausführungen wurde versucht, die belastendsten Widersprüche aufzuzeigen, und diese nicht nur als ein Frauen-, sondern als ein übergreifendes gesellschaftliches Problem bewußt zu machen, dessen Auswirkungen im privaten und öffentlichen Bereich nur in Umrissen erkennbar sind.

* Entgegen der Januar 1983 geäußerten Skepsis ist festzustellen, daß beide Leistungen – die Anerkennung eines Erziehungsjahres pro Kind in der Rentenversicherung für die nach 1920 geborenen Frauen, sowie die Einführung eines Erziehungsgeldes für 10 Monate ab 1986 (1988: 12 Monate) von DM 600,– für alle Mütter – politisch durchgesetzt wurden.

3. Zukünftige Aufgaben der Frauenpolitik

Zeiten wirtschaftlicher Rezession sind kein guter Zeitpunkt für frauenpolitische Forderungen.

Die Geschichte des Kampfes für Gleichberechtigung vom 18. bis zum 20. Jahrhundert zeigt, daß Rechte, wirtschaftliche und soziale Verbesserungen für Frauen fast ausschließlich in Zeiten relativ hohen Wohlstands angeregt und auch durchgesetzt wurden. Das läßt sich auch für die unmittelbare Nachkriegsgeschichte und die später folgenden Wohlstandsjahre aufweisen. Jene Frauen, die während und kurz nach dem Krieg unentbehrlich für die Arbeitswelt waren, wurden in den Jahren des Arbeitsplatzmangels 1948–1952 ins Haus zurückgeschickt. Je älter die Frauen sind, desto größer ist die Zahl der Frauen mit einer Kleinstrente. Viele der Trümmerfrauen von damals hatten nur geringe Chancen, eine eigenständige Alterssicherung aufzubauen.

Aus den geschichtlichen Erfahrungen wird zweierlei deutlich: die in der Gesellschaft unklare, umstrittene soziale Rolle der Frau und die Notwendigkeit, Frauen in und für Krisenzeiten stärker beruflich und sozial abzusichern.

Die Forderung der Frauen nach beruflicher Integration wird bisweilen vordergründig dahingehend interpretiert, daß es mangelnde Vertrautheit mit den negativen Seiten der Arbeitswelt sei, die dazu motiviere, der monotonen Erwerbsarbeit den Vorrang vor der abwechslungsreichen Hausarbeit zu geben.

Wenn engagierte Frauen von beruflicher Integration sprechen, dann wollen sie gerade nicht als abrufbare Arbeitskraft je nach Bedarf zur Verfügung stehen, sondern drängen auf eine Beteiligung an der Arbeitswelt, die sie nicht zu bedarfsorientierten Gelegenheitskräften degradiert, sondern ihnen eine Mitwirkung an der Gestaltung der Arbeitswelt, an den zeitlichen und inhaltlichen Arbeitsabläufen ermöglicht. Sie wollen eine ebenso selbstverständliche Beteiligung am Arbeitsleben wie die Männer. Zugleich ist ihnen eine verstärkte Berücksichtigung der Familienbelange in der Arbeitswelt ein Anliegen, um die Vereinbarkeit von Familie und Erwerbstätigkeit für Männer und Frauen zu erhöhen.

Der Gedanke, daß es für eine Gesellschaft nicht nur eine Notwendigkeit, sondern zugleich eine Chance ist, beide Geschlechter mit ihren übereinstimmenden und unterschiedlichen Erfahrungen und Sichtweisen am beruflichen und öffentlichen Leben zu beteiligen, wird allenfalls verbal, aber nicht faktisch akzeptiert und in die Praxis umgesetzt. Es ist in jüngsten Veröffentlichungen viel von der „Feminisierung" der Gesellschaft die Rede. Der Begriff Feminisierung ist mißverständlich und irreführend, aber die dahinterstehenden Gedanken sind beachtenswert. Sie verweisen auf Mängel und Fehlentwicklungen einer überwiegend von Männern gelenkten und verwalteten Gesellschaft.

Die Trennung der Lebensbereiche und die damit einhergehende geschlechtsspezifische Arbeitsteilung hatte und hat zur Folge, daß Frauen und Männer in

ihren jeweiligen Arbeitszusammenhängen eher gegensätzlichen als vergleichbaren Anforderungen und Erfahrungen ausgesetzt sind.
Was im individuellen und kollektiven Denken und Handeln zu kurz kommt, beschreibt der Franzose Garaudy[8] als den Mangel an ganzheitlichem Erleben und Denken. Notwendig sind eine stärkere Verknüpfung von deduktivem und intuitivem Denken, weniger einseitige Ausrichtung auf Intellektualität, Funktionalität und Effektivität. Menschen dürfen nicht länger für Zwecke wie Produktivität, Wachstum, Konsum und Effektivität instrumentalisiert werden. Frauen können insofern ihren besonderen Beitrag zur Verringerung des bestehenden Mangels leisten, als sie aufgrund der besonderen Erfahrungen im Umgang mit Menschen, der häufigeren Gelegenheit zu intuitivem Denken und Spontaneität, diesen zentralen Aspekt des Ganzheitlichen wieder in das berufliche und öffentliche Leben einbringen.
Soll dieser kulturelle und gesellschaftliche Beitrag von Frauen geleistet werden, setzt das selbstverständliche Teilhabe an jenen Lebensbereichen voraus, zu denen Frauen bislang nur bedingt Zugang haben.
Aber diese berufliche und soziale Integration erfordert eine kontinuierliche und konsequentere Gleichberechtigungspolitik.
Notwendig ist die weitere Förderung einer qualifizierten schulischen Bildung. Diese muß einmünden in die Perspektive eines Ausbildungsplatzes. Das kann in der beruflichen Bildung unter den gegenwärtigen Bedingungen nicht ohne Sonderförderungsmaßnahmen für Mädchen realisiert werden. Neben dem öffentlichen Bereich sind die Möglichkeiten der Wirtschaft durch spezielle Förderprämien zu erhöhen.
Die aktuell zu beobachtende Tendenz, nicht in Ausbildungsplätze zu vermittelnde weibliche Jugendliche hauswirtschaftlich auszubilden, mag der allgemeinen Vorbereitung auf Familie zugute kommen, eröffnet aber für die meisten Auszubildenden keine Berufschancen.
Soll es Frauen gelingen, ihre Chancen in Ausbildung und Beruf zu erhöhen, so kommt es darauf an, ihren Anteil in den technisch-gewerblichen Berufen zu erhöhen und die Berufsausbildung wie auch die Fortbildung auf voraussehbare Anforderungen auszurichten. Diese Aufgabe ist besonders dringlich angesichts der technologischen Entwicklung und ihrer Folgen für die traditionellen Frauenberufe.
Die Ausbildungsordnungen müssen stärker als bislang die Familientätigkeit der Frauen berücksichtigen. Das betrifft vor allem die festen Fristen für Praktika, Examina, Ausbildungsabschnitte.
Auch in der Ausbildung oder Nachqualifizierung, die auf die Familienphase folgt, werden bisher die während der Familientätigkeit erworbenen Kompetenzen nicht anerkannt.
Um Familie und Beruf in der Lebensplanung der Frauen fest verankern zu können, sind erweiterte Möglichkeiten zur Vereinbarkeit von Familie und

Beruf zu schaffen und die Nachteile zu reduzieren, die Frauen bei der Unterbrechung der Erwerbstätigkeit in Kauf zu nehmen haben. Das beinhaltet Maßnahmen zur Anerkennung von Erziehungszeiten und zur Rückkehr in den Beruf - sei es auf der Grundlage der Beurlaubung wie im öffentlichen Dienst, sei es durch gezielte berufliche Fortbildung und Wiedereingliederung nach der Familienphase, so daß die Rückkehrchancen über Frauenförderungsprogramme deutlich verbessert werden.

Zu den notwendigen frauen- und familienpolitischen flankierenden Maßnahmen zählen aber auch eine bessere zeitliche Abstimmung zwischen Arbeitswelt und Bildungswesen sowie ein erweitertes Angebot an familienergänzender Betreuung.

Die weitere Entwicklung der Frauenpolitik ist nur bedingt eine Angelegenheit der Politik im engeren Sinne. Sie kann nicht den Berufspolitikern und Politikerinnen überlassen werden.

Frauen sollten sich verstärkt bewußt machen, was sie in den letzten Jahrzehnten dazugewonnen haben und was zu verlieren ist.

Trotz verschlechterter Chancen in Ausbildung und Beruf sollte gegenwärtig sein, daß Frauen ihren Anteil in allen Bereichen deutlich erhöht haben, daß sie sich in einer Phase befinden, in der es gilt, das Erreichte zu halten.

Je bereiter die Frauen sind, ihre Ausbildungswünsche qualitativ zurückzustecken und sich - wenn auch unfreiwillig - vom Arbeitsmarkt zurückzuziehen, desto geringer ist der Druck, die berufliche Integration und Reintegration voranzutreiben. Treffen die Arbeitsmarktprognosen für die 80er Jahre zu, so ist mit einer kurzfristigen Überwindung der Arbeitsplatzknappheit nicht zu rechnen. Soll nach wie vor ein bestimmtes Erwerbseinkommen erzielt werden, dann ist es für verheiratete und alleinstehende Frauen mit Kindern umso naheliegender, daß sie sich an der Erwerbsarbeit beteiligen müssen.

Angesichts rückläufiger öffentlicher Leistungen sind verstärkt private Initiativen sowohl im Berufsbereich wie im Sozialwesen erforderlich. Anregungen dazu sind sowohl bei den Frauen- und Mütterzentren wie bei den bundesrepublikanischen und ausländischen Überlegungen sowie Experimenten mit weiblichen Berufsgenossenschaften gegeben.

In Verbindung mit der Eigeninitiative ist an veränderte Formen der öffentlichen Förderung im Bereich der familienergänzenden Betreuung, z. B. einer mit kommunalen Mitteln geförderten Tagespflege durch Tagesmütter zu denken. Auszuweiten sind die sozialen Dienste der Sozialstationen mit hauptamtlich und nebenamtlich Tätigen, unterstützt von freiwilligen Helfern mit geringer Entschädigung.

Kontinuität in der Frauenpolitik kann gesichert werden, wenn Frauen die inzwischen erworbenen Fähigkeiten in eigener Sache einsetzen, d. h wenn sie sich zum einen öffentlich artikulieren und zum anderen durch ihre Initiative und Kreativität neue Wege der beruflichen Integration und der Vereinbarkeit von Familie und Beruf entwickeln.

Frauen suchen ihre Identität nicht dadurch zu gewinnen, daß sie sich die traditionellen Lebensplanungen von Männern zu eigen machen. Sie sind weniger bereit, sich einseitig über den Beruf zu definieren. Ihr Engagement muß darauf gerichtet sein, an mehr als einem Lebensbereich mitwirken zu können. Gleichzeitig ist und muß ihr Bestreben darauf abzielen, soviel an Entlastung von der Erwerbsarbeit durchzusetzen, daß soziales und kulturelles Leben in Familie, Nachbarschaft und Gemeinde nicht verkümmern.
Frauen sollten ihre Fähigkeit, sich in Krisenzeiten zu behaupten, nicht unterschätzen. Als einzelne sind sie überfordert. Gemeinsam aber haben sie eine Chance, und die sollte genutzt werden.

Anmerkungen

[1] Seidenspinner, G.: Ein vergessenes Thema: Die Mädchen und die Jugenddebatte, in: Die neue Jugenddebatte, was gespielt wird und um was es uns geht, Schauplätze und Hintergründe, hrsg. von Deutsches Jugendinstitut, München 1982, 124ff.
Bericht der Enquête-Kommission, „Jugendprotest im demokratischen Staat", gem. Beschluß des Deutschen Bundestages vom 26. Mai 1981, Drucksache 9/411; Deutscher Bundestag, Drucksache 9/2390, 17. 1. 1983, 28.

[2] Weiterbildung in Nordrhein, 1. Weiterbildungsbericht, hrsg. vom Kultusministerium Düsseldorf 1982, 35.
Noelle-Neumann, E.: Eine Generation später, Allensbach 1981, 48.

[3] Brigitte/Deutsches Jugendinstitut, Mädchen '82, Hamburg 1982, 34.
Vgl. die Frauenberichte aus Bayern, Berlin und Rheinland-Pfalz aus den Jahren 1981 und 1982.

[4] Shell-Studie '81, „Jugend '81. Lebensentwürfe - Alltagskulturen - Zukunftsbilder", 3 Bde., Hamburg 1981, Bd. 1, 224.
Mächen '82, a. a. O., 23; Seidenspinner, G., a. a. O., 147.

[5] Enquête-Kommission, Jugendprotest im demokratischen Staat, 28; Frauenbericht NW, hrsg. von Sozialminister Düsseldorf 1983, 10.

[6] Saterdag, H./Stegmann, H.: Jugendliche beim Übergang vom Bildungs- in das Beschäftigungssystem. Beiträge zur Arbeitsmarkt- und Berufsforschung des IAB, Nürnberg 1980.

[7] Schwarzer, A.: Simone de Beauvoir heute. Gespräche aus zehn Jahren, Hamburg 1983, 75ff.

[8] Garaudy, R.: Der letzte Ausweg. Feminisierung der Gesellschaft, Freiburg 1982, 130ff.

I. Individuen entdecken sich

1. Mann und Frau im Zusammenleben heute (1983)

I. Wandlungen im Zusammenleben von Mann und Frau

1. Veränderung und Kontinuität

In der Frage nach Veränderung und Kontinuität im Zusammenleben von Mann und Frau drücken sich zugleich Hoffnungen und Ängste, positive und negative Erfahrungen und Vorstellungen aus. Veränderungen im Umgang zwischen den Geschlechtern gehören zu jenem Bereich sozialen Wandels, der sich nach bisher verfügbaren historischen Einsichten langsamer, unstetiger und widersprüchlicher vollzieht als technologischer und wirtschaftlicher Strukturwandel. Die Beziehungen der Geschlechter sind gekennzeichnet von heterogenen Phänomenen und Prozessen. In ihnen spiegelt sich beides: Tradition und Wandel, soziale Verwurzelung und gesellschaftlicher Strukturwandel. Veränderungen vollziehen sich nachhaltiger in der jungen Generation,[1] aber diese wirken durchaus zurück auf die mittlere und ältere Generation. Der gegenwärtige Prozeß erweist sich als ein Suchen nach neuen Lebensformen, in denen die erweiterten Bedürfnisse des Individuums nach *Selbstverwirklichung* ebenso berücksichtigt werden wie der Wunsch nach Zusammenleben in kleinen überschaubaren Lebensgemeinschaften. Der Umbruch zeigt sich in der wachsenden Zahl der Einpersonenhaushalte, der Singles und Geschiedenen sowie der unverheiratet Zusammenlebenden.
Die äußeren Lebensformen verändern sich rascher als die Wert- und Normorientierungen, viele der äußeren Anpassungen an veränderte Lebensverhältnisse werden von den Menschen nicht oder krisenhaft verarbeitet. Alte und neue Leitbilder der eigenen Geschlechtsrolle wie auch der gelebten oder zu lebenden Beziehungen treffen aufeinander, lösen Spannungen und Konflikte aus.

2. Geschlechtsspezifische Rollenfixierung

Der Prozeß der geschlechtsspezifischen Rollenfixierung und Rollendifferenzierung ist gekennzeichnet von Gleichzeitigkeit und Ungleichzeitigkeit. Prognosen über zukünftige Formen des Zusammenlebens erweisen sich immer wieder als Fallen: Sie gelten entweder nur für eine bestimmte soziale Schicht oder werden von gegenläufigen Entwicklungen durchkreuzt. Gewiß sind einschneidende Veränderungen im Selbstverständnis von Mann und Frau wie in den Beziehungen erfolgt, aber die Befunde der Gegenwart lassen sich nicht gradlinig für die Zukunft fortschreiben. Mann und Frau erleben diese Veränderungen in der je eigenen familialen Sozialisation, in ihrer schulischen und beruflichen Situation, in der Lebensplanung und der Gestaltung des beruflichen und privaten Alltags.

Die Generation der Großeltern und vielfach auch schon die der Eltern erfahren die Veränderungen als kaum mehr vergleichbar mit den eigenen Werten und Normen. Die *neuen* Möglichkeiten der Unabhängigkeit, der Offenheit und Partnerschaft werden zugleich als Chance und Risiko beurteilt. Die einen fürchten den Verlust überkommener Werte und Lebensordnungen und sehen darin eine eher negative Entwicklung, die anderen lassen sich eher mit Interesse und Sympathie auf Veränderungen und Suchprozesse ein.

Die Ansätze zu einem Rollenwandel, der bei den Frauen ausgeprägter in Erscheinung tritt als bei den Männern, erfolgt nicht losgelöst von den grundlegend veränderten äußeren Lebensbedingungen, individuelle Neuorientierungen sind eingebunden in gesellschaftliche und kulturelle Prozesse. Die neuen Rollenerwartungen an Mann und Frau werden in hohem Maße von der öffenlichen Meinungsbildung beeinflußt. Der Durchbruch zu partnerschaftlichen Lebensformen wird erschwert durch die Brüche zwischen den im Recht, in Politik und Gesellschaft vertretenen *neuen* Leitbildern und dem Fortbestehen überkommener Rollenerwartungen und Lebensmuster: einer partiellen Gleichberechtigungspolitik, d.h. einer Ausweitung der Bildungschancen ohne Ausweitung der Chancen zur beruflichen Integration, eines partnerschaftlichen Ehe- und Familienverständnisses ohne Veränderung der Bedingungen in Arbeitswelt, Bildungswesen und Öffentlichkeit. Mehr Gemeinsamkeit von Mann und Frau in Familie, Beruf und Öffentlichkeit bleibt Programm, wenn es nicht gelingt, Lebens- und Arbeitsverhältnisse besser aufeinander abzustimmen. Unter den gegenwärtigen Bedingungen sind Männer wie Frauen zu einem großen Teil hin- und hergerissen zwischen alten und neuen Rollen, zwischen Familie und Beruf.[2]

3. Wechselwirkung von Kontinuität und Wandel

Sozialisationsprozesse vollziehen sich in einer eigentümlichen Wechselwirkung von Kontinuität und Wandel. Einerseits wachsen Mädchen und Jungen so miteinander auf, daß sie Spiel und Arbeit, Freizeit und Schule miteinander teilen. Die Lebensbereiche sind weit weniger geschlechtsspezifisch getrennt. Jungen und Mädchen gehen ungezwungener und offener miteinander um.[3] Was für die Koedukation in der Schule gilt, trifft in hohem Maße auch auf den Umgang zwischen Männern und Frauen im Beruf zu.[4] Frauen im Beruf sind eine Selbstverständlichkeit geworden. Zwar sind sie nach wie vor in zu wenigen Berufen konzentriert, aber Selbstwertgefühl und berufliche Kompetenzen der Frauen haben deutlich zugenommen. Ökonomische und soziale Sicherung erfolgt in der Regel nicht mehr durch Eheschließung, sondern auf der Basis der eigenen Berufsausübung. Frauen sind von den äußeren Voraussetzungen, der Berufsausbildung und der Berufsausübung anders als je zuvor unabhängig vom Mann.

Quer durch die Generationen entwickeln Frauen andere Erwartungen an das Zusammenleben mit dem Mann. Sie drängen auf mehr Gemeinsamkeit in Familie und Beruf, Partnerschaft in den zu erledigenden Aufgaben, Partnerschaft in den Entscheidungssituationen. Frauen sind zunehmend weniger abwartend oder gar passiv, sondern aktiv und voller Eigeninitiative. Sie wünschen sich größere Rollenflexibilität im beruflichen und privaten Alltag. Mehr Frauen als früher erwarten von ihren Männern eine breitere Unterstützung bei der Kindererziehung und der Hausarbeit, legen Wert auf größere öffentliche Anerkennung der Familienarbeit.[5]

Frauen scheinen sich gegenwärtig stärker in ihren Einstellungen und Verhaltensweisen zu verändern als Männer. In welchem Maße diese Entwicklung primär oder sekundär eine Folge der erweiterten allgemeinen und beruflichen Bildung ist, kann nicht exakt beantwortet werden. Aber es ist durchaus plausibel, wenn der Bildung ein entscheidender Einfluß auf diesen Kompetenzzuwachs und Einstellungswandel zugeschrieben wird.

4. Der Mann ist Partner

Der Mann ist in der Vorstellung vieler Frauen nicht der Überlegene, sondern Partner, allerdings nach wie vor mit einer anderen Lebensplanung als die Mehrheit der Frauen. Männer definieren sich nach wie vor primär vom Beruf her und nicht von der Zuständigkeit für Familie. Aber das berufliche Engagement wird relativiert und stärker zurückgenommen, die Freizeit erfährt einen wachsenden Stellenwert, nicht nur im Bewußtsein der Arbeiter und einfachen Angestellten, sondern verstärkt bei Angestellten in leitenden Positionen bis hin zu der Gruppe der Selbständigen.[6]

In Einstellungsäußerungen von Männern wird deren Familienrolle hoch bewertet, faktisch leisten die Männer nach wie vor nur einen bescheidenen Beitrag zur Familientätigkeit, wobei deutlich zu unterscheiden ist zwischen der Phase vor und nach der Familiengründung. In vielen Fällen tritt nach der Geburt des ersten Kindes die traditionelle Arbeitsteilung wieder ein: Die Frauen übernehmen die Familientätigkeit, die Männer die Erwerbsarbeit.

Trotz aller äußeren Veränderungen erweist sich der Rollenwandel als wenig gefestigt. Strukturelle und konjunkturelle Krisen wie die aktuelle Arbeitsmarktkrise stellen Erreichtes in Frage. Frauen werden verstärkt vom Arbeitsmarkt verdrängt, sei es mit dem Argument der Familienrolle der Frau oder dem ungerechtfertigten Vorwurf, als Doppelverdiener anderen einen Arbeitsplatz wegzunehmen. Hinzu kommt die Verunsicherung der Frauen in bezug auf ihre primäre Zuständigkeit. Frauen und vor allem verheiratete Frauen mit Kindern nehmen verstärkt am Berufsleben teil, aber viele zweifeln nicht an ihrer primären Zuständigkeit für den Bereich Familie und räumen von daher auch bereitwillig oder resignierend dem Mann das Vorrecht auf die Erwerbsarbeit ein. Frauen planen ihr Leben unter starker Berücksichtigung der Familienbelange, unterbrechen mehrheitlich die Erwerbstätigkeit zugunsten der Familientätigkeit.[7]

5. Teilhabe an Hausarbeit und Beruf

Gewünscht wird mehr Beteiligung des Mannes an den Familienaufgaben, mehr Teilhabe am beruflichen Leben des Mannes durch direkte und indirekte Beteiligung am beruflichen Alltag. Gegenwärtig erhöhen sich die Spannungen, da eine wachsende Zahl über eine qualifizierte Berufsausbildung verfügt, aber der Zugang zum Arbeitsmarkt nur einem Teil der Frauen gelingt.
Nach wie vor ist die bessere Abstimmung der Arbeitszeiten und der Arbeitsorganisation zwischen Familie, Arbeitswelt und Bildungseinrichtungen ein Desiderat. Die Probleme der getrennten Lebensbereiche könnten gegenwärtig angesichts der Verknappung der Erwerbsarbeit und der Arbeitszeitverkürzung reduziert werden, aber eine solche Perspektive hat bisher noch weitgehend programmatischen Charakter.
Nach wie vor klaffen rechtlich verankerte Gleichberechtigung von Mann und Frau in allen Lebensbereichen und im Alltag des Zusammenlebens vielfach beträchtlich auseinander. Trotz grundlegender Veränderungen in den Beziehungen der Geschlechter stehen beide noch immer unter einem wenn auch gelockerten Rollendiktat verbunden mit relativ fest umrissenen Zuschreibungen von Einstellungen und Verhaltensweisen.

6. Umgangsformen von Mann und Frau

Die im Zusammenleben von Mann und Frau entwickelten Umgangsformen im privaten wie öffentlichen Bereich sind in ihren Erscheinungsformen vielfältig und widersprüchlich. Die Kontraste treffen auf engstem Raum aufeinander. Neben traditionellen, eher hierarchisierten Umgangsformen mit dominierenden Männern und sich unterordnenden Frauen entwickeln sich verstärkt partnerschaftliche Lebensstile mit eher gleichberechtigten, selbstbewußten Frauen und Männern, die sich in ihren gleichartigen und unterschiedlichen Kompetenzen wechselseitig respektieren und unterstützen.

Veränderungen in den Einstellungen und Verhaltensweisen lösen bei den einen Hoffnungen, bei den anderen Ängste aus: Hoffnungen auf weniger Hierarchie, mehr Gleichwertigkeit, Verständnis und Partnerschaft, Ängste in bezug auf neue Anforderungen an Partnerschaft, Zuwendung, Verantwortung, Selbständigkeit, aber auch Ängste vor Trennung, Unverstandensein und Alleingelassenwerden.[8]
Mehr Selbständigkeit, größere Handlungsspielräume, erweiterte Handlungskompetenzen gehen einher mit größeren Anforderungen an eigenverantwortliches Handeln, an freiwillige Solidarität, an Bereitschaft, Spannungen und Konflikte in der Zweierbeziehung auszuhalten und zu bewältigen.

7. Erwartungen an die Zweierbeziehung

Erwartungen an die Zweierbeziehung lassen eine ambivalente Bedürfnisstruktur erkennen: auf der einen Seite der Wunsch nach erweiterten Freiräumen und weniger Vereinnahmung, nach mehr Selbständigkeit und Unabhängigkeit, nach Ungebundenheit und Alleinleben, auf der anderen Seite ein ausgeprägtes Bedürfnis nach Nähe und Intimität, nach Geborgenheit und Verständnis, nach ungestörter *„Zweisamkeit“*.[9]
Es wird deutlich, daß Berufsausbildung, Beteiligung am Erwerbsleben und ökonomische Unabhängigkeit entlastende, aber keine ausschlaggebenden Bedingungen für emotionale Eigenständigkeit sind. Frauen wie Männer erfahren einerseits die erweiterten Möglichkeiten personaler Partnerschaft, aber viele vermögen bisher die gegenwärtigen Handlungsspielräume nicht auszufüllen. Männer wie Frauen haben gelernt, daß vieles vorentschieden ist, die Rollen vorgegeben und nur ausgefüllt werden müssen. Sie haben nicht gelernt, sich persönlich zu entscheiden, können in der Regel nicht auf vorgelebte Rollen neuen Stils zurückgreifen, sind unsicher im Umgang, vor allem in den Ausdrucksformen gelebter Nähe, unsicher auch in den Bedürfnissen nach Dauerhaftigkeit von Beziehungen und Wechsel in den Beziehungen. Rechtlich verankerte Gleichberechtigung schafft noch keine neuen Lebensformen, sie sind von den Menschen selbst zu entwickeln, ob dieses gelingt, ist nicht nur eine Frage der individuellen Möglichkeiten und Anstrengungen, sondern ebenso der gesellschaftlichen Anstrengungen.

8. Trennung der Lebensbereiche

Bisher bestehen wesentliche Mängel fort: Die Trennung der Lebensbereiche wurde ebensowenig abgebaut wie die diffusen Erwartungen an die Berufs- und Familienrolle von Männern und Frauen. Die Gestaltung des privaten Bereichs ist nach wie vor eine Angelegenheit des einzelnen, nicht der Gesellschaft. Bei der Suche nach *neuen* Lebensstilen werden beide Geschlechter weitgehend

allein gelassen oder sofern Bildung und Weiterbildung veränderte Lebensstile nahebringen, fehlt in der Regel die Chance zur Umsetzung.
Die in Teilen der Gesellschaft diskutierte Familienrolle des Mannes krankt nicht nur an dem überlieferten Rollenbild beider Geschlechter, sondern an der Unentschiedenheit der Gesellschaft in der Entscheidung über die Wünschbarkeit und Machbarkeit eines solchen Rollenwandels.
Der Wandel in den Partnerschaftsvorstellungen, wie er sich individuell und im öffentlichen Bewußtsein abzeichnet, wird solange keine durchgreifenden Folgen für die Praxis haben, wie Erziehung, Arbeitswelt und Familie getrennte Lebensbereiche mit unterschiedlicher Bewertung und Rangordnung bleiben.
Im folgenden soll daher auf zwei Problembereiche eingegangen werden:

1. die nach wie vor bestehenden Vorurteile in bezug auf weibliche und männliche Fähigkeiten sowie Rollenzuschreibungen und
2. die sich abzeichnenden Chancen und Barrieren eines Rollenwandels von Mann und Frau.

II. Vorurteile in bezug auf weibliche und männliche Fähigkeiten und Verhaltensweisen

1. Traditionelle Vorstellungen von der Eigenart von Mann und Frau

Offen wird es immer seltener ausgesprochen, aber hinter vorgehaltener Hand und abseits öffentlicher Erklärungen ist vielfach die Meinung zu hören, daß Haushalt und Kindererziehung die ureigenste Sache der Frau sind und sie aufgrund ihrer körperlichen und seelischen Verfassung von schwerer körperlicher Berufsarbeit sowie von intellektuell oder psychisch stark beanspruchenden beruflichen Tätigkeiten fernzuhalten ist. Angesichts der biologischen Unterschiede zwischen den Geschlechtern sei es sinnvoll und notwendig, zwischen spezifisch weiblichen und männlichen Berufen zu unterscheiden. Unsicherheit besteht nicht einseitig auf seiten der Männer, sondern ebenso auf seiten der Frauen, insbesondere bei den Hausfrauen.
Befragungen wie sie H. Pross oder Keller (1978)[10] vorgelegt haben, zeigen erneut, wie tief traditionelle Vorstellungen von der besonderen Eigenart von Mann und Frau verankert sind. Frauen sind nach der Vorstellung der Befragten warmherzig, spontan, einfühlsam, intuitiv, verständnisvoll, passiv, weniger ehrgeizig, bereit, sich unterzuordnen und leidensfähiger, fürsorglich und sozial. Männer sind energisch, kompetent, logisch, nüchtern, aggressiv, sachlich, leistungsorientiert, erfolgreich, risikobereit und mutig. Die Aufgaben der Kinderbetreuung und Kindererziehung sind biologisch vorgegeben. Aus den Neigungen und „*natürlichen*" Eigenschaften der Frauen und Männer leiten

sich auch ihre sozialen und beruflichen Zuständigkeiten ab. Männer weisen die Übernahme oder stärkere Beteiligung an Hausarbeit und Kindererziehung mit dem Argument zurück, daß sie für diese Tätigkeiten weniger geeignet seien und ihnen die enge Beziehung zu Kindern fehle.

Die weibliche Berufsrolle wird von den befragten Männern bejaht, aber stark eingeschränkt auf traditionell weibliche Berufe. Frauen in Männerberufen werden als Ausnahme beurteilt. Aber wo Männer ihr Wunschbild der Frau beschreiben, da tritt die Berufsrolle zurück, hat sie den Charakter der Nebenrolle, Berufseignung wird zur Nebensächlichkeit.

„Das Idealbild der Frau ist ein Bild der mütterlichen Frau. Berufsfrauen werden respektiert, mütterliche Frauen ersehnt." Die Mutter- und Familienaufgaben gelten als *„naturgemäß"*. Männer sind in hohem Maße überzeugt, daß den Leistungen der Mutter und Hausfrau eine größere Bedeutung für die Allgemeinheit zukommt, als den Leistungen der berufstätigen Frau. Nur sie selbst möchten diesen Aufgabenbereich in aller Regel nicht übernehmen.

Das Idealbild der Frau, wie Schiller es im Lied der Glocke entworfen hat, entspricht weder damals noch entspricht es heute der Lebensrealität. Dennoch wünschen Männer nach wie vor in relativ großer Zahl Frauen, die sich ganz in den Dienst des Kindes sowie der persönlichen und beruflichen Entfaltung des Mannes stellen. Frauen sollen einfühlsam, sanft, zärtlich, verständnisvoll sein und Männer soweit wie möglich mit den Alltagsproblemen der Familie verschonen.

Aber die Wesenslehre von der Mutter und Hausfrau ist brüchig geworden, sie hält der kritischen Nachprüfung nicht stand. Auch Hausfrauen sind nicht mehr der Auffassung, daß die von ihnen ausgeübte Tätigkeit die einzige, ihrem Wesen entsprechende ist, sondern eine Tätigkeit neben anderen sinnvollen und erstrebenswerten Tätigkeiten darstellt.

2. Soziale und intellektuelle Fähigkeiten von Mädchen und Jungen

Die Befunde empirischer Untersuchungen kommen in vieler Hinsicht zu ganz anderen Ergebnissen, und auch die kulturvergleichenden Studien zeigen, daß die Rolle der Frau von Kultur zu Kultur erhebliche Unterschiede aufweist. Das hat M. Mead an ihrem ethnologischen Material eindrucksvoll belegt.

Und in der Studie von Maccoby und Jacklin,[11] die hunderte von psychologischen Untersuchungen seit den dreißiger Jahren ausgewertet haben, ist nachzulesen, daß:

1. Mädchen nicht von Natur aus sozialer als Jungen sind und beide über ein vergleichbares Maß an Einfühlungsvermögen verfügen
2. die intellektuellen Fähigkeiten bei Jungen nicht höher sind als bei Mädchen, Unterschiede jedoch in bezug auf das abstrakt räumliche Denken, in bezug auf die sprachlichen Fähigkeiten bestehen

3. Mädchen nicht weniger leistungsorientiert als Jungen sind, allerdings häufiger insbesondere in der Konkurrenz mit Freunden darauf verzichten, die besseren Leistungen erbringen zu wollen.

Unterschiede zwischen Mädchen und Jungen sind nicht konstant, sie verändern sich in den verschiedenen Lebensphasen und treten als geschlechtsspezifische Unterschiede bis zum dritten Lebensjahr kaum in Erscheinung. Mädchen weisen häufig bis zum zweiten Lebensjahrzehnt die besseren Fähigkeiten auf, wenn es um manuelle Geschicklichkeit, Genauigkeit, Auffassungsfähigkeit, Gedächtnis und praktisches Denken geht. Mädchen sind allerdings in ihrem Handeln stärker als Jungen von der sozialen Umgebung abhängig und zeigen ein größeres Interesse an sozialen Beziehungen. Je nach Alter ist das männliche Geschlecht weniger an Personen als an sachlichen Problemen und ihrer Lösung interessiert.
Jungen sind eher als Mädchen bereit, sich durchzusetzen, zeigen mehr Aggressivität und Dominanz. In vielen Studien wird versucht, den Nachweis zu erbringen, daß Mädchen feinfühliger, zurückhaltender, weniger wettkampforientiert, fürsorglicher und mütterlicher sind und weniger Scheu haben, Ängstlichkeit zuzugeben. Diese Befunde sind umstritten. Offen bleibt, ob die Unterschiede auf Anlagen zurückgehen oder vielmehr umweltbedingt bzw. erziehungsabhängig sind.

3. Unterschiedliches Verhalten der Eltern

Umstritten ist, daß sich Väter und Mütter dem jeweils gleichgeschlechtlichen Kind anders gegenüber verhalten als dem gegengeschlechtlichen. Söhne werden von Vätern strenger, Töchter nachgiebiger behandelt. Amerikanische Wissenschaftler beobachten bei Ehepaaren der Mittelschicht, daß Jungen schon in den ersten Lebenstagen mehr gestreichelt, gewiegt und aufgehoben wurden. Mütter beschäftigen sich mit Jungen abwechslungsreicher als mit Mädchen (Parke, O'Leary, West 1975).[12] Jungen werden nicht so viel allein gelassen, Mädchen läßt man eher in Ruhe. Jungen werden nach den Studien von Moss (1967)[13] in den ersten Lebenswochen erheblich länger auf dem Arm gehalten als Mädchen, zu mehr Aktivitäten angeregt und mit zunehmendem Alter stärker gefordert. Wichtig ist in diesem Zusammenhang, daß Eltern zwar meinen, Jungen und Mädchen gleich zu behandeln, Zuwendung und Umgang sich aber faktisch stark unterscheiden und dieses den Eltern meistens nicht bewußt ist.
Im *Kursbuch* 47 berichten 17jährige Oberschülerinnen über ihre Erziehung unter dem Titel „Ich möchte lernen, ich selbst zu sein". Die Aussagen einzelner Schülerinnen machen folgendes deutlich: Mädchen wie Jungen werden zu Selbständigkeit erzogen, beide erhalten eine qualifizierte Schulausbildung, aber sehr früh setzt bewußt und unbewußt die Ausrichtung auf die Rolle des Mäd-

chens in der Familie ein. Mädchen möchten von sich aus in vielen Fällen ebenso wie die Jungen wild sein, auf Bäume klettern, sich schmutzig machen, Mutproben bestehen. Aber sie erfahren sehr früh, daß für sie andere Spiele angebracht sind als für Jungen, daß Jungen die handwerklich technischen und Mädchen die haushälterischen Aufgaben angetragen werden. Das Männliche und Weibliche entwickelt sich in hohem Maße über soziale Normen. Mädchen dürfen weinen, Jungen nicht. Mädchen spielen mit Puppen, Jungen mit Autos oder Soldaten. Viele dieser starren Verhaltensmuster sind rückläufig, aber nur langsam setzt sich die Vorstellung durch, daß Mädchen und Jungen sich weit weniger voneinander unterscheiden als lange Zeit angenommen wurde. Die Unterschiede zwischen den Personen des gleichen Geschlechtes sind größer als die Unterschiede zwischen den Geschlechtern.

4. Lebensplanung der Mädchen

Aber in der Lebensplanung der Mädchen spielen Fragen wie heiraten und Kinder haben von einem relativ frühen Zeitpunkt an eine größere Rolle als bei Jungen. Das hängt nicht zuletzt damit zusammen, daß die Spannung zwischen Beruf und Familie bei den Mädchen bislang ungleich ausgeprägter ist als bei Jungen. Es trifft auch nicht zu, daß bei den heute 16–24jährigen mit einer guten Schul- und Berufsausbildung Familie einen nachgeordneten Stellenwert hat. Mädchen möchten nach wie vor eine Familie, sind aber daran interessiert, einen Beruf zu erlernen und auszuüben, den sie mit den Familienaufgaben vereinbaren können. Eltern erschweren das Interesse der Mädchen an seiner qualifizierten Berufsausbildung, wenn sie diese allzu früh auf den familialen Bereich verweisen und für Berufe interessieren, die den traditionellen weiblichen Tätigkeiten des Pflegens, Erziehens und Dienens sehr nahe kommen. So schreibt eine Oberschülerin: „Meine Eltern wollten aus mir einen aufrichtigen, selbständigen Menschen machen, ganz unbewußt haben sie mich aber doch in eine typische Frauenrolle hineingepreßt. Während mein Bruder für alle handwerklichen und technischen Arbeiten herangezogen wurde, war ich für die Hausarbeit zuständig.“[14]

Ohne den Einfluß biologischer Merkmale zu leugnen, ist festzuhalten, daß Einstellungen und Verhaltensweisen der Frauen stärker sozial als biologisch bedingt sind. Um Mißverständnissen vorzubeugen, ist in diesem Zusammenhang auch anzumerken, daß empirische Studien stärker allgemeine Trends aufweisen und weniger die Unterschiede zwischen den Individuen berücksichtigen. Im Umgang mit empirischen Daten ist auch darauf zu achten, an welchen Jugendlichen oder Erwachsenen die Untersuchungen durchgeführt wurden. Das betrifft nicht nur die Altersgruppe, sondern vor allem die Lebenslage der Befragten. Die den Frauen nachgesagten Fähigkeiten in bezug auf Fürsorglichkeit, Mütterlichkeit und Einfühlsamkeit sind nicht losgelöst von den Anforderungen zu sehen, die an Frauen gestellt werden. Die Fürsorge für andere ist nicht angeboren, sondern als Fähigkeit sozial vermittelt, in der jeweiligen Lebenssituation notwendig. Kinder können nicht ohne Liebe, Fürsorge und Erziehung aufwachsen.

5. Lernprozesse in Familie und Beruf

Die Lernprozesse in der Familie, die dort entwickelten Einstellungen und Verhaltensweisen bringen Vor- und Nachteile für die Frauen mit sich. Die Hausarbeit und Kindererziehung ist unmittelbar auf Personen und ihre Bedürfnisbefriedigung bezogen. Frauen arbeiten im Haushalt selbständig, allein oder in Gemeinschaft mit den übrigen Familienmitgliedern. Aber diese Tätigkeit ist in der Regel nicht durch Konkurrenz oder hierarchische Ordnung gekennzeichnet, Familientätigkeit vollzieht sich nur sehr bedingt unter Gesichtspunkten wie Arbeitsteiligkeit, Spezialisierung, Effizienz. Familienarbeit ist personenorientierte Tätigkeit. Sie erfordert Nähe zu den Personen, intensive Wahrnehmung der unterschiedlichen Bedürfnisse der einzelnen Familienmitglieder, konkretes Handeln, Geduld, Beharrlichkeit, Spontaneität und Phantasie. Die in der Familie geforderten Fähigkeiten lassen sich nur bedingt auf die außerhäusliche Erwerbsarbeit in Großbetrieben mit sachbezogener Aufgabenstruktur übertragen. Im Beruf müssen Frauen in der Lage sein, sachbezogen, frei von Emotionen, weisungsgebunden Arbeiten zu verrichten. Erforderlich sind Durchsetzungsvermögen und Selbstbehauptungswille, Konkurrenzverhalten. Die Arbeitswelt mit ihrem Konkurrenz- und Karrieredenken, der geringen Förderung selbständiger und schöpferischer Arbeit, ihren geringen sozialen und emotionalen Bezügen läßt bisher kaum Raum für die bei Frauen stärker als beim Mann entwickelten Einstellungen und Verhaltensweisen.
Die stärkere Teilhabe der Frauen an der Welt der Arbeit und der Politik dürfte nicht dazu führen, daß Frauen ihre spezifischen Werthaltungen und Normen verleugnen, sondern dazu beitragen, die Arbeitswelt menschlicher zu machen. Schon 1792 erkärte der Königsberger Stadt- und Polizeipräsident Theodor von Hippel in einer Studie „Über die bürgerliche Verbesserung der Weiber“: „Männer sterben für das Vaterland; Weiber leben für dasselbe. Jene zerstören durch Krieg auch die Familien, Frauen erhalten sie. Wenn Weiber dem Hauswesen so schlecht vorständen wie Männer dem Staat – was wäre aus der sogenannten gesitteten Welt längst schon geworden?“[15]

6. Selbstwertgefühl von Frauen

Aber Frauen sind nach wie vor in ihrem Selbstwertgefühl leicht verletzbar und bereit, die Überlegenheit des Mannes, die dieser für sich in Anspruch nimmt, bereitwillig oder zögernd anzuerkennen. Sie gestehen dem Mann zu, daß er

genauso befähigt und geeignet ist für Kindererziehung und Haushalt wie sie selbst. Zweifel hegen diese Frauen jedoch, ob sie ebenso geeignet und befähigt sind für die Berufsrolle des Mannes und mit ihm bei entsprechender Vorbildung tauschen könnten. Frauen haben prinzipiell kein geringeres Selbstwertgefühl als Männer, aber in den konkreten Lebenssituationen zeigt sich, daß die Entfaltung dieses Selbstwertgefühles erheblich von den Lebensumständen abhängt und nicht unabhängig von den Einstellungen des Mannes erfolgt. Berufstätige Frauen schätzen ihre beruflichen Fähigkeiten höher ein als Hausfrauen ihre familienbezogenen Fähigkeiten.[16] Berufstätige Frauen fühlen sich in den meisten Fällen beruflich respektiert und klagen selten über fehlende Wertschätzung von seiten der männlichen Berufskollegen.
Frauen suchen nach einem neuen Rollenverständnis. Sie wollen eigenständiger denken und handeln, aber Lebensplanung von Frauen vollzieht sich in Auseinandersetzung mit widersprüchlichen Erwartungen. Das von ihnen erwartete Interesse an qualifizierter beruflicher Bildung und an beruflichem Engagement, steht im Widerspruch zu jener anderen Erwartung, ihre Lebensführung mit der Geburt des ersten Kindes dem Familienzyklus anzupassen, sich für einen Lebensbereich zu entscheiden oder sich zwischen beiden aufzuteilen. Entscheidet sie sich für die Familie, muß sie damit rechnen, den Anschluß im Beruf nicht mehr oder nur unter sehr erschwerten Bedingungen zu finden. Entscheidet sie sich für Familie und Beruf, muß sie an sich selbst den Anspruch stellen, leistungsfähiger als der Mann zu sein. Für die Mehrheit der Frauen gibt es bisher keine zufriedenstellende Lösung des Problems. Ohne ein Umdenken auf seiten des Mannes und ohne Veränderungen in der Arbeitswelt ist dieses Problem nicht zu lösen.

Soll sowohl das Frauliche bzw. Mütterliche als auch das Männliche in Familie, Beruf und Öffentlichkeit vertreten sein, so ist bei allen zu respektierenden Unterschieden zwischen den Geschlechtern das Gemeinsame und sich wechselseitig Ergänzende mit Nachdruck zu betonen und an der Gleichberechtigung im Sinne gleicher Teilhabe der Männer und Frauen an den zentralen Lebensbereichen Familie und Arbeitswelt sowie Öffentlichkeit zu arbeiten.

Anmerkungen

1 Noelle-Neumann, E.: Eine Generation später. Bundesrepublik Deutschland 1953 bis 1979, Eine Allensbacher Langzeitstudie, Institut für Demoskopie Allensbach, Allensbach 1981.

2 Pross, H./Lehr, U./Süssmuth, R.: Emanzipation und Familie. Schriftenreihe der niedersächsischen Landeszentrale für politische Bildung, Fakten, Meinungen, Argumente, Folge 7. Hannover 1981.

Eckert, R. (Hrsg.): Geschlechtsrollen und Arbeitsteilung. Mann und Frau in soziologischer Sicht, München 1979.
Jansen-Jurreit, M. (Hrsg.): Frauenprogramm - Gegen Diskrimierung. Gesetzgebung, Aktionspläne, Selbsthilfe. Ein Handbuch, Reinbek bei Hamburg 1979.

3 Allemann-Tschopp, A.: Geschlechtsrollen, Bern/Stuttgart/Wien 1979.
Kürthy, T.: Geschlechtsspezifische Sozialisation, 2 Bde., Paderborn 1978.

4 Jugendwerk der Deutschen Shell (Hrsg.): Jugend '81. Lebensentwürfe, Alltagskulturen, Zukunftsbilder, 3 Bde., Hamburg 1981.
Brigitte/Deutsches Jugendinstitut: Mädchen '82. Eine repräsentative Untersuchung über die Lebenssituation und Lebensgefühl 15–19jähriger Mädchen, Hamburg 1982.

5 Enquête-Kommission: Frau und Gesellschaft, Bundestagsdrucksache 8/4461, Bonn 1980.

6 Noelle-Neumann, E./v. Klipstein, M./Strumpel, B.: Arbeitspolitik und Öffentlichkeit. Arbeit zwischen Lebensfreude und Produktivität. Forschungsstelle Sozialökonomik der Arbeit, FSA prints, Berlin 1983.

7 Erler, G./Jaeckel, M./Sass, J.: Mütter zwischen Beruf und Familie, München 1983.

8 Süssmuth, R.: Wandlungen im Bindungsverhalten. Liebe und Treue im Blick auf nichteheliche Lebensgemeinschaften, Teil I u. II, in: Herder Korrespondenz 35 (1981), H. 4, 195–199 und 35 (1981), H. 5, 261–279.

9 Willi, J.: Die Zweierbeziehung, Reinbek 1975.

10 Keller, H.: Männlichkeit - Weiblichkeit, Darmstadt 1978
Pross, H.: Die Männer, Reinbek 1978.

11 Maccoby, E. E./Jacklin, C. N.: The psychological Sex Differences, Stanford 1974.

12 Pross, H./Lehr, U./Süssmuth, R.: Emanzipation und Familie.

13 Pross, H./Lehr, U./Süssmuth, R.: Emanzipation und Familie.

14 Kursbuch 47, „Frauen“, Berlin 1977, 147.

15 Beuys, B.: Familienleben in Deutschland, Neue Bilder aus der deutschen Vergangenheit, Hamburg 1980.

16 Pross, H.: Die Wirklichkeit der Hausfrau, Hamburg 1975.

2. Die Rückkehr des Mannes in die Familie (1985)

1. Familie haben oder Familie leben

Familie haben oder Familie leben - diese Unterscheidung trifft immer noch weitgehend den verschiedenartigen Familienbezug von Frau und Mann. Er resultiert aus der historisch begründeten Trennung der Lebensbereiche, der geschlechtsspezifischen Arbeitsteilung, den gesellschaftlich vorgegebenen Einstellungen und Bewertungen männlicher und weiblicher Fähigkeiten sowie Aufgaben.
Für die traditionelle Aufgabenteilung galt, daß berufliche Arbeit im Zentrum des männlichen Lebenszusammenhanges und Haushalt und Kindererziehung im Zentrum des weiblichen Lebenszusammenhanges zu stehen haben. Die gegenwärtige Situation ist gekennzeichnet von Gleichzeitigkeit und Wandel von Leitbildern und sich anbahnenden neuen Lebensformen. Die bisher geltenden Rollenzuweisungen werden vielfach noch befolgt, aber gleichzeitig in Frage gestellt. Dieses gilt verstärkt für die jüngere Generation und Männer mit qualifizierter Ausbildung und gehobener Berufsposition.
Der insbesondere von Frauen geforderte und von Männern gewünschte Rollenwandel resultiert aus:

1. dem Rollenwandel der Frau
2. der veränderten Sicht des Vaters und seiner Bedeutung für die Sozialisation des Kindes
3. der Revision männlichen Selbstverständnisses und veränderten Ansprüchen an die Persönlichkeitsentfaltung des Mannes.

2. Neuorientierung des Mannes

Neue Orientierungsmuster bei einem Teil der Männer in bezug auf ihre Berufs- und Familienrolle sind eingebunden in Veränderungen der äußeren Lebensbedingungen, der Werte und Normen einer Gesellschaft im Wandel. Sie sind ebenso von außen aufgezwungen wie individuell angestrebt und stellen zugleich Herausforderung und Chance dar. Widerstände resultieren nicht allein aus der Arbeitswelt, sondern ebenso aus dem familiären Bereich. Für beide Bereiche ergeben sich einschneidende Veränderungen, die Männern und Frauen grundlegende Umlernprozesse abverlangen.[1]

Ziel ist nicht der Rollentausch, sondern mehr Gemeinsamkeit zwischen Männern und Frauen, mehr Rollenflexibilität, mehr Selbstbestimmung über Familienorientierung und Berufsorientierung im Lebens- und Familienzyklus. Diesem Ziel stehen einerseits sozialisationsbedingte Barrieren entgegen, hinzu kommen nur schwer zu überwindende Widerstände aus der Organisation der Bildungs- und Arbeitswelt. Die dort geltenden Anforderungen lassen sich nicht in Einklang bringen mit den Bedingungen und Anforderungen des Lebensbereiches Familie. Insofern kann Rollenwandel des Mannes nur in dem Maße gelingen, wie sich nicht nur geschlechtsspezifische Rollendefinitionen in Einstellungen und Verhalten von Männern aufbrechen lassen, sondern Spannungen und Widerstände zwischen den Anforderungen an Familie und Arbeitswelt abgebaut werden.[2]
Einstellungen und Verhaltensweisen von Männern orientieren sich nicht anders als bei Frauen an den in der Gesellschaft vorgegebenen Rollenmustern, an der geschlechtsspezifisch zugeschriebenen Zuständigkeit für unterschiedliche Lebensbereiche mit ihren verschiedenartigen Bewertungen.
Neuorientierungen des Mannes in bezug auf veränderte Einstellungen und Verhaltensweisen zu Familien- und Erwerbstätigkeit sind offenbar nur reaktiv vom Rollenwandel der Frau bestimmt worden. Jedenfalls scheint das Merkmal - Zunahme der Erwerbstätigkeit von verheirateten Frauen - keinen unmittelbaren Einfluß auf eine stärkere Beteiligung an Familienaufgaben von seiten der Männer zu haben. Jüngste Untersuchungen bestätigen, daß sich die Beteiligung von Männern an der Hausarbeit bei erwerbstätigen und nicht erwerbstätigen Ehefrauen so gut wie nicht unterscheidet. Es besteht kein Zusammenhang zwischen verstärkter außerhäuslicher Erwerbstätigkeit der Frauen und einer verstärkten Beteiligung des Mannes an Familienaufgaben.
Einstellungswandel des Mannes hängt insofern mit dem Rollenwandel der Frau zusammen als gerade die veränderten Erwartungen von Frauen an partnerschaftliche Ehe- und Familienführung eine Veränderung der traditionellen Aufgabenteilung zur Konsequenz haben.
Tatsächliche Beteiligung des Mannes hängt von mehreren Faktoren ab. Anforderungen von seiten der Arbeitswelt in bezug auf Arbeitszeit, Wegezeiten, Beanspruchung am Arbeitsplatz wirken sich ebenso aus wie die durch die Sozialisation in Familie, Schule und Betrieb vermittelte Vorstellung von der unterschiedlichen Zuständigkeit von Mann und Frau für den Familien- und Erwerbsbereich, für bezahlte und unbezahlte Arbeit. Die exklusive Minderheit der Hausmänner, wie auch die steigende Zahl der alleinerziehenden Väter scheinen bislang wenig Einfluß auf einen breiteren Bewußtseinswandel zu haben. In der Erwartung der Mädchen und jungen Frauen mit Kleinkindern hingegen drückt sich in jüngsten Befragungen deutlich die Vorstellung von der verstärkten Beteiligung der Männer an der traditionellen Frauenarbeit aus.[3]

Im Bewußtsein der meisten Männer ist Familie Arbeitsort und Aktionsbereich der Frauen. Männer verlassen morgens die Familie und kommen abends nach Hause. Das Familienleben ist bestimmt durch räumliche und zeitliche Distanz des Mannes. Dadurch erwächst täglich neu die sinnliche Erfahrung der nur bedingten Zuständigkeit und konkreten Verantwortung, ohne daß dadurch - jedenfalls in der Regel - die emotionale Verbundenheit beeinträchtigt wird.
Allerdings ist seit den 70er Jahren ein Bewußtseins- und Einstellungswandel in Richtung auf eine aktivere Familienbeteiligung des Mannes festzustellen, die sich in erster Linie in einer bewußten Wahrnehmung der Vaterrolle zeigt.
Entscheidender als die Erwerbstätigkeit der Frau sind für den Bewußtseinswandel die im Sozialisationsprozeß verinnerlichten Wertorientierungen und Verhaltensmuster. Einstellungswandel kann jedoch nicht nur individuell erfolgen, sondern muß zugleich gesellschaftlich erlebbar werden. Veränderte Rahmenbedingungen - seien es nun rechtliche oder soziale und ökonomische - wirken auf Einstellungen und Verhaltensweisen nur in dem Maße ein, wie es gleichzeitig zu einem Mentalitätswandel kommt. Insofern haben hier Erziehung und Bildung eine unabdingbar komplementäre Funktion. Gerade die Erfahrung in sozialistischen Ländern verstärkt die Erkenntnis, daß Gleichberechtigung von Mann und Frau im Beruf noch nicht zu mehr Partnerschaft in der Familie führt. Verbesserung der Arbeitszeitstrukturen und der Beanspruchung des einzelnen am Arbeitsplatz sind wichtige, aber keine ausreichenden Bedingungen für eine verstärkte Partizipation des Mannes an Familienaufgaben.

3. Veränderungen in der Erwerbsorientierung des Mannes

Amtliche Statistik und Einzelerhebungen der letzten Jahre lassen deutliche Veränderungen in der Einstellung eines wachsenden Teils der Männer zur Erwerbsarbeit und insbesondere zur Arbeitszeit erkennen. Insgesamt scheinen die Bedeutung und der Wert der Erwerbsarbeit relativiert zu werden. Die jüngste international vergleichende Studie zu „Arbeitspolitik und Öffentlichkeit“[4] weist diese Tendenz an der Arbeitszufriedenheit, an Arbeitszeitwünschen, am Arbeitsengagement und der höheren Sensibilität in bezug auf Belastung und Überlastung nach.
Zwar definieren sich Männer nach wie vor primär über die Erwerbsarbeit. Sie ist ausschlaggebend für den Lebensstandard, die gesellschaftliche Anerkennung, die Selbstachtung und die gesellschaftliche Integration. Aber gleichzeitig nimmt die Erwerbsarbeit im Lebensvollzug des einzelnen einen geringen Stellenwert ein. Außerberufliche Aktivitäten gewinnen zunehmend an Bedeutung. Der berufliche Einsatz wird limitiert, der Lebensstil ist weniger auf beruf-

liches Engagement fixiert. Allerdings gilt dies bisher weniger für Erwerbspersonen mit hoher Eigenverantwortlichkeit und höherem beruflichen Status als vielmehr für das Gros der „Normalarbeitnehmer“.[5] Für sie gerät die Erwerbsarbeit mehr und mehr in Konkurrenz zu Freizeit- und Familienaktivitäten.[6]
Aber auch für die erstgenannte Gruppe erwies eine Umfrage des EMNID-Instituts bei den in der Regel als beruflich hoch motiviert geltenden „Führungskräften der deutschen Wirtschaft“ eine deutliche Konkurrenz bzw. Gleichgewichtigkeit in der Bewertung von beruflichen und familiären Interessen, wenn auch der Anteil jener, die dem Beruf einen eindeutigen Vorrang einräumen überdurchschnittlich hoch ist (vgl. Tab. 1).
Die Umfrage bei Unternehmern und Leitenden Angestellten, bei denen es sich, so können wir annehmen, fast ausschließlich um Männer gehandelt hat (die Studie weist einen Frauenanteil unter den Befragten *nicht* aus), ergibt folgendes Bild:
Für 60 Prozent des Führungspersonals der deutschen Wirtschaft steht der Beruf nicht mehr uneingeschränkt im Vordergrund des Interesses. Auch wenn

Tabelle 1: Verhältnis von Beruf und Privatleben bei Führungskräften

	Alter					Brutto-Einkommen			
	Total	Bis 39 Jahre	40–49 Jahre	50–59 Jahre	60 Jahre und älter	bis DM 4999	DM 5000–9999	DM 10000–19999	DM 20000 und mehr
	%	%	%	%	%	%	%	%	%
Familiäre bzw. private Interessen haben für mich Vorrang vor beruflichen Anforderungen	9	11	8	7	15	17	8	8	3
Berufliche Anforderungen und private Interessen sind für mich gleich wichtig	51	57	50	51	42	64	58	42	58
In der Regel hat der Beruf für mich Vorrang	36	29	40	40	32	17	34	49	39
Keine Angaben	3	3	2	2	11	1	1	1	–
Basis	1065	237	451	277	85	143	449	222	36

Quelle: „Die Arbeitsmotivation von Führungskräften der deutschen Wirtschaft“. Hrsg. v. Institut für Wirtschafts- und Gesellschaftspolitik (IWG) 1985

nur 9 Prozent Interessen des Privatlebens eindeutig den Vorzug geben, so erkennt man an dieser Prioritätensetzung dennoch, daß von einer Dominanz des Berufslebens über alle anderen Lebensbereiche auch bei Führungskräften nicht mehr ohne weiteres ausgegangen werden kann. Insbesondere die jüngeren Befragten lassen erkennen, daß eine Prioritätenverschiebung stattgefunden hat bzw. stattfindet.

Noch ist die Arbeitswelt der Bereich, der von dem Großteil der Männer im Sinne der Vollzeitarbeit ausgefüllt wird. Die Erwerbsquote der Männer im Alter von 15–65 Jahren betrug 1981 83,5%, die der Frauen 50,6%.

Insgesamt hat die Erwerbsquote bei den Männern seit 1972 abgenommen und die der verheirateten Frauen zugenommen. 1972 betrug die Erwerbsquote der verheirateten Frauen 47,6% und die der Männer 88,4% (vgl. Statistisches Bundesamt, Jahrbuch 1982, Tab. 2).

Die Erwerbsquote liegt 1982 bei den Männern in der Altersgruppe zwischen 30 und 45 Jahren bei 97% und bewegt sich deutlich darunter in der Altersgruppe der Männer über 50 Jahren.

Tabelle 2: Anteil der Erwerbspersonen an 100 Männer bzw. Frauen der jeweiligen Altersgruppe (Erwerbsquoten)

Alter von ... bis unter ... Jahren	Männlich		Weiblich									
			zusammen		ledig		verheiratet		verwitwet		geschieden	
	1980	1981	1980	1981	1980	1981	1980	1981	1980	1981	1980	1981
15–20	48,5	46,3	41,4	40,4	40,9	39,9	55,3	56,9	–	–	–	–
20–25	82,0	61,5	71,1	71,0	76,9	75,0	62,3	64,1	–	–	82,0	80,4
25–30	90,2	89,4	62,5	63,8	84,8	84,4	55,3	56,5	64,7	74,0	83,1	81,3
30–35	97,3	96,8	56,2	57,1	88,5	88,9	51,2	51,8	60,3	67,3	82,1	82,3
35–40	98,3	98,2	55,4	56,9	90,9	91,0	50,8	52,2	57,8	63,9	84,8	86,3
40–45	98,1	98,0	54,9	56,1	88,6	88,7	50,7	52,0	61,0	63,0	83,4	83,5
45–50	96,8	96,5	52,2	53,1	88,1	87,8	47,5	48,6	57,9	58,4	81,8	61,8
50–55	93,3	93,2	47,1	48,2	86,8	84,2	41,4	42,9	49,5	51,2	77,9	78,4
55–60	82,3	81,9	38,7	39,0	77,2	78,0	31,8	32,0	37,4	37,8	72,4	69,6
60–65	44,2	44,5	13,0	13,3	26,3	26,3	11,2	11,5	11,0	11,4	23,7	24,3
Zus. (15–65)	84,4	83,5	50,2	50,6	60,7	60,0	46,1	46,8	34,1	34,1	76,3	75,9
65–70	11,3	10,5	4,8	4,6	10,4	9,1	4,3	4,3	4,3	3,9	–	7,4
70–75	6,7	6,6	3,0	2,8	7,5	7,2	2,8	2,7	2,4	2,1	–	–
75 und mehr	3,9	3,8	1,3	1,3	3,6	3,5	1,4	1,5	0,9	0,9	–	–
Zus. (15 u. mehr)	72,6	72,3	39,3	39,8	55,1	54,7	40,6	41,4	10,2	10,0	62,8	62,9
Insgesamt[1]	58,4	58,4	32,6	33,3	28,2	28,9	40,6	41,4	10,2	10,0	62,7	62,9

[1] Die „Insgesamt-Quoten" zeigen die Anteile der Erwerbspersonen an der gesamten Wohnbevölkerung entsprechenden Geschlechts- und Familienstands.

aus: Statistisches Bundesamt Wiesbaden (Hrsg.), Stand und Entwicklung der Erwerbstätigkeit 1981, Fachserie 1, Reihe 4.1.1., Juni 1982, 22/23.

Quelle: Ergebnisse des Mikrozensus, Stand: April 1980 und Mai 1981

Die *Arbeitslosenquoten* von Männern und Frauen näherten sich 1982 und 1983 einander an, obwohl diese Quoten auf dem Hintergrund der ungleich geringeren Erwerbsbeteiligung der Frauen interpretiert werden muß. Im Januar 1983 betrug der Anteil der erwerbslosen Frauen 10,5% und der der Männer 10% (Amtliche Nachrichten der Bundesanstalt für Arbeit, Nr. 3/ März 1983, 167).

Ein deutlicher Wandel zeichnet sich in den Arbeitszeitwünschen ab, die seit Beginn der 70er Jahre in kurzen Abständen von verschiedenen Forschungsinstituten erfragt wurden und in Richtung kürzerer Wochenarbeitszeiten tendieren.

In der 1980 von Infratest für das Institut für Arbeitsmarkt und Berufsforschung (IAB) durchgeführten Befragung kommt eine klare Präferenz für eine kürzere wöchentliche Arbeitszeit zum Ausdruck, allerdings mit deutlichen Unterschieden bei Männern und Frauen. 96% der Männer und 60% der Frauen arbeiten mehr als 37 Stunden wöchentlich. Gewünscht werden Wochenarbeitsstunden von 20–24 Stunden von 3% der Männer und 27% der Frauen. Arbeitszeiten von 30–36 Stunden wünschen sich 25% der Männer und 22% der Frauen. Mehr als 37 Stunden möchten 67% der Männer und 31% der Frauen arbeiten (vgl. Tab. 3).

Umfang und Art der Arbeitszeitverkürzung variieren außerdem je nach Alter, Stellung im Beruf und Einkommen. Bei der Diskussion um mehr Teilzeitarbeit neuer Art für Männer und Frauen ist zu beachten, daß die Bereitschaft und das Interesse der Männer an Teilzeitarbeit in starkem Maße vom Ausbildungsniveau abhängt. 25% der Teilzeitarbeit suchenden Männer haben einen Fachhochschul- oder einen Hochschulabschluß.

Tabelle 3: Geleistete und gewünschte Arbeitsstunden pro Woche 1980 (Berufstätige deutsche Bevölkerung unter 60 Jahren

Arbeitsstunden	Geleistete Arbeitsstunden pro Woche (Prozentwerte)			Gewünschte Arbeitsstunden pro Woche (Prozentwerte)		
	gesamt	Männer	Frauen	gesamt	Männer	Frauen
Basis	2734	1686	1048	2734	1686	1048
0				2	2	3
1- 4	0	–	0	0	0	0
5- 9	0	0	1	1	1	1
10-14	1	0	3	1	–	3
15-19	1	0	4	1	0	4
20-24	6	0	14	12	3	27
25-29	3	0	8	5	1	10
30-36	4	1	8	24	25	22
mehr als 37	82	96	60	53	67	31
keine Angaben	2	2	2	1	1	1

Quelle: Klauder/Kühlewind (Hrsg.), 1981, 154

Noch klaffen tatsächliche und gewünschte Arbeitszeit erheblich auseinander. Fraglich ist, ob die verbal geäußerten Arbeitszeitwünsche im konkreten Entscheidungsfall auch realisiert werden, wenn damit Einbußen in Einkommen und Lebensstandard hingenommen werden müssen. Insgesamt ist jedoch ein Wandel in der Einstellung zur Erwerbsarbeit erkennbar.

4. Einstellungsänderungen zur Familientätigkeit und Vaterrolle

Veränderte Lebens- und Arbeitsbedingungen haben entscheidend dazu beigetragen, den Wert der Erwerbsarbeit zu relativieren und die Bedeutung der anderen Betätigungsfelder zu erhöhen.
In der Skala der für wichtig erachteten und geschätzten Lebensbereiche nimmt die Freizeit inzwischen einen hohen Rang ein. Insofern ist der sich abzeichnende Wandel im Berufsrollenverständnis vieler Männer nicht direkt und allein abhängig vom Rollenwandel der Frau. In dem Maße wie die Arbeitsvorgänge im Produktions- und Dienstleistungsbereich aufgrund technologischer Entwicklungen den Bedarf an menschlicher Arbeitskraft verringern, verändert sich auch die zeitliche, körperliche und intellektuelle Beanspruchung am Arbeitsplatz.
Bewußte oder erzwungene Zurücknahme des beruflichen Engagements zieht aber nicht zwangsläufig eine verstärkte Familienorientierung nach sich. In den jüngsten Untersuchungen zu Freizeiteinstellungen und Freizeitverhalten wird deutlich, daß familiäre Verpflichtungen der Verwirklichung des Wunsches nach unabhängiger Freizeitgestaltung am stärksten entgegenstehen. Familie wird in diesem Fall eher als Belastung und Behinderung für die Selbstentfaltung empfunden.
Geringere berufliche Beanspruchungen und kürzere Arbeitszeiten sind wichtige, aber keine hinreichenden Voraussetzungen für ein erhöhtes Interesse der Männer an der Wahrnehmung der Familienrolle. Es ist zu vermuten, daß der strukturell bedingte Wandel des männlichen Berufsrollenverständnisses einen nachhaltigeren Einfluß auf Einstellungs- und Verhaltensänderung des Mannes in Freizeit und Familie haben wird als der über die verstärkte Erwerbsbeteiligung der Frauen notwendig gewordene Rollenwandel des Mannes. Jedenfalls scheint die Zunahme der Erwerbstätigkeit von verheirateten Frauen allein keinen unmittelbaren Einfluß auf eine verstärkte Beteiligung des Mannes an Familienaufgaben gehabt zu haben. Die Übernahme von Familientätigkeit hat sich keineswegs proportional zur Erwerbstätigkeit der Frauen erhöht.
Der Rollenwandel der Frau ist jedoch insofern von Bedeutung, als mit dem erhöhten Bildungs- und Ausbildungsniveau, der selbstverständlicher gewordenen weiblichen Rolle im Erwerbsleben und den veränderten Erwartungen

der Frauen an Partnerschaft und Familientätigkeit des Mannes traditionelle Rollendefinitionen und Rollenabgrenzungen mit ihren je spezifischen Aufgaben und Arbeitsbereichen aufgebrochen und in Frage gestellt wurden.
Die Bereitschaft der Männer zu einem stärkeren zeitlichen Engagement in der Familie hat sich nicht nur prinzipiell, sondern auch faktisch erhöht.
Allerdings sind hier Verhaltens-„Brüche" zu beobachten. Die gemeinsame Verantwortung für die im Haushalt anfallenden Aufgaben wird in vielen Fällen bis zur Geburt des ersten Kindes praktiziert, dann aber häufig zugunsten der traditionellen Arbeitsteilung zurückgenommen oder ganz aufgegeben. Insofern erfahren vor allem junge Frauen eine deutliche Diskrepanz zwischen den Erwartungen an die Familien- und Vaterrolle des Mannes und der faktischen Ausfüllung der Familienrolle.[7]
Frauen sprechen sich deswegen in wachsender Zahl für eine Umwandlung des Mutterschaftsurlaubs im Sinne eines *Elternurlaubs* aus, von Männern wird dieser Wunsch in der Bundesrepublik bisher nur von rund 10% vertreten. Die größte Bereitschaft zur Inanspruchnahme eines Elternurlaubs zeigen Männer aus ungelernten und wenig qualifizierten Berufen, am geringsten ist die Tendenz bei Männern mit qualifizierter Berufsausbildung und gehobener Berufsposition (Deutsches Jugendinstitut 1982). Je geringer die Arbeitsplatzzufriedenheit desto größer ist die Bereitschaft, die Erwerbsarbeit zugunsten von Familientätigkeit zu unterbrechen, Elternurlaub oder Familiengeld in Anspruch zu nehmen.
Das Rollenverständnis des Mannes hat sich auch im Bild der Öffentlichkeit gewandelt.[8] Die Übernahme von Aufgaben in der Kinderbetreuung und Erziehung sowie im Haushalt sind privat und öffentlich weitgehend akzeptiert, allerdings darf die Ausübung der Berufsrolle nach wie vor durch die Familientätigkeit des Mannes nicht beeinträchtigt werden.

5. Zum Einstellungswandel gegenüber der Vaterrolle

Mit einiger Gewißheit läßt sich sagen, daß Männer ihre Vaterrolle heute stärker annehmen und ihr Interesse am Zusammenleben mit ihren Kindern und an deren Erziehung gestiegen ist. Solche Veränderungen in der Wertschätzung und Ausübung der Vaterrolle sind auch auf die Verbreitung neuer Ergebnisse der Sozialisationsforschung zurückzuführen.
Erst in den letzten zehn Jahren hat sich das empirische Forschungsinteresse dem Einfluß und der Bedeutung des Vaters im Sozialisationsprozeß von Kindern zugewandt.[9]
In der *Vaterforschung* wurde nachgewiesen, daß Väter von den ersten Lebenstagen an durch ihren direkten und indirekten Umgang die Entwicklung des Neugeborenen und Kleinstkindes beeinflussen.[10]

Väter sind ebenso wie Mütter geeignet, die Pflege, Betreuung und Erziehung von Kindern zu übernehmen.[11]
Im Umgang von Vätern und Müttern mit Kindern dominieren die Ähnlichkeiten, nicht die Unterschiede.[12] Unterschiede zeichnen sich ab im Verhalten beim Füttern, Lächeln, in der Verbalisation und beim Spiel.[13]
Offenkundig profitieren nicht nur die Kinder, sondern gerade auch die Väter von diesen Beziehungen.[14] Belege für männliche Fähigkeiten im Umgang mit ihren Kindern kommen u. a. auch von der ständig größer werdenden Zahl alleinerziehender Väter.[15] In der Bundesrepublik waren es 1983 145 000.
Die Einsicht in die väterlichen Fähigkeiten des Mannes und das Recht und Bedürfnis des Kindes, mit beiden Geschlechtern, Männern und Frauen, Erfahrungen zu machen, hat in einem Teil der europäischen Länder dazu geführt, den *Elternurlaub* für Väter verbindlich zu machen. In Schweden muß beispielsweise nach den geltenden Regelungen ein Teil des Elternurlaubs vom Vater in Anspruch genommen werden. Der auf den Vater entfallende Teil ist nicht auf die Mutter übertragbar.
Mit Rücksicht auf die Entwicklung und Erziehung der Kinder verzichten heute mehr Väter als früher auf berufliche Karriere oder bemühen sich um einen familienfreundlicheren Arbeitsplatz. Vor allem Vätern in Schichtarbeit werden die nachteiligen Folgen ihrer Arbeitszeitbedingungen zunehmend bewußter. Negative Auswirkungen wurden nicht nur für die frühkindliche Entwicklung, sondern insbesondere für die schulische Sozialisation von Kindern aus Schichtarbeiterfamilien thematisiert.[16]
Noch ist es eine Minderheit der Väter, die die Vaterrolle zunehmend bewußter wahrnimmt und praktiziert. Warum sollte aus dieser Minderheit keine Mehrheit werden?
Die viel kritisierte Elternpädagogik hat auf die Akzeptanz der Bedeutung des Vaters in der Entwicklung und Erziehung der Kinder durchaus einen wichtigen Einfluß ausgeübt.
Das zeigt sich nicht nur in der verstärkten Beteiligung der Väter an Bildungsangeboten zu Erziehungsfragen, sondern vor allem in einem veränderten öffentlichen und privaten Umgang mit Kleinkindern.
Die bis noch vor wenigen Jahren in der Familiengerichtspraxis und Jugendhilfe vorherrschende Auffassung, daß Frauen die geeigneteren Bezugspersonen für Kinder sind, konnte theoretisch und empirisch widerlegt werden. Zunehmend baut sich das Vorurteil ab, daß Frauen einen unmittelbareren Kontakt zu Kindern haben, daß sie eher fähig sind, auf Bedürfnisse der Kinder einzugehen und Kinder - vor allem im Kleinkindalter - zu fördern. Es zeigte sich, daß dies erworbene und anerzogene Fähigkeiten sind, die Männern folglich ebenso zugänglich sind. Nicht zu unterschätzen ist in diesem Zusammenhang auch der Einfluß der Frauenbewegung mit ihren Forderungen nach einer neuen Arbeitsteilung in Familie und Arbeitswelt.[17]

Die Bedeutung des Vaters in und außerhalb der Familie ist seit altersher in Philosophie, Theologie, Kunst, Literatur und dem moralisch-didaktischen Schrifttum immer wieder betont worden.
Aber mit der in der Industriegesellschaft erfolgten Trennung von Familie und Arbeitsplatz und der geschlechtsspezifischen Rollenfixierung ist der Vater mehr und mehr aus der Familie und damit auch aus der alltäglichen Erziehung der Kinder ausgegrenzt worden. Männer wurden zu *„abwesenden Vätern"*, wie der Amerikaner Nash es 1976 in seiner Studie „Fathers are absent, too" ausdrückte und eine Neubewertung der Vaterrolle anstrebte.
Die Abwesenheit des Vaters wirkt sich um so negativer aus, je früher sie einsetzt und je länger sie anhält. Die negativen Auswirkungen betreffen die kognitive und moralische Entwicklung, vor allem aber die Entwicklung des geschlechtsspezifischen Verhaltens des Kindes.[18]

6. Chancen und Barrieren eines Verhaltenswandels

Auf der Einstellungsebene zeichnet sich bereits eine ausgeprägtere Sensibilität für die Aufgaben und Zuständigkeiten der Väter ab. Die auffällige Diskrepanz zwischen Bewußtseins- und Verhaltenswandel verweist auf Barrieren, die auf verschiedenen Ebenen abzubauen sind.
Eine der Barrieren ist in den tief verankerten Wertorientierungen vieler Männer zu suchen. Einstellungsuntersuchungen zeigen, daß Kindererziehung und Haushaltsführung für eine große Zahl der Männer noch immer kein erstrebenswertes Betätigungsfeld darstellen.[19]
Prinzipiell wird die Familientätigkeit zwar als wichtige und hoch zu bewertende Arbeit angesehen, aber diese Wertschätzung betrifft die Arbeit der Frau, nicht die des Mannes in der Familie.[20] Hausarbeit wird als unproduktive, langweilige, als eine für den Mann nicht angemessene Tätigkeit bewertet. Selbstwertgefühl und gesellschaftliches Ansehen bezieht der Mann über die berufliche Arbeit - sei sie im Einzelfall auch noch so eintönig, fremdbestimmt und anspruchslos. Entscheidend ist demnach nicht der Typ der Arbeit, sondern die soziale Anerkennung aufgrund des bezahlten bzw. in Geld meßbaren Arbeitsverhältnisses.
Zwar trifft zu, daß die Selbstverwirklichung im Beruf vor allem in der jüngeren Männergeneration deutlich relativiert wird[21], aber die Alternative zum Beruf besteht für die Mehrheit der Männer nicht in der verstärkten Konzentration auf Familientätigkeit. Denn Unzufriedenheit im Beruf verstärkt zwar das Interesse an der Freizeit bzw. außerberuflichen Tätigkeit, aber die Freizeitpräferenzen von Männern gelten nicht primär der Familientätigkeit.[22] Richtig ist, daß Männer einen größeren Anteil ihrer Freizeit in der Familie verbringen, aber dabei ist sehr wohl zu unterscheiden zwischen der in der Familie verbrach-

ten Zeit und der Übernahme von Familientätigkeiten. Zu Hause läßt sich mancher Mann noch gerne „bedienen", auch wenn er nicht von harter Berufstätigkeit erschöpft ist.
Das Ansehen des Mannes beruht bisher eben nicht auf seinen Leistungen in der Familie, sondern auf seinen beruflichen und öffentlichen Leistungen.
Im gesellschaftlichen Bewußtsein wie im subjektiven Erleben ist der Mann in der Regel noch immer in erster Linie zuständig für den Familienunterhalt.
Kommt er dieser Erwartung nicht nach, gilt er allzu leicht als Versager, als Aussteiger oder Leistungsverweigerer.[23]

Ein Beispiel:
Die kleine Gruppe der *Hausmänner* bildet jenen Personenkreis, der direkt und indirekt Wertschätzung oder Ablehnung der Umwelt und die Schwierigkeiten eines Rollenwandels am eigenen Leib erfährt. Bei der Gruppe der Hausmänner ist unbedingt zu unterscheiden zwischen jenen, die aufgrund von Arbeitslosigkeit oder beruflicher Unzufriedenheit und denen, die aus Überzeugung Familientätigkeit ausüben. Ein Bewußtseins- und Einstellungwandel ist in erster Linie bei jenen aufweisbar, die in der Familientätigkeit, insbesondere in der Vaterrolle, eine für sie wichtige und befriedigende Tätigkeit sehen oder zumindest erfahren, mit welchen Anforderungen und Belastungen diese Tätigkeit verbunden ist.
Fast alle Hausmänner streben die Familientätigkeit nur als vorübergehende Tätigkeit, nicht als Dauerperspektive an.[24] Als negative Seite der Familientätigkeit werden angeführt: isoliert, „unsichtbare" Arbeit, zu einseitige Erwachsenen-Kind-Kommunikation, geringe gesellschaftliche Anerkennung.
Es trifft aufgrund der vorliegenden empirischen Befunde zu, daß Männer nach wie vor „helfen" und Frauen bei der Familientätigkeit unregelmäßig und punktuell entlasten.[25] Mithelfende Männer neigen dazu, ihren Anteil an der Hausarbeit zu überschätzen. Putz- und Aufräumarbeiten werden - auch von überzeugten Hausmännern - als außerordentlich belastend empfunden.[26]
Da sich die Männer mehrheitlich nicht über ihre Partner- und Vaterrolle in der Familie definieren, fühlen sie sich für die Erledigung der Familienarbeit in der Regel nicht verantwortlich. Sie wird übernommen, wenn es sich zeitlich je nach Interessenlage oder Notwendigkeit einrichten läßt.
Insgesamt zeichnen sich in den in der Bundesrepublik seit Anfang der 70er Jahre durchgeführten Untersuchungen folgende Tendenzen ab (Bundesministerium für Jugend, Familie und Gesundheit, infas 1976; vgl. auch Tab. 4).
Die traditionelle geschlechtsspezifische Rollenverteilung ist zwar tendenziell rückläufig, aber die herkömmlichen Grundstrukturen geschlechtsspezifischer Aufgabenverteilung in der Familie sind überwiegend noch vorhanden. Der Mann wird vorwiegend als Mithelfer und nicht als Mitverantwortlicher in der

Familie tätig. Dieser Zustand hält trotz der sich ausweitenden egalitären Tendenzen im Zusammenleben der Partner sowie der Eltern und Kinder an.
Am regelmäßigsten erfolgt die Mithilfe des Mannes in der Mittelschicht. Weitgehend partnerschaftliche Aufgabenteilung wird in Familien praktiziert, in denen Ausbildung, Berufsstatus und Bewußtseinslage eine Abkehr von der traditionellen Rolle ermöglichen. In diesem Bereich wächst die Zahl der Männer, die zur Mithilfe in der Familie bereit sind; dabei ist der Faktor Bildung höher zu gewichten als der Faktor Erwerbstätigkeit der Frau.
Bestimmte Aufgabenbereiche im Haushalt werden nur noch bedingt geschlechtsspezifisch verteilt. Allerdings besteht nach wie vor - bei Männern und Frauen übereinstimmend - eine Diskrepanz zwischen Norm und Realität in der Einschätzung des Ausmaßes männlicher Beteiligung an Familientätigkeiten (vgl. dazu Tab. 4).

Tabelle 4: Rollenverteilung zwischen Mann und Frau hinsichtlich verschiedener Tätigkeiten innerhalb der Familie (1975 und 1983)

	Im Haushalt erledigen selbst ...						
	Befragte insgesamt[1] abs.	Einkauf von Lebensmittel %	Zubereitung der Mahlzeiten %	Abwaschen %	Waschen Bügeln Nähen %	Autowaschen %	privater Briefwechsel %
Männer 1975	667	26	8	14	4	71	24
Frauen 1975	667	79	91	82	90	7	54
Männer 1983	226	22	9	13	8	66	23
Frauen 1983	251	75	88	71	90	10	49

	Im Haushalt erledigen selbst ...					
	Geschäftlicher Briefwechsel %	Schuhe putzen %	Reparaturen %	Aufräumen Wohnung reinigen %	Beaufsichtigen der Kinder %	Keine Angabe %
Männer 1975	52	24	83	14	17	3
Frauen 1975	16	55	8	88	64	2
Männer 1983	46	21	80	13	11	8
Frauen 1983	19	46	13	80	58	2

[1] Die genannten Fallzahlen gelten für alle folgenden Tabellen

Quelle: infas-Repräsentativerhebung unter in Partnerschaft lebenden Personen, 18 bis 50 Jahre. Bundesgebiet ohne West-Berlin. Januar/Februar 1975 und Oktober/November 1983. infas 1984

7. Ausblick

Die Gründe für die vielfältig aufweisbaren Einstellungs- und Verhaltensbrüche liegen auf verschiedenen Ebenen. Sie sind zum einen in der geschlechtsspezifischen Sozialisation und zum anderen in Bedingungen und Anforderungen der Arbeitswelt zu suchen. Nachteilige Bedingungen am Arbeisplatz wie hohe Erwartungen an zeitliche Verfügbarkeit, die Erwartung eines uneingeschränkten beruflichen Engagements, ungünstige Wegezeiten und hohe körperliche wie geistige Beanspruchung beeinträchtigen für Männer die Möglichkeiten zur Wahrnehmung ihrer Familienrolle.

Bewußtseinswandel kann deshalb nicht nur individuell erfolgen, sondern muß zugleich gesellschaftlich erlebbar werden. Individuelles Verhalten und gesellschaftliche „Rückmeldung" stehen in einem Wechselverhältnis. Veränderte Rahmenbedingungen - seien es nun rechtliche oder soziale und ökonomische - wirken auf Einstellungen und Verhaltensweisen nur in dem Maße ein, wie es gleichzeitig zu einem Mentalitätswandel kommt. Insofern haben hier Erziehung und Bildung in der Sozialisation eine entscheidende vermittelnde Funktion.

Gerade die Erfahrung in sozialistischen Ländern verstärkt die Erkenntnis, daß Gleichberechtigung von Mann und Frau im Beruf noch nicht zu mehr Partnerschaft in der Familie führt. Verbesserung der Arbeitszeitstrukturen und der Beanspruchung des einzelnen am Arbeitsplatz sind wichtige, aber keine ausreichenden Bedingungen für eine verstärkte Partizipation des Mannes an den Familienaufgaben.

Anmerkungen

1 Beck-Gernsheim, E.: Das halbierte Leben - Männerwelt - Beruf - Frauenwelt - Familie, Frankfurt 1970. / Badinter, E.: Die Mutterliebe. Geschichte des Gefühls vom 17. Jahrhundert bis heute, München 1981.

2 Dierichs, H./Mitscherlich, M.: Männer, Frankfurt 1981.

3 Familie und Arbeitswelt, Gutachten des wissenschaftlichen Beirats beim Bundesministerium für Jugend, Familie und Gesundheit, Schriftenreihe des BMJFG, Bd. 143. Stuttgart 1984.

4 Noelle-Neumann, E./v. Klippstein, M./Strümpel, B.: Arbeitspolitik und Öffentlichkeit. Arbeit zwischen Lebensfreude und Produktivität, Forschungsstelle Sozialökonomik der Arbeit, FSA prints, Berlin 1983.

5 Noelle-Neumann, E./v. Klippstein, M./Strümpel, B.: Arbeitspolitik und Öffentlichkeit. Arbeit zwischen Lebensfreude und Produktivität, Forschungsstelle Sozialökonomik der Arbeit, FSA prints, Berlin 1983.

[6] Noelle-Neumann, E./v. Klippstein, M./Strümpel, B.: Arbeitspolitik und Öffentlichkeit, Arbeit zwischen Lebensfreude und Produktivität, Forschungsstelle Sozialökonomik der Arbeit, FSA prints, Berlin 1983.

[7] Brigitte/Deutsches Jugendinstitut, Mädchen '82. Eine repräsentative Untersuchung über die Lebenssituation und das Lebensgefühl 15–19jähriger Mädchen, Hamburg 1982.

[8] Fisch, R./Ugarte, W./Lüscher, K.: Erleichterungen und Erschwernisse junger Familien, Arbeitsbericht 12. Konstanz, Juni 1982.

[9] Lamb, M. E. (Hrsg.); The role of the father in child development. Wiley, New York 1976.

[10] Schneewind, K. A./Beckmann, M./Engfer, A.: Eltern und Kinder, Stuttgart, Berlin, Köln Mainz 1983.
Lehr, U.: Die Rolle von Mutter und Vater in der frühen Sozialisation des Kindes, Therapiewoche 30, 1980, 649–665 Fthenakis, T., Väter, 2 Bde., München 1985.

[11] Richards, M. P. M./Dunn, J. F./Antonis, B.: Caretaking in the First Year of Life: The Role of Fathers' and Mothers' Social Isolation. Unpublished Manuscript. University of Cambridge 1975.

[12] Parke, R. D./Sawin, D. B.: The Family in Early Infancy: Social Interacional and Attitudinal Analysis, in: Pedersen, F. A. (Hrsg.): The Father-Infant Relationship. Observational Studies in the Family Setting. Praeger Publishers, New York, 1980, 44–70.

[13] Fthenakis, W. E.: Die Vaterrolle in der neueren Familienforschung, in: Psychologie in Erziehung und Unterricht 1984, 31, 1-21.

[14] Fein, R. A.: Research on Fathering. Social Policy and Emergent Perspective. In: Journal of Social Issues, 1978, H. 1, 122–135.

[15] Gersick, K. E.: Fathers by choice. Divorced men who receive custody of their children, in: Divorce an Seperation, hrsg. von M. Levinger, N. Y. 1979, 307–323.
Sagi, A.: Anteccedents and Consequences of Various Degrees of Paternal Involvement in Childrearing: The Israeli Project, in: Lamp, M. E. (Hrsg.): Non-traditional Families: Parenting and Child Development., Erlbaum, Hillsdale N. J. 1982.
Lamb, M. E. (Hg.), Non-traditional Families: Parenting and Child Development. Erlbaum, Hillsdale N. Y. 1982.

[16] Rohmann, R.: Frauen und Schichtarbeit, in: Frauenforschung 3 und 4/83, 58–72.

[17] Pedersen, F. A./Cain, R./Zaslow, M.: Variation in Infant experience Associated With Alternative Family Roles, in: Laosa, L./Sigel, I. (Hrsg.): The Fammily as a Learning Environment, New York 1982.

[18] Meyer-Krahmer, K.: Die Rolle des Vaters in der Entwicklung des Kindes. Psychologie in Erziehung und Unterricht 1980, 87–102.

[19] Pross, H.: Die Männer, Reinbek 1978.
Dierichs, H./Mitscherlich, M.: Männer, Frankfurt 1981.
Hanja, R./Weggen, M.: Bericht über die Stellung der Frau in der europäischen Gemeinschaft, Brüssel 1981.

[20] Levinson, D. J.: Das Leben des Mannes. Werdenskrisen, Wendepunkte, Entwicklungschancen, deutsch von H. Hermann, Köln 1978.

[21] Noelle-Neumann, E.: Eine Generation später, Allensbach 1981.

[22] Nave-Herz, L.: Familie und Freizeit, München 1976.

[23] Pross, H.: Die Männer, Reinbek 1978.

[24] Schwarz-Arendt, H.: Hausmänner, Berlin 1980.

[25] Block, I./Enders, U./Müller, S.: Das unsichtbare Tagwerk, Mütter erforschen ihren Alltag. Reinbek 1981.

[26] Hoff, H./Scholz, J.: Neue Männer in Beruf und Familie. Erstauswertung von 64 Intensivinterviews mit Teilzeitarbeitnehmern und Hausmännern zwischen 28 und 54 Jahren. FSA print 3/85. Forschungsstelle Sozialökonomik der Arbeit. FU Berlin 1985.

3. Wandlungen im Bindungsverhalten (1981)

Liebe und Treue im Blick auf die nicht-ehelichen Lebensgemeinschaften

1. Annahmen zum Wandel des Bindungsverhaltens

Seit Beginn der sechziger Jahre nehmen in der Bundesrepublik die Heiratsquoten der Ledigen, Verwitweten und Geschiedenen ab, die Zahl der Ehescheidungen steigt, und gleichzeitig verstärkt sich die Tendenz, unverheiratet zusammenzuleben (Schwarz 1980).
Beobachtbare Veränderungen im Bindungsverhalten der Menschen lösen ambivalente Reaktionen aus. Für die einen verdichten sich die Anzeichen unaufhaltsamer Entwicklung zu einer bindungslosen Gesellschaft, für die anderen bahnt sich ein Prozeß der Umorientierung von traditionellen Institutionen zu neuen Lebensgemeinschaften mit einem individualisierten Bindungsverständnis und der Erprobung neuer Formen des Zusammenlebens an (Hoffmann-Novotny 1980). Beide Positionen können sich auf gesellschaftliche Fakten und individuelle Tatbestände berufen. Bei der Bewertung vermischen sich moralische Entrüstung, unkritische Akzeptanz, aber auch Ängste vor der Instabilität nichtinstitutionalisierter Bindung, Unsicherheit im Umgang mit unverheiratet zusammenlebenden Paaren und in bezug auf die Rechtfertigung der eigenen Lebensform.
Zwar ist das zur Diskussion stehende Phänomen nicht neu - Vorläufer finden sich insbesondere in der Romantik und in den zwanziger Jahren unseres Jahrhunderts -, aber die wissenschaftliche und die politische Auseinandersetzung mit den verstärkt seit dem Ende der sechziger Jahre beobachtbaren Veränderungen im Bindungsverhalten hat gerade erst begonnen.
Die zentrale Frage lautet, ob der veränderte Umgang mit institutionalisierter Bindung auf qualitative Veränderungen im Bindungsverhältnis schließen läßt oder ob Bindungswünsche gleich geblieben sind, während sich die Einstellung zur Ehe als Institution gewandelt hat.
Bindung wird in unserem Zusammenhang als auf Dauer angelegte emotionale und soziale Verbundenheit zwischen zwei Menschen gesehen. Trotz des ungesicherten Erkenntnisstandes in der aufgeworfenen Frage erscheint es sinnvoll und notwendig, den aufweisbaren Veränderungen nachzugehen, gesellschaftliche Einflußfaktoren und individuelle Motive soweit als möglich aufzuarbeiten und vorausschaubare Konsequenzen zu bedenken. An die Stelle vorschneller Urteile über alternative Lebensformen könnte auf diese Weise bei

Befürwortern wie Kritikern ein Lernprozeß in Gang kommen, der zu einer differenzierteren Auseinandersetzung mit den Argumenten und Gegenargumenten führt.

Ungewiß ist, ob es sich bei dem zu erörternden Phänomen um eine vorübergehende oder langfristige Veränderung in den Formen des Zusammenlebens handelt. Als Tatbestand erweist sich indes, daß unverheiratet Zusammenlebende kein spezifisch bundesrepublikanisches Phänomen darstellen, sondern in den europäischen Nachbarländern wie auch in den USA mit einem teilweise noch größeren Verbreitungsgrad anzutreffen sind. Obwohl die statistischen Angaben je nach berücksichtigter Altersgruppe und ausgewählter Stichprobe erheblich differieren, ist der Trend zur Ausweitung unverheirateten Zusammenlebens seit den letzten Jahren unverkennbar (Europarat 1979; Hofsten 1978).

Schätzungen für die Bundesrepublik bewegen sich zwischen 10% und 20% der 18- bis 30jährigen. Für Schweden schwanken die Angaben je nach Altersgruppe zwischen 12% und mehr als 30% (Schwarz 1980, Landwehr 1978, Wingen 1980). Auffallend ist, daß in mehreren europäischen Ländern die Quote bei den 20- bis 30jährigen einen hohen Prozentsatz aufweist (zwischen 12% und 30%), während sie bei den über 30jährigen stark absinkt und durchschnittlich unter 8% liegt (Hofsten 1978). Wie sich diese Relationen bei den nachwachsenden Altersgruppen verändern, kann gegenwärtig nicht gesagt werden. Aus den vorliegenden Daten kann in Verbindung mit repräsentativen Umfrageergebnissen geschlossen werden, daß viele dieser Gruppen zunächst einige Jahre unverheiratet zusammenleben und sich zu einem späteren Zeitpunkt zur Ehe entschließen, insbesondere vor oder nach der Geburt eines Kindes.

Bei den in der Bundesrepublik durchgeführten Untersuchungen stellte sich heraus, daß – abgesehen von wenigen Ausnahmen – die unverheiratet zusammenlebenden Paare *kinderlos* sind (Schwarz 1980). Zurückhaltung scheint gegenüber der Auffassung geboten, unverheiratetes Zusammenleben sei ein spezifisch studentisches Verhalten und beschränke sich auf die Großstädte. Zwar besteht ein deutliches Stadt-Land-Gefälle (nach Schwarz: Hamburg 30%, Landkreis Fulda 10% der insgesamt befragten Jugendlichen), aber dieses ist unter anderem auch darauf zurückzuführen, daß die absolute Zahl der Jugendlichen zwischen 20 und 30 Jahren in den Großstädten höher liegt. Die für die Bundesrepublik ermittelten Daten bestätigen sich auch im Vergleich der von Straver in den Niederlanden 1977 durchgeführten Untersuchung (Straver 1980). Es zeigt sich in den Erhebungen ferner, daß freie Lebensgemeinschaften keineswegs eine Akademikerangelegenheit, sondern in allen sozialen Schichten aufweisbar sind (Straver 1980; Schwarz 1980).

Die hier aufgeführten Daten sind im Kontext einer *rückläufig positiven Bewertung der Insitution Ehe* zu sehen. Während 1963 noch 87% der Männer und

90% der Frauen im Alter von 20–30 Jahren die Ehe für notwendig erachteten, waren nach einer erneuten Allensbach-Umfrage von 1978 40% der Männer und 42% der Frauen in diesem Alter von der Notwendigkeit der Ehe nicht mehr überzeugt. Auch die Gruppe derer, die die Ehe als „überlebt" bezeichnen, ist zwischen 1963 und 1978 von 3% auf 26% bei den Männern und von 8% auf 28% bei den Frauen gestiegen. Bei den 16- bis 19jährigen sind nach dieser Untersuchung nur noch 29% von der Notwendigkeit der Ehe überzeugt (Allensbach 1978).

Demnach entspricht der Abwertung der Ehe eine *zunehmend positivere Bewertung der freien Lebensgemeinschaften.* Das Allensbacher Institut kam nach einer Umfrage von 1976 zu dem Ergebnis, daß zwei Drittel der erwachsenen Bundesbürger die „Ehe ohne Trauschein" tolerieren. Das trifft nach diesem Ergebnis auch für 52% der regelmäßigen Kirchgänger zu. Im Jahr 1978 hat sich der Trend bestätigt: 75% der Frauen und 78% der Männer im Alter von 16 bis 29 Jahren toleriert das Zusammenleben ohne Trauschein. Zwei Drittel der Bundesbürger unter 30 Jahren halten diese Lebensform auch für sich denkbar (Allensbach 1978). Andererseits wohnen junge Menschen, die die Bedeutung der Religion in ihrem Leben sehr hoch einschätzen, als Ledige selten mit einem Partner zusammen (Synode 1971).

Die Indifferenz oder auch Abwehr gegenüber der Insitution Ehe hat *vielschichtige Gründe* und läßt keine geradlinigen Schlüsse auf eine allgemeine Relativierung der Werte Liebe und Treue zu. Unverheiratet Zusammenlebende sind nicht pauschal als instabil, bindungsschwach und bindungsscheu, narzistisch und unreif zu beurteilen, ebensowenig wie Verheiratetsein schon ein Zeichen von individueller Reife, ausgeprägterer Bindungs- und Verantwortungsfähigkeit ist. So wie aus Konvention oder Überzeugung geheiratet werden kann, kann unverheiratetes Zusammenleben aus unreflektiert angepaßtem oder aus bewußtem begründetem Verhalten resultieren.

Unverheiratetes Zusammenleben kann sowohl Folge gesellschaftlichen Trends oder individueller Störungen als auch Ausdruck eines hohen Anspruches an zwischenmenschliche Bindungen und gelebte Partnerschaft sein. Nicht zu unterschätzen ist der Tatbestand, daß das unverheiratete Zusammenleben „gesellschaftsfähig" geworden ist und inzwischen nicht selten junge Paare unter Rechtfertigungsdruck im Freundeskreis geraten, wenn sie sich für eine Eheschließung entscheiden. Letztlich ist jedoch nur *im Einzelfall* zu beurteilen, ob die Wahl der nichtehelichen Lebensgemeinschaft auf Beziehungsprobleme zurückzuführen ist oder ob es sich um die Entscheidung bindungsbereiter und bindungsfähiger, ichstarker Persönlichkeiten handelt. Aber auch in letzterem Fall sind die mit dieser Entscheidung verbundenen Konsequenzen für das Binnen- wie Außenverhältnis bewußtzumachen. In diesem Zusammenhang stellt sich nämlich die Frage, ob die Institution für ichstarke, verantwortungsbewußt denkende und handelnde Menschen einen geringeren Stellenwert hat als für ichschwächere oder ob nicht vielmehr die Bedeutung institutionalisierter Bindung in erster Linie losgelöst von unterschiedlichen Persönlichkeitsmerkmalen erörtert werden muß.

Die bisherigen Beobachtungen und Befunde lassen darauf schließen, daß die Entscheidung gegen die Institution nicht automatisch eine höhere Qualität der Beziehung voraussetzt oder bewirkt bzw. mit durchgängig abweichenden Einstellungen und Erwartungen sowie Verhaltensweisen verbunden ist. Unterschiede sind vorhanden, aber Selbstaussagen unverheirateter Paare wie Erfahrungen aus der Beratungspraxis mit diesem Personenkreis zeigen, daß in den Beziehungen unverheirateter Paare in vieler Hinsicht die gleichen Gefühle, Hoffnungen, Erwartungen und Krisen aufweisbar sind wie bei verheirateten Paaren. Trennungen erscheinen nicht leichter, Untreue und Eifersucht werden nicht unbeteiligter verarbeitet (Arndt 1979; Roessler/Huth 1980). Die Beziehungen sind nicht generell weniger konfliktreich und spannungsvoll, freier und aufgeklärter, aber auch nicht generell egoistischer, bindungsscheuer, weniger verantwortlich und mit mehr Rückzugabsichten besetzt.

Aus der größeren Bereitwilligkeit, Ehen zu verlassen, neue Beziehungen einzugehen, und aus der Tatsache, daß mehr junge Paare unverheiratet zusammenleben, kann nicht zwingend geschlossen werden, daß der Wert Bindung an existentieller Bedeutung verloren hat. Es erweist sich für Menschen unter den heutigen Lebensverhältnissen und pluralen Wertorientierungen als schwieriger, Bindungen dauerhaft zu leben, zum anderen ist es formal leichter geworden, eine Partnerschaft zu lösen.

Verändert hat sich offenbar auch das *Verhältnis zwischen Person und Institution*. Der Zusammenhang zwischen privat und öffentlich in einem engeren und weiteren Sinn scheint weniger oder gar nicht bewußt. Dabei handelt es sich nicht nur um einen Kompetenzzuwachs der Person, sondern auch um eine - vielleicht vordergründige - selbstsichere Einschätzung der Tragfähigkeit institutionsfreier Beziehungen.

Wandlungen sind ferner zu beobachten im Verständnis dauerhafter Bindung. Liebe und Treue in einem umfassenden Sinne werden bejaht, d. h., Liebe beinhaltet mehr als spontane Zuneigung, erotische und sexuelle Anziehungskraft, sie umfaßt Zuwendung, Sorge für den anderen, Verläßlichkeit und Zugehörigkeit. Aber es fällt auf, daß sowohl Dauer als auch die Relation von Gefühl und Wille, Liebe und Sorge Abweichungen vom traditionellen Bindungsverständnis aufweisen.

Als zentrales Problem erweist sich der *Anspruch lebenslanger Bindung*. Der Wunsch nach dauerhafter Bindung ist vorhanden, aber er wird von zunehmend mehr Menschen als subjektive Überforderung gewertet.

2. „Ehe ohne Trauschein" - ein irreführender Begriff

Im Sprachgebrauch der journalistischen wie sozialwissenschaftlichen Öffentlichkeit bis hin zur Umgangssprache setzen sich zunehmend Wendungen wie „Ehe ohne Trauschein", „papierlose Ehe", „faktische Ehe", „Ehe auf Probe" durch. Klassifizierungen werden von außen übergestülpt, ohne daß der Frage nachgegangen wird, ob der modifizierte Ehebegriff auf die Gruppe insgesamt übertragbar ist. Oder verbirgt sich hinter dieser Begrifflichkeit die Absicht, den in institutionalisierter Ehe Lebenden eine ebenso klar absetzbare Gruppe der „Ehe ohne Trauschein" gegenüberzustellen?

Für die Definition der nichtehelichen Lebensgemeinschaften wird davon ausgegangen, daß zwei Menschen verschiedenen Geschlechts, die in einem Haushalt leben und deren Zusammenleben sexuelle Beziehungen einschließt, auch als Ehen bzw. eheähnliche Gemeinschaften zu bezeichnen sind. Zwei Verliebte werden nicht wegen ihres Verliebtseins als Verheiratete angesprochen. Die Tatsache, daß sie zusätzlich zusammenwohnen, rückt sie zwar äußerlich in die Nähe der Verheirateten, aber dieses Merkmal reicht nicht aus, um von einer „Ehe ohne Trauschein" zu sprechen.

Die *freien Lebensgemeinschaften* bilden keineswegs eine in sich einheitliche Gruppierung. Sie unterscheiden sich in der Art des Zusammenlebens, in Motiven und Zielen. Es handelt sich um eine Gruppe mit hoher Fluktuation, da ein Teil der Zusammenlebenden sich wieder trennt und andererseits relativ viele nach 1- bis 3jährigem Zusammenleben heiraten (Schwarz 1980). Aus den vorliegenden Untersuchungen geht hervor, daß viele Paare, die zusammenziehen, zu Beginn noch keinerlei Entscheidung über ein längerfristiges Zusammenleben getroffen haben und von klarer Zukunftsperspektive nicht die Rede sein kann. Sie wollen sich genauer kennenlernen und prüfen, ob sie zueinander passen und eine dauerhafte Beziehung eingehen können.

Die von Straver durchgeführten Befragungen und Interwies mit holländischen Paaren zeigen (Straver 1980), daß das Zusammenwohnen nicht selten von den ersten Wochen des Kennenlernens an praktiziert wird. Wie man zusammen lebt, was beide Partner voneinander erwarten und welche Abmachungen gelten, wird in den meisten Fällen nicht vorher, sondern erst während des Zusammenlebens vereinbart. Da klare soziale Vorbilder fehlen, verlaufen die Diskussionen über die Art des Zusammenlebens intensiv und oft auch konfliktreich, insbesondere dann, wenn die Paare mehr Selbständigkeit, Unabhängigkeit und Offenheit in eigenständigen Kontakten anstreben. Die wenigsten Paare treffen *privatrechtliche Absicherungen* für Problem- und Konfliktsituationen (Krankheit, Arbeitslosigkeit, Vermögens- oder Unterhaltsansprüche bei Scheitern der Beziehung).

Während Ehe durch eine öffentliche Absichtserklärung zu dauerhafter Zusammengehörigkeit mit relativ klar umrissenen sozialen und wirtschaftlichen Verbindlichkeiten Zukunftsperspektive hat, ist die Situation vieler unverheiratet Zusammenlebender durch einen *offenen* Zustand charakterisiert. Entscheidend ist die jeweils augenblickliche Situation und die Hoffnung, daß sie möglichst lange anhält. Grundlage bilden starke Gefühle füreinander, das wechselseitige Bedürfnis nach dauerhafter Nähe. Offen ist, ob und wie lange man zusammenbleibt und welche wechselseitigen Verpflichtungen bestehen.

Bei der in der Bundesrepublik 1977/78 von Schwarz durchgeführten Stichprobe äußerten 36% der befragten 18- bis 28jährigen unverheiratet Zusammenlebenden, sie wollten ihre Beziehung prüfen, 27% wollten in den nächsten Jahren heiraten, weitere 27% dachten nicht an Heirat. Von den Befragten wohnten 28% weniger als 1 Jahr, 43% 1 bis 5 Jahre und 26% mehr als drei Jahre zusammen (Schwarz 1980).
Bei der Gruppe derer, die sich bewußt gegen Eheschließung entschieden haben, sind ebenfalls unterschiedliche Modalitäten des Zusammenlebens zu erkennen: Paare, die in bezug auf die Gestaltung ihrer Beziehungen durchaus dem traditionellen oder dem neueren partnerschaftlichen Eheverständnis folgen, und solche, die sich nicht nur durch hohe Selbständigkeitstendenzen in der Beziehung, sondern auch durch klare Abgrenzung des individuellen Eigentums und der Ausgrenzung wechselseitiger Verpflichtung von Ehe unterscheiden. Von vornherein wird in die Perspektive einbezogen, daß man nicht auf Dauer zueinander gehört (Straver 1980).
Bei den *Differenzierungen* innerhalb dieser Gruppe ist im Auge zu behalten, daß sich gerade diejenigen, deren Beziehungen am stärksten denen von Ehepartnern vergleichbar zu sein scheinen, am bewußtesten von Ehe abgrenzen und auch bei notwendigen Rechtsregelungen anders als Ehepartner behandelt werden möchten. Sie wollen bewußt etwas anderes sein und nach außen anders leben. In der Beibehaltung getrennter Namen suchen sie beispielsweise die Eigenständigkeit ihrer Person zu wahren. Sie möchten eben nicht als Ehefrau oder Ehemann eingestuft werden. Wieder anders sieht die Situation bei *unverheirateten Paaren mit Kindern* aus. Nach den vorliegenden Untersuchungen in der Bundesrepublik ist die Zahl dieser Fälle sehr gering. Rechtlich nimmt diese Gruppe einen anderen Status ein. Mutter und Kind bzw. Kinder gelten als unvollständige Familie. Der Vater hat kein Sorgerecht, aber in bezug auf den Unterhalt werden unverheiratet Zusammenlebende wie verheiratete Paare behandelt.
Aus dem Gesagten ist wegen der aufgezeigten Unterschiede zu folgern, daß unverheiratet Zusammenlebende nicht als „Ehen ohne Trauschein“ oder „faktische Ehen“ bezeichnet werden sollten, da sich die Gruppe nicht nur rechtlich, sondern in vielen Fällen auch im subjektiven Bewußtsein und in der Gestaltung der Beziehungen von Ehen unterscheidet. Es kann weder im Interesse dieser Gruppe noch der Verheirateten liegen, daß die jeweils anders Leben-

den pauschal nach dem Merkmal Ehe mit oder ohne Trauschein charakterisiert werden, weil auf diese Weise sowohl die Unterschiede in den Einstellungen wie in den Interessenlagen verwischt und die potentiellen wie faktischen Probleme verdeckt werden.

3. Abbau äußerer „Gemeinschaftszwänge" und bindungserschwerender Wertwandel

Auffällige Veränderungen im Bindungsverhalten vollziehen sich nicht losgelöst von sozialen und ökonomischen Wandlungen in den Lebensbedingungen, wobei der *Wandel der Frauenrolle* und der *Umbruch in der Sexualmoral* für diesen Zusammenhang von ausschlaggebender Bedeutung sind. Ehe- und Familiengründung erweisen sich heute kaum noch als eine ökonomisch und gesellschaftlich erzwungene Notwendigkeit. Langfristige institutionalisierte Bindungen sind in der Regel nicht mehr erforderlich, um als einzelner überleben zu können. Äußere Bindungszwänge wie wirtschaftliche Sicherung und materielles Überleben, wirtschaftliche Versorgung der Frau, Erhalt und Weitergabe des Familienbesitzes treten als Ehemotiv zurück. Viele der lebensnotwendigen Dienste wurden auf gesellschaftliche Organisationen wie Produktionsstätten, Handel und Gewerbe, Kindergärten, Schulen, Krankenhäuser und Versicherungsanstalten verlagert.
Die Veränderungen in den kleinen Lebensgemeinschaften wie Ehe und Familie sind in hohem Maße Ergebnisse technischen, wirtschaftlichen und sozialen Wandels. Notwendig wurde eine Loslösung des Individuums aus traditionellen Familienbezügen und gewachsenen sozialen und räumlichen Bindungen. Lebens- und Berufstraditionen der Familien wurden abgelöst durch Ausrichtung auf die jeweiligen Chancen und Anforderungen der Arbeitswelt.
Beruflichen Erfolg und gesellschaftliches Ansehen kann nur der erreichen, der flexibel, mobil, ungebunden und anpassungsfähig ist. Fehlende Flexibilität, d. h. Bindung an den einmal erlernten Beruf, an als antiquiert geltende Wert- und Normenorientierungen, Unfähigkeit oder Vorbehalte gegenüber Um- und Neuorientierungen, mangelnde Mobilität bezüglich des Arbeitsplatzes und des Wohnortes sowie geringe Offenheit für neue soziale Kontakte, beeinträchtigen die beruflichen und sozialen Lebenschancen. Andererseits wird von den außerhäuslich berufstätigen Menschen erwartet, daß sie bindungsstarke, zuverlässige Persönlichkeiten sind. Das gilt in verstärktem Maße für Berufe mit hoher psychischer Beanspruchung oder hohen Anforderungen an Führungsqualitäten. Für die *funktionalen Bezüge der Arbeitswelt* wird geringe, für die personalen Bezüge hohe Bindungsintensität gefordert. Enwicklung und Förderung der Bindungsfähigkeit und Bindungsbereitschaft ist im allgemeinen Verständnis eine Frage der Persönlichkeitsbildung und der Vermittlung gewünschter

Haltungen durch Erziehung. Der *Einfluß der beruflichen Anforderungen und Erfahrungen auf private Einstellungen* und Verhaltensweisen wird dabei wenig beachtet. Wie die Anforderung an hohe Bindungsqualitäten mit der Erwartung an Flexibilität und Mobilität vereinbart werden kann, ist ebenfalls eine Frage, die nicht als Problem der Arbeitswelt, sondern des Privatlebens angesehen wird (Habermas 1980).

Instabile private Beziehungen, z. B. wechselnde Partnerschaften, werden als Risiko und Beeinträchtigung gewünschter Persönlichkeitsmerkmale wie Standfestigkeit, Zuverlässigkeit, Verantwortungsfähigkeit bewertet. Der Aufbau stabiler und konstanter Beziehungen, die Aufgabe der Entwicklung von Liebesfähigkeit und Sensibilität für die eigenen Bedürfnisse, die des Partners sowie der Kinder, persönliche Bindung und soziale Verpflichtungen werden vom Beruflichen strikt getrennt und in den Bereich des Privaten verwiesen. Wenn aber im Berufsbereich die Bereitschaft zum Wechsel des Berufs und des Arbeitsplatzes, zu befristeter, kündbarer Zugehörigkeit zum Betrieb gefordert werden, so kann nicht gleichzeitig ein hohes Arbeitsethos erwartet werden, das sich durch große Leistungsbereitschaft und Verantwortungsbewußtsein für das zu fertigende Produkt oder die zu erbringende Dienstleistung, für das Arbeitsklima und die Zukunft des Betriebes auszeichnet.

Es wird davon ausgegangen, daß die kleinen Lebensgemeinschaften, Familie, Nachbarschaft, Clubs und Vereine, mit umfassenderen und partiellen Bindungen und Verantwortlichkeiten das am Arbeitsplatz nicht befriedigte Bedürfnis nach Sach- und Sozialbindung, nach persönlichen Beziehungen ausgleichen.

Die hochindustrialisierten Gesellschaften mißachten weitgehend die für Kinder und Erwachsene grundlegenden Bedürfnisse nach stabiler und konstanter Bindung in Familie und erweiterter Umwelt als Voraussetzung für eine Offenheit und Rückbindung, für eine Flexibilität auf der Grundlage verbindlicher Prinzipien und Standorte, für die Vereinbarkeit von gewachsenen Beziehungen und Aufgeschlossenheit für neue Menschen und Lebensräume.

Geringe Wertschätzung der Bindung in Schule, Beruf und Öffentlichkeit bleibt nicht ohne Rückwirkung auf die *persönlichen Beziehungen*. Sofern eine Gesellschaft bereit und entschlossen ist, dem Bindungsbedürfnis des Menschen Rechnung zu tragen und Bindungsfähigkeit der Kinder, Jugendlichen und Erwachsenen für wünschenswert hält, ist auf den verschiedenen gesellschaftlichen Verantwortungsebenen für Lebensverhältnisse Sorge zu tragen, in denen Bindung im Zusammenleben erfahren und praktiziert werden kann.

Mit den wirtschaftlichen, technischen und sozialen Neuerungen gingen *Änderungen auf der Wertebene* einher (Kmieciak 1976). An die Stelle primär materieller Bindungsnotwendigkeit sind *personenbezogene psychosoziale Bindungsbedürfnisse* getreten. Daher ist der Aspekt der sachbezogenen Aufgaben im Bewußtsein der Paare stark zurückgedrängt, obwohl in der alltäglichen privaten Daseinsvorsorge im Haushalt wie im Beruf vielfältige Sachbezüge gegeben sind. Als entscheidende Veränderung auf der Wertebene ist die seit der Aufklärung geforderte, aber im realen historischen Prozeß nur bedingt eingelöste Berücksichtigung der individuellen Bedürfnisse und Rechte zu sehen. Junge Menschen machen geltend - und verweisen dabei auf das seit der Aufklärung geltende Menschenbild -, daß Ansprüche der Gemeinschaft und Ansprüche des Individuums prinzipiell gleichberechtigt sind. Für sie erfordert die Durchsetzung der rechtlich verankerten partnerschaftlichen Ehe und der Gleichberechtigung der Frau gesellschaftliche Veränderungen. Bedürfnisse und Ansprüche stoßen auf gesellschaftliche und individuelle Lebensbedingungen, die Bindung und Unabhängigkeit, partnerschaftliche Rollenverteilung in Familie und Beruf, Vermeidung geschlechtsspezifischer Benachteiligung in bezug auf die Berufschancen verheirateter Frauen nur schwer realisierbar erscheinen lassen (Ostermeyer 1979).

Daher setzt sich *im subjektiven Erleben und Handeln* bei jungen Menschen verstärkt die Vorstellung durch, Entscheidung zu Partnerschaft und Kindern dürfe nicht zur Beeinträchtigung der individuellen Handlungsspielräume und der Entfaltungsmöglichkeiten außerhalb der Familie führen. Hohe Bewertung der individuellen Rechte und Kompetenzen stehen in Spannung und zum Teil auch im Widerspruch zu den gesellschaftlichen Möglichkeiten und den individuellen Fähigkeiten zu selbstbestimmtem eigenverantwortichem Bindungsverhalten. Diskrepanzen bestehen jedoch nicht nur zwischen Rechtsnormen und den faktischen Lebensbedingungen, sondern auch zwischen individuellen Bindungswünschen und praktiziertem Bindungsverhalten.

Stärkung der Individualität und der individuellen Kompetenzen hat ferner zur Folge, daß Menschen beanspruchen, Belange ihres privaten Lebens eigenverantwortlich und frei von institutionellen Eingriffen und gesellschaftlichen Normierungen zu regeln.

Privater und öffentlicher Lebensbereich werden stärker voneinander unabhängig als aufeinander bezogen erfahren. Von daher fällt es jungen Menschen schwer, sich vorzustellen, in welcher Hinsicht privates Zusammenleben von zwei Menschen eine weitere Öffentlichkeit tangiert. Diese Einstellung wird häufig noch durch das Fehlen verbindlicher Werte und Normorientierungen verstärkt. Sinndeutungen und Sinnbestimmungen sind primär vom einzelnen zu leisten. Bindungen haben es zutiefst mit Sinndeutungen menschlicher Existenz zu tun. Wie kann diese Aufgabe aber gelingen, wenn überindividuelle Sinnbezüge nicht oder nur diffus gegeben sind, wenn weder religiöse Überzeugungen, persönlicher Glaube oder säkulare Sinnbezüge Orientierungshilfen bieten?

Eigenverantwortlichkeit ist Chance und Risiko zugleich. Ohne orientierende Ansprüche verliert Freiheit ihren Sinn, liegt es nahe, stark fordernde oder subjektiv überfordernde Verpflichtungen zu meiden, unwiderrufbare und unkündbare persönliche Bindungen zu umgehen. In dem Maße, wie Menschen einseitig auf sich selbst und ihr persönliches Gewissen verwiesen sind, ist einerseits die Möglichkeit zu eigenverantwortlichem Handeln gegeben, andererseits stellt die Wahrnehmung dieser Chance *hohe Anforderungen an die Persönlichkeit des einzelnen,* wenn ihm abverlangt wird, Bedürfnisse von zwei und mehr Menschen zu berücksichtigen und die Balance zwischen individuellen und gemeinschaftsbezogenen Interessen zu finden. In dem Maße, wie Menschen Freiheit und Glück versprochen worden ist und dieses gesellschaftlich und individuell machbar erscheint, verstärkt sich die Vorstellung, dieses auch konkret erfahren zu wollen.

Die Suche und Sehnsucht des Menschen nach gelingenden, persönlich befriedigenden menschlichen Beziehungen stehen häufig im deutlichen Widerspruch zu den Ergebnissen ihres Handelns, zu den nicht bewältigten Problemen, den gescheiterten Beziehungen.

Doch sollten diese Schwierigkeiten nicht vorschnell damit erklärt werden, daß Bindungen für Menschen an Bedeutung verloren haben und lockere Beziehungen mit geringem Verbindlichkeitscharakter um der eigenen Selbstverwirklichung willen bevorzugt würden (Hoffmann-Novotny 1980). Hier besteht die Gefahr, von den Verhaltensweisen auf die Bedürfnisse und Einstellungen der Menschen zu schließen. Ichzentrierte Verhaltensweisen sind nicht selten die Folge enttäuschter Liebeserfahrungen oder nicht entfalteter emotional-sozialer Fähigkeiten.

Aber ein *wesentliches Merkmal* des heute von Menschen vertretenen Gemeinschaftsverständnisses ist es, daß sie in der Gemeinschaft zugleich soziale Geborgenheit und Unabhängigkeit, Zusammengehörigkeit und Selbstsein, Vertrautheit und Abgrenzung, Nähe und Distanz erfahren möchten. Es besteht nicht generell die Tendenz, langfristige Bindungen und damit verbundene Verantwortlichkeit für den anderen zu meiden.

Historisch-gesellschaftliche Veränderungen haben die Ablösung des einzelnen aus materiell begründeten Gemeinschaftsverpflichtungen ermöglicht. Aber ungelöst ist weiterhin das Problem, wie Liebe und Sorge füreinander und das berechtigte Bedürfnis nach persönlicher Entfaltung in der Paarbeziehung besser gelingen können.

4. Dauerhafte Bindung: lebbarer Anspruch oder Überforderung?

Bindungsfähigkeit und -bereitschaft, persönliche Bindungswünsche und -ängste und der Umgang mit schmerzlichen wie bereichernden Bindungserfahrungen zählen zu den existentiell bedeutsamen Phänomenen menschlicher Existenz. Bindung drückt Verbundenheit aus, Zugehörigkeit und Orientierung,

Stabilität und Konstanz, aber auch Veränderung in der Kontinuität der Beziehungen.

Bindung ist eine ambivalente emotionale und soziale Haltung, die gegenläufige Erwartungen umfaßt: Festhalten und Loslassen, Geborgenheit und Offenheit, Abhängigkeit und Selbständigkeit. Wird diesen gegenläufigen Anforderungen nicht Rechnung getragen, kommt es zu Störungen in der Entwicklung der Bindungsfähigkeit, die sich in anklammerndem, unselbständigem Verhalten, in Besitzwünschen und Vereinsamung niederschlagen (Matejec 1977; Zuber 1973).

Im Bindungsverhalten der Menschen unserer Zeit scheinen sich einschneidende Veränderungen zu vollziehen. Das gilt nicht oder nur bedingt für das Bedürfnis nach Bindung. Der Wunsch, tragfähige und zuverlässige zwischenmenschliche Beziehungen zu begründen, ist groß. Aber Dauerhaftigkeit ist nicht mehr der Regelfall. Viele Menschen - Unverheiratete wie Verheiratete - erfahren das Scheitern ihrer Beziehung. Lebenslange Bindung ist ein Anspruch, der immer seltener verwirklichbar erscheint.

Junge Menschen stellen hohe Anforderungen an die Qualität der Zweierbeziehung. Sie wollen anders leben, als es ihnen in ihrer engeren und weiteren Umwelt vorgelebt wurde. Sie möchten stärker miteinander als nebeneinander leben, sich wechselseitig bereichern, offen für andere bleiben, den anderen verstehen, schmerzvolle Erfahrungen vermeiden. Bedeutungsvoll erscheinen ihnen intensive Gefühle der Zuneigung, Spontaneität, unbedingte Offenheit und partnerschaftliche Lebensführung ohne Besitz- und Herrschaftsanspruch.

Personaler Treue kommt in den Wertvorstellungen der meisten Jugendlichen ein hoher Stellenwert zu. 78% der 1976 durch Allensbach befragten 17- bis 18jährigen erklären eheliche Treue (Verbindlichkeit, Zuverlässigkeit, Ausschließlichkeit und Beständigkeit) für unentbehrlich. Kirchengebundene Jugendliche waren in derselben Frage zu 89% der Auffassung, daß Ehepartner einander Treue versprechen und auch halten sollen (Pompey 1979; Allensbach 1976).

Insoweit unterscheidet sich dieses Bindungsverständnis nicht von den Wünschen und Erwartungen verheirateter Paare. Vertraut wird der Kraft der Gefühle, der Fähigkeit, Beziehungen *autonom,* ohne institutionelle Absicherung gestalten und leben zu können. Sie stützen sich in ihren Vorstellungen auf ein individualistisches Menschenbild, in dem Emanzipationsideale wie Individualität und Autonomie sowie antiinstitutionelle Einstellungen verankert sind (Duss von Werth 1980).

Konkrete Schwierigkeiten in der Umsetzung dieser Ansprüche werden von den freien Partnerschaften nicht geleugnet, aber sie würden durch Heirat nicht vermindert werden.

Anders sehen die empirischen Befunde zur *Einschätzung der Möglichkeit lebenslanger Bindung* aus. 1974 äußerten 57% der durch Allensbach befragten

16- bis 29jährigen, daß sie eine lebenslange soziale Treue für unwahrscheinlich halten. Viele Jugendliche bezweifeln, daß die Liebe zu einem Menschen ein Leben lang andauern und die Ehe eine Bindung auf Lebenszeit bedeuten kann (Pompey 1979). Treue trägt im Bewußtsein dieser Jugendlichen so lange, wie Menschen einander lieben. Sie können sich schlecht vorstellen, daß Treue auch dann noch sinnvoll sein kann, wenn die Gefühle füreinander abgestorben sind. Durch Treue kann nach ihrer Auffassung erloschene Liebe weder neu entdeckt noch wiedergewonnen werden. Daß die Fähigkeit zur Treue sich durch Ehe erhöht, wird entschieden in Frage gestellt. Kirchengebundene Jugendliche sind allerdings zu 52% der Auffassung, daß der Glaube eine wesentliche Hilfe ist, Krisen in der Beziehung zu meistern (Synode 1971).

Die Umfrageergebnisse spiegeln in ihrer nüchternen Einschätzung soziale Realität wider. Gering scheint das Vertrauen in Konstanz, Dauer und Verläßlichkeit enger persönlicher Beziehungen zu sein. Viele Jungen und Mädchen, Frauen und Männer wechseln die Partner. Ehescheidungen haben rapide zugenommen.

Die geringe Stabilität der Bindung wird damit erklärt, daß Menschen sich verändern. Da niemand in seine eigene Zukunft schauen könne, sei offen, wie sich der einzelne Partner verändert und wie lange eine Beziehung trägt (Arndt u.a. 1979). Zum Lebensplan eines Menschen gehöre Veränderung, sie sei mit Chancen und Risiken verbunden und könne das Ende einer Beziehung nach sich ziehen. Bestehende Bindungen dürften die Möglichkeit nicht beeinträchtigen, neue Erfahrungen mit sich selbst und anderen zu machen.

In den *Selbstaussagen Jugendlicher und junger Erwachsener* spielt der Gedanke, daß Menschen sich miteinander verändern können und dieses eine gemeinsame Aufgabe in Partnerschaften ist, eine untergeordnete Rolle. Kaum thematisiert wird daher die Frage, zu welchen Anstrengungen und Belastungen Partner bereit sein müssen, wenn dauerhafte Bindung gelingen soll. Treue setzt die Fähigkeit voraus, persönliche Interessen und Bedürfnisse zurückzustellen, Enttäuschungen verarbeiten zu können, ohne die Beziehung abzubrechen. In den Einstellungen Jugendlicher scheint dieser durchaus zentrale Gesichtspunkt von Treue kaum von Bedeutung zu sein. Sie können sich nicht vorstellen, daß es sinnvoll ist, auch dann noch um das Wohl des anderen besorgt zu sein, wenn Gefühle der Zuneigung nicht mehr bestehen. Offenbar fehlen Vorbilder für ein Verhalten in Krisensituationen. Es mangelt an der Erfahrung, daß Beziehungskonflikte dadurch gelöst werden können, daß Partner ihre Bemühungen um den Erhalt ihrer Beziehung nicht vorschnell aufgeben.

Verdrängt oder unterschätzt werden die *psychischen Konsequenzen einer Trennung*. Die Erfahrungen aus der Beratung unverheiratet zusammenlebender Paare zeigen, daß Abbruch der Beziehungen ebenso wie bei Verheirateten als Scheitern und Versagen erlebt werden. Trennung löst auch bei ihnen nicht selten tiefe persönliche Krisen aus, verbunden mit Ängsten, Einsamkeit und

Ausweglosigkeit. Bindungsfähigkeit und Bindungsverhalten werden entscheidend durch Erfahrungen in früher Kindheit und Jugend beeinflußt. Mangelnde Liebeserfahrung, aber auch Überbehütung wirken sich in vielen Fällen negativ auf das Bindungsverhalten aus. Menschen meiden oft Bindung aus Angst vor der Wiederholung leidvoller Erfahrungen oder unvorhersehbarer Trennung. Sie fürchten neue Abhängigkeit, die sie an die ihrer Kindheit und Jugend erinnert (Roessler/Huth 1980). Komplizierte Formen räumlicher Nähe und Distanz werden vielfach dann praktiziert, wenn gleichzeitig ein überstarkes Bedürfnis nach bedingungsloser Nähe und Abgrenzung aus Angst vor Verlust der Unabhängigkeit besteht. Übertriebenes Streben nach Gleichheit und Gleichberechtigung kann so belasten, daß es zu personaler Partnerschaft nicht kommt.
Gerade dauerhafte Bindung ist abhängig von der Fähigkeit, festhalten und loslassen zu können. Starke Wünsche nach „Verschmelzung“ in der Phase des Verliebtseins (Willi 1975) erfordern eine nachfolgende Ablösung, einen Prozeß, in dem beide Partner ihre Eigenständigkeit zurückgewinnen. Eine der wichtigen Voraussetzungen für Ablösung aus Verklammerung und Abhängigkeit ist die in Familien vielfach zu wenig geübte und geförderte Fähigkeit, allein leben zu können (Krukenberg 1979). Lieben ist mit der Erfahrung gegenläufiger Erwartungen sowie ambivalenter Gefühle und Verhaltensweisen verbunden. Das Bedürfnis, nicht alles gemeinsam zu tun, sich abzugrenzen und allein sein zu wollen, wird allzu oft als Zeichen nachlassender Zuneigung und Verbundenheit interpretiert. Es fällt schwer, zu begreifen, daß Zuwendung und Abgrenzung einander nicht ausschließen.
Ungeübt sind viele Menschen in der Fähigkeit, Gefühle zu zeigen, zärtlich zu sein und zu kritisieren, ohne zu verletzen. Menschen möchten sich lieber in eine Bindung fallen lassen und darauf vertrauen, daß sie ein Leben lang in dieser Bindung versorgt und aufgehoben sind. Ob eine persönliche Beziehung dauerhaft ist, hängt aber entscheidend von den Einstellungen und der Lernfähigkeit der Partner ab, sich auf Veränderungen der Lebensumstände, der persönlichen Einstellungen und Verhaltensweisen, unterschiedlicher Lebensauffassungen einzulassen und sich auf neue Situationen, z. B. Berufs- und Ortswechsel, Erweiterung der Zweierbeziehung durch Kinder, starke berufliche oder persönliche Belastungen, einzustellen. Bindung erfordert Anstrengung: Arbeit an sich selbst und an gelingenden Beziehungen, sich Einlassen auf gemeinsame Aufgaben und Schwierigkeiten.
Bindung gehört zur *psychischen Grundausstattung des Menschen* und ist zunächst ein kreatürliches Lebensgefühl (Fromm 1975; Zuber 1973), das oftmals unterentwickelt bleibt und nicht genügend entfaltet wird. Menschen sind psychisch und physisch aufeinander angewiesen. Das gilt für alle Lebensaltersphasen, besonders für die ersten Lebensjahre. Das Ausmaß entfalteter Bindungsfähigkeit hängt von kulturellen und sozialen Bedingungen sowie indivi-

duellen Lernprozessen ab. Bindung äußert sich in jenen „einfachen Tugenden“ (Bollnow 1956), die im Leben der Menschen unverzichtbar sind: Dasein für den anderen, Zuverlässigkeit, miteinander arbeiten, füreinander sorgen, den anderen nicht fallen lassen, auch wenn er enttäuscht hat. Tugenden wie die hier beschriebenen kommen in besonderer Weise in den Erwartungen an Elternliebe zum Ausdruck. Sie ist eine wichtige Voraussetzung für die Liebesfähigkeit eines Kindes, Jugendlichen und Erwachsenen. Durch sie muß ein Kind Lebenswichtiges erfahren, daß

1. es gewollt bejaht wird,
2. liebevolle Zuwendung zuverlässig und dauerhaft ist,
3. Eltern treu sind, auch wenn Einstellungen und Verhaltensweisen eines Kindes elterlichen Erwartungen nicht entsprechen.

Dieses gilt als Anspruch auch für die Liebe zwischen Erwachsenen:

1. Ja-sagen zum Leben des anderen,
2. ihm eine Zukunft geben,
3. die eigenen und fremden Bedürfnisse und Interessen zur Geltung kommen lassen,
4. sich selbst zugunsten des anderen zurücknehmen.

Dauerhafte Partnerbeziehungen brauchen dieses kreatürliche Erleben von Verbundenheit im Alltag. Bindung ist in vielfacher Hinsicht nüchtern, solide, zuverlässig. Ihr mag mitunter das fehlen, was mit einer bestimmten Form leidenschaftlicher Liebe verbunden ist: intensive Gefühle, erotische und sexuelle Empfindungen, schöpferische, spontane und kreative Impulse. Bindung lebt im Alltag vielmehr von den kleinen als von den großen Zeichen: Zuhören, Schweigen, Verstehen, Loben, Zärtlichsein. Liebe in einem ganzheitlichen Sinne drängt auf dauerhafte Verbundenheit.

Wird Bindung verweigert, kann sich menschliches Leben psychisch und oft auch physisch nicht entfalten. Bindung führt nicht zur Fixierung, wenn Menschen seit früher Kindheit gelernt haben, sich nicht an den anderen zu klammern, sondern Zweierbeziehungen für *erweiterte Beziehungen* öffnen. Dieses Bedürfnis des Menschen nach Bindung, nach Annahme durch einen anderen Menschen ist von so existentieller Bedeutung, daß in diesem Zusammenhang von einer anthropologischen Konstante gesprochen werden kann. Dauerhaftigkeit der Bindung ist deshalb so wichtig, weil nach allen psychologischen Erkenntnissen Stabilität und Konstanz von Beziehungen Voraussetzung für soziale und emotionale Orientierung, für die Erfahrung von Sinn ist. Menschen, deren Bindungsbedürfnis mißachtet wird, finden kein Selbstwertgefühl. Ihnen wird die Erfahrung versagt, daß sie für einen anderen Menschen wichtig sind und ihr Leben dadurch Sinn erhält. Bindungsabbrüche schaffen Diskontinuität im Leben des Menschen. Enttäuschte Liebe kann je nach dem Grad der persönlichen Verletzung oft ein Leben lang nicht wieder geheilt werden.

Umfassende Beziehungen zu einem Menschen sind nicht aufkündbar. Liebesbeziehungen sind kein Vertrag. Menschen, die sich binden, haben einen gemeinsamen Lebenszusammenhang, eine gemeinsame Lebensgeschichte. Sie können sich trennen, aber durch die Trennung ist der eine nicht aus dem Leben des anderen entlassen. 'Menschen sind verantwortlich für das, womit sie sich vertraut gemacht haben" (Saint-Exupéry). Sie können sich nicht aus der Verantwortung stehlen.

Bindung dauerhaft zu leben ist ein hoher und schwierig einzulösender Anspruch. Aber ohne ihn verliert menschliche Liebe ihren Sinn. Daher ist nicht der Abbau des Anspruchs zu fordern, sondern an besser gelingenden dauerhaften Beziehungen zu arbeiten.

Die Suche nach Erklärungen für die auffällige *Diskrepanz zwischen dem Wunsch nach dauerhafter Bindung und der Erfahrung häufig geringer Tragfähigkeit personaler Beziehungen* setzt auf der gesellschaftlichen und der individuellen Ebene an. Es scheint, daß die Erklärung auf diesen Ebenen an Grenzen stößt, wenn der Anspruch nach dauerhafter Bindung sich nicht auf einen überindividuellen Sinn von Liebe stützen kann, wenn Rückbindung des Menschen ins Leere stößt und weder Glaube noch Philosophie menschliches Empfinden, Fühlen, Denken und Handeln begründen. Dauerhafte Bindung kann sich offenbar nicht allein auf eine Gefühls- und Situationsethik abstützen. Sie ist angewiesen auf tragfähige Rückbindungen: auf Ideen und Überzeugungen, die es ermöglichen, Augenblicksperspektiven in die Zukunft zu verlängern.

5. Qualitative Unterschiede zwischen institutionalisierter und nichtinstitutionalisierter Bindung

Ehe bedeutet aus der Sicht unverheiratet Zusammenlebender eine überholte, sinnentleerte Konvention, Schutz für schwache, sicherheitsbedürftige und traditionsgeleitete Menschen. Sie verringere die Anstrengungs- und Risikobereitschaft, verleite zum Besitzdenken, zu monotoner Alltagsroutine, zur „Isolation zu zweit" (Ostermeyer 1979).

Freie Partnerschaften sind der Auffassung, daß die *Institution Ehe* mehr Belastung als Entlastung, mehr Verzicht als Bereicherung schafft, die Entfaltung des Individuums stärker behindert als fördert, da sie flexible Rollenverteilung erschwere und das zwischenmenschliche Handeln weitgehend reglementiere. Sie überfordere den Menschen durch die unwiderrufbare Entscheidung zu lebenslanger Bindung und Ausrichtung auf die Beziehung zu *einem* Menschen. Der Leidensdruck, der dem Menschen selbstverständlich zugemutet werde, sei zu groß. Ehe erschwere Trennung bei emotionaler Entfremdung und hindere Menschen daran, offen und frei miteinander zu leben. Sie habe eher negative als positive Auswirkungen auf die Qualität der Beziehung. Legalisierte Paarbeziehungen seien qualitativ nicht besser als nicht legalisierte Zweierbeziehungen.

Die *antiinstitutionelle Einstellung* äußert sich in Angriffen auf veraltete, menschenunfreundliche Normen und Werte der Ehe mit rigorosen Einschränkungen der Freiheitsspielräume und einer bürokratischen Verrechtlichung der Beziehungen.

Bindung wird als eine zwischen Personen zu erprobende und auszuhandelnde Beziehung verstanden. Unverheiratet Zusammenlebende sind der Überzeugung, daß ihre Beziehung eine *Privatsache* ist, die sich jedem öffentlichen Eingriff, jeder Verrechtlichung und sozialer Kontrolle entzieht. Zusammenleben sei eine Sache des Vertrauens, nicht des Vertrages, da dieser weder Beziehungen verbessern noch absichern könne. Angestrebt wird ein Leben in Freiheit, in dem die Partner so lange Verantwortung füreinander tragen, wie die Beziehung trägt. Art und Dauer des Zusammenlebens sowie die Lösungsmodalitäten wollen die Betroffenen selbst entscheiden und regeln (Arndt u.a. 1979).

Ist aus den Einwänden zu folgern, daß die Institution Ehe als ein von Menschen geschaffenes Kulturgut an Lebenskraft verloren hat? Ist sie nicht mehr in der Lage, für das Zusammenleben der Menschen Orientierung zu geben? Weshalb wird diese zum Schutz und zur Entlastung des Menschen geschaffene Einrichtung nicht mehr von allen Menschen einer Gesellschaft angenommen?

Ein Teil der traditionellen Funktionen von Ehe sind entfallen, Sexualität ist im Bewußtsein und im Vollzug der meisten jungen Menschen nicht mehr an Ehe gebunden, Zusammenleben ohne Verheiratung wird zunehmend toleriert. Wie kann angesichts der veränderten Bedingungen und Einstellungen *Notwendigkeit und Sinn der Institution Ehe* bewußt werden?

Die hier aufgeworfenen Fragen bestimmen bisher nicht das Verhalten einer Mehrheit, aber einer wachsenden Minderheit, und letztere erwartet eine Auseinandersetzung mit der von ihnen gewählten nichtehelichen Partnerbeziehung. Es ist fraglich, ob es genügt, Verständnis zu zeigen und darauf zu hoffen, daß sich unverheiratetes Zusammenleben wie so manche andere zeitgebundene Einstellung und Verhaltensweise überlebt.

Die für den einzelnen und die Gesellschaft nachweisbare *Bedeutung von Institutionen* läßt sich weder durch moralische Appelle noch durch verschärfte Sanktionen sinnvoll aufwerten. Wird der von Institutionen unterstellte Sinn nicht erfahrbar, nicht erlebt und nachvollzogen, üben sie keine Anziehungskraft auf den Menschen aus. Entscheidend für die Annahme und Bejahung sind die die Institutionen leitenden Normen und Werte und ihre Bedeutung im Alltag der Menschen.

Gehlen sieht in den Institutionen eine für Menschen notwendige und sinnvolle Sicherung vor Ichverhaftung, vor Wechselhaftigkeit instabiler Gefühlslagen, vor der Unberechenbarkeit subjektiver Entscheidungen. Er vertritt die Auffassung, daß der „langsame, entwicklungshafte“ oder plötzliche Abbau von Institutionen Subjektivismus und Ichverhaftetheit zur Folge hat. Der einzelne erlebt seine momentanen Stimmungen und Gefühlsreaktionen so, als ob sie überpersönlich belangvoll wären. Ohne Rückbindung an Institutionen könne der Mensch nicht anders reagieren, als daß er das je subjektive Empfinden und Denken zur allgemeinen Norm erhebt. Was *Gehlen (Anthropologische Forschung 1961)* beschreibt, findet im Verhalten der unverheiratet Zusammenlebenden seinen Niederschlag darin, daß die je subjektive Lebensform unter Berufung auf ein individualistisches Menschenbild zur allgemeinen Norm erhoben wird.

Gehlen warnt vor dieser Art Subjektivismus und Individualismus und sieht in den Institutionen *notwendige Korrektive menschlicher Subjektivität.* Unbefriedigend bleibt in den Aussagen Gehlens die Auseinandersetzung mit den in Institutionen notwendigen Freiräumen für die Entfaltung der Individualität. Es wird zu Recht davon ausgegangen, daß es Aufgabe der Institutionen ist, Menschen zu entlasten und abzustützen durch äußere Stabilisierung und Sicherung. Aber wird dieser Aspekt zu einseitig akzentuiert, kommt der Gesichtspunkt der Veränderung und des Wandels der Institutionen zu kurz. Äußere Stabilität ist eine wichtige Voraussetzung für das Nachdenken und Erproben veränderter Ich-Du-Beziehungen wie auch Eltern-Kind-Beziehungen. Aber diese Offenheit der Institutionen muß Bestandteil der zugrundeliegenden Wertorientierung sein.

Menschen ergreifen heute engagiert Partei für die Autonomie des Individuums, für das selbstbestimmte Handeln des Menschen, für die Relativierung der durch Institutionen gesetzten Werte und Normen. Institutionen - so wird argumentiert - sind geschichtliche Gebilde und somit dem geschichtlichen Wandel unterworfen. Daß dieses zutrifft, läßt sich an der Geschichte des Eherechts aufweisen. Aber der Wandel der Institutionen heißt nicht Abbau der Institutionen.

Auffallend ist z.B. an den Argumenten der unverheiratet Zusammenlebenden, wie wenig die Eherechtsreform mit ihrem Leitbild der partnerschaftlichen Ehe das Bewußtsein beeinflußt und geprägt hat. Die Kritik wendet sich - gemessen an dem neuen Leitbild - gegen ein Zerrbild von Ehe. Die Argumentation gegen Ehe bezieht sich auf ein patriarchalisches Leitbild und geht von leidvollen Eheerfahrungen aus, ohne die Chancen und Hilfen durch die Institution Ehe differenzierter zu betrachten. Institutionen sind nicht gegen, sondern für den Menschen geschaffen worden. Sie haben subsidiären Charakter und sind der Person nachgeordnet, erfüllen jedoch eine *anthropologisch gesehen unverzichtbare Funktion:* sie entlasten den Menschen durch die für den einzelnen lebenswichtige Orientierung seines persönlichen und gesellschaftlichen Handelns und erleichtern Stabilität und Konstanz der Beziehungen.

Wie es um die Qualität von Institutionen bestellt ist, entscheidet sich aber nur bedingt an rechtlichen und sozialen Normen und den zugrundeliegenden Werten, sondern an den Menschen, die in Institutionen leben und diese ausfüllen. Das Leitbild der partnerschaftlichen lebenslangen Ehe wird nur in dem Maße von Menschen angenommen und gelebt werden können, wie es gelingt, die diesem Leitbild zugrundeliegenden Werte von Liebe und Liebesfähigkeit (Fromm 1976; Gollwitzer 1978), der Gleichwertigkeit und Gleichberechtigung der Bedürfnisse und Verpflichtungen beider Partner, Kontinuität und Stabilität der Beziehungen im menschlichen Handeln umzusetzen.
Das sogenannte Leiden an der Institution ist in Wirklichkeit ein Leiden an den unzulänglichen menschlichen Lebensbedingungen und Fähigkeiten. Aber ebenso häufig ist ein hilfloses oder bequemes Ausweichen vor den den Menschen gestellten Aufgaben und Anforderungen zu beobachten. Das Scheitern vieler zunächst auf Dauer angelegter Beziehungen müßte eine Gesellschaft veranlassen, bessere zwischenmenschliche Verhältnisse und tragfähige Sinnorientierungen in das Zentrum menschlichen Denkens und Handelns zu rücken. Störungen im Verhalten der Menschen, Verkehrung der Liebe in Lieblosigkeit haben ihre Hauptursache in nicht erfüllten Liebesbedürfnissen und nicht entwickelter Liebesfähigkeit.
Institutionen regeln die *Verkehrsformen* zwischen den Menschen. Eltern sind zu Recht unsicher im Umgang mit unverheiratet zusammenlebenden Kindern. Wovon sollen sie ausgehen: von einer vorübergehenden oder dauerhaften Verbindung? Ist der Partner der Freund oder der Schwiegersohn bzw. die Schwiegertochter? Wie sollen die Verkehrsformen in und außerhalb der Familie gestaltet werden? An diesen Fragen wird deutlich, daß Institutionen menschlichen Beziehungen eine Form geben oder zumindest Formgebung ermöglichen und fördern. Liebe ist nur vorübergehend eine höchst persönliche und private Angelegenheit. Verliebte fühlen sich, als lebten sie allein auf der Welt, aber ihr Leben ist zutiefst eingebunden in die sie umgebende Gesellschaft.
Mit dem Gesichtspunkt der Verkehrsformen zwischen Menschen verschiedenen Alters und Geschlechts sowie verschiedenen Familienstandes geht die Aufgabe einher, *wechselseitige Verpflichtungen zwischen den primären Lebensgemeinschaften und sekundären Gruppen* einer Gesellschaft zu regeln. Geleugnet oder nicht beachtet wird von den unverheiratet Zusammenlebenden die Bedeutung der Institution für soziale und persönliche Identität. Institutionen regeln und klären durch ihre sozial ordnende Funktion menschliche Beziehungen und geben Normen und Werte für den Umgang miteinander und die Aufgabenerfüllung vor. Durch die soziale Rolle des Ehemanns, der Ehefrau, der Mutter und des Vaters wird geklärt, was der einzelne für sich selbst und im Umgang mit den anderen darstellt. Dabei werden Anforderungen an Einstellungen und Verhalten, Selbst- und Fremderwartung z. B. bei Ehepaaren vorgegeben. Diese Vorgaben erweisen sich dann als belastende Reglementierungen, wenn über

grundlegende Orientierungen hinaus Einstellungen und Verhaltensweisen weitgehend vorgeschrieben und individuelle Handlungsspielräume kaum noch gegeben sind.
Die institutionalisierte Bindung kann *fehlende oder gestörte Bindungsfähigkeit* nicht ersetzen, allenfalls äußere Bedingungen schaffen, die Bindungsfähigkeit erleichtern und unterstützen. Aber die Schwierigkeit vieler Menschen, persönliche Beziehungen mit allen bereichernden und belastenden Erfahrungen dauerhaft zu leben, verringert sich nicht, wenn auf Institutionen verzichtet wird. Die Fähigkeit zu lieben erhöht sich bei den meisten Menschen nicht dadurch, daß sie die Partner wechseln und es nach einer gescheiterten Beziehung mit einem neuen Partner versuchen.
Wenn die Abwehr gegenüber der Institution Ehe mehr und anderes ist als wortreiche Rechtfertigung zeitbedingter Angepaßtheit, eigener Bequemlichkeit oder egoistischer Glücksansprüche, wenn sie vielmehr das Ergebnis leidvoller Erfahrungen und Angst vor neuem Leid ist, dann müßte die Minderung dieses Leides, soweit es in den Möglichkeiten des Menschen steht, Priorität im öffentlichen und privaten Handeln haben.

6. Gesellschaftliche Entlastungen und Hilfen für die Gestaltung dauerhaft gelebter Bindung

Der Wandel der materiellen, rechtlichen und sozialen Lebensbedingungen, Werte und Normen hat einen Lebensvollzug ohne dauerhafte eheliche Bindung begünstigt. Es sind nicht materielle und gesellschaftliche Notwendigkeiten, sondern primär seelisch-geistige Bedürfnisse, die den Wunsch und die Suche nach umfassenden, dauerhaften Beziehungen bestimmen. Aber äußere Freiheit allein befähigt den Menschen noch nicht dazu, zwischenmenschliche Beziehungen verantwortlich zu gestalten. Menschliches Leben ist gekennzeichnet von gegensätzlichen Wünschen, Einstellungen und Fähigkeiten. Mit Menschen leben bedeutet, in diese spannungsreiche Vielfalt eingebunden zu sein.
Wollen menschliche Gemeinschaften jedoch dem Bedürfnis des einzelnen nach verläßlichen Beziehungen gerecht werden, so hat das Konsequenzen für die Gestaltung des öffentlichen und privaten Lebens.
Notwendig sind Lebensverhältnisse, in denen im Rahmen eines dynamischen Persönlichkeitsverständnisses Bindungsfähigkeit *die Grundlage menschlicher Entwicklung und Veränderung* bildet. Gestaltung menschlicher Lebensverhältnisse unter den Gesichtspunkten der Vereinbarkeit von Stabilität und Veränderung, Kontinuität und Diskontinuität hat bestimmten anthropologischen Kriterien zu genügen, auch wenn diese je nach Erkenntnisstand vorläufigen Charakter haben. Nach den Befunden der Verhaltensforschung und Anthro-

pologie kann sich der Mensch nur unter bestimmten Bedingungen wechselnden Personen und Umwelten anpassen. Menschlicher Flexibilität und Mobilität sind Grenzen gesetzt. Menschen brauchen kleinere Gemeinschaften, in denen das Zusammenleben überschaubar und die zwischenmenschlichen Beziehungen unmittelbarer sind als in den Großorganisationen der anonymen Massengesellschaft. Bindung braucht abgeschlossene und offene Beziehungen sowie räumliche Umwelten. Um Isolation in der Zweierbeziehung oder in der Kleinfamilie zu vermeiden, ist die Öffnung der kleinsten Lebensgemeinschaften zu Nachbarschaft, Gemeinde, Clubs und Vereinen unbedingtes Erfordernis. Veränderungen sind aber auch notwendig in bezug auf die Schaffung stabiler Kleingruppen und Bezugspersonen im Bildungswesen und in der Arbeitswelt.

Menschen entwickeln nur dann die Fähigkeit zu flexiblem Verhalten, zu intellektueller Beweglichkeit und Erweiterung der sozialen und räumlichen Umwelt, wenn die an sie gestellten Anforderungen nicht gleichzeitig Veränderungen auf mehreren Ebenen verlangen und neue Einstellungen und Verhaltensweisen in die bisherigen integriert werden können. Die gegenwärtigen Lebensverhältnisse überfordern häufig die Fähigkeit des Menschen zu Flexibilität und Mobilität.

Die Frage, wie Bindung verstanden und gelebt werden sollte, setzt den Austausch und die Auseinandersetzung über unterschiedliche Erfahrungen und Sichtweisen voraus. Die junge Generation hat ein Recht und eine Verpflichtung, Überkommenes auf seine Geltungsansprüche hin zu überprüfen. In gleicher Weise besteht ein Recht und eine Verpflichtung der Älteren, sich auf deren Vorstellungen und Argumente einzulassen und diese auf ihre Tragfähigkeit hin zu überprüfen. Aber so wie die jüngere hat auch die ältere Generation einen Anspruch darauf, mit ihren Argumenten und Positionen respektiert und toleriert zu werden. Jugendliche mögen sich in vielen Fällen aufgrund negativer Erfahrungen von den Erwachsenen absetzen und deren Positionen mißtrauen, aber entziehen sich Jugendliche und Erwachsene dieser Auseinandersetzung, so wird den Jugendlichen ein für ihre Identitätsgewinnung unabdingbarer Prozeß vorenthalten. Die Auseinandersetzung zwischen den Generationen kann und wird im einzelnen durchaus konflikthaft verlaufen, da unterschiedliche Sichtweisen und Standpunkte aufeinanderstoßen.

Das Problem freier Lebensgemeinschaften ist hier unter der Frage des Wandels im Bindungsverhalten erörtert worden. Dabei hat sich gezeigt, daß nicht die Bindungswünsche, wohl aber die Erwartung an dauerhafte Bindung Veränderungen erkennen lassen.

Den nichtehelichen Lebensgemeinschaften ist nicht pauschal eine geringere Bindungsbereitschaft oder eine generelle Tendenz zu weniger wechselseitiger Verpflichtung zu unterstellen. Aber es ist nicht zu bestreiten, daß mit der Ablehnung der durch die Institution Ehe geforderten Verbindlichkeit in bezug

auf das Innen- und Außenverhältnis und dem Anspruch, persönliche Beziehungen nach den je individuellen Vorstellungen gestalten und regeln zu können, die *Frage nach dem Verhältnis von Individuum und Gesellschaft* und nach der Bedeutung dauerhafter Bindung für den einzelnen und die Gesellschaft neu gestellt ist.
Festzuhalten ist, daß Menschen nicht in einem gesellschaftsfreien Raum leben. Institutionen haben die Grundrechte und Bedürfnisse der Individuen zu achten, aber sie sind unverzichtbar als Gestaltungselement menschlicher Gemeinschaften. Der Anspruch des Individuums auf Autonomie, auf selbstbestimmtes Handeln ist in Einklang zu bringen mit dem individuellen Bedürfnis nach Gemeinschaft und den Erwartungen der Gemeinschaft an das Individuum. Diese Schwierigkeiten sind nicht durch eine Lockerung oder Verschärfung bestehender Rechtsregelungen zu lösen. Notwendig sind Lebensverhältnisse und gelebte Beziehungen, in denen Menschen erfahren, daß Liebe nicht einseitig eine Sache des Gefühls, sondern der gemeinsamen Aufgabe und Verantwortung, kein leeres Wort, sondern gelebter Anspruch ist. Freie Lebensgemeinschaften haben trotz des hohen Anspruchs an die Qualität ihrer Beziehungen bisher nicht erweisen können, daß nichtinstitutionalisierte Beziehungen tragfähiger sind als Ehen. Sie haben wichtige Impulse für die Gestaltung partnerschaftlicher Beziehungen eingebracht, aber die entscheidende Frage nach Liebe und Treue in unterschiedlichen Lebensformen läßt sich nicht dahingehend beantworten, daß Liebesfähigkeit und personale Treue durch Ehe behindert und durch freie Lebensgemeinschaften erhöht werden. Vielmehr wird personale Treue von diesen dadurch relativiert, daß lebenslange Bindung nicht mehr als Anspruch, sondern nur als Möglichkeit vertreten wird.

Literatur

Allensbacher Jahrbuch der Demoskopie, 1974–1976, Bd. VI und 1976–1977, Bd. VII, hrsg. v. E. Noelle-Neumann, Wien 1976 u. 1977
Allensbach (Institut für Demoskopie) Moral '78 – eine Repräsentativ-Umfrage für den „Stern“ über Sexualität und Lebensglück, Ehe und Gesellschaft, Allensbach 1978
Arndt, M. u.a.: Heiraten oder nicht? Gütersloh 1979
Council of Europe: Recent Trends in Attitudes and Behaviour Affectivy of the Family in Council of Europe Number States. Population Studies 4, Strasbourg 1979
Duss-v. Werdt, J.: Eheschließung und Familienbildung heute aus ethischer Sicht, in: Eheschließung und Familienbildung heute, hrsg. v. Rupp, S./Schwarz, K./Wingen, M., Wiesbaden 1980 (Selbstverlag, Deutsche Gesellschaft f. Bevölkerungswissenschaft)
Fromm, E.: Haben oder Sein. Die seelische Grundlegung einer neuen Gesellschaft, Stuttgart 1976
ders.: Die Kunst des Liebens, Frankfurt/M. 1971
Gehlen, A.: Anthropologische Forschung. Zur Selbstbegegnung und Selbstentdeckung des Menschen, Reinbek 1961

Gollwitzer, H.: Das hohe Lied der Liebe, München 1978
Habermas, J. (Hrsg.): Stichworte zur ‚geistigen Situation der Zeit', 2. Band, Politik und Kultur, Frankfurt/M. 1980
Hofsten, E.: Non-marital Cohabitation - how to explain its rapid increase, particularly in Europe? Proceedings IUSSP Conference Helsinki 1978, Vol. 3, 303-311
Hoffmann-Novotny, H. J.: Auf dem Wege zur autistischen Gesellschaft, in: Eheschließung und Familienbildung heute, hrsg. v. Rupp, S./Schwarz, K./Wingen, M., Wiesbaden 1980, 161-185
Jonas, H.: Das Prinzip Verantwortung, Frankfurt 1979
Kmieciak, P.: Wertstrukturen und Wertwandel in der Bundesrepublik Deutschland - Grundlagen einer interdisziplinären empirischen Wertforschung mit einer Sekundäranalyse von Umfragedaten, Göttingen 1976
Krukenberg, F.: Muß man heiraten? in: Arndt, M. u.a.: Heiraten oder nicht?, Gütersloh 1979
Landwehr, G. (Hrsg.): Die nichteheliche Lebensgemeinschaft, Göttingen 1978
Noelle-Neumann, E.: Werden wir alle Proletarier? Wertwandel in unserer Gesellschaft, Zürich 1978
Ostermeyer, H. (Hrsg.): Ehe - Isolation zu zweit. Mißtrauen gegen eine Institution, Frankfurt/M 1979
Pompey, H.: Glaubenshaltung und Glaubenspraxis kirchlich orientierter Jugendlicher, in: Lebendiges Zeugnis 24 Jg. 1 (1979), 61-82
Roessler, I./Huth, W.: Fragen zu Beziehungen bei unverheirateten Paaren in: Loccumer Protokolle 3 (1980), Partnerschaft und Identität. Die nicht-eheliche Lebensgemeinschaft, 79-93
Schmidtchen, G.: Zwischen Kirche und Gesellschaft - Forschungsbericht über die Umfragen zur Gemeinsamen Synode der Bistümer der BRD, Freiburg 1972
Schwarz, K.: Informationen und Informationslücken zur neueren Entwicklung von Ehe und Familie in der Bundesrepublik Deutschland, in: Eheschließung und Familienbildung heute, Wiesbaden 1980, 24-39
Straver, C. J.: Die nicht-eheliche Lebensgemeinschaft. Bericht über eine quantitative Untersuchung in den Niederlanden, in: Loccumer Protokolle, 18-44
Willi, J.: Die Zweierbeziehung, Reinbek 1975
Zuber, H.: Liebe - Treue und Untreue, Zürich Köln 1973

4. Veränderte Einstellungen zum Kind (1983)

„Die Reduktion aller Lebensvollzüge auf die herrschende Zweckrationalität hin hat uns zu einem Ausmaß an Starre und Konventionalität gezwungen, das überhaupt erst erfahren wird, indem man es überschreitet.“[1]

Mit Zweckrationalität läßt sich menschliche Existenz, insbesondere die von Kindern, nur in einem sehr eingeschränkten Sinne verbinden. Aber gerade sie scheint auch in der Einstellung zu Kindern immer bestimmender zu werden. Kinder und ihre Eigenart irritieren um so mehr, je stärker die Individuen einer Gesellschaft ihr Lernen und Verhalten darauf ausrichten, zweckrational zu handeln, Risiken soweit als eben möglich auszuschalten und das eigene Leben abzusichern.

Solange die Mehrheit der Erwachsenen in einer Gesellschaft mit Kindern zusammenlebt, wird die Rolle des Kindes öffentlich kaum thematisiert, sie gilt als evident. In dem Maße, wie zunehmend mehr Erwachsene und ältere Menschen das Miteinander prägen, gewinnt auch die Frage an Bedeutung, welcher Stellenwert Kindern im Leben des einzelnen und der Gesellschaft zukommt. Abnehmende Kinderzahlen tangieren das zweckrationale gesellschaftliche Gefüge. Davon sind gegenwärtige und zukünftige Entwicklungen in Bereichen wie Bildung, Wohnung, Arbeitsmarkt und soziale Sicherung betroffen. Kinder sind ein fester Bestandteil gesellschaftlicher Planung. Zu wenig Kinder sind wirtschaftlich und sozial gesehen ebenso problematisch wie zu viele Kinder.[2]

In der gesellschaftlichen Argumentation geht es primär um die sozialen und ökonomischen Funktionen von Kindern. Stark sinkende Geburtenraten gefährden die Kontinuität bestehender gesellschaftlicher Strukturen.

Kinder beunruhigen in diesem Kontext weniger durch ihre Bedürfnisse und Ansprüche, sondern vielmehr dadurch, daß die als gesellschaftliche Funktionsträger nicht in ausreichender Zahl verfügbar sind.

Es dürfte unbestritten sein, daß eine an ihrer Zukunft interessierte Gesellschaft Kinder braucht. Wenn dieses Interesse sich aber in erster Linie auf das Zweckrationale beschränkt, so kommen sozialanthropologische und sozialpsychologische Dimensionen zu kurz.[3] Zu fragen ist vielmehr, was es für den Erfahrungsbestand einer Gesellschaft, die Einstellungen und Verhaltensweisen der Individuen bedeutet, wenn zunehmend mehr Menschen ihren Lebensvollzug ohne Kinder gestalten, weder die Belastungen noch die Bereicherungen durch Kinder erfahren. Es fehlt der primär zweckrationalen Betrachtungsweise die Komponente der das Zusammenleben von Menschen prägenden Wert – und

Normorientierungen und somit die Frage nach dem Verständnis menschlicher Existenz in seiner individuellen und sozialen Ausprägung.
Die stark abnehmenden Geburtenzahlen der letzten Jahre werden von vielen als ein Indiz für eine rückläufige Bedeutung des Kindes im gesellschaftlichen und individuellen Bewußtsein gewertet. Weniger Kinder können jedoch ebenso ein Indiz für ein erhöhtes Verantwortungsbewußtsein gegenüber den gegenwärtigen und zukünftigen Lebensbedingungen von Kindern sein.
Die Rolle des Kindes steht in engem Zusammenhang mit ökonomischen, sozialen und kulturellen Wandlungen einer Gesellschaft. Einstellungen zu Kindern entwickeln und verändern sich zudem in enger Verbindung mit der Biographie eines Menschen. Persönliche Negativerfahrungen in Kindheit und Jugend, nicht gelungene Partnerbeziehungen oder Schwierigkeiten und Konflikte im Beruf können die Entscheidung für Kinder ungünstig beeinflussen.
Einzelne Anzeichen lassen darauf schließen, daß sich ein einschneidender Wandel in der sozialen Rolle des Kindes mit positiven, aber auch problematischen Perspektiven anbahnt. Er scheint einherzugehen mit Spannungen und Widersprüchen, die auch die weitere Dynamik in der Ausprägung einer neuen Rolle des Kindes bestimmen werden.
Kinder lösen Nachdenken und kritische Stellungnahme aus, weil sie die Gesellschaft mit der Frage der Kontinuität und des Wandels, der Bewertung der gegenwärtigen Situation und der Zukunftschancen von Kindern konfrontieren. Im Mittelpunkt der nachfolgenden Erörterungen steht die Frage, ob sich im Zusammenleben mit Kindern ein Mentalitätswandel vollzieht oder bereits vollzogen hat.
An erster Stelle erfolgt in diesem Zusammenhang die Auseinandersetzung mit Phänomenen struktureller und individueller Kinderfeindlichkeit. Veränderte Einstellungen zum Kind lassen sich jedoch nicht trennen vom Rollenwandel der Frau. Das Zusammenleben mit Kindern konfrontiert aber auch mit dem Anderssein des Kindes. Abschließend wird zum Zusammenleben mit Kindern aus anthropologischer Sicht Stellung genommen.

1. Widersprüche im Mentalitätswandel – Kinderfeindlichkeit und Kindzentrierung

„Manche tun so,
als wenn das Kinderkriegen oder -haben
eine Schande
oder ein Verbrechen wäre“[4]

In Verbindung mit Kindern von Schande zu sprechen, wirkt zweifellos provokativ und aggressiv. Erfahrungsberichte von Müttern lassen jedoch kaum Zweifel daran, daß Kinder bei zunehmend mehr Menschen auf Unverständnis

und Abwehr stoßen. Schwangerschaft ist für viele eine Art Unfall, die Folge planlosen und „unvernünftigen" Verhaltens. Kinder, so heißt es in den von Boßmann gesammelten Erfahrungsberichten von Müttern, verpfuschen das Leben der Frauen, rauben ihnen die besten Jahre.[5]
Die abwehrenden und ablehnenden Verhaltensweisen der Umwelt auf Kinder vermitteln Müttern das Gefühl, daß sie mit ihren Kindern unerwünscht und unzumutbar sind.
Werden Kinder als öffentliches Ärgernis erlebt, so liegt es nahe, schroffe, kinderverneinende Reaktionen mit dem Wort Schande zu belegen.
Kinder werden als eine Privatangelegenheit betrachtet. „Wer Kinder hat, ist selbst schuld!" - dieses Argument ist häufig in der Öffentlichkeit zu hören. Angesichts der modernen Antikonzeptionsmittel, so heißt es, muß niemand Kinder haben, der keine will.
Familien mit mehr als drei Kindern sehen sich offen oder versteckt dem Vorwurf ausgesetzt, sich „asozial" zu verhalten.[6]
Mit steigender Kinderzahl sinkt das Sozialprestige einer Familie deutlich ab. Ehepaare mit Kindern erfahren, daß Kinder zu erheblichen materiellen Einschränkungen führen und den persönlichen Handlungsraum schmälern. In einer Gesellschaft, in der die Durchsetzung materieller Ansprüche und die Absicherung für alle nur denkbaren Lebenslagen ein vordringliches Ziel ist, werden Kinder als ein kaum zumutbares Risiko empfunden.
Das Lernen junger Menschen bezieht sich nur im Ausnahmefall auf das Zusammenleben mit Kindern. Im Mittelpunkt steht der Beruf. Fragen des Zusammenlebens der verschiedenen Generationen, Gestaltung der Zweierbeziehungen, Umgang mit der eigenen Familie werden weitgehend ausgespart, haben privaten Charakter und bleiben dem einzelnen als Möglichkeit und Aufgabe selbst überlassen. Die Ausrichtung auf Beruf und Freizeit hat Vorrang vor allen anderen Lebensbereichen. Von daher kann das Bewußsein kaum davon bestimmt werden, daß Kindern im Leben des einzelnen und der Gesellschaft ein zentraler Stellenwert zukommt.
Viele junge Menschen haben häufig über Jahre keinen oder kaum Kontakt zu Kindern. Bedürfnisse und Verhaltensweisen von Kindern werden nicht konkret erlebt und sind daher fremd.
Kinder werden in der Öffentlichkeit - das zeigt auch die Behandlung dieser Thematik in den Medien und in den vorliegenden Publikationen - fast ausschließlich unter dem Aspekt der Lasten und der Belastungen diskutiert.[7]
Ist von Kindern im Bekanntenkreis oder in der Öffentlichkeit die Rede, so geht es um Erziehungs- und Schulkonflikte, Alkoholismus, Drogensucht, Kriminalität und Selbstmordgefahr. Fast zwangsläufig entwickeln sich Überforderungsängste angesichts hoher Erziehungsanforderungen und kaum zu bewältigender Erziehungsschwierigkeiten.

Aspekte wie finanzielle, zeitliche und psychische Belastungen der Erwachsenen in der einzelnen Familie werden noch verstärkt durch eine gesellschafts- und kulturkritische Auseinandersetzung mit Umweltfragen. Diese bezieht sich ebenso auf Fragen der Umweltverschmutzung und -vergiftung wie auf die geringe Bereitschaft, Bedürfnisse der Kinder bei öffentlicher Planung (Wohnungen, Spielplätze, Verkehr, Schulen) und im Umgang mit Kindern zu berücksichtigen. Die Konsequenzen lauten für die einen: Je weniger Kinder es gibt, desto geringer die Chance, ihre Belange zu beachten! Die anderen ziehen daraus den Schluß: In dieser Welt sind Kinder nicht mehr zu verantworten!

Erschwerend kommt hinzu, daß Verantwortung für Kinder als private Angelegenheit der Eltern, allenfalls noch der rechtlich und inhaltlich zuständigen Erziehungseinrichtungen und Behörden betrachtet wird. Für Verhaltensprobleme sind Eltern ebenso zuständig wie für die Zukunftssicherung ihrer Kinder. Erwachsene berufen sich häufig darauf, daß sie sich an den Aufgaben gegenüber Kindern durch relativ hohe finanzielle Beiträge zu den Bildungs-, Gesundheits- und Sozialkosten beteiligen. Die Kostenbeteiligung ist nicht zu bestreiten. Aber auf diese Weise hat sich eine äußerst abstrakte Beziehung zu nicht eigenen Kindern entwickelt. Für Kinder wird gezahlt, aber nicht mehr mit ihnen gelebt. Daher kann es nicht verwundern, daß sich Distanz und Fremdheit gegenüber der Eigenart von Kindern als Folge einstellt.

Belange von Kindern haben keine gesellschaftliche Priorität, ihre Lebensbedingungen und Entwicklungschancen erweisen sich in vieler Hinsicht als Randprobleme. Kinder sind notwendig, dürfen aber die Funktionsabläufe des Arbeitslebens ebenso wenig stören wie die privaten Lebensgewohnheiten des einzelnen. Das Verhalten der Kinder in der Wohnung wie auch außerhalb der Wohnung hat sich den Bedürfnissen und Interessen der Erwachsenen unterzuordnen. Das zeigen die Erfahrungen von Eltern bei der Wohnungssuche, aber auch Negativerlebnisse in öffentlichen Verkehrsmitteln, in Hotels und Restaurants.

Gerade die aggressive Heftigkeit, mit der Unverständnis für das Zusammenleben mit Kindern geäußert wird, wirkt auf Eltern und Kinder befremdend und verletzend.

Die psychosoziale Abwehr vieler Erwachsener, insbesondere auch älterer Menschen gegenüber Kindern beruht auf mangelndem Kontakt mit Kindern, Berührungsängsten und geringer Belastbarkeit. Viele Erwachsene fühlen sich durch Kinder unzumutbar belästigt und belastet.

Kinder sind nicht in das Leben der Erwachsenen integriert. Margaret Meads Aussage, daß gesellschaftlich und kulturell entfaltetes Leben nur dort gegeben ist, wo keine Generation von der anderen getrennt ist, wirft die Frage auf, welche Veränderungen in der Bundesrepublik, aber auch in anderen Industrieländern notwendig sind, um die Trennung der Generationen voneinander wieder zu überwinden.[8]

Eine Gesellschaft, die sich mit dem Vorwurf konfrontiert sieht, kinderfeindlich zu sein, steht im Verdacht, es an Verantwortung und Engagement für die Entfaltungsmöglichkeiten der nachwachsenden Generation fehlen zu lassen. Wenn Sprache ein aufschlußreicher Indikator für menschliches Denken und Empfinden ist, so sagen Worte wie Kinderfeindlichkeit oder „Kinder eine Schande“ etwas über die in einer Gesellschaft verbreitete, zugleich auch kritisierte Mentalität aus.
Sie sind ein Indikator für tiefliegende Störungen. Kinderfeindlichkeit als subjektiv erlebte Umweltreaktion auf Kinder oder objektiv nachweisbare Beeinträchtigung kindlichen Lebensraumes drückt eine Störung in den Beziehungen zwischen Erwachsenen und Kindern aus, die Indifferenz, Abwehr, aber auch Gegnerschaft beinhalten kann. Zusammenhang und Zusammenhalt zwischen den Generationen müssen wieder gelernt, eingeübt und kulturell abgestützt werden. Dieses scheint um so erforderlicher, als Notwendigkeit und Wert des Zusammenlebens mit Kindern nicht mehr unmittelbar erlebt werden.
Die Mentalität einer Gesellschaft im Umgang mit Kindern drückt sich in ihren Lebenspraktiken, in den Vorstellungen über das Zusammenleben mit Kindern wie in den von der Gesellschaft für Kinder eingerichteten Institutionen aus.
Die Vernachlässigung des Kindes steht in einem sowohl positiven als auch negativen Zusammenhang zur Entdeckung kindlicher Eigenart und den damit verbundenen Forderungn nach einer kindgemäßen Umwelt.
Als positiv sind die Bejahung der kindlichen Individualität und die Anerkennung des Eigenwerts der Kindheit zu beurteilen. Das Recht des Kindes auf Entfaltung seiner Persönlichkeit hat ein Problembewußtsein für die Bedürfnisse und Rechte des Kindes geschaffen.
Die Auseinandersetzung mit den berechtigten Belangen von Kindern schlägt sich in einer breiten Erziehungsliteratur seit dem 18. Jahrhundert nieder, in der zu der Bedeutung emotional ausgerichteter Eltern-Kind-Beziehungen, zu den Anforderungen an Entwicklung und Lernen und zur Gestaltung einer kindgemäßen Umwelt Stellung genommen wird.[9] Ist von den Eltern-Kind-Beziehungen die Rede, so ist allerdings faktisch in erster Linie der Mutter-Kind-Bezug gemeint. Die Zentrierung der Mutter auf das Kind wurde in dem Maße möglich, wie durch die Trennung von Familie und Arbeit gerade für die Frauen im Bürgertum ein Vakuum entstand, das durch die Verlagerung auf die Aufgaben der Kindererziehung und des Haushalts ausgefüllt werden konnte.
Zu Recht weist jedoch die historische Familien- und Kindheitsforschung darauf hin, daß die hohe Wertschätzung des Kindes seit dem 18. Jahrhundert und die Bemühungen um eine kindorientierte Gestaltung der Eltern-Kind-Beziehungen keinesfalls einhergehen mit neuen Formen gesellschaftlicher Integration des Kindes.[10] Familie als ein vom Arbeitsleben abgetrennter Schutz- und Schonraum setzt sich fort in außerfamilialen Erziehungs- und Bildungseinrichtungen. Kinder wachsen in pädagogischen Umwelten auf.

Dieses gilt auch für die Familie und ist an den Anstrengungen um Professionalisierung der Eltern deutlich ablesbar.
Der Ausgliederungsprozeß des Kindes wird zwar von Experten zunehmend problematisiert, aber faktisch ist kein Richtungswechsel zu erkennen.[11] Der trotz starker Pädagogisierungstendenzen noch weitgehend unspezialisierte Lebensraum Familie tritt im Alltag der Kinder rein quantitativ zugunsten der Betreuungs- und Entwicklungsförderung in Einrichtungen institutionalisierter Früh- und Vorschulerziehung zurück. Diese Entwicklung ist zum einen in der wachsenden außerhäuslichen Erwerbstätigkeit beider Eltern, zum anderen in einer veränderten sozialen Rolle des Kindes begründet. Kindsein beinhaltet vor allem kognitives und soziales Lernen in einer speziellen für die Entwicklung geeigneten pädagogischen Umwelt.
Öffentliche Investitionen für Kinder verlagern sich von den individuellen auf kollektive Leistungen. Ein hoher Anteil entfällt auf Kindertageseinrichtungen, Spielplätze, Schulen und für Kinder relevante Einrichtungen des Gesundheitswesens.
Der Ausbau einer Sozialisationspolitik für Kinder verbunden mit den Bemühungen um eine kindgerechte Umwelt verstärkt die Ausgliederung in eine von den Erwachsenen abgetrennte Erfahrungs- und Lernwelt.
Die Absonderung des Kindes in eine künstlich geschaffene Kinderwelt und die damit verbundene Trennung der Generationen für einen wesentlichen Teil des Tages machen es verständlich, daß Kinder außerhalb der für sie vorgesehenen Lebensräume als störend und belastend empfunden werden. Die Entwöhnung vom Umgang mit Kindern verringert die Palette flexibler Verhaltensweisen und beeinträchtigt die Belastbarkeit. Kinder lenken, sofern sie zur Arbeitswelt der Erwachsenen Zugang haben, von den funktionsgebundenen, rationellen Tätigkeiten ab.
Die Trennung von Familie und Arbeit, die Privatisierung des familialen Lebensvollzuges und die Schaffung einer künstlichen Kinderwelt haben entscheidend dazu beigetragen, die Diskrepanz zwischen hoher Wertschätzung kindlicher Eigenart und der geringen Fähigkeit, mit Kindern zusammenzuleben, zu verschärfen. Die in der Gesellschaft aufweisbaren Erscheinungsformen kinderfeindlicher Strukturen, Einstellungs- und Verhaltensweisen sind in erster Linie eine Folge gesellschaftlicher Desintegration des Kindes. Arbeitsteilung und Trennung der Generationen haben andererseits individuelle Freiräume geschaffen, die es dem einzelnen ermöglichen, eher hedonistische Lebensvorstellungen zu entwickeln.
Wird jedoch versucht, überzogene Emanzipationswünsche der Frauen, mangelnde Bindungsfähigkeit, übertriebenes Wohlstandsstreben, egoistisch ausgerichtete Glücksvorstellungen für veränderte Einstellungen und den Umgang mit dem Kind verantwortlich zu machen, so greift dieser Erklärungsansatz zu kurz, weil er den strukturellen Bedingungen des Zusammenlebens mit Kindern

nicht hinreichend Rechnung trägt. Der Mentalitätswandel scheint nicht in einer Richtung zu verlaufen. In dem Maße, wie Phänomene einer kinderfeindlichen Umwelt verschärft bewußt gemacht werden, zeichnet sich ein positiv zu bewertender Bewußtseinswandel ab, der die Voraussetzung für einen Richtungswechsel und individuellen Umgang mit Kindern darstellt.

2. Der Rollenwandel der Frau und die Bedeutung des Kindes in der Paarbeziehung

Kinder zu haben, ist aus der Sicht von Mann und Frau in der Regel weder aus ökonomischen noch aus normativen Gründen zwingend oder selbstverständlich. In dem Maße, wie Kinder individuelle Planung und Entscheidung voraussetzen und wie sie mit anderen Lebensentwürfen konkurrieren, verändert sich im Bewußtsein und Erleben der Stellenwert von Kindern. Die überkommenen sozialen Mechanismen und geläufigen Einstellungen sind fragwürdig geworden. Es gilt nicht mehr der Satz: „Kinder hat man zu haben!“, wenngleich traditionelle Familienvorstellungen die Entscheidung vieler Paare für Kinder ebenso beeinflussen wie überkommene Vorstellungen von der „natürlichen“ Bestimmung der Frau.

Weniger Kinder in den Familien wie auch Kinderlosigkeit verweisen auf veränderte Lebensbedingungen. Kinder haben für die einzelne Familie in der Bundesrepublik keine unmittelbar ökonomische Funktion, das Zusammenleben mit Kindern ist in erster Linie sozial und emotional bestimmt. Kinder sichern heute weniger die materielle, wohl aber in vielen Fällen die soziale und emotionale „Existenz“. Ihre Bedeutung hat sich nahezu in allen sozialen Schichten verändert. Das zeigen die Kinderzahlen in Arbeiterfamilien.[12] Nur für wenige haben sie noch die Funktion, Ersatz für soziales Ansehen, für fehlende Berufsausbildung oder Berufstätigkeit zu sein, obwohl diese Aussage angesichts wachsender Arbeitslosigkeit zu relativieren ist.

Die veränderten äußeren Lebensbedingungen – Berufsausbildung und Berufstätigkeit von Mann und Frau wie auch das soziale Sicherungssystem – haben die Voraussetzungen geschaffen, Kindern in anderer Weise als je zuvor den Anspruch auf Entfaltung der eigenen Person zuzubilligen und diesen auch in höherem Maße durchzusetzen.

Allerdings wird die Durchsetzung dieses Anspruches in vielen Fällen durch die Wertvorstellungen und die faktischen Lebensverhältnisse in neuartiger Weise einschneidend beeinträchtigt. Das gesellschaftliche Leben ist vom Wirtschafts- und Berufsbereich her organisiert und orientiert sich nicht an den Belangen von Kindern.[13] Der Beruf hat im Leben von Mann und Frau einen Stellenwert, der es immens erschwert, Belange des Berufs, des Haushalts und der Kinder miteinander in Einklang zu bringen. Kinder beeinträchtigen die

Berufsausübung der Frau, verlangen eine Umstellung des Tagesrhythmus, nehmen die Zeit, die Aufmerksamkeit und die physischen und psychischen Kräfte des Erwachsenen in Anspruch. Kinder sind nicht mehr unbedingt erforderlich, um dem Leben der Frau einen Sinn zu geben. In der Geschichte der letzten 200 Jahre war Muttersein für die Frau die zentrale und gesellschaftlich anerkannte Aufgabe. Die mit dieser Rolle verbundenen Einstellungen und Tätigkeiten bestimmen bis in die Gegenwart die außerfamilialen Berufsmöglichkeiten der Frau. Kinderlosigkeit war in der Vergangenheit nicht frei von sozialem Makel. Erfülltes Frausein war an die Vorstellung von Ehe und Familie gebunden. Kinder zu haben und zu erziehen, galt als spezifisch weibliche Aufgabe. Frausein und Kinderhaben bildeten eine Einheit. In dem Maße, wie die Hausfrauen- und Muttertätigkeit nur eine Möglichkeit für Frauen unter anderen darstellt, steht Frauen die Möglichkeit offen, zwischen Familie und Beruf zu wählen.

Angesichts der alternativen Lebensentwürfe von Frauen vergrößert sich für immer mehr Kinder die Chance, ein Wunschkind bzw. ein gewolltes Kind zu sein. Das schließt im Einzelfall nicht aus, daß bei der Entscheidung für Kinder und der Unterbrechung oder Aufgabe des Berufs Enttäuschung im Beruf, Einsamkeitsgefühle wie auch die Erfahrung, nicht gebraucht zu werden, eine wichtige Rolle spielen. Die Frau hat ihre Betätigungs- und Entfaltungsmöglichkeiten im Vergleich zu früher entscheidend erweitert, doch dabei kann nicht übersehen werden, daß der Rollenwandel der Frau mit erheblichen Belastungen und Konflikten verbunden ist. Dies betrifft ihr eigenes Rollenverständnis, z. B. den Übergang vom traditionellen zum neuen Rollenverständnis, die Einbeziehung des Mannes in die Erziehung, die Verknüpfung unterschiedlicher Aufgabenbereiche, sofern die einzelne Frau dieses wünscht, sowie die Belastung durch die Konsequenzen ihrer individuellen Entscheidung (geringe Bewertung der Hausfrauentätigkeit, Schuldgefühle der außerhäuslich berufstätigen Mutter, Überbelastung durch die unterschiedlichen, selten miteinander zu vereinbarenden Anforderungen). Trotz des erweiterten Spektrums an Tätigkeitsbereichen sind die Möglichkeiten, Familie und Beruf miteinander zu vereinbaren, für die Mehrheit der Frauen gering. Entscheidung für Kinder hat in den meisten Fällen Beeinträchtigungen im Berufsbereich oder umgekehrt im häuslichen Bereich zur Folge. Familien- und Berufs- bzw. Erwerbsrolle erweisen sich faktisch als Alternative nicht als miteinander vereinbare Tätigkeit.[14]

Dieser Tatbestand ist insofern für die Einstellung zu eigenen Kindern von Belang, als die Wertschätzung von Kindern in hohem Maße von äußeren Bedingungen abhängig ist. Abgebaut wurde der ökonomische und soziale sowie ethische Zwang, Kinder zu haben, aber die individuelle Wertschätzung von Kindern ist in der Durchsetzung erheblichen Widerständen ausgesetzt, da die individuelle Wertpräferenz nicht gesellschaftlich gestützt oder verstärkt wird. Die gesellschaftlichen Wertpräferenzen und die Leistungen der Gesellschaft sind weitaus weniger auf Kinder als vielmehr auf Berufsbildung, Förderung der Berufstätigkeit, der Erhöhung des Konsums und der Erweiterung des Freizeitangebots ausgerichtet. In dem Maße, wie die Familientätigkeit geringer bewertet wird als die außerhäusliche Erwerbstätigkeit der Frau, kann vom einzelnen nicht erwartet werden, daß er der Betreuung und Förderung von Kindern einen hohen Stellenwert in seinem privaten und öffentlichen Leben beimißt.

Welchen Einfluß der Rollenwandel der Frau auf die Einstellung zu Kindern allgemein und speziell zu eigenen Kindern hat, läßt sich gegenwärtig nicht eindeutig und abschließend beurteilen.

Zweifellos spielt die Tatsache der Berufserfahrung und die Vorstellung, nach einer Phase der Berufsunterbrechung diese Tätigkeit wieder aufzunehmen, bei der Familienplanung eine wichtige Rolle. Allerdings beschränkt sich der Anteil der Einkindfamilien nicht auf die Gruppe der erwerbstätigen Frauen. Hier handelt es sich vielmehr um einen Trend, der sich in allen sozialen Schichten abzeichnet.[15]

Die Bedeutung, die Kinder für die Paarbeziehung haben, ist offensichtlich für zunehmend mehr Männer und Frauen nicht von einer großen Familie mit mehr als drei Kindern abhängig. Kinder sind immer weniger eine Frage gesellschaftlicher Konvention und Erwartungen. Das einzelne Paar entscheidet sich im Rahmen seiner Lebensentwürfe für oder gegen Kinder. Kinder betreffen die sozial emotionalen Beziehungen der Partner, die Verteilung der Aufgaben, die Erwartungen an sich selbst und an das Zusammenleben mit Kindern. Der Gedanke an eigene Kinder verknüpft sich für die meisten Paare nicht mit der bewußten Vorstellung, zum Fortbestand der Gesellschaft beizutragen. Kinder zu haben ist eine persönliche Entscheidung, sie geschieht mit Blick auf die persönliche Lebensgestaltung. Die gesellschaftliche Bedeutung wird nicht mehr unmittelbar erfahren und bleibt abstrakt.

Vorrang haben die sozial-emotionalen Motive, die im einzelnen sehr komplex und wenig bewußt sind. Es geht um die Erweiterung der Zweierbeziehung, um den Wunsch, Neues in den Beziehungen zuzulassen und zu ermöglichen. Dieser Wunsch beruht auf der Vorstellung, daß vom Kind Erfahrungen ausgehen, die mit Erwachsenen nicht in gleicher Weise gemacht werden können. Der Wunsch, mit einem oder mehreren Kindern zusammenzuleben, beruht des weiteren auf Motiven wie z. B. nicht allein zu bleiben, für Kinder sorgen zu wollen und für sie wichtig zu sein, oder auch Freude am Zusammenleben mit Kindern zu haben.

Es schwingen möglicherweise Motive mit wie die oftmals vage Vorstellung, dem eigenen Leben durch Kinder eine Perspektive, einen Sinn zu geben und zu wissen, daß andere diesen Einsatz und die Anstrengungen brauchen, um sich entwickeln und entfalten zu können.

Im Leben von Mann und Frau spielt darüber hinaus eine Rolle, wie stark der Wunsch ist, die Partnerbeziehungen um die Vater- bzw. Mutterbeziehung zu erweitern. In vielen Fällen wirkt die traditionelle Vorstellung nach, ohne eigene Kinder nicht vollwertig und gesellschaftlich weniger anerkannt zu sein. Insofern ist die Bedeutung des Kindes im Leben des Erwachsenen immer auch abhängig von internalisierten Fremderwartungen.

Je bewußter sich Mann und Frau mit der Frage befassen, warum sie Kinder haben wollen und ob sie diese auch verantworten können, desto schwieriger scheint es zu sein, sich unbelastet für eigene oder fremde Kinder zu entscheiden. In diesem Zusammenhang ist auch anzuführen, daß die große Zahl von Paaren, die ein Kind adoptiert haben oder adoptieren möchten, zumindest ein ernstzunehmendes Indiz für die in unserer Gesellschaft vorhandene Sensibilität für die Bedürfnisse von Kindern ist. Positive Einstellung zu Kindern und Übernahme der Verantwortung für Kinder beschränkt sich keineswegs auf leibliche Kinder.

Die Frage nach dem Stellenwert des Kindes im Lebensvollzug des einzelnen tangiert in einem solchen Maß den komplexen Bereich menschlicher Beziehungen, der Gefühle und Empfindungen, daß der einzelne überfordert ist, seine Vorstellungen und Gefühle in bezug auf Kinder uneingeschränkt rational verfügbar zu machen.

Die Rolle des Kindes in der Paarbeziehung hängt somit nicht nur von den materiellen und sozialen Bedingungen, sondern entscheidend von Persönlichkeitsmerkmalen, den wechselseitigen Erwartungen sowie dem Umgang miteinander ab. Wenig günstige Bedingungen für die Erweiterung der Zweierbeziehung bestehen dort, wo zwei Menschen aufeinander fixiert sind, der eine den anderen als seinen Besitz betrachtet, jede gleich- oder gegengeschlechtliche Außenbeziehung als Gefährdung empfunden wird. Bei solchen Konstellationen gerät das Kind in die Rolle des Eindringlings, das die Besitzverhältnisse stört, die Zuwendung der Partner zueinander beeinträchtigt. Vorherrschend ist dann das Gefühl, das Kind könnte wichtiger werden als der Partner.[16]

Diese Ängste äußern sich vielfach als egozentrische Lebenshaltung, aber diese mag auf spezifischen Erlebnissen in der Herkunftsfamilie beruhen: Vernachlässigung der Paarbeziehungen zugunsten der Mutter oder Eltern-Kind-Beziehung oder aber mangelnde Liebeserfahrung in der Familie bis hin zu der Tatsache, daß die in der Herkunftsfamilie erlebten und erlernten Einstellungen sowie Verhaltensmuster internalisiert wurden. Das Ja oder Nein zum Zusammenleben mit Kindern hängt des weiteren davon ab, wieviel Selbstvertrauen und Selbstwertgefühl aufgebaut werden konnte. Ängste in bezug auf die Tragfähigkeit einer Bindung, die Fähigkeit, Risiken zu ertragen und mit Schwierigkeiten umgehen zu können, Ängste in bezug auf die eigene Belastbarkeit durch Kinder wirken sich auf die Einstellung zu Kindern aus. Positiv besetzte Erwartungen an Kinder sind dort eher gegeben, wo entweder ein stabiles Selbstwert-

gefühl und eine optimistischere Zukunftseinstellung oder aber ein höheres Maß an unreflektiertem Lebensvollzug vorliegen. Persönliche Ängste werden vielfach durch negative Umwelterfahrungen ausgelöst oder verstärkt.
So kann der Wunsch nach Zusammenleben mit Kindern problematisch werden, wenn den Mann oder die Frau die Frage bewegt: Wie lange hat ein Kind die Chance, mit beiden Eltern zusammenzuleben? Was spricht für die Dauerhaftigkeit der Beziehungen? Werden Kinder die Beziehungen der Partner festigen, das Verantwortungsgefühl für einander erhöhen?
Je größer die Distanz zu Kindern, desto schwieriger wird es, sich ein Zusammenleben mit Kindern konkret vorstellen zu können. Fehlt seit Jahren der Umgang mit Kindern, so fällt es schwer, sich in die Eigenart von Kindern hineinversetzen zu können. Die Vorstellung, den Erziehungsanforderungen nicht gewachsen zu sein, wirkt dann häufig stärker als die Erwartung, neue Erfahrungen zu machen und die dabei auftretenden Schwierigkeiten auch meistern zu können. Je bewußter die Aufgaben gegenüber Kindern reflektiert werden, desto intensiver werden junge berufstätige Paare sich auch mit der Frage auseinandersetzen: Wieviel Zeit können und wollen wir für Kinder erübrigen? Lassen sich Kinder mit der Berufstätigkeit von Mann und Frau vereinbaren? Fordern Kinder Verzicht oder zumindest Einschränkungen der Berufstätigkeit?
Die breite Palette der verschiedenen Aspekte läßt erkennen, in welchem Maße die Einstellung zu Kindern und der vorgestellte oder gelebte Umgang mit ihnen von äußeren Lebensbedingungen und individuell unterschiedlichen Reaktionen auf vergleichbare und voneinander abweichende Lebenskonstellationen bestimmt werden.
Dabei ist ein Faktorenkomplex nicht zu unterschätzen: Gesellschaftliche Barrieren oder Hilfen, die das Zusammenleben mit Kindern erschweren oder erleichtern. Hierzu zählen vor allem die Berufschancen junger Frauen, Kinderkosten, Wohnverhältnisse, Reaktionen auf Kinder in der Wohnung, im Verkehr, beim Einkauf, in Restaurants und Hotels sowie die gesellschaftliche Wertschätzung des Zusammenlebens mit Kindern.

3. Das Anderssein des Kindes als Herausforderung an den Erwachsenen

Die Auseinandersetzung mit der Eigenart des Kindes birgt spezifische Gefahren in sich. Aussagen über Eigenart oder auch Andersartigkeit von Kindern sind das Ergebnis von Interpretationen kindlicher Verhaltensweisen. Einzelne Mosaiksteine der Beobachtung fügen sich in der Interpretation zu einem Gesamtbild. Allzu leicht werden Teilsaspekte generalisiert, Wünsche und Vorstellungen zu Tatsachen. Bedürfnisse und Interessen der Erwachsenen werden dabei häufig als die der Kinder ausgegeben.

Die Geschichte der Kindheit zeigt an vielen Dokumenten, wie wenig der Eigenart des Kindes in Vergangenheit und Gegenwart Rechnung getragen wurde und wird.[18] Eltern wie auch professionelle Pädagogen haben Schwierigkeiten, das Heute des Kindes zu achten, dessen Gegenwart nicht der Zukunft zu opfern. Das Kind wird entweder als kleiner Erwachsener gesehen oder umgekehrt bewußt klein und unselbständig gehalten.
Wird das Kind als kleiner Erwachsener behandelt, weil die Sprache, die Argumentation, die Verhaltensmechanismen geläufig sind, während sich viele Erwachsene nur bedingt noch erinnern können, wie sie als Kinder und Jugendliche empfunden, gedacht und gehandelt haben?
Erwachsene haben die Kindheit hinter sich gelassen und folglich Schwierigkeiten, Signale und Verhaltensweisen des Kindes zu verstehen. Die Eigenart des Kindes konfrontiert sie mit Aufgaben, denen sie vielfach nicht zu entsprechen vermögen.
Die medizinische, psychologische und pädagogische Kinderforschung hat entscheidend dazu beigetragen, in Teilbereichen Aussagen über spezifische Ausprägungen kindlichen Erlebens und Verhaltens machen zu können. Das betrifft nicht nur die ersten, sondern auch die späteren Lebensjahre. Grundlegende Einsichten wurden zu Fragen der kognitiven und sozialen Entwicklung des Kindes ermöglicht.[19] Dazu zählt auch der Bereich der Beziehungen zwischen Erwachsenen und Kindern, z. B. die Angewiesenheit des Kindes auf feste Bezugspersonen oder die Erkenntnis von dem sozial vermittelten Lernen in den ersten Lebensjahren.
Wie unterscheidet sich das kindliche Empfinden, Denken und Handeln von dem des Erwachsenen?
Kinder erfassen sich selbst und die Umwelt über ihre Sinne. Ihre Erfahrung ist nicht auf den Intellekt reduziert, ihr Lernen vollzieht sich praktisch, geschieht nicht theoretisch. Empfinden, Denken und Handeln bilden eine Einheit.
Kinder beunruhigen durch ihre ungeschminkte Offenheit. Sie sind nicht freundlich, wenn sie ausdrücken möchten: „Ich mag dich nicht!“. Aber schon sehr früh wird ihnen vermittelt - freundlich oder mit Nachdruck - daß Höflichkeit vor Ehrlichkeit geht. Sie lernen seltener ehrlich sein zu können, ohne zu verletzen. Kinder haben sehr häufig einen sehr klaren und scharfsinnigen Blick für die Stärken und Schwächen eines Menschen. Sie verlangen Konsequenz und Kompromißlosigkeit, wo Erwachsene inkonsequent und kompromißbereit den Weg des Sowohl-als-Auch vorziehen.
Kinder irritieren durch Fragen, die viele Erwachsene aufgehört haben zu stellen oder nicht mehr zu stellen wagen. Nicht zufällig läßt St. Exupéry die Kritik an den Erwachsenen von einem Kind vortragen, allerdings von einem Prinzen, damit Adelswürde und Gewichtigkeit als Äquivalent zum Erwachsenensein gegeben sind.

Seine Kritik lautet: Die Menschen verlassen sich auf ihre Sinneseindrücke. Sie sehen mit den Augen. „Aber das Wesentliche, so Exupéry, ist für die Augen unsichtbar. Man sieht nur mit dem Herzen gut.
Die Erwachsenen sind unruhig, haben keine Zeit mehr, irgendetwas wirklich kennenzulernen, sie wissen nicht wohin sie wollen. Sie haben sich soviele Dinge geschaffen, und sie finden nicht, was sie suchen. Sie produzieren, erfinden, registrieren, verkaufen und verwalten, ohne recht zu wissen wozu!“[20]
Kinder beurteilen Erwachsene nach ihren Beziehungen zu Menschen, nicht nach Einkommen, beruflicher Stellung und öffentlichem Ansehen. Das zwingen ihnen die Erwachsenen ohnehin früh genug und verfrüht auf. Kinder beurteilen die Erwachsenen nach ihren menschlichen Eigenschaften, nach ihrer Fähigkeit, ohne Maskerade mit dem Kind umzugehen, Zeit und Verständnis für es aufzubringen.
Kinder sind zunächst direkter, offener und aufrichtiger; sie sind die radikalen Frager, aber auch die unkomplizierten und konkreten Denker. Sie verunsichern mit ihrer Selbstverständlichkeit, mit ihrer entwaffnenden Kritik. Bereits im Vorschulalter konfrontieren sie mit Fragen, die oftmals verlegen machen. „Was ist Ewigkeit? Wer hat Gott gemacht? Warum wird getötet? Warum müssen wir sterben?“ Das kritischer werdende Kind merkt, daß die Antworten der Erwachsenen nur bedingt das treffen, was es wissen will.
Für Kinder gelten zunächst außerhalb der Familie noch dieselben Normen und Werte wie in der Familie; sie teilen sich nicht auf in einen privaten und einen öffentlichen Menschen. Aber auch sie lernen die gesellschaftlichen Spielregeln allzu schnell und setzen diese gegen die Erwachsenen ein. Kinder spielen, wenn es ihnen opportun erscheint, das brave, anschmiegsame, zärtliche Kind.
So gesehen, halten uns Kinder einen doppelten Spiegel vor, einen Kontrastspiegel, der zeigt, wie wir vielleicht selbst sein möchten und einen zweiten, der uns spiegelbildlich an unseren Kindern zeigt, wie wir sind.
Kinder durchschauen unsere Ungereimtheiten, auch wenn wir annehmen, sie mit Geschick zu verstecken. Sie protestieren und passen sich nicht an. In der Kindheit ist es spontaner, im Jugendalter bewußter Protest. Der Trotz des Kindes kehrt wieder im Trotz des Jugendlichen.
Wir alle kennen Situationen, in denen uns Reaktionen dieser Art ängstigten, wo unsere Argumente wie ein Kartenhaus zusammenfallen. Wir fühlen uns durchschaut, erhoffen Verständnis, wo aus den Augen und Worten des Kindes Unverständnis und Unwillen spricht. Der „Wille zum Sinn“ ist bei Kindern und Jugendlichen nur mit Gewalt zu verdrängen. Die Frage, „woher komme ich, wer bin ich, wozu lebe ich, was ist wichtig in meinem Leben,“ drängt auf Antwort. Weichen wir diesen Fragen aus, verweigern wir entscheidende Lebenshilfe.
Kinder und Jugendliche bleiben uns trotz des engen Kontaktes, des alltäglichen Umgangs zugleich vertraute und unbekannte Wesen, zu denen wir nur

bedingt Zugang haben. Wir müssen uns auf unvorhersehbare Reaktionen einstellen: Ratlosigkeit, Aggression, Apathie, Mitteilsamkeit und Verschlossenheit, emotionale Zuwendung und Distanz.

Die Distanz zwischen kindlichen und erwachsenen Vorstellungen wie auch Reaktionen äußert sich als Unsicherheit, Fremdheit und Angst.

Diese Distanz ist überwindbar, wenn Erwachsene die Bereitschaft entwickeln, sich hineinzuversetzen in die Situation von Kindern. Es ist leichter, Reaktionen der Kinder zu verstehen, wenn wir uns fragen, wie wir selbst reagiert hätten, wenn wir lernen, uns in das Denken und Empfinden des Kindes hineinzuversetzen, Kindern näher zu sein, mit ihnen nachzudenken. Kinder brauchen keine Erwachsenen, die vorgeben, auf fast alle Probleme des Alltags eine Antwort zu wissen. Was Kinder brauchen, ist ein Zusammenleben auf der Grundlage der Offenheit und des Verständnisses ohne Verzicht auf die Respektierung des eigenen Standpunktes.

Die Eigenart des Kindes verliert ihre bedrohlichen Seiten, wenn wir aufhören, vor den Kindern etwas darzustellen, was wir nicht sind, sondern uns mit den Kindern einüben in den Austausch über unsere Stärken und Schwächen. Wir müssen lernen, mehr über uns und weniger über unverbindliche Dinge zu reden, persönlicher miteinander umzugehen, auch dort, wo es um Sachfragen geht. Dazu gehört allerdings auch die Bereitschaft, von Kindern zu lernen.

Das erscheint relativ leicht, solange wir den Eindruck haben, daß Eltern und Kinder, die erwachsene und jüngere Generation die gleiche Richtung anstreben. Aber was ist, wenn Eltern und Kinder gegensätzliche Ziele verfolgen. Kinder beunruhigen, weil sie sich für ihre Selbständigkeit entscheiden.

Beunruhigt sind Eltern, wenn sie an die Möglichkeit denken oder mit der Tatsache konfrontiert werden, daß ihre Kinder, die von ihnen eingeschlagene Richtung aufgeben, ein neuer Weg dem alten vorgezogen wird.

Bruno Bettelheim bringt dieses Problem in dem zentralen Satz seiner „Gespräche mit Müttern“ zum Ausdruck:

„Wir möchten heutzutage gern, daß unsere Kinder ihre Entscheidungen selbständig treffen. Wir möchten, daß unsere Kinder nach ihren eigenen Vorstellungen leben, daß sie ihre Persönlichkeit in Freiheit entfalten, . . . zugleich aber möchten wir, daß ihre Entfaltung zu den Zielen führt, die wir für sie ausgesucht haben. Aus Angst, wir könnten ihre Spontaneität und ihr Glück beeinträchtigen, verzichten wir darauf, ihnen unsere Wünsche aufzuzwingen, dennoch möchten wir, daß unsere Wünsche verwirklicht werden“.[21]

Hier treffen wir auf einen Punkt, der verantwortliche Beziehungen zu Kindern schwierig macht. Frühere Eltern- und Erziehergenerationen hatten es in dieser Frage einfacher. Für sie war klar was Erwachsene von einem Kind erwarten durften und das Kind hatte sich danach zu richten. Die Richtung mußte nicht vom einzelnen persönlich entschieden werden. Er war eingebunden in

eine Tradition, in der verbindliche Lebensformen und Lebensauffassungen galten.
Der Spielraum ist größer geworden, aber zugleich haben die Ängste zugenommen, etwas falsch zu machen. Aus Angst, eine falsche Richtung für das Kind einzuschlagen, verzichten Erwachsene auf Entscheidungen. Aber der Mensch kann sich nicht auf seine Instinkte verlassen, sie sagen ihm nicht, was er tun muß. Und im Gegensatz zum Menschen von gestern, sagen dem Menschen von heute keine Traditionen mehr zuverlässig, woran er sich auszurichten hat. Von daher ist es für Eltern viel komplizierter geworden, zu wissen, was sie sollen und was sie wollen. Solange der einzelne keine Kinder hat, entscheidet er für sich selbst. Aber kann er es verantworten, seine Entscheidungen Kindern zuzumuten, obwohl sie einen Anspruch darauf haben, ihr Leben zu führen?
An diesem Punkt wird besonders deutlich, was es mit der Frage nach Sinn und Funktion von Kindern in unserem und im Leben der Gesellschaft auf sich hat. Sie ist zentral für das Verhältnis der Generationen.
Handelt es sich nicht um einen unaufhebbaren Widerspruch, wenn wir einerseits erwarten, daß Kinder fortführen, was Erwachsene begonnen haben, und wenn diese ihnen zugleich die Freiheit einräumen – so wie sie sie auch für sich beansprucht haben – sich gegen diese Ziele zu entscheiden?
Für das Lernen reicht es nicht aus, daß Kinder eine möglichst anregende Lernumwelt vorfinden. Lernen kann das Kind nur dort, wo dieses sinnbezogen geschieht.
Sinnerfahrung kann das Kind nur dann machen, wenn es sich angenommen und geliebt weiß und eine Richtung im Handeln des Erwachsenen zu erkennen vermag.
Voraussetzung ist eine Lebenshaltung, die Romano Guardini auf die Aussage gebracht hat, „Ich will, daß du bist." Dieses Ja zum anderen Menschen, zum Kind, ist die unabdingbare Voraussetzung für eine lebensbejahende Entwicklung. Sinn hat es immer zentral mit menschlichen Beziehungen zu tun, mit der Erfahrung, mit anderen und für andere Menschen zu leben. Wenn wir von Sinn sprechen, dann meinen wir nicht einen einzelnen Zweck. Sinn hat es mit dem Ganzen zu tun; es geht um den ganzen Menschen, nicht um „Nutzen und Erfolg". Sinn kann nicht gelehrt werden, er kann nur im Lebensvollzug gestiftet und erfahren werden. Er ist lebensnah, lebensverbunden. Der Lebenssinn wird nicht als einmalige Botschaft vermittelt. Menschen sind nicht von Anfang an auf ein Programm ihres Lebens festgelegt. Dies muß sich entwickeln und entschieden werden.[22]
Die ursprüngliche Bedeutung des Wortes „Sinn" (altdeutsch Sinnan) bedeutet soviel wie: reisen, fahren, eine Richtung einschlagen. Wer einen Sinn verfolgt, verfolgt ein Ziel. Sagen wir, etwas ist sinnvoll, so meinen wir, etwas ist verständlich, begreiflich, einsichtig.

Sinn läßt sich nicht finden, ohne eine Richtung, ohne Orientierung an Werten. Von daher haben Kinder kaum Möglichkeit, eine Richtung zu finden, die sie als Person betrifft, wenn ihnen keine Sinnentwürfe vorgelebt werden. Aber wie sollen Erwachsene diesem Anspruch genügen, wenn sie für sich selbst nicht sagen können, welchen Sinn ihr eigenes Leben hat. Sinn kann und sollte nicht vorgetäuscht werden, wenn er nicht im Lebensvollzug erfahren wird. Aber Sinn findet der einzelne nicht, ohne sich selbst bewußt zu werden, warum er so und nicht anders lebt, was ihm Menschen, was ihm Kinder bedeuten.

Um zu ihren eigenen Zielen zu kommen, müssen Kinder zunächst erfahren, welche Ziele Erwachsene haben. Sie können sich nur entscheiden, wenn es unterschiedliche Richtungen gibt, wenn Lebensformen konkret erfahren werden, die auch für sie Verbindlichkeit haben.

Ohne, daß Kinder erfahren, welche Ziele die Erwachsenen verfolgen, kann weder eine Übernahme, noch eine kritische Auseinandersetzung mit diesen erfolgen.

Weichen wir jedoch der Frage aus, welches unser Lebenssinn ist und der unserer Kinder sein könnte, erschweren wir die Möglichkeit, für unsere Kinder, eine Richtung zu finden.

Verzicht auf Entscheidung dient weder den Erwachsenen noch den Kindern. Für die Entwicklung der Persönlichkeit sind Reibungsflächen erforderlich. Kinder und Jugendliche brauchen die Auseinandersetzung mit den Erwachsenen. Sie wollen die Herausforderung.

Verständnis ist nicht zu verwechseln mit Nachgiebigkeit, mit Verzicht auf Konflikte. Kinder, denen keine Angriffsmöglichkeiten geboten werden, deren Erzieher es nicht wagen, den Wünschen und Erwartungen auch ein begründetes und entschiedenes Nein entgegenzusetzen, schwächen die Persönlichkeitsentwicklung.

Wichtiger als die Lösung, ist die gemeinsame Arbeit an den Problemen, die Möglichkeit des Kindes und des Jugendlichen, sich vertrauensvoll an Erwachsene wenden zu können und in ihnen einen Gesprächspartner zu finden.

Nicht selten werden Eltern mit persönlichen Krisen ihrer Kinder in sehr brüsker Form konfrontiert. Sie selbst haben nicht geahnt, welche Schwierigkeiten ihre Kinder belasten.

Jugendliche geben in Befragungen an, zu einem hohen Prozentsatz ein gutes Verhältnis zu ihren Eltern zu haben; ihnen auch emotional nahe zu stehen. Aber nur ein geringer Prozentsatz sagt aus, daß es auch die Eltern sind, mit denen sie persönliche Probleme besprechen. Das gilt in erster Linie für zentrale Bereiche wie Religiösität und Sexualität.

Sinnfragen sind in vielen Familien nach wie vor kein Thema, sei es aus persönlicher Unsicherheit, sei es, daß die alltäglichen Dinge Vorrang haben und nicht gelernt wurde, sich über diese Bereiche auszutauschen.

Die Erfahrung der Sinnlosigkeit ist ein weltweites Problem, nicht nur für Kinder, sondern für alle Altersgruppen. Es beschränkt sich nicht auf die Industriestaaten, sondern stellt sich auch für die junge Generation in den Entwicklungsländern, wo der technische, wirtschaftlich und soziale Wandel noch zu radikaleren Brüchen mit der bisher geltenden Wert- und Lebensordnung führte.
Das Interesse an der Zukunft des Kindes darf sich nicht darin erschöpfen, für die schulische und berufliche Laufbahn Sorge zu tragen, sondern es gilt, den Kindern Mut für die Zukunft zu machen.
Wenn wir an die Unzulänglichkeiten des Menschen denken, dann gehört Mut dazu, einen Sinn darin zu sehen, sich für andere Menschen einzusetzen, sich in den Dienst des Menschen zu stellen.
Bei der Erziehung von Kindern gilt es, zwischen Sinn und Zweck oder Nutzen zu unterscheiden. Kinder sind nicht zuerst dazu da, unseren Ehrgeiz zu befriedigen, das soziale Ansehen zu erhöhen, das Alleinsein im Alter zu erleichtern, sondern dazu, ihr Leben führen zu können.
Kinder haben das Recht, uns infragezustellen, die Lehren, die wir ihnen erteilen, kritisch zu prüfen. Ihr Protest gegen sinnentleerten Wohlstand erfolgt weniger, weil es ihnen zu gut geht, als deshalb, weil ihnen Wesentliches fehlt!
In einer Erzählung von Gabriele Wohmann heißt es:
„Wir haben für Kurt (den Sohn) gesorgt, wie für alle anderen Kinder auch. Wir haben Kurt erziehen wollen, zu einem, der es soweit wie möglich bringt: Erfolg im Leben mit allem Drum und Dran, wohl wissend, daß Geld allein nicht glücklich macht, aber andererseits doch unerläßlich ist".
Der 14jährige Kurt hat am Konfirmationstag auf die Bemühungen der Eltern brüsk geantwortet, indem er alle Geschenke zertrümmerte und den Konfirmationsanspruch an die Wand geheftet: „Wer Unrecht haßt samt Habgier und seine Hände abzieht, daß er nicht Geschenke nehme, der wird nicht in der Hölle wohnen und Felsen werden seine Feste und Schutz sein."[23]
Dieser zerstörerische Akt ist ein Aufschrei gegen ein an materiellen Dingen orientiertes Leben, in dem Besitz und soziales Ansehen den höchsten Stellenwert haben.
Sinn von Kindern in unserer Gesellschaft ist es, anderen Werten als denen des technischen, wirtschaftlichen Fortschritts Raum zu lassen. Kinder bedürfen der Erwachsenen. Dort, wo diese sich nicht von Kindern in die Pflicht nehmen lassen, können sie nicht gedeihen, werden bestimmte soziale Fähigkeiten nicht mehr eingeübt. In einer Welt der Erwachsenen scheint es zu genügen, wenn jeder aus eigenen Kräften für sich selbst Sorge trägt. Dies reicht nicht aus für den Umgang mit Kindern. Sie brauchen Menschen, die sich ihnen zuwenden, sie unter Zurückstellung persönlicher Interessen betreuen, fördern und erziehen.
Sinn von Kindern ist es, im Zusammenleben mit ihnen menschliche Erfahrungen zu machen, die sich weder mit Erwachsenen der mittleren noch der älteren

Generation machen lassen: Erfahrungen, die die spezifische Eigenart des kindlichen Empfindens, Denkens und Handelns betreffen.
Umgang mit Kindern fordert die Fähigkeit, nicht nur erwachsen, stark und wissend zu sein, sondern sich für Kinder auch klein machen zu können, sich in ihre Motive und ihre Ideen hineinzuversetzen.
Anthropologisch und sozial gesehen ermöglichen Kinder erst die Ausprägung und Ausgestaltung bestimmter Formen menschlicher Existenz. Mutter- wie auch Vaterrolle sind an das Leben von Kindern gebunden, sie bringen Aufgaben und Verhaltensweisen mit sich, die denen der Partnerrolle oder der Rolle gegenüber den eigenen Eltern nicht vergleichbar sind.[24] Das ist an vielen Dingen abzulesen: an der Art und Weise wie Eltern mit Kindern sprechen, wie sie mit ihnen Zärtlichkeiten austauschen. Das Kind hat andere Erwartungen an die Eltern als der Mann an die Frau und umgekehrt. Das was von den Eltern gesagt wurde, gilt auch für die Rolle der Großeltern und der Geschwister. Denken wir nur daran, welcher Unterschied in den Beziehungen zwischen Eltern und Kindern im Vergleich zu Großeltern und Enkeln besteht. Großeltern haben mehr Zeit, sind gelassener und weniger hektisch, können in vielen Fällen besser zuhören und trösten.
Kinder sind insofern ein Prüfstein für die Einstellungen einer Gesellschaft, als ihr Lebensvollzug eine Art Gegenwelt zu der der Erwachsenen darstellt. Kinder leben dem Augenblick. Für sie gilt in erster Linie das Heute. Erwachsene haben bereits eine Vergangenheit, - Kindheit und Jugend bestehen nur noch in der Erinnerung, für sie zählt, was gewesen und noch sein wird. Kinder leben zwar auch auf die Zukunft hin, aber sie haben erst eine kurze Vergangenheit. Ihre Welt ist die des Spiels, die der Tätigkeiten, mit denen noch kein Geld verdient wird. Sie werfen keinen unmittelbaren Nutzen ab und erheben Anspruch, ohne Vorleistung angenommen zu werden. In einer Zeit, in der Unabhängigkeit und Selbständigkeit, in der das Recht auf Selbstverwirklichung einen hohen Stellenwert haben, weisen sie daraufhin, daß zum menschlichen Leben auch Hilfsbedürftigkeit, Abhängigkeit und Indienstnahme für den anderen Menschen gehören. Das Ich des Kindes kann sich nur entfalten, wenn Menschen da sind, die ihm dabei helfen, Gegenwart zu bewältigen und Zukunft zu eröffnen.

4. Zusammenleben mit Kindern aus anthropologischer Sicht

Sozialanthropologisch stellt sich angesichts abnehmender Geburtenraten die Frage, welche Bedeutung haben Kinder für die Entfaltung menschlicher Existenz, was erfährt der Mensch im Zusammenleben mit Kindern über seine Eigenart, seine Bedürfnisse und Fähigkeiten, welche Möglichkeiten menschlichen Verhaltens eröffnen sich im Umgang mit Kindern?

In einer kinderarmen Gesellschaft, in der das Miteinander stark von Erwachsenen und älteren Menschen bestimmt wird, ist es fraglich, welchen Anteil Kinder an der Lebenskultur einer Gesellschaft haben. Nehmen die Kinderzahlen ab, so hat das Einfluß auf Organisation und Art des Zusammenlebens, auf die Lebensplanung der Erwachsenen, ihre Einstellungen und Verhaltensweisen in bezug auf Kinder. Veränderungen schlagen sich nieder in der Bedeutung der Elternschaft, in der Verteilung der Erziehungsaufgaben auf primäre und sekundäre Sozialisationsinstanzen. In jeder Gesellschaft entwickelt sich in Abhängigkeit vom Verständnis des Kindes und der mit Kindern verbundenen Aufgaben ein Verhaltenskodex für den Umgang mit ihnen.
Die Tatsache, daß jeder Mensch zunächst Kind ist, legt die Vermutung nahe, daß Pflege und Erziehung von Kindern auf der Grundlage universell gleichartiger Einstellungs- und Verhaltensmuster erfolgt. Aber vergleichende kulturanthropologische Befunde zeigen, daß der Umgang mit Kindern weitaus weniger von biologischen und entwicklungsbedingten Tatbeständen als vielmehr von sozial und kulturell überformten Verhaltensweisen geprägt wird.[17] Verständnis und Bedeutung der Elternrolle, Erziehungsvorstellungen und Erziehungspraktiken variieren erheblich von Kulturkreis zu Kulturkreis. Elternschaft ist trotz ihrer stark biologischen Komponente vorrangig ein soziales Phänomen. Die mit der Mutter- und Vaterrolle verknüpften Erwartungen an Einstellungen und Verhaltensweisen resultieren eher aus sozialen wirtschaftlichen und kulturellen Gegebenheiten einer Gesellschaft als aus biologischen Sachverhalten. Beziehung zu Kindern und Umgang mit ihnen beruht nicht in erster Linie auf instinktivem, sondern erlerntem Verhalten.
Kinder aktivieren jedoch im Menschen jene Dispositionen, die in anderen Sach- und Personenbezügen weniger oder gar nicht zum Tragen kommen. So sind z. B. Mutter- und Vatersein an das Leben von Kindern gebunden und mit spezifischen Verhaltensanforderungen und zwischenmenschlichen Erfahrungsmöglichkeiten verknüpft. Mutter oder Vater werden heißt, ein uneingeschränktes Ja zur Existenz des Kindes als Sohn oder Tochter zu sagen. Elternsein beinhaltet, sich zum Anwalt eines gelingenden Lebens zu machen, im Kind die „Liebe zum Leben“ zu ermöglichen.[25] Von Vater und Mutter wird an erster Stelle erwartet, daß sie dem Kind die Gewißheit geben, daß es gewollt und geliebt wird, daß sie bereit und fähig sind, Fürsorge und Verantwortung zu übernehmen.
Die Beziehung zum Kind ist im Unterschied zur Nächstenliebe oder auch zur erotischen Liebe eine Liebe zwischen Ungleichen. Das Kind ist zunächst ganz von seinen Eltern abhängig und auf ihre uneingeschränkte Hilfe angewiesen. Es kann physisch und psychisch nur am Leben bleiben, wenn ihm Lebenshilfe im umfassenden Sinn gewährt wird, wenn sich Menschen finden, die sich auf diesen Anspruch einlassen. Dieser Anspruch beinhaltet langandauernde Verpflichtungen. Dabei geht die Bereitschaft zu verläßlicher Bindung von vornherein einher mit der Verpflichtung zur Ablösung und Trennung, denn Sorge tragen für das

Heranwachsen eines Kindes heißt, seine Selbständigkeit, seine Ablösung aus Abhängigkeiten ermöglichen. Wie sich das Kind entwickelt, liegt nur bedingt in der Hand seiner Erzieher. Entscheidung für Kinder erfordert Bereitschaft zu Risiko, unaufkündbarer Verantwortung, zur Auseinandersetzung mit Widerständen und Bewältigung unvorhersehbarer Schwierigkeiten.
In einer Gesellschaft, in der eine größer werdende Zahl von Menschen nicht mehr unmittelbar als Eltern mit Kindern zusammenlebt, entfällt die Herausforderung und Chance zur persönlichen Reifung durch die Verantwortung für Kinder.
Wird im Zusammenhang mit Elternschaft immer wieder auf die vom Kind ausgehenden Ansprüche und Belastungen hingewiesen, so bleiben die für den Erwachsenen bereichernden und beglückenden Erfahrungen unbeachtet: z.B. die Erweiterung menschlicher Wahrnehmung, die Teilhabe an der ersten bewußten Kontaktaufnahme und am ersten Lächeln des Kindes, das Erleben, für einen Menschen wichtig zu sein, und die Chance, die Entwicklung eines Menschen aus nächster Nähe begleiten und mitanregen zu können.
Umgekehrt gilt jedoch auch für Kinder, daß ihre Persönlichkeitsentwicklung anders verläuft, wenn sie mit oder ohne Geschwister aufwachsen. Die Tatsache, daß zunehmend mehr Kinder Einzelkinder sind, ist auch sozialanthropologisch relevant. Für Einzelkinder entfällt die Einbindung in Schwester- und/oder Bruderbeziehung verbunden mit den Erfahrungen verwandtschaftlicher Zusammengehörigkeit. Geschwister begünstigen die Einübung bzw. Auseinandersetzung mit sozialen Verhaltensweisen wie Rücksichtnahme und Selbstbehauptung, Teilen und Verzichten, Streiten und Vertragen, Fürsorglichkeit und Eifersucht.
Die in der Spielgruppe oder in Kindergarten und Schule sich entwickelnden Formen im Umgang mit gleichaltrigen sowie älteren und jüngeren Kindern sind kein Ersatz für ein Zusammenleben in der Familie, wo der einzelne der Geschwistergruppe oder dem einzelnen Geschwisterkind nur sehr begrenzt ausweichen kann. Geschwister fördern den Entwicklungsprozeß des einzelnen Kindes, da sie zugleich belasten und entlasten, letzteres vor allem in bezug auf die Erwachsenen.
Kinder konfrontieren die Erwachsenen darüber hinaus mit den Grenzen der Zweckrationalität in zwischenmenschlichen Beziehungen. Sie machen bewußt, daß Zusammenleben unterschiedlichen menschlichen Bedürfnissen und Fähigkeiten gerecht werden muß. Erforderlich sind: Abhängigkeit und Selbständigkeit, Liebesbedürftigkeit und Liebesfähigkeit, Bindung und Lösung, Nähe und Distanz, Stabilität und Veränderung, Selbstlosigkeit und Selbstliebe.
Dort, wo in der gesellschaftlichen Wertschätzung und im individuellen Verhalten das Zweckrationale vorherrscht, ist kaum Raum für ganzheitliche Lebensvollzüge, d.h. für die Einheit von Denken und Fühlen, reflektiertem und spontanem Handeln, sinnenfälliger und in der Phantasie geschaffener Realität, Rationalität und Emotionalität, Spiel und Arbeit.

Kinder ermöglichen existenzielle menschliche Erfahrungen, z. B. Weitergabe und Entwicklung menschlichen Lebens, den Akt der Geburt, das grundlegende Bedürfnis nach Vertrauen und Geborgenheit, aber auch die nahezu unbegrenzte Lernfähigkeit heranwachsender Kinder. Ängste der Kinder fordern die Erwachsenen heraus, Angst als ein menschliches Phänomen anzuerkennen und zuzulassen, gleichzeitig aber auch Hilfen anzubieten, um mit Ängsten leben zu können.
Kinder erfordern Wertorientierungen, Einstellungen und Lebenspraktiken, die mehr beinhalten als die in der Erwerbs- und Leistungsgesellschaft geltenden Werte und Gütemaßstäbe. Für das Zusammenleben mit Kindern reichen Lebenstüchtigkeit, Intelligenz, Flexibilität und Durchsetzungsvermögen nicht aus. Wichtiger sind: Sensibilität, Geduld, Gelassenheit, Ermutigung, insbesondere bei Versagen, die Bereitschaft, ohne Gegenleistung zu geben. Eine der wichtigsten Voraussetzungen ist Zeit für Kinder und sie ist im Leben der Erwachsenen immer weniger vorgesehen und verfügbar.
Versorgen und Erziehen von Kindern – sei es nun in oder außerhalb der Familie – haben im Vergleich zu anderen öffentlichen und beruflichen Tätigkeiten einen geringen Stellenwert. Kindererziehung ist nach wie vor für einen Teil der Frauen eine erstrebenswerte Alternative zur Erwerbstätigkeit, aber je qualifizierter die Berufsausbildung, um so schwieriger erweist sich die Entscheidung für Kinder, wenn damit die Aufgabe des außerhäuslichen Berufs verbunden ist. Welchen Stellenwert Kinder im sozialen und kulturellen Verständnis einer Gesellschaft haben, ist von daher durchaus ablesbar an den Formen des Zusammenlebens zwischen Erwachsenen und Kindern.
In den Industriestaaten hat die Entwicklung von Kindern trotz vielfältiger Bemühungen um verbesserte Lebensbedingungen noch immer einen nachgeordneten Stellenwert. Den Bedürfnissen von Kindern wird weder in den öffentlichen und privaten Erziehungs- und Bildungseinrichtungen noch in der Arbeitswelt Rechnung getragen. Wenn dem Zusammenleben eine hohe Bedeutung im individuellen und gesellschaftlichen Bewußtsein zukäme, müßte sich diese in den Strukturen und Lebensvollzügen einer Gesellschaft niederschlagen.

Anmerkungen

1 Sölle, D.: Die Hinreise – Stuttgart, 1975.

2 „Ursachen des Geburtenrückgangs – Aussagen, Theorien und Forschungsansätze zum generativen Verhalten". Dokumentation der Jahrestagung 1978 der Deutschen Gesellschaft für Bevölkerungswissenschaft, Schriftenreihe des Bundesministeriums für Jugend, Familie und Gesundheit, Stuttgart 1979, 19, 93 ff. – Vgl. „Konsequenzen des Geburtenrückgangs für ausgewählte Politikbereiche". Dokumentation der Jahrestagung 1977 der Deutschen Gesellschaft für Bevölkerungswissenschaft, Schriften-

[2] reihe des Ministeriums für Jugend, Familie und Gesundheit, Stuttgart 1978, 39ff. (Zur Bedeutung einer rückläufigen Bevölkerungsentwicklung für Gesellschaft und Familie). - Dettling, W. (Hrsg.), Schrumpfende Bevölkerung - Wachsende Probleme. Ursachen - Folgen - Strategien, München/Wien 1978.

[3] Vgl. Ursachen des Geburtenrückgangs, 19ff.; Wingen, M.: Kinder in der Industriegesellschaft, 1982.

[4] Boßmann, D.: Mütterfeindlichkeit. Von der Schande, Kinder zu haben. Frauen berichten. Mit einer Nachrede von Luc Jochimsen, Hamburg 1979, 12.

[5] Vgl. Boßmann, D.: Mütterfeindlichkeit, 18. - Vgl. ferner: Kupffer, H.: Ehe der Erwachsenen - Lebensraum der Kinder, in: Ehe - Isolation zu zweit, Ostermeyer, H. (Hrsg.), Frankfurt 1979, 85.

[6] Vgl. Jeziorowski, J.: Kein Platz für Kinder, Freiburg 1977, 45ff.; ferner: Boßmann, D.: Mütterfeindlichkeit, 13; Hilte, D.: Kindergesellschaft? Wie unsere Kinder aufwachsen, Köln 1982, 45ff.

[7] Im Rahmen jüngerer Arbeiten und Dokumentationen vgl. Ayck, Th.; Stolten, I.: Kinderlos aus Verantwortung, Hamburg 1978, und Doormann, L. (Hrsg.): Kinder in der Bundesrepublik; Materialien, Initiativen, Alternativen, Köln 1979.

[8] Vgl. Mead, M.: Brombeerblüten im Winter. Ein befreites Leben, Hamburg 1978, 229

[9] Vgl. Shorter, Ed.: Die Geburt der modernen Familie. Deutsch von G. Kilpper, Hamburg 1977, 196ff.

[10] Vgl. Ariés, Ph.: Geschichte der Kindheit, München/Wien 1975, 92ff. und 209ff. - Vgl. De Mause, L. (Hrsg.): Hört ihr die Kinder weinen. Eine psychogenetische Geschichte der Kindheit, Frankfurt 1977. - Vgl. Johansen, E. M.: Betrogene Kinder - Eine Sozialgeschichte der Kindheit, Frankfurt 1978 - Badinter, E.: Die Mutterliebe, Geschichte eines Gefühls vom 17. Jahrhundert bis heute, München 1980.

[11] Vgl. zu dieser Thematik, neben den Thesen von Ariés, die Studie von Braunmühl, Ek.: Zeit für Kinder. Theorie und Praxis von Kinderfeindlichkeit, Kinderfreundlichkeit, Kinderschutz, Frankfurt 1978.

[12] Vgl. Dritter Familienbericht, Bundestagsdrucksache 8/3121, (20. 8. 1979), Bonn, 166ff.

[13] Eckert, R. (Hrsg.): Geschlechtsrollen und Arbeitsteilung, Mann und Frau in soziologischer Sicht, München 1979; Wahl, K./Tüllmann, G., u. a.: Familien sind anders, Hamburg 1980.

[14] Ayck, Th./Stolten, I.: Kinderlos aus Verantwortung, 114f.

[15] Vgl. Die Situation der Kinder in der Bundesrepublik Deutschland; Statistisches Bundesamt Wiesbaden (Hrsg.), Stuttgart 1979, 37ff.

[16] Vgl. Krukenberg, F.: „Muß man heiraten?“, in: Arndt, M./Krukenberg, F./Müller, J. u. a.: Heiraten oder nicht, Gütersloh 1978, 56f.

[17] Mead, M.: Leben in der Südsee. Jugend und Sexualität in primitiven Gesellschaften, München 1965; Erikson, E. Kindheit und Gesellschaft, Frankfurt 1968.

[18] De Mause, Lloyd (Hrsg.): Hört ihr die Kinder weinen. Eine psychogenetische Geschichte der Kindheit, Frankfurt 1977, Johansen, E.M.: Betrogene Kinder - Eine Sozialgeschichte der Kindheit, Frankfurt 1978.

[19] Vgl. Kellmer-Pringle, M.: Was Kinder brauchen, Stuttgart 1979.

[20] De Saint-Exupéry: Der kleine Prinz, Düsseldorf 1960, 68.

[21] Bettelheim, B.: Gespräche mit Müttern, München 1878, 3.

[22] Moser, G.: Wie finde ich zum Sinn des Lebens, Freiburg/Wien/Basel 1978, 49.

[23] Wohmann, G.: Habgier (Erzählungen) Hamburg 1978, 19.

[24] Mead, M.: Brombeerblüten im Winter, 200ff.

[25] Fromm, E.: Die Kunst des Liebens, Frankfurt 1978, 73.

II. Frauen entscheiden sich

1. Neue Mütterlichkeit und Lebensentwürfe der Frau (1984)

1. Gefährdung des Weiblichen durch falsch verstandene Mütterlichkeit

Die Krise der Wohlstands- und Wachstumsgesellschaft fordert zu alternativen Konzepten und neuen Antworten heraus, die geeignet erscheinen, Auswege aus den gesellschaftlichen Engpässen aufzuweisen. Gefragt sind neue bzw. alte Leitbilder und Wertorientierungen, Entlastungen des Arbeitsmarktes und verstärktes Engagement im Bereich der unbezahlten Arbeit.

Ein zentrales Schlüsselwort in diesem Zusammenhang lautet: „Mütterlichkeit".[1] Im Namen der Mütterlichkeit wird die hochtechnisierte Industrie- und Erwerbsgesellschaft kritisiert. Entworfen wird eine menschlichere Gesellschaft auf der Grundlage von Solidarität, Rücksichtnahme, menschlicher Anteilnahme, personaler Zuwendung. Mütterlichkeit steht für Liebe, Treue, Hüten, Verzicht, Vorsorge für die nachkommende Generation, für Geborgenheit, emotionale Nähe, Verständnis und Zärtlichkeit. Mütterlichkeit bedeutet ein bestimmtes Leitbild der Gesellschaft und der Familie, aber auch ein spezifisches Verständnis von Weiblichkeit. Mehr Mütterlichkeit in Familie und Gesellschaft – das läßt Frauen aufhorchen. Welche gesellschaftliche Wende wird mit dieser Zielvorstellung eingeleitet? Ist es die Rückkehr zu vorindustriellen Lebens- und Arbeitsformen oder der romantisierende Entwurf einer geistigen Mütterlichkeit im Kampf gegen Anonymität, kalte Rationalität und Intellektualität? Mütterlichkeit steht als Symbol für eine kulturelle Erneuerung, als Leitbild für eine umfassende Regeneration der Gesellschaft und der Familie.[2] Aber wer soll diese Wende einleiten? Sind es die Frauen, die aufgefordert werden, sich auf weibliche Werte und Lebensformen zu besinnen?

Mütterlichkeit wird häufig noch immer einseitig verknüpft mit Familientätigkeit und in Gegensatz gebracht zu Merkmalen wie fachliche Kompetenz, Durchsetzungsvermögen, Konkurrenzfähigkeit und berufliches Engagement. Statt Sachaufgaben zu bewältigen, sollen Mütter Erziehungsarbeit leisten. Aufgabe der Mütter ist es demnach, gemäß ihrer „Natur" und „weiblichen Bestimmung" für Menschen da zu sein, Beziehungen zu pflegen, spontan, warm, einfühlsam, sanft und opferbereit zu sein. Ihr Betätigungsfeld soll nicht primär im Beruf, sondern in der Pflege und Entfaltung menschlichen Lebens liegen.

Weiblichkeit und Mütterlichkeit erscheinen als Synonyme. So entwickelt sich ein Mythos, eine realitätsabgehobene Zuschreibung von Wesensmerkmalen,

die ebensowenig genuin weiblich wie zutreffend sind. Inhalt dieses Mythos ist die Aussage, daß Mutterschaft und Mütterlichkeit die „wahren" Bestimmungsmerkmale weiblicher Wesensart sind.
Diese neue Mütterlichkeit steht im deutlichen Widerspruch zur Realität, zum oftmals harten Alltag der Familien- und Erwerbsarbeit von Frauen mit den gegenläufigsten Anforderungen, Widerständen und Konflikten. In diesem romantisierenden Entwurf schwingt vieles mit: der Verdruß über die ‚Selbstverwirklichung' der Frauen, über eine einseitige und zu recht kritisierte Ausrichtung auf die kognitiven Lernprozesse, über eine ständig anonymer werdende Gesellschaft. Mütterlichkeit oder auch Weiblichkeit wird zum Inbegriff ‚neuer' Lebensqualität, die aber ihrerseits abgleitet in Innerlichkeit, Irrationalität, Antiintellektualismus und vordergründige Emotionalität.

2. Mütterlichkeit als politisches Programm – historischer Exkurs

Mütterlichkeit als politisches Programm ist nicht neu. Wenn es sich auch um ein relativ junges historisches Phänomen handelt, so wurde dieses Leitbild in Phasen gesellschaftlichen Umbruchs doch gern bemüht, so erstmals im 18. und 19. Jahrhundert.[3]
Tatsache ist, daß Mütterlichkeit und Mutterliebe im 17. Jahrhundert weder als Wesensbestimmung der Frau noch als gesellschaftliches Leitbild aufweisbar sind.[4]
Solange die Lebensbereiche Familie und Arbeit nicht getrennt waren, arbeiteten Frauen - wenngleich immer zuständig für die Versorgung und Pflege des Säuglings - zugleich im produktiven und im reproduktiven Bereich. Frauen definierten sich nicht über die Mutterliebe, sondern über die Arbeit, die sie im häuslichen Wirtschaftsbereich ausübten. Erst mit der Trennung der Lebensbereiche und mit der bewußteren Wahrnehmung kindlicher Bedürfnisse und Fähigkeiten veränderte sich die Rolle der Frau. Die neu entstandene bürgerliche Mittelschicht wies der Frau die Aufgabe zu, Gestalterin des binnenfamiliären Bereichs zu sein, zuständig für das Familienklima, das Wohlbefinden der Familienmitglieder, kurz das ‚häusliche Glück'.
In vorindustriellen Zeiten galten Frauen nicht als schwach, empfindsam, untauglich für schwere körperliche Arbeit. Die Pflege der Kinder schloß die Teilnahme der Frau am Wirtschaftsprozeß nicht aus. Mit der Entstehung der bürgerlichen Familie und einem bestimmten Ideal von Häuslichkeit wurde die Frau, zumindest die bürgerliche, auf die Rolle der Mutter und Gattin reduziert. Die Frau bestimmte sich nicht mehr durch ihre Arbeitsfähigkeit, sondern durch ihr ‚Liebesvermögen'. Keinen Zugang zu diesem Ideal hatten allerdings

jene Frauen, die als Industriearbeiterinnen oder Tagelöhnerinnen um das Überleben kämpfen mußten.
Frauen wurden damals und werden heute erneut auf bestimmte Eigenschaften und Fähigkeiten festgelegt. Alles was davon abweicht - intellektuelle Schärfe, logisches Denken, berufliche und politische Interessen - gilt als unweiblich. Die Zuschreibung spezifisch weiblicher Fähigkeiten, dazu zählt auch die den Frauen „angeborene natürliche" Beziehung zum Kind, geht einher mit einer massiven Diskriminierung der Frau, indem ihr jene Fähigkeiten abgesprochen werden, die den Vorrang der Männer in Beruf und Öffentlichkeit begründen. Das hohe Lied auf die Weiblichkeit bzw. Mütterlichkeit mahnt die Frauen, ihren angestammten Platz in der Familie einzunehmen, sich der Verantwortung für ihre Kinder nicht zu entziehen. Ein Teil der Frauen fühlt sich durch die vordergründig positiven Eigenschaftszuweisungen provoziert, weil dafür ein hoher Preis zu zahlen ist.Die Konsequenzen sind nämlich:

- drastische Reduktion zulässiger weiblicher Eigenschaften und Fähigkeiten;
- geschlechtsspezifische Rollenzuweisungen;
- Allzuständigkeit der Frau für Familie und Kindererziehung, für die häusliche und familiale Kultur.

Das im 18. Jahrhundert entwickelte Leitbild der seelischen und geistigen Mütterlichkeit beinhaltete aber nicht nur ein spezifisches Verständnis von weiblicher Familienkultur, sondern auch ein pädagogisches Prinzip. Die Mutter galt als die erste und ‚natürliche' Bezugsperson des Kindes. Pädagogen wie Pestalozzi und Fröbel sahen sie als Vermittlerin der Menschenliebe, des Vertrauens, der Zuneigung und des Dankes. Die Mutter soll Urvertrauen, Identität und Lernfähigkeit stiften. Schon in den Theorien des 18. und 19. Jahrhunderts ging man davon aus, daß eine der wichtigsten Aufgaben des Pädagogen die Erziehung der Frauen zu echten Müttern sei. Die Entfaltung der Mütterlichkeit als geistiger Haltung bezog sich aber nicht nur auf die Frau in der Familie, sondern auch auf die Frau in den sozialpflegerischen und erziehenden Berufen. Dieses Leitbild der professionellen Mütterlichkeit, der Ersatzmütter in Kindergarten und Grundschule wirkt bis heute im Berufsbild der Erzieherinnen, Krankenschwestern und Lehrerinnen nach.[5]
Mütterliche Frauen haben ‚weibliche Werte' wie Bescheidenheit, Zurückhaltung, Stille, Warmherzigkeit und Einfühlsamkeit weiterzugeben.

3. Mutterschaft und Mütterlichkeit - Akzeptanz und Abwehr

Frauen der jungen und mittleren Generation sprechen sich nicht gegen Mutterschaft und Mutterliebe aus, die große Mehrheit der Mädchen und Frauen identifiziert sich mit Mutterschaft und Elternrolle. Sie möchten den Kindern eine gute Mutter sein, ihnen das geben, was die Kinder brauchen.[6] Auf Kritik stößt bei den meisten Frauen die Auffassung, allein die Mutter sei von ihrer Natur aus für diese Aufgabe bestimmt, sie trage die Hauptverantwortung für die Kinder. Auf Gegenliebe stößt die neue Mütterlichkeit dagegen bei jenen Feministinnen und familienorientierten Frauen, die bewußt der Männerkultur eine weibliche Kultur entgegenstellen, Körper- und Naturverbundenheit, Schwangerschaft, Geburt und Stillen als zentralen Erlebnis- und Handlungsbereich von Frauen verstehen.[7] Sympathien löst der Slogan der neuen Mütterlichkeit auch bei jenen Mädchen und Frauen aus, die den Anstrengungen der Berufsausbildung und der Berufsausübung entgehen möchten und/oder aus Neigung der Familie den Vorzug geben. Angesichts der gegenwärtigen Ausbildungs- und Arbeitsplatzprobleme hat die neue Mütterlichkeit durchaus Chancen, akzeptiert zu werden. Für einen Teil der Frauen ist die Perspektive der Hausfrau und Mutter die einzige, die ihnen verbleibt.

Ein in erster Linie negativ besetztes Reizwort ist die Mütterlichkeit für all jene, die die Problematik und die Konsequenzen eines neuen Weiblichkeitsmythos durchschauen. Sie wehren sich mit Nachdruck gegen ein Verständnis von Mütterlichkeit, daß die Frau gleichsam auf Mutterschaft und Mutterrolle reduziert. Frauen wehren sich verstärkt dagegen, daß ihr Fachverstand weniger gefragt, ihre ‚Kopfarbeit' weniger geschätzt wird als ihre Gefühle. Noch immer ist hinter vorgehaltener Hand und abseits öffentlicher Erklärungen die Meinung zu hören, daß Haushalt und Kindererziehung die ureigenste Sache der Frau seien, und daß diese aufgrund ihrer körperlichen und seelischen Verfassung von schwerer körperlicher Arbeit sowie von psychisch und intellektuell stark beanspruchenden Tätigkeiten ferngehalten werden müssen. Angesichts der biologischen Unterschiede zwischen den Geschlechtern sei es sinnvoll und notwendig, zwischen spezifisch weiblichen und männlichen Berufen zu unterscheiden.

Vielfach wird immer noch argumentiert, die Aufgaben der Kindererziehung und -betreuung seien biologisch vorgegeben. Aus den Neigungen und biologischen Unterschieden zwischen Männern und Frauen wird auf die sozialen und beruflichen Zuständigkeiten zurückgeschlossen. Männer weisen die Übernahme oder stärkere Beteiligung an der Hausarbeit und Kindererziehung mit dem Argument zurück, daß sie für diese Tätigkeiten weniger geeignet seien und ihnen die enge Beziehung zu Kindern fehle. Wo Männer ihr Idealbild von der Frau beschreiben, da tritt die Berufsrolle zurück, hat sie den Charakter der Nebenrolle; Berufseignung wird zur Nebensächlichkeit. „Das Idealbild der Frau ist ein Bild der mütterlichen Frau. Berufsfrauen werden respektiert, mütterliche Frauen ersehnt."[8]

Männer sind in hohem Maße überzeugt, daß den Leistungen der Mutter und Hausfrau eine größere Bedeutung für die Allgemeinheit zukommt als den Leistungen der berufstätigen Frau. Nur sie selbst möchten diesen Aufgabenbereich in aller Regel nicht übernehmen.

Das Leitbild der partnerschaftlichen Familie wird verbaliter zwar bejaht, bleibt aber häufig ohne praktische Konsequenzen. Das Idealbild der Frau, wie Schiller es im Lied von der Glocke entworfen hat, entsprach weder damals noch entspricht es heute der Lebensrealität der Frauen. Dennoch wünschen Männer nach wie vor in relativ großer Zahl Frauen, die sich ganz in den Dienst des Kindes sowie der Familie stellen. Frauen sollen den Mann in der Familie entlasten, ihn von den alltäglichen Familienproblemen und Konflikten verschonen.

4. Alte und neue Kompetenzen von Frauen

Die heutige Forderung nach mehr Mütterlichkeit erfolgt in einer gesellschaftlichen Situation, in der Frauen längst ihre intellektuellen und beruflichen Fähigkeiten unter Beweis gestellt haben. Die Wesenslehre von der Hausfrau und Mutter ist brüchig geworden, sie hält der kritischen Nachprüfung nicht stand. Auch Hausfrauen sind nicht mehr der Auffassung, daß die von ihnen ausgeübte Tätigkeit die einzige, ihrem Wesen entsprechende ist, sondern eine Aufgabe neben anderen sinnvollen und erstrebenswerten Tätigkeiten darstellt. Empirische Befunde haben belegt, daß Mädchen nicht von Natur aus sozialer sind als Jungen, die intellektuellen Fähigkeiten bei Jungen sind nicht höher als bei Mädchen, Mädchen sind nicht weniger leistungsorientiert als Jungen. Unterschiede zwischen Mädchen und Jungen sind nicht konstant, sie verändern sich in den verschiedenen Lebensphasen und treten als geschlechtsspezifische Unterschiede bis zum dritten Lebensjahr kaum in Erscheinung. Mädchen weisen häufig bis zum zweiten Lebensjahrzehnt bessere Fähigkeiten auf, wenn es um manuelle Geschicklichkeit, Genauigkeit, Auffassungsvermögen, Gedächtnis und praktisches Denken geht. Mädchen sind allerdings in ihrem Handeln stärker als Jungen von der sozialen Umgebung abhängig und zeigen größeres Interesse an sozialen Beziehungen. Je nach Altersstufe ist das männliche Geschlecht weniger an Personen als an sachlichen Problemen und Lösungen interessiert.

Ohne den Einfluß biologischer Merkmale zu leugnen, ist festzuhalten, daß Einstellungen und Verhaltensweisen der Frauen stärker sozial als biologisch bedingt sind. Um Mißverständnissen vorzubeugen, ist in diesem Zusammenhang auch anzumerken, daß empirische Studien vor allem allgemeine Trends aufzeigen und die Unterschiede zwischen den Individuen nur wenig berücksichtigen. Die den Frauen zugeschriebenen weiblichen Eigenschaften sind nicht angeboren, sondern als Fähigkeiten erlernt.

Aber Frauen sind in ihrem Selbstwertgefühl nach wie vor leicht verletzbar und bereit, die Überlegenheit des Mannes, die dieser für sich in Anspruch nimmt, bereitwillig oder zögernd anzuerkennen. Sie gestehen dem Mann zu, daß er

genau so befähigt und geeignet ist für Kindererziehung und Haushalt wie sie selbst. Zweifel hegt ein Teil der Frauen jedoch, ob sie ebenso geeignet und befähigt sind für die Berufsrolle wie der Mann und ob sie bei entsprechender Vorbildung mit ihm tauschen könnten.
Frauen haben zwar prinzipiell kein geringeres Selbstwertgefühl als Männer, aber in der konkreten Lebenssituation zeigt sich, wie labil ihr Selbstbewußtsein noch ist, wie stark es von den Einstellungen bzw. Wertschätzungen des Mannes abhängt. Der spezifische Beitrag, den die Mütterlichkeit zur gesellschaftlichen und kulturellen Erneuerung leisten soll, besteht in der psychischen Stabilisierung von Kindern und Erwachsenen in hochtechnisierten Gesellschaften. Frauen werden zum Rückzug aus der Erwerbsarbeit, aus der entfremdeten Arbeitswelt aufgefordert, um frei zu sein für den Bereich der unbezahlten Arbeit, für die höherwertige Mutterarbeit. Frauen werden mit diesem politischen Programm privat und öffentlich in die Pflicht genommen. Sie sind erneut verantwortlich für die ungestörte Entwicklung von Kindern, für den Zusammenhalt der Familie. Von den Frauen hängt es demnach ab, wie sich die nachwachsende Generation entwickelt, welche Zukunftschancen sie hat. Mütterlichkeit erweist sich somit als Zauberformel zur ‚Heilung' der Familie und zugleich als Ansatzpunkt einer kulturellen Umorientierung. Die Engpässe der postindustriellen Gesellschaft sollen mit Konzepten überwunden werden, die angesichts der ersten industriellen Revolution in einer Phase gesellschaftlichen Umbruchs entwickelt wurden, die mit der heutigen nicht vergleichbar ist. Struktur und Organisation wie auch Selbstverständnis der Familie im 18./19. Jahrhundert sind mit der heutigen ebensowenig vergleichbar wie die gesellschaftliche und private Rolle der Frau damals und heute.
Zwar gibt es auch heute eine Gegenbewegung gegen fortschreitendes instrumentales Denken, gegen Technokratie und Massengesellschaft zugunsten von mehr Emotionalität, Innerlichkeit, Naturverbundenheit, Privatheit und Geborgenheit.
Politisches und soziales Engagement, berufliches Interesse und Berufskarriere werden relativiert zugunsten von mehr Freizeit, mehr Rückzug in die Familie, mehr Zeit für soziale Kontakte.
Direkt und indirekt zielt der Entwurf einer Gesellschaft auf der Basis weiblicher Werte aber darauf ab, Frauen verstärkt zum Rückzug aus dem Beruf zu motivieren, sich auf Mutterschaft und Familie zu konzentrieren.
Entgegen manchen Mutmaßungen über die Frauen als ‚Heimchen am Herd' haben sich Frauen in den letzten zwanzig Jahren verstärkt aufgemacht, sich selbst und ihre Lebenssituation zu verändern. Die entscheidenden Wandlungen in Einstellungen und Verhaltensweisen zeigen sich nicht nur im Bildungs- und Berufsverhalten, sondern ebenso in den Auffassungen zu Partnerschaft, Sexualität, Selbständigkeit und Unabhängigkeit, zur Rolle der Frau in der Öffentlichkeit.

Folgen wir den Befunden der Längsschnittuntersuchung des Allensbacher Institutes für die Jahre 1953–1979, so wird deutlich, in welchem Maße Wandlungen im Selbstverständnis und im Verhalten der Frauen eingetreten sind.[9]

Noelle-Neumann spricht im Zusammenhang mit den Auswertungen dieser Daten bei den Frauen (differenziert nach Alter, Bildungsstand und Schicht) von einer stark anwachsenden Aktivitätskurve im Vergleich zu einer ansteigenden Passivitätskurve bei den Männern.

Die Bildungsabschlüsse der Frauen zeigen, in welchem Umfang sich die Bildungschancen breiter Schichten von Frauen erhöht haben und zu welchen Leistungen Frauen in den verschiedenen Bildungs- und Berufssektoren imstande sind. Die Konzentration der Frauen auf die angestammten Frauenberufe steht nicht im Widerspruch zu dem in breiten Schichten immens gestiegenen Bildungswillen. Dieses gilt nicht nur für die Allgemeinbildung, sondern auch für die Weiterbildung. Dabei stellen die Hausfrauen den Hauptanteil der Absolventen von Weiterbildungseinrichtungen. Erhebliche Anstrengungen sind nach wie vor erforderlich für die Bildung und Ausbildung der Mädchen aus der Unterschicht und für eine qualifizierte Berufsausbildung, die über eine breite Berufspalette streut. Untersuchungen an weiblichen Jugendlichen in der Hauptschule ergaben, daß die Ausrichtung auf Familie als Alternative zu einer Beschäftigung als Hilfsarbeiterin oder ungelernter Kraft im Produktions- oder Dienstleistungsbereich spätestens am Ende der Grundschulzeit mehr und mehr das Bewußtsein bestimmt.

Die Tendenz, Mädchen im Vergleich zu Jungen stärker auf Kindererziehung und Hausarbeit vorzubereiten, besteht nach wie vor in allen Schichten, aber gleichzeitig zeigt sich in Abhängigkeit von Schulabschlüssen und Berufsposition der Eltern, vornehmlich des Vaters, ein relativ weit verbreitetes Interesse an einer qualifizierten Berufsausbildung für Mädchen.[10]

5. Veränderte Lebensplanung junger Frauen

Was jedoch die Lebensplanung der Mädchen stark belastet, ist der Tatbestand, daß von ihnen einerseits Ausbildungs- und Berufsengagement erwartet wird, ihnen aber andererseits die Probleme der Vereinbarkeit von Beruf und Familie selbst überlassen bleiben. Mehr Frauen als in den 50er und frühen 60er Jahren schließen ihre Berufsausbildung ab; der Anteil der Frauen ohne Berufsausbildung nimmt vor allem in den jüngeren Frauenjahrgängen ab. Als Problem erweist sich jedoch in vielen Fällen, insbesondere bei Berufen mit langen Ausbildungszeiten, z.T. jedoch auch bei normalen Ausbildungsverhältnissen, daß der Zeitraum der Berufserfahrung bis zum Zeitpunkt der Unterbrechung relativ kurz ist und bei vielen zwei bis drei Jahre nicht überschreitet.

Um die Investitionen in die Berufsausbildung zu nutzen, um den gewünschten Beruf wenigstens eine Zeitlang auszuüben, wird daher das erste Kind in einem größeren Abstand von der Eheschließung geboren oder die Berufstätigkeit nach der Geburt des ersten Kindes noch fortgesetzt.
1978 lag das Durchschnittsalter der Frauen zum Zeitpunkt der erstmaligen Eheschließung bei 23,1, bei den Männern bei 25,6 Jahren. Das erste Kind wird gewöhnlich 2½ Jahre später geboren. 1978 betrug das Durchschnittsalter der Mütter bei der Geburt des Kindes 25,6 Jahre, beim zweiten Kind 27,6 Jahre und beim dritten Kind 30 Jahre.[11]
Zusammenfassend ist festzustellen, daß Mädchen sich bei der Ausbildungs- und Berufsplanung noch immer stark auf die nachfolgende Familienphase hin orientieren beziehungsweise von Familie und Umwelt dorthin orientiert werden, daß aber insgesamt die Zahl derjenigen steigt, die sich in ihrer Lebensplanung darauf einstellen, Familie und Beruf miteinander zu vereinbaren. Bei einem hohen Prozentsatz der weiblichen Abiturienten ist der Wunsch nach Koppelung von Beruf und Familie nicht weniger ausgeprägt als bei Mädchen mit geringeren Bildungsabschlüssen.
Die Zahl der Mädchen und jungen Frauen, deren Berufsplanung sich auf den Zeitpunkt vor der Eheschließung begrenzt, wird immer geringer. Mehr Frauen als früher planen ihre Berufstätigkeit als Langzeitperspektive. Dieses trifft in besonderem Maße auf Frauen mit qualifizierter und abgeschlossener Berufsausbildung und beruflich befriedigender Tätigkeit zu. Diese Aussage läßt sich an den statistischen und empirischen Untersuchungen von Weltz (1979) und Hofbauer (1979) belegen.[12]
Mehr Frauen als früher unterbrechen ihre Erwerbstätigkeit nicht nach dem ersten, sondern erst nach dem zweiten Kind. Mit steigender Kinderzahl nimmt die Beteiligung der Frauen am Erwerbsleben ab. Unabhängig von der Einkommenslage des Mannes zeigt sich, daß bei einer Ehedauer unter 6 Jahren die Erwerbsbeteiligung der Frauen stark absinkt, sobald ein Kind in der Familie vorhanden ist. Dies gilt z. B. dann, wenn der Mann zwischen 1200,- DM/ 1800,- DM verdient und die Ehedauer 6 Jahre nicht übersteigt. In dieser Gruppe sinkt der Anteil der Frauen, die erwerbstätig sind, von 85% bei kinderlosen Ehepaaren auf 40% bei solchen mit einem Kind und auf 31% bei solchen mit 2 Kindern. Der Einkommensausfall liegt bei durchschnittlich 25–40%. Welchen Stellenwert der Verdienst der Frauen für das Haushaltseinkommen hat, ist unter anderem ablesbar an den Wochenarbeitszeiten der Frauen in Abhängigkeit von der Kinderzahl. Mit steigender Kinderzahl sinkt der Anteil der Frauen mit einer wöchentlichen Arbeitszeit unter 21 Wochenarbeitsstunden, während der Anteil der vollzeitbeschäftigten Frauen an der Gesamtzahl der erwerbstätigen Frauen dieser Gruppe mit steigender Kinderzahl in der Familie zunimmt.[13] Als besonders prekär stellt sich die Situation bei den Alleinerziehenden dar. Sie sind noch immer mit über 50% vollzeitbeschäftigt.

In diesem Zusammenhang ist jedoch darauf hinzuweisen, daß zwar nach wie vor wirtschaftliche Gründe für die Erwerbstätigkeit vieler Frauen mit Kindern ausschlaggebend sind, daß aber in den Untersuchungen deutlich andere Motive und Tendenzen zu erkennen sind.
Ausschlaggebend für den Wunsch, die außerhäusliche Berufstätigkeit auch nach der Geburt von Kindern fortzusetzen, sind Gesichtspunkte wie Freude an der beruflichen Arbeit, Bestätigung über die berufliche Arbeit, das Arbeitsklima, die sozialen Kontakte. In den Untersuchungen zur Situation der arbeitslosen Frauen wird erkennbar, welcher Stellenwert der Erwerbstätigkeit für diese Frauen in bezug auf ihr Selbstwertgefühl vor allem auf ihre Zukunftssicherung zukommt.
In der Öffentlichkeit bestehen noch immer diffuse Vorstellungen über Zusammenhänge zwischen finanzieller Selbständigkeit einerseits und emotional-sozialer Unabhängigkeit auf der anderen Seite. Erwerbstätigkeit ist eine, aber keineswegs eine hinreichende Voraussetzung für den Zuwachs an persönlicher Entscheidungskompetenz sowie verstärkte emotionale und soziale Selbständigkeit. Aber die Erwerbstätigkeit hat, sofern sie unter günstigen Voraussetzungen erfolgt, positive Rückwirkungen auf die Selbstzufriedenheit der Frau, ihre psychische und physische Belastung, die Selbständigkeit der Kinder und das Ansehen der Mütter bei den heranwachsenden Kindern.
Doch auch unabhängig von der Dauer der außerhäuslichen Erwerbstätigkeit ist ein deutlicher Kompetenzzuwachs bei den Frauen erkennbar. Aus der schon zitierten Längsschnittuntersuchung des Allensbacher Instituts geht ebenfalls hervor, daß Frauen von ihren Ehemännern in wachsendem Maße als der wichtigste Gesprächspartner bezeichnet werden (1953:33%, 1979:57%). Frauen haben ihr außerhäusliches Engagement in der Öffentlichkeit, in Vereinen und Verbänden verstärkt, sie haben gelernt sich selbst zu organisieren und öffentlich zu artikulieren. Sie verlassen sich immer weniger darauf, daß ihre Belange von Männern in Wirtschaft, Politik und Gesellschaft berücksichtigt werden. Allerdings ist auch anzumerken, daß das Engagement in Parteien deutlich geringer ist als das in Vereinen und Verbänden.
Frauen zeigen in wachsendem Maße erhöhte Flexibilität bei Erfüllung der Familienaufgaben; sie lernen, den Tagesablauf anders zu organisieren, sind bereit, dem Ehemann Fähigkeiten in den Bereichen Kindererziehung und Haushalt zuzugestehen und treten Aufgaben an den Mann ab. Bei der Klage über die mangelnde Entlastung der Mütter durch die Väter ist nicht zu vergessen, daß zwar die Bereitschaft der jungen Väter wächst, Aufgaben in der Familie zu übernehmen, daß diese aber nicht nur an vielfach ungünstigen Berufsbedingungen scheitern kann, sondern auch an der mangelnden Bereitschaft mancher Frauen, ihren Männern Fähigkeiten in diesem Feld der Familie zuzubilligen und ihrerseits auf einseitige Zuwendungen von seiten der Kinder zu verzichten.

Es trifft zu, daß Männer nach wie vor eher „helfen", und zwar im Sinne der gelegentlichen Entlastung der Frauen, dieses bestätigen empirische Untersuchungen wie Erfahrungsberichte.[14] Das jetzige Ausmaß der Erwerbsbeteiligung verheirateter Frauen mit Kindern unter 15 Jahren wäre (1978 bei 40%) jedoch nicht möglich ohne den allmählich sich abzeichnenden Wandel im Rollenverständnis des Mannes. Noch werden die Lasten der Entscheidung für Familie und Beruf primär von den Frauen getragen, aber die ständige Klage über die unzureichende Beteiligung des Mannes an den Familienaufgaben könnte den unerwünschten Nebeneffekt haben, daß sich die Bereitschaft eher verringert als erhöht.
Die den Männern abverlangten Neuorientierungen sind einschneidender, als dies für die Frauen der Fall ist. Männer haben gegenwärtig größere Schwierigkeiten, sich auf den Rollenwandel der Frauen einzustellen, als selbst jene Frauen, die den Veränderungen eher distanziert oder ambivalent gegenüberstehen, insbesondere, weil für sie mit den angestrebten Veränderungen zusätzliche Anstrengungen verbunden sind.

6. Zusammenfassung: Offenheit statt Festlegung

Frauen suchen nach einem neuen Rollenverständnis. Sie wollen eigenständiger denken und handeln, aber Lebensplanung von Frauen vollzieht sich in Auseinandersetzung mit widersprüchlichen Erwartungen. Das von ihnen erwartete Interesse an qualifizierter beruflicher Bildung und an beruflichem Engagement steht im Widerspruch zu jener anderen Erwartung, ihre Lebensführung mit der Geburt des ersten Kindes dem Familienzyklus anzupassen, sich für einen Lebensbereich zu entscheiden oder sich zwischen beiden aufzuteilen. Entscheidet sie sich für die Familie, muß sie damit rechnen, den Anschluß im Beruf nicht mehr oder nur unter sehr erschwerten Bedingungen zu finden. Entscheidet sie sich für Familie und Beruf, muß sie an sich selbst den Anspruch stellen, leistungsfähiger als der Mann zu sein. Für die Mehrheit der Frauen gibt es bisher keine zufriedenstellende Lösung des Problems. Mehr Frauen entscheiden sich für den Beruf und verzichten auf Ehe und Familie.[15] Ohne ein Umdenken auf seiten des Mannes und ohne Veränderungen in der Arbeitswelt ist dieses Problem nicht zu lösen.
Soll sowohl das Frauliche bzw. Mütterliche als auch das Männliche in Familie, Beruf und Öffentlichkeit vertreten sein, so ist bei allen zu respektierenden Unterschieden zwischen den Geschlechtern das Gemeinsame und sich wechselseitig Ergänzende mit Nachdruck zu betonen und an der Gleichberechtigung im Sinne gleicher Teilhabe der Männer und Frauen an den zentralen Lebensbereichen Familie, Arbeitswelt und Öffentlichkeit zu arbeiten.

Rollenhalbierung, Rollentausch oder Aufhebung der privaten Familienhaushalte sind die in der Öffentlichkeit diskutierten Lösungsmodelle. Männer und Frauen sollten sich bewußt sein, daß Kindererziehung und Hausarbeit, ganz gleich, wie sie letztlich organisiert sind, von Menschen geleistet werden müssen. Hausarbeit und vor allem Engagement für mitmenschliches Zusammenleben kann nicht - zumindest bislang nicht - kollektiviert werden. Menschen sind offenbar darauf angewiesen, sich in einen privaten Lebensbereich zurückziehen zu können. Kinder und Erwachsene brauchen Privatheit, Intimität, unmittelbar personenbezogene Zuwendung, Pflege und Versorgung. Fällt dieser Bereich aus, hat das weitreichende Folgen für die Qualität menschlichen Zusammenlebens. Kinder, pflegebedürftige und kranke Menschen stehen der beruflichen Entfaltung im Wege, aber sie bedeuten eine entscheidende Bereicherung für menschliche Beziehungen, für die Entdeckung menschlicher Aufgaben und Fähigkeiten.

Die Verengung der Gleichberechtigungsdiskussion auf die berufliche und soziale Integration der Frau birgt die große Gefahr in sich, Entfaltungsmöglichkeiten des Menschen außerhalb des Berufes und der Politik aus dem Auge zu verlieren. Häufig werden die befreienden Wirkungen des Berufes überschätzt. Die zentrale Bedeutung beider Lebensbereiche für Männer wie für Frauen ist jedoch nicht zu bestreiten. Vor allem junge Menschen, Mädchen und Jungen, begreifen verstärkt, daß Leben mehr beinhaltet als berufliches Ansehen, Erfolg und materiellen Wohlstand.

Die nicht abreißende Erörterung über die „natürliche" Bestimmung der Frau, die ihr angeborene Mütterlichkeit, die Festlegung der Mütter auf Kinder bis hin zu der Thematisierung der spezifisch weiblichen Fähigkeiten und Einstellungen birgt die Gefahr der erneuten Verunsicherung der Frauen, vergrößert schon bestehende Ambivalenzen und verschafft all jenen ein Alibi, die sich in ihrer Argumentation auf eine „Weiblichkeitsideologie" stützen.

Die Frauen werden somit wieder einmal verantwortlich gemacht für Fehlentwicklungen in unserer Gesellschaft, werden einseitig in die Pflicht genommen für den Lebensbereich Familie und sollen dort weiter die Alleinverantwortung übernehmen. Verwiesen auf den Bereich der unbezahlten Arbeit bleibt ihnen kaum eine Chance zu mehr Partnerschaft in Familie und Beruf. Partnerschaft wird damit immer mehr zu einer Leerformel oder zu einer Überforderung in der privaten Beziehung.

Frauen werden ebenso wenig als Mütter geboren wie Männer als Väter. Mutterschaft ist eine, und für viele Frauen die zentrale Bestimmung im weiblichen Lebenslauf. Aber sie allein füllt den Lebensentwurf ebensowenig aus wie die Vaterschaft den des Mannes. Für beide ist Kinder zu haben keine zwingende Bestimmung. Ein erfülltes Frauen- und Männerleben ist auch ohne leibliche Mutter- und Vaterschaft denkbar und möglich.

Die „Wesensmerkmale“, die den Frauen heute zugeschrieben werden, haben keineswegs für alle Frauen Gültigkeit. Dabei sind viele ebenso bei Männern nachweisbar. Frauen sollten sich durch einseitige Überbetonung der Mütterlichkeit nicht daran hindern lassen, alle Fähigkeiten in sich zu entfalten, die für den familiären ebenso wie für den beruflichen und politischen Alltag unverzichtbar sind. Dies gilt selbstverständlich im gleichen Maße für Männer: Gefühls- und Verstandeskräfte, Nüchternheit und Spontaneität, Rücksichtnahme und Durchsetzungsfähigkeit, Du- und Ich-Orientierung vertragen keine geschlechtsspezifische Zuordnung.

Anmerkungen

1 Vgl. die Beschlüsse der CDA auf dem Mannheimer Kongreß (1983) zu „Die sanfte Macht der Familie“, Königswinter 1982.

2 Vgl. „Die sanfte Macht der Familie“, 3/4.

3 Vgl. Simmel, M.: Mütterlichkeit - historisches Phänomen, pädagogisches Prinzip, feministisches Programm?, in: Frauen und Mütter, Beiträge zur 3. Sommeruniversität von und für Frauen 1978, Berlin 1979, 380–418.

4 Badinter, E.: Die Mutterliebe. Geschichte eines Gefühls vom 17. Jahrhundert bis heute, München/Zürich 1980; Kitzinger, S.: Frauen als Mütter. Mutterschaft in verschiedenen Kulturen, München 1980.

5 Simmel, M.: Mütterlichkeit - historisches Phänomen, pädagogisches Prinzip, feministisches Programm? 389ff.

6 Deutsches Jugendinstitut München (Hrsg.): Mutterschafts- und Elternurlaub in fünf europäischen Ländern, München 1982.

7 Schenk, H.: Die feministische Herausforderung. 150 Jahre Frauenbewegung in Deutschland, München 1980, 149ff.

8 Pross, H.: Die Wirklichkeit der Hausfrau, Hamburg 1975; Pross, H.: Die Männer, Hamburg 1978.

9 Noelle-Neumann, E.: Eine Generation später, Bundesrepublik Deutschland 1953 bis 1979, Institut für Demoskopie Allensbach, Allensbach 1981.

10 Thumm, E.: Einstellungen der Eltern zur Rolle der Frau und die Schullaufbahn der Töchter, Deutsches Jugendinstitut - Forschungsbericht, München 1972; Brigitte/Deutsches Jugendinstitut: Mädchen 1982. eine repräsentative Untersuchung über die Lebenssituation und das Lebensgefühl 15–19jähriger Mädchen, Hamburg 1982; Jugend '81. Lebensentwürfe, Alltagskulturen, Zukunftsbilder, 3 Bde., Jugendwerk der Deutschen Shell, Hamburg 1981.

11 Schwarz, K.: Bericht 1982 über die demographische Lage in der Bundesrepublik Deutschland, in: Zeitschrift für Bevölkerungswissenschaft H. 2/1982.

12 Vgl. Hofbauer, H.: Zum Erwerbsverhalten verheirateter Frauen, Mitteilungen aus der Arbeitsmarkt- und Berufsforschung H. 12/1979; Weltz, F./Dietzinger, H./Luppies, V./Marquardt, R.: Junge Frauen zwischen Beruf und Familie, Frankfurt 1979.

13 Schwarz, E.: Zur Einkommenslage junger Familien in der Bundesrepublik Deutschland, in: Zeitschrift für Bevölkerungswissenschaft H. 2/1981; Wingen, M.: Sozialrechtliche und sozialpolitische Rahmenbedingungen für eine Wahlfreiheit junger

Eltern zwischen Familien- und Erwerbsleben, in: Zeitschrift für Sozialreform H. 7/1981.

14 Pross, H.: Die Männer, Reinbek 1978; Eckert, R., Geschlechtsrollen und Arbeitsteilung. Mann und Frau in soziologischer Sicht, München 1979; Alock, J./Enders, U./Müller, S.: Das unsichtbare Tagwerk. Mütter erforschen ihren Alltag, Reinbek 1981.

15 Beck-Gernsheim, E.: Das halbierte Leben. Männerwelt - Beruf, Frauenwelt - Familie, Frankfurt 1980.

2. Vereinbarkeit von Familie und Beruf (1981)

1. Die Rolle der Frau zwischen Familie und Beruf

Die dem Thema zugrundliegende Fragestellung zeigt ein Zweifaches an: das strukturelle Spannungsverhältnis zwischen Familie und Beruf in unserer Gesellschaft, sowie die nach wie vor diffuse Rolle der Frau in beiden Bereichen.
Dabei handelt es sich keineswegs um ein bundesrepublikanisches Problem, sondern zugleich um ein europäisches, um eine Aufgabe, die es in Ost und West wie in den Staaten der Dritten Welt zu lösen gilt. Aufgegeben ist hier nicht einseitig die Gleichberechtigung von Frau und Mann, sondern die Gestaltung von Lebensbereichen, die Gestaltung von Kulturen, an der beide Geschlechter verantwortlich beteiligt sind. Fragen von europäischem und internationalem Interesse erfordern jedoch auch Berücksichtigung und Anerkennung der gewachsenen Strukturen von Lebensbereichen und regionale Problemlösungen unter Beachtung regionalübergreifender Grundauffassungen des Menschen, seiner Rechte und Pflichten. Internationaler Austausch zu der im Thema gestellten Frage ist eine Chance zu wechselseitiger Information und Verständigung, zu Überwindung von Vorurteilen und ideologischen Verhärtungen sowie zu gemeinsamer Arbeit an der Verminderung von Konflikten zwischen den Tätigkeiten in Familie und Beruf.

2. Ungleichwertigkeit der Lebensbereiche

Die uns bewegende Frage nach Vereinbarkeit, nach Miteinander oder Nacheinander von Beruf und Familie weist positive und negative Aspekte auf. Entscheidungen, die der einzelne treffen kann, die ihm aber auch abverlangt werden, sind zugleich Chance und Risiko.
Die Entscheidung für Wahlfreiheit, für Verzicht auf vorgegebene Festlegungen in Richtung auf Vereinbarkeit oder auf das Nacheinander von Berufs- und Familientätigkeit bzw. den Wechsel zwischen beiden ist Voraussetzung für Eigenverantwortlichkeit und individuelle Entscheidung. Anerkannt wird das Recht des einzelnen, sein Leben eigenverantwortlich zu gestalten, aber dieses Recht ist zugleich verbunden mit verpflichtenden Entscheidungen. Anerken-

nung des Selbstbestimmungsrechtes in dieser Frage setzt den Verzicht auf ein eindimensionales Leitbild voraus. Ist z. B. Vereinbarkeit von Familie und Beruf nicht nur für jene angestrebt, die sie wollen, sondern verpflichtend für jedermann und jede Frau, so entfällt die dem Referat zugrundeliegende Frage bzw. als veränderte Fragestellung würde sich anbieten: „Familie und Beruf – Entscheidungsfrage des einzelnen oder Entscheidung der Gesellschaft?"
Aber so wie die Alternative gestellt ist, bereitet sie auch Unbehagen, macht sie nachdenklich. Faktisch wird sie Frauen zur Wahl und somit zur Entscheidung gestellt, den meisten Männern wird sie als ernsthafte Alternative entweder vorenthalten oder nicht zugemutet. Problematisch erscheint ferner, daß sich die Vorstellung breitmachen könnte, Wahlfreiheit sei für die große Mehrheit der Frauen nicht nur prinzipiell, sondern auch faktisch gegeben.
Verdeckt bleiben zunächst die im gesellschaftlichen und individuellen Bewußtsein vorhandene Ungleichwertigkeit der Lebensbereiche, die unterschiedliche Bewertung von Arbeit in und außerhalb der Familie und die damit verbundenen Konsequenzen für das Selbstwertgefühl der Frauen in der Familie.
Solange Fragen der Wahlfreiheit in bezug auf Familie und Beruf primär oder ausschließlich geschlechtsspezifisch angegangen werden, besteht die Gefahr, daß das diffuse Rollenverständnis der Frau nicht abgebaut wird und Maßnahmen zur Konfliktminderung sich ausschließlich auf Frauen beziehen.
Die bisher einseitig den Frauen abverlangte Entscheidung der Vereinbarkeit oder Unvereinbarkeit von Familie und Beruf legt es nahe, an die Erörterung dieser Frage die Erwartung zu knüpfen, durch eindeutige Orientierungen in die eine oder andere Richtung entlastet zu werden, indem entweder verdeutlicht wird, wie risikoreich und belastend oder wie gewinnbringend und vorteilhaft das Miteinander von Familie und Beruf ist.

3. Vorurteile zwischen Erwerbstätigen und Hausfrauen abbauen

Es widerspricht meinen Vorstellungen von der Eigenverantwortlichkeit und dem Selbstbestimmungsrecht der Menschen, Frauen von einem Leitbild überzeugen zu wollen. Mein Ziel ist es vielmehr, dem einzelnen zu ermöglichen, für sich selbst eine Antwort auf die Frage zu finden, welche Entscheidung für seine Lebenssituation und seine Lebensplanung annehmbar und vertretbar ist. Absicht der nachfolgenden Überlegungen ist es darüber hinaus, in bezug auf vermeintliche Selbstverständlichkeiten Nachdenklichkeit zu stiften, Vorurteile zwischen Erwerbstätigen und Hausfrauen abzubauen, mehr Solidarität und Selbsthilfe sowie Toleranz im Umgang miteinander anzuregen und zu ermöglichen.
Individualität wollen, beinhaltet Zurückhaltung gegenüber dem Wunsch, die je eigenen Lebensmuster bei anderen Menschen durchsetzen zu sollen.

4. Probleme der Wahlfreiheit: Der Mann hat Familie, die Frau hat Familie zu leben

Mit dieser Unterscheidung ist die Lebenssituation und Grundeinstellung vieler Männer und Frauen, unabhängig davon, ob Frauen erwerbstätig sind, überspitzt charakterisiert.
Familie haben oder Familie leben - mit dieser Unterscheidung wird der verschiedenartige Familienbezug von Frau und Mann umrissen. Sie resultiert aus gesellschaftlich vorgegebenen Einstellungen und Praktiken zur Arbeitsteilung und Aufgabenverteilung zwischen Mann und Frau und schlägt sich in der Organisation des beruflichen und privaten Lebens nieder.
Lebensplanung und Lebensvollzug von Männern wird von der Entscheidung der Vereinbarkeit von Familie und Beruf - abgesehen von Ausnahmefällen - kaum tangiert, während sie für Frauen schon von klein an indirekt und später direkt eine zentrale Rolle spielt. Der den Frauen abverlangten Entscheidung wird grundlegende Bedeutung für ihre eigene Persönlichkeitsentfaltung, aber vor allem auch für die Zukunftschancen des Partners und der Kinder beigemessen.
Wahlfreiheit und Notwendigkeit der Entscheidung bestehen jedoch nach wie vor nur für einen Teil der Frauen. Sie entfallen für jene, die Familie und Beruf aus wirtschaftlichen Gründen miteinander vereinbaren müssen, wie auch für jene, denen als potentielle oder faktische Mütter der Zugang zur Erwerbstätigkeit nicht ermöglicht oder durch Kündigung verwehrt wird.
Als ein Privileg erweist sie sich für jene Frauen, die von der Wahlfreiheit im Sinne ihrer eigenen Vorstellungen Gebrauch machen können. Als Privileg wird sie ferner von jenen Männern hochgehalten, die sie für ihre Frauen wünschen, aber für sich selbst zurückweisen (Pross, 1979). Möglichkeit und Notwendigkeit zu wählen, resultieren aus unterschiedlichen, positiv und negativ zu bewertenden Tatbeständen:

1. der mit der industriellen Entwicklung verbundenen Trennung der Lebensbereiche
2. dem Rollenwandel der Frau
3. der veränderten Sicht und der neuen Stellung des Kindes in Familie und Gesellschaft.

Die Beteiligung der Frau am wirtschaftlichen Lebensunterhalt der Familie war über Jahrhunderte hinweg eine soziale Realität, die erst in der zweiten Hälfte des 18. Jahrhunderts [vgl. einschneidende rechtliche und gesellschaftliche Veränderungen durch das Preußische Landrecht 1791 (in: Beuys 1980)] für die gehobenen sozialen Schichten eine grundlegende Veränderung erfuhr. Beteiligung am Lebensunterhalt der Familie ist allerdings nicht gleichzusetzen mit einer dem Mann vergleichbaren Rechtsstellung der Frau.
Durch die grundlegende Erweiterung der Bildungs- und Ausbildungschancen der Frauen, durch die rechtliche Gleichstellung haben sich die Tätigkeitsfelder und Betätigungsmöglichkeiten von Frauen weitreichend verbessern lassen.

Lebensplanungen von Frauen verlaufen komplizierter und anstrengender, aber zugleich auch perspektivenreicher. Tätigkeitsfelder haben sich neu eröffnet, die potentielle Einflußnahme der Frau in der Öffentlichkeit hat sich erhöht.
Aber die für den einzelnen als Entlastung gedachte Wahlfreiheit steckt voller Tücken. Sie erweist sich zum einen als geschlechtsspezifische, zum anderen noch immer als schichtspezifische Wahlfreiheit. Je geringer das Einkommen und je höher die Kinderzahl, desto größer ist der äußere Zwang, unabhängig vom persönlichen Wunsch neben der Familienarbeit einer Erwerbsarbeit nachzugehen.

5. Gefahr der gesellschaftlichen Isolation

Wahlfreiheit birgt die Gefahr der teilweisen gesellschaftlichen Isolation der Frau. Je länger sich die Frau vom Erwerbsleben fernhält oder fernhalten muß, umso größer ist die Tendenz, nur noch indirekt, in der Regel über den Mann oder die Medien, an den Vorgängen im Erwerbsleben teilzuhaben.
Nicht wenigen Frauen erscheint die gewährte Wahlfreiheit eher als ein Alibi denn als eine gesellschaftspolitische Leistung. Das gilt für jene, bei denen der Wunsch zur Vereinbarkeit von Beruf und Familie stark ausgeprägt ist, während sich die Realisierung dieses Wunsches als nicht durchsetzbar erweist. *Erzwungene Unterbrechung* der Erwerbstätigkeit, insbesondere durch Arbeitslosigkeit, bleibt nicht ohne Auswirkungen auf ein *vermindertes Selbstwertgefühl* und somit auf Persönlichkeit und soziale Stellung der Frau (Heinemann/Röhrig/Stadie 1981).
Frauen sehen sich auch dann zur Unterbrechung der Erwerbstätigkeit veranlaßt, wenn ein Arbeitsangebot in erreichbarer Nähe fehlt oder die Arbeitszeit nicht in Einklang zu bringen ist mit den familiären Pflichten, wenn keine Betreuungsperson gefunden wird oder die Berufstätigkeit des Mannes keine außerhäusliche Berufstätigkeit der Frau zuläßt.

6. Ungleiche Bewertung von Erwerbs- und Familienarbeit

Die Wahl in bezug auf Familie und/oder Beruf wird ferner entscheidend durch die ungleiche Bewertung der Tätigkeiten in beiden Bereichen erschwert. Die Ungleichwertigkeit von Erwerbs- und Familienarbeit ist offenkundig. Bei allen Bemühungen um Aufwertung der in der Familie geleisteten Erziehungs- und Hausarbeit sowie der Betreuung und Pflege behinderter und kranker Familienangehöriger (vgl. Pläne zur Anerkennung der Familientätigkeit durch Anrechnung von Erziehungsjahren, Erziehungs- bzw. Familiengeld –

Diskussion, Bezahlung von Haushaltshilfen im Krankheitsfall der Frau, Unfallversicherung) kann nicht übersehen werden, daß sie als unbezahlte, nicht professionalisierte Tätigkeit und privat erbrachte Leistung ein gesellschaftlich geringeres Ansehen hat als die Erwerbsarbeit. Dieses zeigt sich in der Selbsteinschätzung der Hausfrauen bzw. ihrer Tätigkeit. Sie unterscheiden sehr wohl zwischen subjektiver Zufriedenheit mit dieser Tätigkeit und der geringen Wertschätzung von seiten der Gesellschaft (Pross, 1975). Vergleichbares bestätigt die Männerstudie von H. Pross, nach der die Männer die Familientätigkeit der Frauen hoch, aber als Tätigkeit für sie selbst gering bewerten. Letzteres gilt vor allem für die Bewertung der Hausarbeit durch einen Mann, vor allem dann, wenn sie nicht nur eine gelegentliche Tätigkeit darstellt (Pross 1979).

7. Menschliche Arbeit neu gewichten

Die Entwicklung scheint an einem Punkt angelangt zu sein, an dem es notwendig ist, die einseitig hohe Bewertung menschlicher Erwerbsarbeit zurückzunehmen und andere, durchaus zentrale Bereiche menschlicher Arbeit im privaten und öffentlichen Leben neu zu gewichten. Wenn der einzelne sein Ansehen nicht anders, als durch Erwerbsarbeit erwerben oder wiedergewinnen kann, dann muß er diese anstreben, um individuell und gesellschaftlich bestehen zu können (Guggenberger/FAZ 1981; v. Schweitzer 1981).
Ohne eine grundlegende Veränderung der Wertmaßstäbe in diesem Feld wird der Arbeitskräftemangel in den privaten Haushalten mit Kindern zunehmen, werden aber auch die Chancen relativ gering sein, die Männer für die Familientätigkeit zu gewinnen.

8. Umorientierung bei jungen Menschen

Anhaltspunkte für positive Umorientierung finden sich nicht nur bei engagierten „Alternativen“, sondern ebenso in zunehmendem Maße bei jungen Menschen, die versuchen, ihr Engagement in Beruf, Familie und Öffentlichkeit anders zu gewichten, alternative Lebensformen zu entwickeln, um mehr Zeit für den Dienst am Menschen unter Zurücknahme von Karrierezielen und Einkommenserhöhungen zu gewinnen (Wenke/Zilleßen 1978; Schwendter 1978). Frauen und Männer haben als Ehegatten das Recht, frei darüber zu entscheiden, wie sie ihr Leben im einzelnen gestalten wollen. Dabei hat laut BGB § 1356, Abs. 2 jeder Ehepartner auf die Belange des anderen in der Familie die gebotene Rücksicht zu nehmen. Die Enquête-Kommission „Frau und Gesellschaft“ nimmt diese rechtlichen Verankerungen ausdrücklich in den Bericht auf und fügt hinzu:

„Voraussetzung für die freie Wahl ist, daß beide Ehepartner befähigt werden für die Aufgaben in Familie und Beruf, und sich diese Befähigung auch während der Ehe bewahren“.

9. Diskrepanz zwischen Gesetz und Wirklichkeit

Hier wird deutlich, in welchem Maße das rechtlich verankerte und durch das Recht geschaffene Leitbild der Wirklichkeit voraus ist. In der Ehe- und Familienwirklichkeit führt diese Entscheidung in der Regel dazu, daß die Männer ihre Berufstätigkeit fortsetzen, während die Frauen sie zurücknehmen oder aufgeben. Dieses Faktum ist nicht nur im binnenfamiliären Rollenverständnis begründet, sondern ebenso in den äußeren Voraussetzungen (Verdienstmöglichkeiten für Frauen, verfügbares Arbeitsangebot in räumlicher Nähe, Arbeitszeiten, Betreuungsmöglichkeiten für Kinder).
Unter den gegebenen Bedingungen birgt die rechtlich verankerte Wahlfreiheit die Gefahr in sich, die bestehenden Probleme zu privatisieren, d.h. die individuelle Entscheidung weitgehend losgelöst von den gesellschaftlichen Rahmenbedingungen als eine persönliche Angelegenheit zu betrachten.

10. Partnerschaftliche Lösungen suchen

Das Fazit sollte aus meiner Sicht jedoch nicht lauten: Abkehr vom Prinzip der Wahlfreiheit, sondern kontinuierliche Arbeit an gesellschaftlichen Reformen und individuellen Einstellungen, die partnerschaftliche Lösungen in der Wahrnehmung von Familien- und Erwerbstätigkeit für Männer und Frauen gewährleisten.
Das setzt allerdings auch ein Umdenken bei den Frauen voraus. An ihre Adresse gerichtet sei gesagt, daß Bejahung der Wahlfreiheit mehr Toleranz und Solidarität der Frauen untereinander erfordert. Das besagt, daß Frauen die Enscheidung der einzelnen ohne Vorwurfshaltung gegenüber Erwerbstätigen oder Hausfrauen zu respektieren haben. Es bedeutet jedoch auch mehr gegenseitige Hilfe und mehr Eigeninitiative zur wechselseitigen Entlastung der Frauen sowie organisierte Zusammenschlüsse zur Durchsetzung der berechtigten Interessen von Frauen.

11. Frauen beweisen ihre Fähigkeiten und ihre Belastbarkeit

Entgegen manchen Mutmaßungen über die Frauen als „Heimchen am Herd“ haben sich Frauen in den letzten zwanzig Jahren verstärkt aufgemacht, sich selbst und ihre Lebenssituation zu verändern.

Die entscheidenden Veränderungen in Einstellungen und Verhaltensweisen zeigen sich nicht nur im Bildungs- und Erwerbsverhalten, sondern ebenso in den Auffassungen zu Partnerschaft, Sexualität, Selbständigkeit und Unabhängigkeit, zur Rolle der Frau in der Öffentlichkeit.
Folgen wir den Befunden der Längsschnittuntersuchung des Allensbachinstitutes für die Jahre 1953–1979, so wird deutlich, in welchem Maße Wandlungen im Selbstverständnis und Verhalten der Frauen eingetreten sind. Die Auswertung dieser Daten (differenziert nach Alter der Frauen, Bildungsstand und Schicht) lassen eine steigende Aktivitätskurve bei den Frauen und eine ansteigende Passivitätskurve bei den Männern erkennen.

12. Änderungen im Bildungsverhalten

Die Bildungsabschlüsse der Frauen zeigen (Frauen 1980), in welchem Umfang sich die Bildungschancen breiter Schichten von Frauen erhöht haben und zu welchen Leistungen Frauen in den verschiedenen Bildungs- und Berufssektoren imstande sind. Die Konzentration der Frauen in den angestammten Frauenberufen steht nicht im Widerspruch zu dem in breiten Schichten immens gestiegenen Bildungswillen. Dies gilt nicht nur für die Allgemeinbildung, sondern auch für die Weiterbildung. Dabei stellen die Hausfrauen den Hauptanteil in den Weiterbildungseinrichtungen. Erhebliche Anstrengungen sind nach wie vor erforderlich für die Bildung und Ausbildung der Mädchen aus der Unterschicht und eine qualifizierte Berufsausbildung, die über eine breite Berufspalette reicht. Befragungen weiblicher Jugendlicher in der Hauptschule ergaben, daß die Ausrichtung auf Familie als Alternative zur Hilfsarbeiterin oder ungelernten Kraft im Produktions- oder Dienstleistungsbereich spätestens am Ende der Pflichtschulzeit mehr und mehr das Bewußtsein bestimmt.

13. Probleme der Vereinbarkeit belasten Lebensplanung

Die Tendenz zur stärkeren Vorbereitung der Mädchen (verglichen mit den Jungen) auf Kindererziehung und Hausarbeit besteht nach wie vor in allen Schichten, aber gleichzeitig zeigt sich in Abhängigkeit von Schulabschlüssen und Berufsposition der Eltern (des Vaters) ein relativ weit verbreitetes Interesse an einer qualifizierten Berufsausbildung für Mädchen. Was sich jedoch bei der Lebensplanung der Mädchen als stark belastend erweist, ist der Tatbestand, daß einerseits Ausbildungs- und Berufsengagement erwartet werden, andererseits die Probleme der Vereinbarkeit von Beruf und Familie den Betroffenen selbst überlassen bleiben. Mehr Frauen als in den 50er und frühen

60er Jahren schließen ihre Berufsausbildung ab, der Anteil der Frauen ohne abgeschlossene Berufsausbildung verringert sich vor allem in den jüngeren Frauenjahrgängen. Als Problem erweist sich jedoch in vielen Fällen, insbesondere bei Berufen mit langen Ausbildungszeiten, z. T. jedoch auch in Berufen mit Lehrlingszeiten, daß der Zeitraum der Berufserfahrung vor der Unterbrechung zugunsten der Familientätigkeit relativ kurz ist und bei vielen zwei bis drei Jahre nicht überschreitet (Frauen 1980).
Um die Investitionen in die Berufsausbildung zu nutzen, um den gewünschten Beruf wenigstens eine Zeitlang auszuüben, wird das erste Kind in einem größeren Abstand nach der Eheschließung geboren oder die Berufstätigkeit nach dem ersten Kind noch fortgesetzt. 1978 lag das Durchschnittsalter der Frauen zum Zeitpunkt der Eheschließung (vorher ledig) bei den Frauen bei 23,1 und bei den Männern bei 25,6 Jahren. Das erste Kind wird im Abstand von 2½ Jahren danach geboren. 1978 betrug das Durchschnittsalter der Mütter beim ersten Kind 25,6 Jahre, beim zweiten Kind 27,6 Jahre und beim dritten Kind 30 Jahre. Zusammenfassend ist festzustellen, daß sich Mädchen bei der Ausbildungs- und Berufsplanung immer stärker auf die nachfolgende Familienphase hin orientieren und von Familie und Umwelt darin bestärkt werden, daß aber insgesamt die Zahl derjenigen steigt, die sich in ihrer Lebensplanung darauf einstellen, Familie und Beruf miteinander vereinbaren zu wollen und zu können. Bei einem hohen Prozentsatz der weiblichen Abiturienten ist der Wunsch nach Beruf und Familie nicht weniger ausgeprägt als bei Mädchen mit geringeren Bildungsabschlüssen.

14. Erwerbsverhalten: Berufstätigkeit als Langzeitperspektive

Für weniger Mädchen und junge Frauen trifft die Feststellung zu, daß sich ihre Berufsplanung auf den Zeitpunkt der Eheschließung begrenzt. Mehr Frauen als früher planen ihre Berufstätigkeit als Langzeitperspektive. Dieses trifft in besonderem Maße auf Frauen mit qualifizierter und abgeschlossener Berufsausbildung und beruflich befriedigender Tätigkeit zu. Diese Aussage läßt sich mit den statistischen und empirischen Untersuchungen von Weltz (1978) und Hofbauer (12/1979) belegen. Mehr Frauen als früher unterbrechen ihre Erwerbstätigkeit nicht nach dem ersten, sondern erst nach dem zweiten Kind. Mit steigender Kinderzahl nimmt die Beteiligung der Frauen am Erwerbsleben ab. Unabhängig von der Einkommenslage des Mannes zeigt sich (Mikrozensus 1979), daß bei einer Ehedauer unter sechs Jahren die Erwerbsbeteiligung der Frauen stark absinkt, wenn ein Kind in der Familie vorhanden ist. So sinkt z. B. dann, wenn der Mann zwischen 1200,- DM und 1800,- DM verdient und die Ehedauer sechs Jahre nicht übersteigt, der Anteil der Frauen, die erwerbs-

tätig sind, von 85% bei kinderlosen Ehepaaren auf 40% bei solchen mit einem Kind und auf 31% bei solchen mit zwei Kindern. Der Einkommensausfall liegt bei durchschnittlich 25–30%. Welchen Stellenwert der Verdienst der Frauen für das Haushaltseinkommen hat, ist unter anderem ablesbar an den Wochenarbeitszeiten der Frauen in Abhängigkeit von der Kinderzahl. *Bei steigender Kinderzahl sinkt der Anteil der Frauen mit einer wöchentlichen Arbeitszeit unter 21 Wochenarbeitsstunden,* während der Anteil der vollzeitbeschäftigten Frauen an der Gesamtzahl der erwerbstätigen Frauen dieser Gruppe bei steigender Kinderzahl in der Familie zunimmt (Schwarz 1980; Wingen 1981). *Als besonders prekär stellt sich die Situation bei den Alleinerziehenden dar.* Sie sind noch immer mit über 50% vollzeitbeschäftigt.
In diesem Zusammenhang ist jedoch darauf hinzuweisen, daß zwar nach wie vor wirtschaftliche Gründe für die Erwerbstätigkeit vieler Frauen mit Kindern ausschlaggebend sind, daß aber in den Untersuchungen deutlich auch andere Motive und Tendenzen zu erkennen sind.

15. Motive für Erwerbstätigkeit von Müttern

Ausschlaggebend für den Wunsch, die außerhäusliche Berufstätigkeit auch nach der Geburt von Kindern fortzusetzen, sind Gesichtspunkte wie Freude an der beruflichen Arbeit, Bestätigung über die berufliche Arbeit, das Arbeitsklima, die sozialen Kontakte. In den Untersuchungen zur Situation der arbeitslosen Frauen wird erkennbar, welchen Stellenwert Erwerbstätigkeit für diese Frauen in bezug auf ihr Selbstwertgefühl und vor allem auf ihre Zukunftssicherung hat (Heinemann u. a. 1981).
In der Öffentlichkeit bestehen z. T. noch immer diffuse Vorstellungen über Zusammenhänge zwischen finanzieller und emotional-sozialer Selbständigkeit. Erwerbstätigkeit ist eine, aber keineswegs hinreichende Voraussetzung für den Zuwachs an persönlicher Entscheidungskompetenz sowie verstärkte emotionale und soziale Selbständigkeit.

16. Positive Rückwirkungen der Erwerbstätigkeit

Aber die Erwerbstätigkeit hat – sofern sie unter günstigen Voraussetzungen erfolgt – positive Rückwirkungen auf die Selbstzufriedenheit der Frau, ihre psychische und physische Belastbarkeit, die Selbständigkeit der Kinder und das Ansehen der Mütter bei den heranwachsenden Kindern (vgl. Lehr 1979). Aber auch unabhängig von der Dauer der außerhäuslichen Erwerbstätigkeit ist ein deutlicher Kompetenzzuwachs bei den Frauen erkennbar. Aus der schon zitierten Längsschnittuntersuchung des Allensbachinstitutes geht ebenfalls hervor,

daß Frauen in wachsendem Maße von ihren Ehepartnern als der wichtigste Gesprächspartner bezeichnet werden (1953: 33%, 1979: 57%). Frauen haben ihr außerhäusliches Engagement in der Öffentlichkeit, in Vereinen und Verbänden verstärkt, sie haben gelernt, sich selbst zu organisieren und öffentlich zu artikulieren. Sie verlassen sich immer weniger darauf, daß ihre Belange von Männern in Wirtschaft, Politik und Gesellschaft berücksichtigt werden. Allerdings ist auch anzumerken, daß das Engagement in Parteien deutlich geringer ist als das in Vereinen und Verbänden.
Frauen zeigen in wachsendem Maße erhöhte Flexibilität in der Erfüllung der Familienaufgaben, lernen, den Tagesablauf anders zu organisieren, sind bereit, dem Ehemann Fähigkeiten in den Bereichen Kindererziehung und Haushalt zuzugestehen und Aufgaben an den Mann abzutreten. Bei der Klage über die mangelnde Entlastung der Mütter durch die Väter ist nicht zu vergessen, daß zum einen die Bereitschaft der jungen Väter wächst, Aufgaben in der Familie zu übernehmen, daß diese Bereitschaft jedoch nicht nur durch vielfach ungünstige Berufsbedingungen eingeschränkt wird, sondern auch durch die mangelnde Bereitschaft von Frauen, ihren Männern Fähigkeiten in diesem Feld der Familie zuzubilligen und ihrerseits auf einseitige Zuwendungen der Kinder zu verzichten.

17. Unzureichende Bereitschaft des Mannes zur Übernahme von Familienaufgaben

Es trifft zu, daß Männer nach wie vor eher „helfen", und zwar im Sinne der gelegentlichen Entlastung der Frauen. Dies bestätigen empirische Untersuchungen wie Erfahrungsberichte (Pross 1978; Eckert 1979; Block/Enders/Müller 1981), aber das jetzige Ausmaß der Erwerbsbeteiligung verheirateter Frauen mit Kindern unter 15 Jahren ist (1978 bei 40%) nicht losgelöst von einem allmählich sich abzeichnenden Wandel im Rollenverständnis des Mannes möglich. Noch werden die Lasten der Entscheidung für Familie und/oder Beruf primär von den Frauen getragen, aber durch ständige Wiederholung der unzureichenden Beteiligung des Mannes an den Familienaufgaben könnte ein unerwünschter Nebeneffekt auftreten: die Bereitschaft des Mannes zu stärkerer Beteiligung an Familienaufgaben könnte sich verringern statt sich zu erhöhen.
Die den Männern abverlangten Neuorientierungen sind einschneidenden Charakters. Männer haben gegenwärtig größere Schwierigkeiten, sich auf den Rollenwandel der Frauen einzustellen, als selbst jene Frauen, die den Veränderungen eher distanziert und teilweise ambivalent gegenüberstehen, denn trotz allem sind für sie mit den erweiterten Anforderungen zugleich auch verbesserte Lebenschancen verbunden.

18. Vereinbarkeit von Familie und Beruf unter Berücksichtigung der Bedürfnisse von Kindern

Trotz großer Anstrengungen in bezug auf die Aufklärung der Öffentlichkeit zu Fragen der Erwerbstätigkeit beider Eltern und Auswirkungen auf die Entwicklung von Kindern unterschiedlichen Alters bestehen weit verbreitete Vorurteile in der Beurteilung erwerbstätiger Mütter, insbesondere mit Kleinkindern.

Erwerbstätigen Müttern wird häufig Verantwortungsgefühl für ihre Kinder abgesprochen, sie gelten nicht mehr als „Rabenmütter", aber noch immer als *die schlechteren Mütter,* die ihre Erwerbsarbeit eigentlich *mit äußerst schlechtem Gewissen* ausüben sollten. Einrichtungen der Tagesbetreuung (Kindertagesstätten, Kinderhorte) werden oft von vornherein als entwicklungsschädigend betrachtet. Empirische Untersuchungen der verschiedenen Wissenschaftsdisziplinen in diesem Feld haben gewiß vorläufigen und keinen definitiven Charakter und absoluten Geltungsanspruch. Aber es müßte in der Öffentlichkeit zur Kenntnis genommen werden, daß die Erwerbstätigkeit als solche, d.h. die Tatsache der *Nichtanwesenheit der Mütter und Väter* für einen bestimmten Teil des Tages, *keinerlei Rückschlüsse auf negative oder positive Entwicklungen von Kindern zuläßt.* Es kommt entscheidend darauf an, die Bedingungen, unter denen Väter und Mütter erwerbstätig sind, genauer zu prüfen. Je nach Art der Umstände, unter denen die Erwerbstätigkeit ausgeübt wird, können sich nachteilige Auswirkungen ergeben. Es ist in diesem Zusammenhang nicht möglich, auf die Wirkung der verschiedenen Faktoren im Detail einzugehen. Von daher sind jene Gesichtspunkte zu nennen, die für die Entscheidung „Familie und Beruf oder Familie statt Beruf" von nicht zu unterschätzender Bedeutung sind. Dabei ist zwischen den individuellen und den überindividuellen Gesichtspunkten zu unterscheiden.

19. Entscheidungshilfen für Eltern

Erwerbstätigkeit beider Eltern ist im Kleinkindalter unter anderen Fragestellungen anzugehen als in späteren Altersphasen der Kinder, wenngleich diese in bezug auf die Probleme der Erwerbstätigkeit häufig unterschätzt werden.

Generell ist zu sagen, daß tagesbetreute Kinder sich nicht schlechter entwickeln als familienbetreute Kinder, sofern

1. eine gute Betreuungsperson zur Verfügung steht, die sich den Kindern individuell zuwendet;
2. die außerhäusliche Tagesbetreuung auf maximal 6–7 Stunden begrenzt bleibt;
3. die Eltern sich in der verbleibenden Zeit den Kindern intensiv zuwenden.

Die hier besonders hervorgehobenen Bedingungen gelten vor allem für die Kleinstkinder. Die Befunde des Tagesmütterprojektes wie eigene Untersuchungen in Stätten des Ruhrgebietes geben zu erkennen, daß die Teilzeitarbeit sich für die Entwicklung der Kinder eines bestimmten Lebensalters durchaus als günstig erweisen kann. Als ein Hauptproblem nennen Erzieherinnen in Krippen die zu lange Verweildauer der Kinder in den Einrichtungen und die fehlende Zeit der Eltern, sich intensiv mit ihren Kindern zu befassen. Fehlende Zeit für die Kinder, das äußern auch die Eltern in den meisten EG-Staaten als Problem, und plädieren von daher für eine Reduktion der täglichen oder zumindest der wöchentlichen Arbeitszeiten für Eltern mit Kindern im Vorschul- und Schulalter (EG-Bericht 1980).
Hinzuweisen ist auf ein weiteres Problem. Viele junge Frauen möchten verständlicherweise die außerhäusliche Berufstätigkeit so früh wie möglich wieder aufnehmen. In Untersuchungen zeigt sich, daß viele Mütter bereits in den ersten Lebensjahren der Kinder auf der Suche nach einem Arbeitsplatz sind und dazu neigen, die Selbständigkeit bzw. die Ablösung von den Eltern zu überschätzen. In den Beratungsstellen mehren sich die Fälle, in denen Mütter über Probleme mit ihren Kindern klagen (Kindergarten- und z.T. Grundschulalter), weil sie berufstätig sein möchten, ihre Kinder jedoch mit Verhaltensauffälligkeiten reagieren. Bei der Entscheidung der Unterbrechung wie auch der Wiederaufnahme der Erwerbstätigkeit kommt es entscheidend darauf an, *der Eigenart des einzelnen Kindes Rechnung zu tragen.* Das biologische Alter ist nur ein begrenzter Anhaltspunkt für Ablösung, für räumliche Trennung. Übergänge von der Familienbetreuung zur familienergänzenden Betreuung müssen behutsam vollzogen werden. Kinder brauchen Zeit für diesen Übergang in eine neue Umwelt. (Bronfenbrenner, 1981).

20. Gutes Familienklima ist entscheidend

Unberücksichtigt bleiben oftmals Faktoren wie Familienklima, Arbeitszufriedenheit der Frau oder das Einverständnis der Familienmitglieder.
Je geringer die häusliche Unterstützung durch den Mann, desto größer sind die Schwierigkeiten erwerbstätiger Mütter, Aufgaben der Erziehung und des Haushalts in Verbindung mit der Erwerbstätigkeit leisten zu können. Sozialpädagogen machen häufig – folgt man ihren eigenen Angaben – die Erfahrung, daß Frauen sich vor allem *in schwierigen Erziehungssituationen bei 12–16jährigen* überfordert fühlen. Wirksamer als die pädagogische Arbeit des Sozialarbeiters würde sich in solchen Fällen eine spürbare Entlastung der Frauen erweisen.
Mit zunehmendem Alter der Kinder überwiegen jedoch eher die Vor- als die Nachteile der Erwerbstätigkeit, nicht nur im Urteil der Eltern, sondern auch in

dem der heranwachsenden Kinder verstärkt sich der Eindruck, daß *Wert-Schätzung der Mütter,* Selbständigkeit, unproblematische Ablösung der Eltern von den Kindern, geringere soziale Kontrolle, positiv bewertet werden. Doch sollte nicht vergessen werden, daß Kinder in diesem Alter nicht weniger auf die *Gesprächsbereitschaft* der Eltern, auf Zeichen der Zuwendung und der Zärtlichkeit, des Versorgtwerdens angewiesen sind als kleine Kinder. Solche Zuwendungen erfordern Zeit und oftmals nicht planbare Zeit.
Selbst wenn Kinder lernen, ihre Bedürfnisse mit denen der Eltern in Einklang zu bringen, lassen sich diese nicht nach rationalen Gesichtspunkten planen. Sie melden sich oft zur Unzeit, gerade dann, wenn die Erwachsenen zeitlich nicht in der Lage sind, auf die Bedürfnisse der Kinder einzugehen.

21. Doppelbelastung ist nicht nur negativ

Die Doppel- und Dreifachbelastung wird in der Regel überwiegend negativ gesehen, negativ in bezug auf die Frau, die Familie und die Arbeitswelt. Es ist unbestritten, daß Tätigkeiten in wenigstens zwei Lebensbereichen zu vermehrten Belastungen führen und diese Belastungen zwischen Frauen und Männern bisher ungleich verteilt sind. Aber in der Öffentlichkeit wird dieser Begriff vorwiegend unter negativen Vorzeichen diskutiert. Die Forderung nach einem unbedingten Nacheinander von Familien- und Berufstätigkeit beruhen u. a. wesentlich auf der Vorstellung, daß Doppelbelastung zu vermeiden sei, da sie die Frauen zwangsläufig überfordere oder zu unbefriedigenden Leistungen in dem einen oder anderen Bereich führe. Eine der immer wieder geäußerten Feststellungen lautet: Frauen können entweder qualifizierte Familienarbeit oder qualifizierte Berufsarbeit leisten, aber nicht beides gleichzeitig. Diese Aussage erscheint auf den ersten Blick plausibel. Aber muß sie deshalb auch zutreffen?

22. Objektive Beanspruchung nicht gleich subjektiver Belastung

Für die Erörterung dieser Frage ist zweierlei vorab festzuhalten: Behutsamkeit ist geboten in bezug auf eine vorschnelle negative Bewertung der Doppelbelastung, und es ist zu unterscheiden zwischen objektiver Beanspruchung und subjektiver Belastung. Doppel- bzw. Mehrfachbelastungen entstehen sowohl bei komplexen Anforderungen im Beruf wie in der Familie. Je vielfältiger bzw. wechselnder die Tätigkeiten, desto breiter ist die Beanspruchung in bezug auf die Fähigkeiten. Diese differenzierte Beanspruchung geht einher mit häufig ausgedehnterer zeitlicher Beanspruchung. Dies gilt ebenfalls für den häuslichen wie den außerhäuslichen Arbeitsbereich. Wie berechtigt es ist, auch im häuslichen Bereich von Mehrfachbeanspruchung zu sprechen, wird offenkundig, wenn wir an die Klagen von Müttern denken mit Blick auf die Mehrfachbeanspruchung aufgrund der vielfältigen Aufgaben in der Familie. Als ein Beispiel sei die *Beanspruchung durch die Schule* angeführt.

23. Mehrfachbeanspruchung bei mithelfenden Familienangehörigen

In scharfer Form kommt diese *Mehrfachbeanspruchung bei Selbständigen* bzw. deren Frauen in der *Rolle der mithelfenden Familienangehörigen* vor. Diese Gruppe wird ohnehin häufig in der familien- und sozialpolitischen Diskussion vergessen oder nur am Rande berücksichtigt. Ihr werden Mehrfachbelastungen zugemutet, die für andere Frauengruppen unzumutbar erscheinen. Wichtig erscheint in diesem Zusammenhang, daß wir den Tatbestand der Mehrfachbeanspruchung nicht von vorneherein als unzumutbar und von daher als unannehmbar zurückweisen. Probleme ergeben sich dort, wo die Mehrfachbeanspruchung in Beruf oder Familie zur *Überforderung* führt. Aber auch *Beanspruchungen werden subjektiv unterschiedlich erlebt.* Für diese subjektiven Unterschiede sind eine Vielzahl von Faktoren ausschlaggebend: körperliche und seelische Konstitution, Freude an der Arbeit, Anerkennung durch die Umwelt etc.
Entscheidend ist, daß der einzelne in der Lage ist, das für ihn Zumutbare einschätzen zu lernen, und die Möglichkeit hat, sich vor Überforderung zu schützen. Von daher ergibt sich ein weiteres Kriterium für die Entscheidung Familie und Beruf oder Familie statt Beruf. *Die persönliche Belastbarkeit ist ein unbedingt zu respektierender Gesichtspunkt* bei der Entscheidung, was sich der einzelne abverlangt.

24. Familientätigkeit ohne Erwerbsarbeit – Bedeutung für Individuum und Gesellschaft

In offiziellen Berichten und Stellungnahmen bis hin zu den rechtlichen Regelungen wird immer wieder darauf verwiesen, daß die Erwerbstätigkeit der Eltern nicht auf Kosten der Kinder erfolgen kann und darf.
Wird bei diesen Aussagen bedacht, wie viele Eltern faktisch in der Lage sind, diesem Gesichtspunkt voll Rechnung zu tragen, wird daran gedacht, wie viele Eltern die Möglichkeit haben, den Zielkonflikt zur Zufriedenheit der Kinder, aber auch der Eltern zu lösen?
Wird daran gedacht, daß es bei der Entscheidung zwischen den Lebensbereichen in vielen Fällen nicht nur um die *Belange kleiner Kinder,* sondern auch um

die *Belange betreuungsbedürftiger Familienangehöriger* geht, aber auch je nach Beruf des Mannes um spezifische Erwartungen beispielsweise an den Arzt, den Theologen, den Manager, den Schichtarbeiter?
Selbst bei erheblichen Veränderungen in der Gesellschaft wird es bestimmte Berufsbereiche und Familienkonstellationen geben, die eine Entscheidung für einen der beiden Lebensbereiche erforderlich machen. Bei solchen Entscheidungen steht mehr auf dem Spiel als der Wunsch, erwerbstätig oder nicht erwerbstätig zu sein. Es geht um das Gelingen menschlicher Beziehungen, um die Verantwortung für Kinder und Erwachsene.
Aber nicht zu unterschätzen ist bei dieser Frage, welche für Kinder und Erwachsene wichtige Leistungen denn in der Familie erbracht werden.
Die äußere Versorgung könnte auch von den anderen außerfamilialen Einrichtungen geleistet werden. Kindertageseinrichtungen, Schulen, Altersheimen, Krankenhäusern.
Aber die Erfahrungen mit diesen Einrichtungen lehren uns verstärkt, daß sie zwar in der Lage sind, Menschen mit dem Lebenswichtigen zu versorgen, daß sie unverzichtbare Dienste erbringen, daß sie jedoch an die Grenzen ihrer Leistungsfähigkeit stoßen, wenn es um Bedürfnisse wie intensive persönliche Zuwendung, persönliche Ansprache, um Geborgenheit und Zugehörigkeit geht. Offenbar brauchen Menschen bestimmte Formen privater Versorgung und Betreuung, die durch öffentliche Einrichtungen nicht erbracht werden können.
Für diesen Bereich der zwischenmenschlichen Beziehungen, der Wärme und Geborgenheit, für den Austausch der Gefühle, der unmittelbaren Begegnungen wird immer mehr die Familie in Anspruch genommen. Eine Gesellschaft, die auf diese menschlichen Werte und Leistungen nicht verzichten will, braucht Menschen, Männer und Frauen, die sich dieser Aufgabe stellen. Aber diese Leistungen bedürfen der direkten und indirekten gesellschaftlichen Anerkennung. Diese muß sich nicht in der materiellen Entlohnung, wohl aber in indirekten Bewertungen niederschlagen.
Ohne eine ideelle und materielle Aufwertung der in der Familie erbrachten wirtschaftlichen, sozialen und kulturellen Leistungen kann es nicht gelingen, diesen Lebensbereich als zentralen Tätigkeitsbereich für den Menschen zu verankern.
Eine Gesellschaft hat die Verpflichtung, Rahmenbedingungen für die Familien zu schaffen, die es zulassen, den jeweiligen besonderen Bedingungen von Familien in unterschiedlichen Lebenslagen gerecht zu werden.
Wenn dem Eigengestaltungsrecht und den Verpflichtungen von Familien für das Wohl der Familienmitglieder Rechnung getragen wird, so sind nicht nur die Voraussetzungen für die Vereinbarkeit von Familie und Beruf, sondern auch die der vorübergehenden oder längerfristigen Entscheidung für eine ausschließliche Familientätigkeit zu schaffen.

Literatur

Beuys, B.: Familienleben in Deutschland, Hamburg 1980
Block, J./Enders, U./Müller, S.: Das unsichtbare Tagwerk. Mütter erforschen ihren Alltag, Reinbek 1981
Bronfenbrenner, U.: Die Ökologie menschlicher Entwicklung, Stuttgart 1981
Eckert, R. (Hrsg.): Geschlechtsrollen und Arbeitsteilung. Mann und Frau in soziologischer Sicht, München 1979
Enquête-Kommission „Frau und Gesellschaft", Bonn 1980, BT-Drucksache 8/4461
„Europäer und ihre Kinder". Meinungsumfrage in den Mitgliedsstaaten der Europäischen Gemeinschaft, Brüssel 1980, Dok. V, 30/80
Europäisches Parlament. Sitzungsdokumente 1980–1981 Bericht über die Stellung der Frau in der Europäischen Gemeinschaft. Teil I und II, Brüssel 1980/1981 Dok. I-829/80-II
Frauen '80. Leben in der Bundesrepublik Deutschland BMJFG, Bonn 1980
Guggenberger, B.: Wenn der Gesellschaft die Arbeit ausgeht. Chancen und Gefahren aus ideengeschichtlicher Sicht, in: FAZ, Nr. 26, 31. 1. 1981
Heinemann, K./Röhrig, P./Stadie, R.: Arbeitslose Frauen im Spannungsfeld von Erwerbstätigkeit und Hausfrauenrolle. Ergebnisse einer empirischen Studie. Bonn 1981
Hofbauer, H.: Zum Erwerbsverhalten verheirateter Frauen, Mitteilungen aus der Arbeitsmarkt- und Berufsforschung, 12/79
Lehr, U.: Ist Frauenarbeit schädlich? Im Spannungsfeld von Familie und Beruf, Osnabrück/Zürich 1979
Nave-Herz, R.: Das Dilemma der Frau in unserer Gesellschaft: Der Anachronismus in den Rollenerwartungen, Darmstadt 1975
Noelle-Neumann, E.: Eine Generation später, Allensbach 1981
Pross, H.: Die Wirklichkeit der Hausfrau, Reinbek 1975
Pross, H.: Die Männer, Reinbek 1979
Schenk, H.: Die feministische Herausforderung. 150 Jahre Frauenbewegung in Deutschland, München 1980
Schwarz, K.: Erwerbstätigkeit verheirateter Frauen, in: Wirtschaft und Statistik, 8/1978
v. Schweitzer, R. (Hrsg.): Leitbilder der Familienpolitik, Berlin 1981
Schwendter, R.: Theorie der Subkultur, Frankfurt 1978
Weltz, F./Dieringer, A./Lullies, V. u. a.: Junge Frauen zwischen Beruf und Familie, Frankfurt 1979
Wenke, K./Zilleßen, H. (Hrsg.): Neuer Lebensstil – Verzichten oder verändern. Auf der Suche nach Alternativen für eine menschlichere Gesellschaft, Opladen 1978
Wiegmann, B.: Das Ende der Hausfrauenehe, Reinbek 1980, rororo 4530
Wingen, M.: Sozialrechtliche und sozialpolitische Rahmenbedingungen für eine Wahlfreiheit junger Eltern zwischen Familie und Erwerbsleben, unveröffentl. Referat, gehalten auf dem Praktiker-Seminar des Instituts für Sozialrecht der Ruhr-Universität-Bochum am 20. 2. 1981

3. Familienbildung vor neuen Aufgaben (1981)

1. Jüngste Entwicklungen und neue Schwerpunktsetzungen

Familienbildung in Familienbildungsstätten hat in den beiden letzten Jahrzehnten verstärkt ihr eigenes Profil entwickelt. Das schlägt sich im Selbstverständnis, in der praktischen Bildungsarbeit und in der Darstellung nach außen nieder.
Die bisher entwickelten konzeptionellen Ansätze, Organiationsformen und Arbeitsweisen werden je nach Eigenanspruch und Außenerwartungen unterschiedlich beurteilt. Die Einstellung zu neuen Aufgaben resultiert aus den Erfahrungen der Mitarbeiter vor Ort, der Kritik von außen und der bewußten Wahrnehmung neuer Problemlagen und Anforderungen.
Ist von neuen Aufgaben die Rede, so verbindet sich damit entweder die Vorstellung einer grundlegenden Neuorientierung, einer entscheidenden Wende der zukünftigen Arbeit oder zumindest einer veränderten Schwerpunktsetzung. Gedacht wird an Inhalte und Arbeitsweisen, die in der Routine der täglichen Bildungsarbeit zu kurz gekommen sind oder nicht bewußt ins Blickfeld rückten.
In den siebziger Jahren konzentrierten sich die Einwände auf die mangelnde Effektivität der Familienbildung.
Kritisiert wurden:
- Die Familienbildung ist in der Praxis nach wie vor überwiegend Frauenbildung. Männer und Kinder sind prozentual kaum vertreten.
- Die Familienbildung erreicht nur 5–10% der Eltern, und diese gehören vorwiegend der Mittelschicht an.
- Familienbildung ist schwerpunktmäßig auf praktische Kurse ausgerichtet, die theoretische Bildung kommt zu kurz.[1]

Gefordert wurden: eine stärker stadtteil- und gemeinwesenorientierte Arbeit, ein gesellschaftspolitisches Engagement, eine gezieltere Zusammenarbeit mit Elterninitiativen.[2]
Im Zusammenhang mit diesen Forderungen standen Wünsche nach einer Ausweitung der Familienbildung in Richtung auf eine sozialpädagogisch orientierte Familienarbeit.
In dieser Umorientierung seit der zweiten Hälfte der siebziger Jahre wird zugleich deutlich, wie unscharf die Grenzen zwischen Familienbildung und Familienarbeit verlaufen. Familienbildung hat ihre Verankerung in der Erwachsenenbildung gefunden, sie ist jeweils zugleich ein sozialpädagogisches

Arbeitsfeld. Letzteres gilt für Inhalte des sozialen Lernens wie für Fragen der Methoden in der Familienbildung.
Die Vorbehalte gegenüber Aufgabenverständnis und bisher geleisteter Arbeit gehen über eine vordergründige Beurteilung der Effektivität hinaus.
Kritische Rückfragen an die Familienbildung beziehen sich auf deren Grundlagen: die Bewertung sozial-struktureller Wandlungen, den eingetretenen und sich vestärkenden Rollenwandel der Frau, Veränderungen in der Einstellung zu Ehe und Familie, zu alternativen Lebensformen. Gefragt wird nach den Hilfen der Familienbildung für den Umgang mit diesen Wandlungsprozessen, nach dem politischen Selbstverständnis in der Auseinandersetzung mit sozialstrukturellen Problemen der Familie heute.
Im folgenden richten sich die Überlegungen auf die Aufgabenbereiche, die ausgehend von veränderten Familienkostellationen und gesellschaftlichen Wandlungsprozessen Schwerpunkte der Familienbildungsarbeit sein müßten. Dabei handelt es sich weniger um völlig neue Sach- und Problembereiche als vielmehr um strittige und unzureichend erbrachte Leistungen sowie um Spannungen und Konflikte zwischen Eigenanspruch und Außenerwartungen.
Programmatische Aussagen zur Familienbildung entscheiden nicht über Profil und Leistung, doch sie sind ein unverzichtbarer Orientierungsrahmen für die alltägliche Gestaltung der Arbeit und ermöglichen Überprüfung und Ausrichtung der eigenen Position. Ziel der nachfolgenden Überlegungen ist nicht die Erarbeitung einer Rahmenkonzeption für die Familienbildung, sondern vielmehr der Versuch, einige ausgewählte zentrale Aufgabenbereiche in ihren Anforderungen und ihrer Bedeutung für das Selbstverständnis der in der Familienbildung Tätigen sowie für die Adressaten und eine breitere Öffentlichkeit bewußt zu machen.
Für die gegenwärtige und zukünftige Ausrichtung und Durchführung der Familienbildung muß die Auseinandersetzung mit den nachstehend angeführten Aufgaben Vorrang haben:

1. In der bisher geführten fachlichen und politischen Diskussion ist immer wieder der Tatbestand in den Mittelpunkt gerückt worden, daß es die Familienbildung mit einem breit gefächerten Aufgabenfeld zu tun hat. Als Schwerpunkte werden durchgängig genannt: ehevorbereitende und ehebegleitende Bildung, Elternbildung, haushälterische Bildung, Kreativitätsförderung im musisch-künstlerischen Bereich, Gesundheitserziehung, Freizeitbildung und familienbezogene religiöse Bildung. Letzteres gilt vor allem für die konfessionell gebundenen Einrichtungen.[3]
Angesichts der verschiedenartigen und sich ständig erweiternden Aufgaben ist es dringend erforderlich, Schwerpunkte zu setzen und einer möglichen Gefahr der Zersplitterung entgegenzuwirken. Dieses hat sowohl durch eine sinnvolle Koordination der Aufgaben innerhalb einer Einrichtung als auch durch Aufgabenteilung zwischen unterschiedlichen Trägern der Elternbildung und Familienarbeit zu erfolgen. Statt vorschneller Bereitschaft zur Übernahme neuer Aufgaben ist verstärkt eine Beschränkung und eine bewußtere Wahrnehmung der Möglichkeiten und Grenzen pädagogischer Intervention notwendig.

2. Familienbildung ist in den letzten Jahren verstärkt mit der Aufgabe der Differenzierung nach unterschiedlichen familialen Lebenslagen konfrontiert worden. Neben der Arbeit mit Alleinerziehenden, mit Ausländerfamilien haben mehrere Einrichtungen die Betreuung und die spezielle Aufarbeitung der Probleme von Familien mit inhaftierten Familienangehörigen erprobt.
Im Zusammenhang mit der Differenzierung sind auch die Bemühungen um dezentralisierte Familienbildung, um stadtteil- und gemeinwesenorientierte Ansätze und um mobile Elternbildungsarbeit zu sehen.[4]
Dieser Ansatz führt aber zu einer Desintegration der Familienbildung, wenn auf diese Weise zum Nebeneinander der Probleme und der Familien mit unterschiedlichen Lebenslagen beigetragen wird. Ziel müßten ein integratives Konzept und eine entsprechende Praxis sein. Das Angebot für Familien mit besonderen Belastungen (Alleinerziehende Familien mit Behinderten, Obdachlosenfamilien oder Familien in sozialen Brennpunkten ...) muß von der Zielsetzung bestimmt sein, diese Familien bzw. Familienteile mit anderen Familien in Kontakt zu bringen und von der Gruppensolidarisierung zur Gruppenöffnung zu führen.
3. Familienbildung wird im gesellschaftlichen, aber auch im individuellen Bewußtsein oft einseitig auf den privaten Lebensraum bezogen. Das hat Auswirkungen auf den gesellschaftlichen und politischen Stellenwert der Arbeit in diesem Feld.
Nimmt Familienbildung für sich in Anspruch, Aufgaben und Lebensvollzüge der Familie nicht losgelöst von vorgegebenen gesellschaftlichen Bedingungen und Prozessen zu betrachten, so muß diese Perspektive in der konzeptionellen und praktischen Arbeit konkret werden. Konkret werden meint, daß Familienbildung zum einen dazu beitragen muß, daß Familien gesellschaftliche Zusammenhänge wahrnehmen und sich für ihre eigenen Belange politisch einsetzen. Familienbildung hat zum anderen in diesem Bereich eine Initiativfunktion, d. h. sie hat solche Gruppen in die Arbeit einzubeziehen, die sich im Wohn-, Bildungs- oder Berufsbereich für familiengerechtere Konzeptionen einsetzen. Sie hat sich verstärkt der Bürger- und Elterninitiativen für Familienbelange anzunehmen und an der öffentlichen Diskussion zu beteiligen.
Pädagogische Intervention ist in ihren Wirkungsmöglichkeiten außerordentlich begrenzt, wenn sie nicht eingebettet ist in sozial-strukturelle Verbesserungen und materielle Hilfen für Familien.[5]
Politisches Profil gewinnen heißt dann, daß sich das politische Bewußtsein des Trägers wie der Mitarbeiter in der konkreten Kurs- wie Öffentlichkeitsarbeit niederschlägt.
4. Wenn Familien mit ihren Innen- und Außenbezügen und die damit verbundenen Anforderungen an ein gestaltetes Familienleben den übergeordneten Bezugsrahmen für die Bildungsarbeit abgeben, so ist die bestehende Trennung zwischen Sach- und Personenbezug zwischen kognitivem und sozialem Lernen im Bildungsverständnis und Bildungsprozeß zu überwinden. Das besondere Profil der Familienbildung müßte in der theoretischen und praktischen Einheit von Sach-und Beziehungslernen bestehen.
Wenn Familie als Zusammenhang von Sach- und Sozialbezügen verstanden wird, dann müssen auch in der Bildungsarbeit Funktionsbereiche des Zusammenlebens und personale Aufgaben des familialen Miteinanders als Einheit betrachtet und behandelt werden. Der Zusammenhang von Funktionsbereichen wie Wohnen, Ernähren, Kleiden, Pflegen und Gestalten der Freizeit und emotional-soziale Aufgaben des Zusammenlebens müßten im thematischen Schwerpunkt wie in der praktischen Kursarbeit als Verbund erkennbar sein.
5. Wenn dem Tatbestand Rechnung getragen wird, daß die Überemotionalisierung in vielen Familien eine Folge mangelnder gemeinsamer Handlungsbezüge ist, so besteht eine zentrale Aufgabe der Familienbildung darin, gemeinsames Handeln, frei von Künstlichkeit, anzuregen und die konkreten Umsetzungsmöglichkeiten in Familien aufzuzeigen.

6. Ehe und Familie können nur in dem Maße zur personalen Entfaltung des einzelnen beitragen, wie es gelingt, als Person in und außerhalb der Familie eine eigene Identität zu entwickeln. Identität ist abhängig von Wert- und Normenorientierungen, von sozialen Rollen und ihrer Ausgestaltung durch den einzelnen, von Reflexions-, Entscheidungs- und Handlungsfähigkeit. Mißlingende Beziehungen in Ehe und Familie verweisen auf Identitätsprobleme und Identitätskrisen, auf Hilfslosigkeit des einzelnen, seine Lebensrichtung zu finden oder diese im Zusammenleben durchhalten zu können. Hier besteht eine der wichtigsten, aber auch der schwierigsten Aufgaben der Familienbildung. Familie leben zu lernen heißt dann vor allem dem eigenen Leben und dem der mit mir zusammenlebenden, einen Sinn geben, Identität eröffnen.
7. Familienbildung hat die Aufgabe, auch jene anzusprechen, die mit den Wertorientierungen konfessionell gebundener Einrichtungen nicht übereinstimmen. Sie hat Andersdenkende und -handelnde in ihre Auseinandersetzung einzubeziehen. Aber die von der Familienbildung erwartete Orientierungshilfe in Lebens- bzw. Sinnfragen ist nur leistbar, wenn die dort Tätigen verstärkt Hilfen zur eigenen Wertorientierung in der pastoralen und der personenbezogenen Fortbildung erhalten. Hilfen für diesen Bereich sind nicht weniger wichtig als Fortbildungsmaßnahmen zu Methoden in der Familienbildung.
8. Familienbildung sieht einen, wenn nicht den besonderen Ansatz ihres Lernens im Erfahrungslernen.[6] Wenn sie jedoch dazu anregen will, neue Lernprozesse in Gang zu bringen, so reicht dieses didaktische Prinzip allein nicht aus. Auch die Familienbildung braucht für die Erfüllung ihrer Aufgaben konkurrierende und kontrastierende didaktische Prinzipien. Das situationsorientierte Lernen ist ein berechtigter Ansatz neben anderen. Aber Lernen wird gerade auch dort angeregt, wo die Familie oder einzelne Familienmitglieder mit einem Kontrastbild zu den bisherigen Erfahrungen konfrontiert werden.
Wenn Familienbildung in wachsendem Maße den unterschiedlichen Lernvoraussetzungen, Lerninteressen und Bedürfnissen gerecht werden will, braucht sie neben den didaktisch-methodischen Ansätzen traditioneller Bildungsarbeit zunehmend mehr Ansätze aus der Methodik sozialpädagogischer Arbeit.
9. Familienbildung ist mehr als Elternbildung. Eltern-Kind-Beziehungen sind eingebettet in einen umfassenden Sach- und Beziehungszusammenhang. Familie ist primär ein Ort, an dem Erwachsene und Kinder miteinander leben.
Im Mittelpunkt der Familienbildung steht daher die Entwicklung und Förderung der Familienfähigkeit. Zusammenleben in der Familie ist nicht loszulösen von den außerfamilialen Lebensbezügen eines jeden Familienmitglieds. Probleme des Zusammenlebens resultieren nicht allein aus den teilweise divergierenden Erwartungen und Bedürfnissen der Familienangehörigen, sondern ebenso häufig aus den konkurrierenden Anforderungen in und außerhalb der Familie.

Die in der Familienbildung Tätigen, die Träger wie die gesellschaftlich und politisch Verantwortlichen haben diesem umfassenden Auftrag der Familienbildung Rechnung zu tragen.
Statt dessen herrschen je nach weltanschaulicher oder politischer Interessenlage oder aktuellen Trends oftmals eher partielle Erwartungen vor. Sie schlagen sich nieder in den je besonderen Erwartungen an die Arbeit mit ausländischen Familien, an das soziale Engagement in sozialen Brennpunkten, in der Vermittlung erzieherischer Einstellungen und Fähigkeiten oder in der Forderung, Familienbildung müsse ihren Schwerpunkt in der religiösen Bildung haben.

Die heterogenen Erwartungen erschweren die Arbeit der in der Familienbildung Tätigen, wenn sie keine Verankerung in einer die Praxis leitenden Konzeption haben und darüber hinaus wenig Spielraum an individueller Entscheidung vor Ort gegeben ist.
Von daher erscheint es um so notwendiger, daß Familienbildung ihre inhaltlichen Schwerpunkte und Arbeitsweisen klar akzentuiert und ihre Wertpositionen in der Arbeit deutlich macht. Eine Ausweitung der Familienbildung in die beratende und therapeutische Arbeit birgt die große Gefahr der personellen und fachlichen Überforderung. Notwendig ist vielmehr eine scharf umrissene Aufgabenprofilierung verbunden mit einer Aufgabenbeschränkung.

2. Aufgaben und spezifische Anforderungen

Die Aussagen des folgenden Teils sind darauf gerichtet, die zuvor genannten Schwerpunkte zu begründen und inhaltlich zu konkretisieren.
Familienbildung macht Lernangebote für einen zentralen Bereich menschlichen Zusammenlebens, das Leben in und mit Familie. Für die Gestaltung und den Vollzug dieses Lebensbereiches erweist sich lebensbezogenes Erfahrungswissen allein als unzureichend, aber im schulischen und beruflichen Bildungs- und Ausbildungsfeld wird dem Lernen für Familie kaum oder gar nicht Rechnung getragen.
Familienbildung ist in dem Maße notwendig geworden, wie dieser Lebensbereich mit seinem komplexen Beziehungsgefüge Anforderungen an Einstellungen und Handeln des Menschen stellt, die ohne bewußtes und gezieltes Lernen in vielen Fällen nicht mehr zu erfüllen sind.
Lernen für das Leben in und mit Familie, für die Gestaltung der Innen- und Außenbeziehungen hat einen Stellenwert erhalten, der bisher in der Geschichte der Familie und der Familienbeziehungen nicht aufweisbar ist.
Die Notwendigkeit der Familienbildung wird mit sozial-strukturellen Wandlungen und daraus resultierenden Defiziten der Kleinfamilie in der Gegenwart begründet. Dieser Begründungsansatz greift zu kurz bzw. erklärt nur einen Teil der veränderten Familienwirklichkeit.[7]
Es muß der Tatsache Rechnung getragen werden, daß Wissensexpansion und Wertwandel den Familienbereich nicht weniger betreffen als andere Handlungsfelder des Menschen. Die notwendige Ausweitung bewußter Aneignung von Kenntnissen im Haushaltsbereich, in Erziehungsfragen wie auch in der Gestaltung der Zweierbeziehung ist ein Teil des umfassenden kontinuierlichen menschlichen Lernens. Als ein weiterer Grund für den gestiegenen Stellenwert der Familienbildung ist anzuführen, daß seit der Trennung von Arbeit und Familie Veränderungen in der individuellen und gesellschaftlichen Bedeutung der privaten Lebenssphäre mit ihren besonderen emotional-sozialen Beziehun-

gen eingetreten sind, die zu hohen und teilweise zu überfordernden Erwartungshaltungen bei Erwachsenen und Kindern geführt haben.
Mit diesen Veränderungen sind Chancen und Risiken verbunden. Es besteht die Chance, Individualität und Gemeinschaft mit neuen Qualitäten zu erleben. Familie ist und kann der Ort sein, wo der einzelne sich angenommen weiß und sein Zuhause hat. Familie kann Kraftquelle für den Umgang mit Menschen außerhalb dieser Intimgruppe ebenso sein wie für die Bewältigung der Aufgaben in Schule, Beruf und Öffentlichkeit.
Vater-, Mutter- und Kindsein können nur in Familie erfahren werden. So finden bestimmte Ausprägungen menschlicher Existenz nur konkrete Gestalt in Verbindung mit Familie. Entfaltung zur Familienfähigkeit beinhaltet Befähigung zur Annahme und Ausübung der Vater- und Mutterrolle, meint aber auch Erfahrung der Einzigartigkeit von Elternschaft, denn mit diesen Rollen sind menschliche Erlebnisse und Anforderungen verbunden, die mit denen in anderen Lebensbezügen nicht oder nur sehr bedingt vergleichbar sind.
Andererseits ist immer wieder bewußt zu machen, daß der mit Familie verbundene Anspruch ein sehr hoher ist. Kein Lebensbereich fordert den Menschen so umfassend und uneingeschränkt wie das räumlich und persönlich eng aufeinander verwiesene Zusammenleben in der Familie. Kein Lebensbereich ist mit einer vergleichbar umfassenden Verantwortung für den Mitmenschen verbunden. Der Familienalltag muß beinahe zwangsläufig hinter den hoch gesteckten Ansprüchen und Erwartungen zurückbleiben. Von daher ist der gelebte Alltag nicht nur eine befreiende, sondern zugleich eine fordernde, oftmals auch eine den einzelnen überfordernde Beziehung. Die Vorstellung von der ‚heilen' Familie legt allzu leicht die Erwartung einer Glückidylle, eines spannungsfreien Zusammenlebens mit aufeinander abgestimmten Bedürfnissen nahe. Familie leben zu lernen meint aber vielmehr, sich einstellen und umgehen zu lernen mit unterschiedlichen und nur teilweise deckungsgleichen Erwartungen und Bedürfnissen und dennoch Zusammenhalt zu stiften und zu erfahren.
Es handelt sich um Lebensbezüge und sozial-emotionale Einstellungen und Verhaltensweisen, die zu einem wesentlichen Teil von der persönlichen Lebensgeschichte, von den eigenen Familienerfahrungen geprägt sind. Aber diese lassen sich bewußt machen und auch über sekundäre Erfahrungen erweitern.
Fraglich ist jedoch, ob ein systematisiertes Curriculum für diesen Lernbereich eine tragfähige Grundlage darstellt[8], ob die kognitive Aneignung nicht vielmehr auf der Basis einer bestimmten emotional-sozialen Einstellung erfolgen muß.
Wandel der Familienstrukturen und der Familienaufgaben sowie die Kritik an den Leistungen dieses Lebensbereichs erklären die ständige Ausweitung des Angebots der Familienbildung.[9] Es entspricht somit dem breiten Spektrum familialer Tätigkeiten und Probleme.

Die Notwendigkeit zur Übernahme neuer Sachgebiete und Problemfelder ging einher mit der Aufarbeitung veränderter Anforderungen an Ehe und Familie. Die Mitarbeiter in der Familienbildung wurden mit Ansprüchen konfrontiert, für die sie sich nicht hinreichend qualifiziert sahen und sehen. Das betrifft nicht nur das Wissen über Ernährung, Gesundheit oder Haushaltstechnologie, sondern ebenso Umbrüche im curricularen und methodischen Denken und insbesondere den Wertwandel in bezug auf Sexualität, Partnerschaft, Einstellungen zu Kindern und Auffassungen über Kindererziehung.
Menschen unterschiedlichen Alters mit divergierenden Auffassungen und Einstellungen treffen in Lerngruppen zusammen und erwarten nicht nur Austausch, sondern auch Auseinandersetzung, ohne zu wissen, wie sie auf verunsichernden Widerspruch reagieren.
Die im ersten Teil in den Punkten 1–3 angesprochenen Forderungen beinhalten zugleich stärkere Aufgabenprofilierung bzw. Konzentration und verstärktes Engagement im gesellschaftlichen Feld.
Zwangsläufig drängt sich somit die Frage auf, wie angesichts des sich ständig ausweitenden Aufgabenfeldes eine Selbstbeschränkung erfolgen kann.
Wird diesen Problemen nachgegangen, so ist jedoch zuvor anzumerken, daß Fragen der Abgrenzung und Aufgabenteilung in der Familienbildung nicht nur im Zusammenhang mit einer deutlichen Profilierung der inhaltlichen Schwerpunkte, sondern auch der Methoden zu erörtern sind. Nur in dem Maße wie die Familienbildung Freiräume gewinnt, um neue Aufgaben inhaltlich und methodisch durchzuarbeiten, hat sie die Chance, diese in die bisherige Arbeit sinnvoll zu integrieren. Es kann nicht Ziel der Familienbildung sein, sich in kurzen Zeitabständen jeweils neuen ‚Problemgruppen' zuzuwenden. Das gilt ebenso für die Arbeit mit den verschiedenen Gruppierungen ausländischer Familien wie für besondere familiale Belastungen: Dauerarbeitslosigkeit, Krankheit, Alkoholismus, Kindesmißhandlung oder Gewaltanwendung in der Zweierbeziehung.
Bei einer zeitlich gedrängten Abfolge der Erschließung und Übernahme neuer Aufgaben besteht ein zweifaches Risiko.
Zum einen ist die Gefahr einer additiven Erweiterung unverkennbar, zum anderen ist die Qualität der Arbeit in Frage gestellt, wenn eine vorbereitende und begleitende Qualifizierung der Mitarbeiter nicht gegeben ist.
Die kritische Distanz gegenüber der Bereitschaft zur Ausweitung des Aufgabenfeldes sollte jedoch nicht von der Einstellung bestimmt sein, daß ein in sich abgeschlossenes und nicht mehr zu veränderndes Konzept Grundlage der Familienbildung ist. Konzeptionelle Arbeit im Feld der Familienbildung ist eine ständige Aufgabe. Dennoch ist zu fragen, welche Kriterien für den inhaltlichen und methodischen Umgang mit neuen Aufgaben zugrundezulegen sind.

Im Rahmen dieser Darstellung kann es nicht gelingen, solche Kriterien systematisch zu erörtern. Aber angesichts der im ersten Teil aufgestellten Anforderungen ist es erforderlich, wenigstens einige Gesichtspunkte darzulegen.
Unbestritten notwendig ist die Orientierung am *Familienzyklus* sowie die Differenzierung des thematischen Angebots und der praktizierten Methoden nach *unterschiedlichen Lebenslagen.*[10] Das, was Familienbildung von der Schulbildung in den überkommenen Formen unterscheidet, ist ein Zweifaches: das Prinzip der *Lebensnähe* in Inhalt und Methode und das Prinzip des *sozialen Lernens,* d. h. des situativen und systematischen Lernens in sozialen Zusammenhängen.[11]
Funktionsbereiche des Haushalts und Beziehungen zwischen den Familienmitgliedern mit unterschiedlichen Sachbezügen bilden eine Einheit. Werden diese im Bewußtsein der Mitarbeiter wie der Teilnehmer auseinandergerissen, ist der Familienbezug nicht mehr gegeben. Es geht nicht isoliert um Fragen der Ökonomie des Haushalts, sondern z. B. um den Zusammenhang Haushalt und Familie bzw. familiales Zusammenleben von Erwachsenen und Kindern in einem gemeinsamen Haushalt.
Familienbildung hat sich immer wieder mit der Frage auseinanderzusetzen, welche Sach- und Beziehungsaspekte für ein gelingendes Familienleben relevant sind. Damit sind zugleich Anforderungen an äußere Rahmenbedingungen, an den Binnenraum Familie und an die Außenbeziehungen gestellt.
Auch die Integration, d. h. die Bündelung und Zuordnung der verschiedenen Teilaufgaben zu einem sinnvollen Zusammenhang kann nur gelingen, wenn jeweils neu gefragt wird, was Familienfähigkeit beinhaltet, was familialer Zusammenhalt, Behinderung und Entfaltung der Individualität und Personalität in der Familie, Zusammenleben unter je besonderen Lebensumständen meint.[12]
Für eine sinnvolle Begrenzung des Aufgabenfeldes erscheint es ferner notwendig, nicht zugleich Prophylaxe, Beratung und Therapie leisten zu wollen. Der eindeutige Schwerpunkt der Familienbildung liegt im Bereich der Prophylaxe.
Im Unterschied zur Schule verknüpft Familienbildung lebensnahes und systematisches Lernen ebenso wie sachbezogenes und soziales Lernen. Familienbildungseinrichtungen sind dann Häuser der Familien, wenn in ihnen Bildung und menschliche Begegnung zusammentreffen.
Familienbildung gewinnt nicht dadurch an Profil, daß sie sich den allgemeinen Trends eines einseitig formalisierten Erwachsenenlernens, analog zu den eingeführten Lernformen im Ausbildungsbereich des tertiären Sektors anschließt, sondern eigene Ansätze verfolgt, durch die mehr Sachkompetenz im privaten Lebensbereich einhergeht mit sozialer Kompetenz.[13] Diese Zielsetzung muß sich gerade auch in den Lernformen der Familienbildung niederschlagen. Daher kommt Aspekten wie Lernklima, persönlicher Ansprache, der indirekten und direkten Lenkung des Umgangs der Teilnehmer untereinander und der Unterstützung des selbstinitiierten Lernens zentrale Bedeutung zu.

Von der Gruppe kann und sollte Lebenshilfe für den Alltag ausgehen. Lernen in der Gruppe ermöglicht oder begünstigt Selbstfindung, bewußtere Klärung oder auch Lösung von individuellen Problemen. Aber die beraterischen wie auch unter Umständen therapeutischen Wirkungen, die von solchen Gruppenprozessen ausgehen, sollten nicht mit fachlicher Beratung und Therapie verwechselt werden. In diesem Feld ist eine Aufgabenteilung bei enger Kooperation aus fachlichen Gründen und aus Verantwortung gegenüber den Problemen der Betroffenen erforderlich.
Das Lernen in der Gruppe ist in erster Linie ein Dienst am einzelnen. Aber der einzelne lebt in erweiterten sozialen Zusammenhängen. Die Bedingungen und Möglichkeiten der einzelnen Familie sind abhängig von gesellschaftlichen Gegebenheiten, gesellschaftlichen Behinderungen und Hilfen. Das gilt für die materiellen wie für die immateriellen Lebensverhältnisse.[14]
Von daher kann sich Familienbildung nicht selbstgenügsam auf den Dienst am einzelnen beschränken. Familie ist primär ein privater Lebensraum. Ihre Verfaßtheit ist jedoch von bedeutsamer gesellschaftlicher Relevanz. Viele der heute in Familien bestehenden und durchlebten Probleme sind ursächlich in gesellschaftlichen Wandlungen bedingt und nicht individuell zu lösen. Das betrifft Fragen der Wohnung und der sozialen Infrastruktur, der Organisation der Arbeitswelt, des Rollenwandels der Frau sowie der arbeitsteiligen Erziehung in Familie, Kindergarten und Schule.
Familienbildung hat diesen Zusammenhang zwischen Familie und Gesellschaft nicht nur den Teilnehmern bewußt zu machen, sondern ihre spezifischen Erfahrungen mit Beeinträchtigungen familialer Belange in die Öffentlichkeit zu tragen und so Einfluß zu nehmen auf die öffentlich diskutierten Problemlösungen.
Familienbildung hat allerdings eine andere politische Aufgabe als die Familienverbände. Sie ist zwar ein wesentlicher Informant für die Lobbygruppen der Familien, aber als Bildungseinrichtung für Familien hat sie vor allem in diesem Feld ihre Interessen gegenüber den gesellschaftlich und politisch Verantwortlichen geltend zu machen. Im Vordergrund stehen Fragen des Bildungsauftrages und die Ausübung dieses Auftrages mit den dazu erforderlichen materiellen und personellen Ressourcen sowie den konzeptionellen und methodischen Handlungsspielräumen.
Selbstbeschränkung ist ebenfalls notwendig in bezug auf den gemeinwesenorientierten Ansatz.[15] Auch hier sollten unterschiedliche Aufgaben nicht miteinander vermischt werden. Familienbildung kann weder die Aufgaben sozialpädagogischer Familienarbeit noch die der Familienpfleger übernehmen. Dieses Arbeitsfeld mit der dazugehörigen Personengruppe ist allerdings für die Familienbildung ebenso relevant wie die Elternarbeit vom Kindergarten aus. In beiden Bereichen müßte es primär darum gehen, über die Familienbildung einen Austausch zwischen den verschiedenen Personengruppen zu erreichen

und sich wechselseitig anregen zu lassen in bezug auf Inhalte und Methoden. Die unterschiedliche Familiennähe ermöglicht darüber hinaus differenzierte Aufschlüsse über den Familienalltag mit seinem breiten Spektrum verschiedenartiger Lebensvollzüge und Problemlagen.

Gemeinwesenorientiert sollte die Familienbildung insofern sein, als sie stadtteilbezogen die Probleme im unmittelbaren Umfeld der Familien aufarbeitet. Dieses kann über aktuelle familienrelevante Probleme in der Gemeinde oder im Stadtteil erfolgen (Ausländerfragen, Wohnprobleme, Spielplatzengpässe, verkehrsfreie Straßen usw.). Dabei sind vor allem Bürger- und Elterninitiativen aufzugreifen. Diese können in den Einrichtungen der Familienbildung ein Forum für eine breitere Öffentlichkeitsarbeit gewinnen und durch ihr Denken und Handeln die Arbeit in der Einrichtung befruchten.

In den Punkten 4 und 5 des ersten Teils geht es um den Zusammenhang von Sach- und Beziehungslernen. Sie sollen im folgenden näher erörtert werden.

Familienbildung hat - angesichts ihrer übergeordneten Zielsetzung - die spezielle Aufgabe, die Einheit von Sache und Person in den Mittelpunkt ihrer Bildungsarbeit zu stellen. Sie verwirkt ihren eigenen Anspruch, wenn es ihr nicht gelingt, die Person in die zentrale Thematik ‚Gestaltung zwischenmenschlicher Beziehungen' einzubeziehen, d. h. die Erfahrungen, die Empfindungen, die Gefühle der an diesem Thema Arbeitenden zuzulassen.[16] Kontrastdarstellungen gelungener und mißlungener Erprobung persönlicher Beziehungen tragen dazu bei, das Spektrum menschlicher Einstellungen und Verhaltensweisen bewußt zu machen, Unangenehmes nicht zu tabuisieren, sondern zunächst einmal zu respektieren, bevor kritisiert wird.

Familienfähigkeit kann nicht allein theoretisch vermittelt werden, sie entwickelt sich auch in der Auseinandersetzung des einzelnen mit sich selbst und im Umgang mit anderen Menschen, nicht nur in der Zweierbeziehung. Die Gruppe in der Familienbildungsstätte kann für den einzelnen eine wichtige Bezugsgruppe werden für soziales Lernen, für die Entwicklung der eigenen emotional-sozialen Fähigkeiten.

Das Risiko des Lernens für diesen Lebensbereich ist in erster Linie durch Faktoren bestimmt wie Vernachlässigung der Sachbezüge, Überbetonung der Emotionalität.

Emotionalität entwickelt sich über Zuneigung, gemeinsame Erfahrungen und Aufgaben. Tritt der Aufgabenbezug zurück, sind emotionale Beziehungen insofern schwieriger lesbar, als die daraus resultierende Einseitigkeit zu wechselseitiger Überforderung führt.

Die hohe Anfälligkeit der Partnerbeziehungen, aber auch der späteren Familienbeziehungen ist nicht zuletzt darauf zurückzuführen, daß nahezu unerfüllbare Erwartungen an Partner und Kinder gerichtet werden. Beziehungen zwischen Menschen im Alltag der Familie leben lernen heißt, Nähe und Distanz, Abhängigkeit und Unabhängigkeit, Zusammensein und Alleinsein, Zusam-

mengehörigkeit und Offenheit, Denken und Fühlen in eine Balance zu bringen. Menschen tragen oftmals dem Tatbestand wenig Rechnung, daß Liebe eben nicht nur eine Sache des Gefühls[17], sondern ebenso eine Sache des Willens und der Entscheidung ist. Entfaltung und Lernfähigkeit im Umgang mit zwischenmenschlichen Beziehungen begrenzt sich nicht auf Familie.
Die Kontrastierung Familie und Außenwelt ist berechtigt, führt aber zu folgenschweren Trugschlüssen. Wird Familie als Gegenwelt zu anderen Lebensbereichen betrachtet, führt sie sich selbst in eine Gettosituation.
Familie als Gegenwelt ist kein Ziel, Aufgabe ist vielmehr, die für die Familie als wichtig erachteten Einstellungen und Fähigkeiten auch außerhalb der Familie leben zu können. Gelingt dieses nicht, bleibt die gesellschaftliche Verfaßtheit so, wie sie sich gegenwärtig darstellt, sind auch die Chancen im privaten Bereich gering, befriedigende zwischenmenschliche Beziehungen aufzubauen und durchzuhalten.
Aus dem bisher Gesagten folgt ein Zweifaches für die Familienbildung: Familienbeziehungen, gestaltetes Familienleben vollziehen sich über die Aufgabenbereiche der Familie. Funktionsbereiche des Haushalts, Freizeitgestaltung, Aufgabenerfüllung für Schule, Beruf oder Politik haben ihren unverzichtbaren Platz im Familienleben. Sie bilden die Voraussetzung für sinnfällige Zusammengehörigkeit, für die Erfahrung wechselseitiger Abhängigkeit und Unterstützung. Fällt dieser Erfahrungszusammenhang aus, wird auch die Emotionalität in der Familie blutleer.
Familienbildung hat diese Einheit zu bedenken und ihr Kursangebot nicht nach dem Prinzip der Trennung von Lebensbereichen zu organisieren. Funktion und Person lassen sich nicht aufteilen oder spalten. Bildungskrisen, die sich in relativ regelmäßigen Abständen wiederholen, sind u. a. Folge der Aufspaltung von sach- und personenbezogenem Lernen. Kehrtwendungen werden jeweils dann versucht, wenn der Mensch dagegen rebelliert, einseitig als ‚Kopffüßler' behandelt zu werden.
Aber in der Integration von Sach- und Personenbezug gibt es nur wenig Erfahrene und Geübte. Das ist jedoch kein Grund, Anstrengungen in bezug auf diese Aufgabe vor sich her zu schieben. Erfahrungen mit der themenzentrierten Interaktion zeigen beispielsweise, daß das Umdenken die wichtigste Voraussetzung für einen veränderten Umgang zwischen Menschen ist.[18]
Das eigene Profil der Familienbildung erwächst nicht aus der Abgrenzung zum schulischen Lernen, wenn damit gemeint ist, in der Schule wird kognitiv, in der Familienbildung sozial gelernt. Soziale Bildungsarbeit schließt die kognitive ein. Nicht nur für die Funktionsbereiche der Familie, auch für die Gestaltung der Familienbeziehungen sind die Lernenden auf Sachwissen angewiesen.
Das eigene Profil ist dort gegeben, wo die zuvor geforderte Einheit von Sach- und Beziehungslernen gegeben ist. Damit sind Anforderungen an die Mitarbeiter/innen der Familienbildung verbunden, die nicht schon vorausgesetzt

werden können. Die dort Tätigen sind selbst durch eine Schul- und Berufsausbildung gegangen, in der gerade dieses nicht gelernt wurde, denn es bedeutete eher ein Risiko für den erfolgreichen Lernprozeß. Schwierigkeiten, die der einzelne mit dem Dozenten, mit den Teilnehmern der Gruppe hat, werden ausgespart, weil sie ein persönliches Risiko darstellen. Die Angst vor dem Risiko ist ernst zu nehmen, drückt sie doch das Schutzbedürfnis des einzelnen vor Verletzungen, vor persönlichen Angriffen aus. Dieses Schutzbedürfnis ist notwendig, es wäre unverantwortlich, dem einzelnen Mitarbeiter das Risiko dieser Haltung aufzubürden, ohne ihn zuvor in die Möglichkeiten und Grenzen eines integrierten sach- und personenbezogenen Lernens eingeführt zu haben.
Erst in dem Maße wie die Teilnehmer mit dem Kursleiter in Erfahrung bringen können, daß die Entfaltung der menschlichen Lernfähigkeit entscheidend davon abhängt, wie sich der einzelne im Verhältnis zum anderen wahrnimmt, welche Chance ihm gegeben wird zu lernen.
Das Risiko kann reduziert werden durch methodische Geübtheit, z. B. in der Gesprächsführung. Aber wichtiger als das methodische Können ist die Einstellung, die dafür Sorge trägt, daß Beziehungsfragen nicht zu einer Technik der Menschenführung methodisch degradiert werden.
Vorbereitungen auf solche Aufgaben in der Familienbildung und Fortbildung erfordern vor allem Arbeit im Team, um dort zu erproben, ob und wie es gelingen kann, sich als Person einzubringen, durch diese Haltung nicht belastet, sondern in erster Linie bereichert zu werden.
Hineinnahme der Person in das sach- und handlungsbezogene Lernen muß zunächst vorbereitet, in kleinen Schritten eingeübt und nachbereitet werden. Denn zu Recht weisen Mitarbeiter in der Familienbildung, insbesondere in den hauswirtschaftlich-praktischen Kursen daraufhin, daß sie mit diesem Ansatz nicht vertraut sind und aufgrund ihrer bisherigen Arbeit mit anderen, primär sach- und leistungsbezogenen Erwartungen der Teilnehmer konfrontiert wurden.
Ziel dieses integrierenden Ansatzes ist es nicht, manuelle Tätigkeiten oder andere Sachbezüge nur als Vorwand für die Beziehungsarbeit zu nutzen. Das Thema bzw. die der Gruppe gestellte Sachaufgabe ist in bezug zu den Menschen zu sehen, die daran arbeiten. Die einzelnen Gruppenmitglieder mit ihren Beziehungen, Wünschen, Ängsten, Äußerungen und Vorbehalten sind ebenso wichtig wie der Sachbezug.
Die gemeinsame Tätigkeit ist das äußere Bindeglied zwischen den Teilnehmern einer Gruppe. Über sie macht der einzelne Erfahrungen mit sich selbst und den anderen.
Kursleiter müssen lernen zu beobachten, welche Prozesse in der Gruppe ablaufen und wie sie direkt oder vor allem indirekt zu beeinflussen sind. In der Fortbildung sollte sich der Kursleiter daher ebenso als Gruppenmitglied/Familienmitglied wie als Leiter erfahren können. Dabei sind erhebliche Hindernisse zu überwinden, beispielsweise:

1. Internalisierte Leistungsvorstellungen über die in den praktischen Kursen zu erbringende Produktion;
2. Ängste, sich als Person mit persönlichen Vorstellungen, Wünschen und Gefühlen in die Gruppe einzubringen;
3. Unsicherheit in bezug auf die möglicherweise entstehende Eigendynamik der Gruppe und die belastende Vorstellung, den Gruppenprozeß nicht mehr lenken zu können.

Über Fortbildung und mit Hilfe der Supervision müßte ein methodisches Handwerkszeug verfügbar gemacht werden, das sich u. a. auf folgende Aspekte bezieht:

1. Wie kann der/die Gruppenleiter(in) in einen praktischen Kurs einführen, welche Ziele gibt er/sie in bezug auf die gemeinsame Arbeit im Kurs vor?
2. In welchen Phasen des Arbeitsprozesses bieten sich Pausen für Gespräche zwischen den Gruppenmitgliedern an, die eine vorsichtige oder intensivere Beziehungsaufnahme ermöglichen?
3. Welche Formen der persönlichen Zuwendung lassen sich mit den Anforderungen der Gruppe verbinden; ist es vertretbar, für einen einzelnen Teilnehmer mehr Zeit für die Erklärung, für Ermutigung oder Bestätigung aufzuwenden?
4. Wie können Teilnehmer dazu ermutigt werden, über ihre Erwartungen an den Kurs, ihre Wünsche und Schwierigkeiten zu sprechen, ihre Fragen loszuwerden?

Einheit von Sach- und Personenbezug in der Bildungsarbeit bedeutet nicht primär verstärkte verbale Thematisierung der Beziehungsebene, sondern Bewußtmachen und Zulassen von unterschiedlichen Zielen und Tätigkeiten in wechselnden sozialen Kontexten.

Der unmittelbare Handlungsbezug ist der kaum zu überschätzende Vorteil der praktischen Kurse. Beziehungen werden auf der Grundlage praktischer Tätigkeiten erlebt.

Daß auch in den pädagogisch-psychologischen Lernbereichen nicht auf den Handlungs- und Erfahrungsbezug verzichtet werden kann, hat die Elternbildungsarbeit der letzten Jahre gezeigt. Nicht ohne Grund hat sich die Nachfrage von den eher theoretischen Angeboten zu den Eltern-Kind-Kursen verschoben. Denn hier bilden Umgang mit Kindern und Erwachsenen eine Einheit mit der Reflexion und dem wechselseitigen Austausch über diesen Umgang. Einsichten sind auf sinnlich erfahrbare Praxis zurückzubeziehen, wo Eltern nicht nur Erfahrungen im Umgang mit ihrem eigenen Kind, sondern auch mit anderen Kindern und Eltern machen. Dieses Angebot bezieht sich bisher fast ausschließlich auf Eltern mit Kleinkindern, es müßte auf andere Altersgruppen der Kinder stärker ausgedehnt werden. Der Handlungsbezug muß so angesetzt sein, daß der einzelne Teilnehmer die Möglichkeit hat, sich mit seiner bisherigen Lebenspraxis einzubringen. Der einzelne hat ein Recht darauf, dort abgeholt zu werden, wo er sich konkret mit seinen Handlungsmöglichkeiten befindet.

Der Ansatz der Einheit des Sach- und Beziehungslernens steht und fällt mit der Balance von Sache, Person und Gruppe. Gruppenleiter werden dabei nicht in Psychotechniken eingeübt, sondern konfrontiert mit dem Naheliegenden,

einem ganzheitlichen Lernen, das zugleich neben der Kopf- und Handarbeit Raum läßt für das sozial-emotionale Handeln des Menschen.
Mitarbeiter aus den verschiedenen Arbeitsbereichen (hauswirtschaftlich-praktische, musisch-künstlerische, familienpädagogische und religionspädagogische Bildung) brauchen getrennte und gemeinsame Fortbildung, um sich sowohl auf ihren Schwerpunkt konzentrieren als auch wechselseitig anregen zu können.
Ziel der Arbeit vor Ort kann nicht die Doppelbesetzung in den Kursen sein, sondern die kontinuierliche Befähigung der Kursleiter der verschiedenen Arbeitsbereiche zu diesem Lernansatz.
Die in den Punkten 6 und 7 des ersten Teils angesprochenen Schwerpunkte stehen in einem inneren Zusammenhang zu der Auffassung von der Einheit des Sach- und Personenbezuges in der Bildungsarbeit.
Identität und Wertwandel betreffen Mitarbeiter und Teilnehmer. Beide erleben im privaten und beruflichen Lebenszusammenhang beschleunigten Wandel in den Einstellungen und Verhaltensweisen zu grundlegenden Lebensfragen, Veränderungen in den Beziehungen zwischen den Menschen, zwischen Mensch und Institutionen. Umbrüche in den Verhaltensweisen sind Indikatoren für Einstellungen. Aber von den äußeren Verhaltensweisen kann nicht mit Sicherheit auf einen Einstellungswandel geschlossen werden. Wie soll der einzelne sich zu veränderten Lebensbedingungen und neuen Leitbildern verhalten?
Kann nur der in der Familienbildung tätig sein, dessen Identität gefestigt, dessen Grundpositionen klar, dessen Zielvorstellungen eindeutig sind? Kann nur er Orientierungshilfe für Leben und Lernen in der Familie leisten?
Identitätsfindung ist in erster Linie ein Prozeß. Menschen sind auf dem Wege von sich selbst weg oder zu sich selbst hin. Die Auseinandersetzung mit sich und der Umwelt vollzieht sich häufig über längere Zeit nur latent und bricht in der Regel nur dann auf, wenn der Problemdruck übermächtig wird.
Wird davon ausgegangen, daß Menschen auf dem Wege, auf der Suche sind, so ist Familienbildung der Ort, an dem Wert- und Normfragen erörtert, unterschiedliche Sichtweisen und Standpunkte angeboten und argumentativ verhandelt werden. Entscheidend ist bei dieser Auseinandersetzung, daß Menschen die Erfahrung machen, in ihren Fragen und Konflikten ernst genommen, mit ihren Standpunkten angenommen zu werden.
Dieser Ansatz einer offenen, auf den Menschen bezogenen Auseinandersetzung könnte leicht in Verdacht geraten, aus Positionsschwäche eine Tugend zu machen und Permissivität aus Mangel an Entschiedenheit zu praktizieren.
Aber Identitätsfindung kann nicht gelehrt sondern nur angeregt, ermöglicht und unterstützt werden. Es geht dabei nicht vorrangig um die in speziellen Kursen zu diesem Schwerpunkt angebotenen Themen, sondern vor allem um jene Werthaltungen im Umgang zwischen den Mitarbeitern und den Teilnehmern.
Dabei ist entscheidend, wie der einzelne mit den Überzeugungen und Verhal-

tensweisen des anderen umgeht, welche Gesichtspunkte den Austausch über die Einstellung zu zentralen Fragen wie die Rolle der Frau und des Mannes, die Beurteilung der Probleme in Ehe und Familie der Gegenwart bestimmen.
Orientierungshilfen sind nur in dem Maße möglich, wie tatsächlich unterschiedliche Orientierungen mit ihrem Pro und Contra dargestellt und diskutiert werden. Das gilt für Fragen der Sexualität, Positionen zur Ehe und Familie und Einstellungen zu Kindern.
Ausschlaggebend ist, ob sich die Teilnehmer mit ihren Überzeugungen und Einstellungen einbringen können und ob bei divergierenden Positionen die Bereitschaft vorhanden ist, sich auf Auseinandersetzung einzulassen.
Für konfessionell gebundene Einrichtungen folgt daraus die an sie gerichtete Erwartung, daß christliches Verständnis des Menschen und seiner Lebensführung auf der Grundlage christlicher Theologie, Anthropologie und Soziallehre angeboten werden. Aber das Lehrangebot bleibt eine schwache Orientierungshilfe, wenn es nicht durch Menschen erbracht wird, die mit und durch ihre Person erfahrbar machen, was christlich gelebtes Leben trotz aller menschlichen Unzulänglichkeiten ist und sein kann.
Aber Leben aus dem Geist und den Ansprüchen des Neuen Testamentes verliert den Bezug zur Realität, wenn es sich der Auseinandersetzung mit anderen Sinnorientierungen, anderen Sichtweisen des Menschen, der unterschiedlichen Bewertung technischen und sozialen Wandels entzieht. Insofern ist gerade die Überzeugungskraft des Christen abhängig von der Bereitschaft, sich Andersdenkenden zu öffnen und zu stellen. Für die Identitätsfindung ist die Herausforderung eine unabdingbare Voraussetzung.
Menschen unserer Zeit sind verstärkt auf der Suche. Alternative Lebensmöglichkeiten stellen erhöhte Anforderungen an die Entscheidungsfähigkeit des einzelnen. Für die abverlangten Entscheidungen reichen tradierte Überzeugungen und das Alltagswissen nicht aus. Der einzelne braucht die Erweiterung seiner Lebenserfahrung und seiner Information.
Viele Verhaltensweisen der Menschen in den Industriegesellschaften werden als Ausdruck einer materialistischen Werthaltung interpretiert.
Eine fundiertere Analyse kommt zu differenzierteren Befunden: das Bedürfnis des Menschen nach Sinnbezügen, nach Antworten auf die von ihm gestellten Sinnfragen, scheint keineswegs abgenommen zu haben. Von der Familienbildung wird mehr als nur Wissen erwartet. Sie hat nach ihrem eigenen Selbstverständnis, nach dem Sinn der von ihr angebotenen Bildung für den Menschen zu fragen. Die Auseinandersetzung mit Wert- und Sinnfragen wird bei den in der Familienbildung Tätigen allzu selbstverständlich vorausgesetzt. Tatbestand scheint zu sein, daß die Erörterung der Wert- und Sinnbezüge menschlicher Existenz ein zentrales Anliegen ist. Gefordert werden unterschiedliche Standpunkte und Perspektiven: theologische, anthropologische, soziologische und psychologische Positionen. Standpunktgewinnung setzt Kenntnisse und

argumentativen Dialog voraus, erfordert aber auch Einfühlungsvermögen in die Lebensgeschichte und die Lebenssituation des anderen.

Identitätsfindung erfolgt in sozialen Bezügen. Wird der Tatsache Rechnung getragen, daß Veränderungen in den Lebensumständen und Einstellungen einer Person Rückwirkungen auf die Bezugspersonen haben, so besteht zugleich auch eine Verantwortung für jenen engsten Personenkreis, der an den Prozessen nicht direkt teilhat. Daher muß eine aufgrund einer bestimmten Praxis primär die Frau erreichende Familienbildung sich fragen, wie sie mit dem Tatbestand umgeht, daß eine einseitige Veränderung bei der Frau zu Entfremdung zwischen den Partnern führen kann. Familienbildung hat im Rahmen ihrer Bemühungen um Identitätsfindung den Beteiligten deutlich zu machen, welche Probleme und Konflikte entstehen können, wenn beispielsweise der Mann keine Möglichkeit hat, die Veränderungen an seiner eigenen Frau nachvollziehen oder begleiten zu können. Gerade an diesem zentralen Beispiel zeigt sich, wie notwendig für die Familienbildung die Kombination von adressatenspezifischen und adressatenübergreifenden Angeboten ist.

Familienbildung, verstanden als Lebenshilfe für den Menschen in Ehe und Familie, geht heute nicht mehr davon aus, daß gelingendes Familienleben und Familienkultur primär eine Angelegenheit der Frauen ist. Partnerschaftlich gelebte Bezüge zwischen Erwachsenen und zwischen Eltern und Kindern sind eine gemeinschaftliche Aufgabe. Gerade um Persönlichkeitsentfaltung in und durch die Familie zu ermöglichen, ist es erforderlich, daß der einzelne sich mit seiner individuellen Entwicklung allenfalls zeitweise, aber nicht dauerhaft von den übrigen Familienmitgliedern distanziert.

Die im zweiten Teil skizzierten Ansprüche sind mit hohen Anforderungen an die Mitarbeiter und die für sie Verantwortlichen verbunden.

Ansprüche haben die Funktion der Orientierung, sie brechen sich am Alltag der Familienbildungsarbeit, ohne jedoch ihre Notwendigkeit und ihre Berechtigung zu verlieren.

Von daher ist in einem Konzept aufeinander abgestufter Hilfen dafür Sorge zu tragen, daß die in der Familienbildung Tätigen diese Ansprüche bejahen und in ihrer Praxis umsetzen können.

Anmerkungen

1 Vgl. Wagl, K.: Familienbildung und -beratung in der BRD, Stuttgart 1973. Schriftenreihe der BMJFG, Bd. 8.

2 Bericht über Bestrebungen und Leistungen der Jugendhilfe - Fünfter Jugendbericht - Bundestagsdrucksache 8/3685, 20. 2. 1980, Abschnitt „Familienarbeit", 134ff.

3 Vgl. Eltern- und Familienbildung in evangelischer Trägerschaft - Begründungen - Ansätze - Perspektiven, DEAE, Karlsruhe 1979.

4 Vgl. Familie und Familienpolitik in Nordrhein-Westfalen, 2. Bericht, Ministerium für Arbeit, Gesundheit und Soziales des Landes NW, Oktober 1980, 84 und 88ff.

5 Vgl. Fünfter Jugendbericht, a. a. O., 140.

6 Vgl. Lernen, Familie zu leben. Aufgaben und Probleme der Familienbildung, hrsg. von der Bundesarbeitsgemeinschaft evangelischer Familienbildungsstätten, 8504 Stein, o. J.

7 Seit den ausgehenden 60er Jahren bilden die veränderten sozialstrukturellen Bedingungen den Hauptlegitimationsstrang für die Familienbildung. Dieser Ansatz findet sich in allen politisch relevanten Berichten, Gesetzesinitiativen und Gesetzen, vgl. 2. Familienbericht, 5. Jugendbericht, Entwurf zur Neuregelung der Jugendhilfe.

8 Martin, N.: Familie im Visier der Curriculumforscher, Reden zur Zeit, Würzburg 1979.

9 Die Unterscheidung nach Lebenslagen ist inzwischen in der familiensoziologischen wie auch in den familienpolitologischen Theorien eine gängige Unterscheidung (vgl. dazu die einschlägigen Arbeiten von Wingen, M. zur Familienpolitik).

10 Vgl. dazu die oben zitierten Arbeiten der Bundesarbeitsgemeinschaft für evangelische Familienbildung, ferner: Adomat, R. u. a.: Familiengruppenarbeit - ein neuer Weg zum sozialen Lernen in Eltern-Kind-Gruppen, in: Schwalbacher Blätter, 1979, H. 3, 98.

11 Vgl. Süssmuth, R.: Familienbildung vor neuen Aufgaben, hrsg. von der Arbeitsgemeinschaft für Katholische Erwachsenenbildung, Köln 1980.

12 Soziale Kompetenz meint hier ein Zweifaches: Befähigung des Menschen, seine Umwelt wahrzunehmen, sich in ihr orientieren und handeln zu können, sie meint aber auch Entfaltung des Erlebens und der Gefühle, Beziehungen aufnehmen und gestalten zu können.

13 Schiele, S./Schneider, H. (Hrsg.): Die Familie in der politischen Bildung. Konsens auf dem Prüfstand der Praxis, Stuttgart 1980.

14 Sprey, Th. (Hrsg.): Praxis der Elternbildung - Projekte - Hilfen - Perspektiven, München 1978; Scholl, M./Tilger, E. M.: Stadtteilarbeit einer Familienbildungseinrichtung am Beispiel eines Familientreffs Bilk der AWO Düsseldorf, in: Theorie und Praxis der sozialen Arbeit, 3/1980.

15 Cohn, R.: Von der Psychoanalyse zur themenzentrierten Interaktion, Stuttgart 1975.

16 Fromm, E.: Haben oder Sein, dtv-Sachbuch, 1980; ders.: Die Kunst des Liebens, Frankfurt 1979.

17 Vgl. in diesem Zusammenhang die Bemühungen im Rahmen des Westfälischen Kooperationsmodells in Vlotho unter der Leitung von A. Schulze mit den für die Praxis anregenden Materialheften.

18 Höhler, G.: Die Anspruchsgesellschaft. Von den zwiespältigen Träumen unserer Zeit, Düsseldorf 1979; Jonas, E.: Das Prinzip Verantwortung, Frankfurt 1980.

4. Neuorientierung in der Familienpolitik (1983)

Anspruch und Realität klaffen in der Familienpolitik seit Jahren weit auseinander. Die Diskrepanz zwischen programmatischen Zielvorstellungen und deren Umsetzung spitzt sich gegenwärtig zu. Familienpolitik bzw. familienrelevante politische Entscheidungen in Bund, Ländern und Gemeinden verstoßen immer mehr gegen elementare Bedürfnisse und Interessen von Familien.[1]

Entscheidende Kurskorrekturen sind seit Jahren angezeigt und immer dringender erforderlich, doch die familienpolitisch Verantwortlichen scheinen ein unerschütterliches Vertrauen in die Lebens- und Leistungskraft der Familien zu haben und die Langzeitfolgen einer gravierenden ökonomischen und sozialen Benachteiligung zu verdrängen.

Tatbestand ist, daß die bestehenden Belastungen kurzfristig nicht abgebaut, sondern verschärft werden. Sparmaßnahmen und überfordernde Erwartungen an Selbsthilfe erschweren nicht nur die Aufgabenerfüllung in den Familien, sondern vor allem die Suche nach mehr Stabilität, Handlungsspielräumen und partnerschaftlicherem Miteinander.

Betroffen sind vor allem die Frauen, die in den für sie und ihre Familien lebenswichtigen Fragen einer besseren Vereinbarkeit von Familie und Beruf oder einer größeren Wahlfreiheit zwischen beiden Lebensbereichen sowie in den Hoffnungen auf eine chancengleichere berufliche Integration und den Möglichkeiten des Aufbaus einer eigenständigen sozialen Sicherung erheblich zurückgeworfen worden sind. Angesichts der Arbeitsmarktlage und der desolaten Situation der öffentlichen Haushalte stellt sich gerade für die junge und mittlere Frauengeneration das Problem der Perspektiven. Sie müssen sich fragen, wie realistisch die für die Zukunft in Aussicht gestellten Perspektiven einer stärkeren beruflichen Integration über flexiblere Arbeitszeiten und der Anerkennung der in der Familie geleisteten Arbeit sind.

Im folgenden sollen zunächst unter besonderer Berücksichtigung der Frauen die alten und neuen Probleme der Familien thematisiert werden, um von daher thesenhaft Gesichtspunkte für eine Neuorientierung der Familienpolitik zu entwickeln.

1. Veränderte Lebensbedingungen von Familien als Orientierungsrahmen der zukünftigen Familienpolitik

Die gegenwärtige Situation von Familien ist auf dem Hintergrund eines einschneidenden technologischen, ökonomischen und sozialen Wandels zu betrachten, wobei die Probleme der 70er Jahre in den 80er Jahren fortbestehen und verschärfte Formen annehmen.

Der Aufbruch der 70er Jahre war bestimmt durch Ziele wie mehr Chancengleichheit in Bildung, Ausbildung und Beruf. Menschen planten ihr Leben auf der Grundlage der Vollbeschäftigung, der sozialen Sicherung und einer sich ausweitenden Freizeit. Der Sozialstaat sicherte ab gegen Arbeitslosigkeit, entlastete bei Krankheit, Behinderung, Alter. Allerdings haben gerade die Familien am wenigsten an der allgemeinen Wohlstandsentwicklung teilgenommen, weil der Familienlastenausgleich weit hinter den tatsächlichen Aufwendungen für Kinder zurückblieb.

Die zurückliegende Phase wirtschaftlichen Wachstums und materiellen Wohlstands für breite Bevölkerungsschichten hat länger als vertretbar sowohl die ökologischen Probleme verdrängt als auch die Vorbereitung auf die „zweite technologische Revolution" mit ihren Auswirkungen auf Wirtschaft, Arbeitsmarkt, Soziales und Kultur zu kurz kommen lassen.

Die Grenzen des Wachstums, der Umweltbelastung, der Einkommenssicherung über Erwerbsarbeit sowie der sozialen Sicherung sind inzwischen für eine wachsende Zahl von Familien eine Alltagsrealität geworden, der sie sich mehr oder weniger hilflos ausgeliefert sehen.

In immer mehr Familien sind eine oder mehrere Personen vorübergehend oder längerfristig ohne Erwerbsarbeit. Im Alltagsleben der Familien wird gegenwärtig in einschneidender Weise erfahren, daß *Arbeitslosigkeit* oder Angst vor Verlust des Arbeitsplatzes einen Druck auslösen, der sich in Unmut, Aggressivität, Gewalt und Verlust des Selbstwertgefühls niederschlägt. Fremd- und Selbstanspruch lauten: Tüchtigkeit und Erfolg im Beruf. Arbeitslosigkeit wird in der Regel als persönliches Versagen erlebt mit tiefgreifenden Auswirkungen auf personale Beziehungen.

Das konfrontiert den einzelnen wie die Gesellschaft mit der Frage, wie Erwerbsarbeit gerechter zu verteilen ist und ob die bezahlte Arbeit weiterhin die allein ausschlaggebende Größe für ein sinnerfülltes menschliches Leben sein kann und sollte. Es besteht die Gefahr, daß die Gesellschaft in Zukunft in jene zerfällt, die über Erwerbsarbeit gesellschaftlich integriert sind und jene, die ein Außenseiterdasein führen.

Arbeitslose und ihre Angehörigen sind unvermittelt in Abhängigkeiten gezwungen, die sie überwunden glaubten. Das soziale Sicherungsnetz fängt viele nur noch bedingt auf, wirtschaftliche und soziale Existenzabsicherung über Ausbildung und Beruf ist weniger selbstverständlich geworden.

Die miteinander lebenden Generationen müssen erst wieder lernen, sich auf diesen neuen sozialen Tatbestand einzustellen und in wechselseitiger Verantwortung damit zu leben. Familiensolidarität ist zwar nach wie vor ein in vielen Familien praktiziertes Prinzip, erfolgt aber bislang auf der Basis der Freiwilligkeit und fängt deshalb nicht jeden Betroffenen auf.
Die *Einsparungen in den öffentlichen Haushalten* treffen in besonderer Weise Familien mit Kindern, und zu Recht ist die Rede von den kumulativen Sparmaßnahmen auf Bundes-, Landes- und Gemeindeebene. Familien mit durchschnittlichem und geringem Einkommen stehen vor verminderten Einnahmen und erhöhten Lebenshaltungskosten, insbesondere Kinderkosten. Neben den Mehraufwendungen für das Wohnen fallen erhöhte Kosten für den Besuch des Kindergartens, für Schule und Studium an.
Viele Familien erzielen kein bedarfsgerechtes Einkommen. Fällt das zweite Erwerbseinkommen nach der Geburt eines Kindes aus, so reduziert sich das Familieneinkommen um 25% bis zu 40%. Obwohl sich die Zeitspanne, in der Familien für ihre Kinder finanziell zu sorgen haben, verlängert hat (längere Ausbildungszeiten, geringeres Arbeitsplatzangebot), ist dieser Tatbestand im Familienlastenausgleich kaum berücksichtigt worden.[2]
Allerdings wurden inzwischen erste Korrekturen vorgenommen: so mit der Wiedereinführung des Kindergeldes für Jugendliche über 18 Jahre, wenn sie sich in der Ausbildung befinden oder ohne Arbeitsplatz sind (jetzt bis zum 21. Lebensjahr); weiterhin durch die Wiedereinführung des Krankenversicherungsbeitrages für Jugendliche bis zum 23. Lebensjahr. Eine vergleichbare familienfreundliche Tendenz drückt sich in der Regelung aus, daß das Arbeitslosengeld und die Arbeitslosenhilfe nur für Einzelpersonen, nicht aber für Verheiratete mit Kindern gekürzt wurde.
Zu den einschneidendsten Veränderungen zählen die *technologischen Entwicklungen*. Noch sind menschenleere Fabriken mit hoher Produktivität keine Alltagserfahrung. Aber was in Japan Wirklichkeit ist, kann auch in der Bundesrepublik in den nächsten Jahren Einzug halten. Mikroprozessoren und Roboter sind auf dem Vormarsch und werden mehr und mehr die Produktions- und Arbeitsprozesse bestimmen.
Das wird weitreichende Konsequenzen für die Beziehung des Menschen zur Arbeit wie zur Erstellung von Gütern haben, denn immer weniger Menschen werden über konkrete Vorstellungen verfügen, wie Güter produziert werden. Die Welt der Produktion und der Dienstleistung wird für einzelne Menschen und Familien zunehmend abstrakter werden. Welche Auswirkungen das auf Arbeitsorientierung, Arbeits- und Sozialverhalten haben wird, läßt sich gegenwärtig noch kaum bestimmen.
Ähnliche Fragen und Probleme kommen auf in Verbindung mit den *Neuen Medien* und den damit verbundenen Zukunftsperspektiven menschlicher Kommunikation durch Medien. Werden sie zu Hauptträgern menschlicher

Erfahrung, vermitteln sie allein die Anschauungen und Vorstellungen von Wirklichkeit - einer Medienwirklichkeit - oder haben Menschen noch hinlänglich Möglichkeiten zu unmittelbarer Umwelt- und Sozialerfahrung?

Auch die *Umweltzerstörung* und das Bewußtsein sich vermindernder Zukunftschancen der Menschheit kann Familien und Familienpolitik nicht unberührt lassen. Von der Familie gehen Ersterfahrungen im Umgang mit der Umwelt aus. Welches ökologische Bewußtsein herrscht in den Familien vor, sind sie in der Lage, den veränderten Anforderungen im Umweltverhalten gerecht zu werden? Sind Menschen angesichts der bestehenden Umweltbedingungen und der Lebensgewohnheiten in der Lage, der Umwelterhaltung zu dienen?

Die thesenhaft skizzierten Entwicklungen lassen erkennen, mit welchen gesellschaftlichen Umbrüchen Familien konfrontiert sind. Die Krise der Erwerbsarbeit und der öffentlichen Finanzen trifft strukturell gesehen auf eine eher labile als stabile Familie.

Einerseits nehmen die auf die Familie gerichteten Hoffnungen und Erwartungen zu, andererseits scheinen viele Familien den sich ausweitenden Anforderungen nicht gerecht werden zu können. Das betrifft nicht nur die Bewältigung des Kostenaufwands, sondern vor allem die psychosoziale Entlastung der Familienangehörigen untereinander. Die Relation von Anforderungen und Entlastungen schlägt einseitig aus in Richtung sich verschärfender Belastungen. Hinzu kommt, daß die Umstellung in den Familien auf veränderte Konstellationen zu unvermittelt erfolgen muß. Gegenwärtig klaffen Vorstellungen und Realität familialer Leistungsfähigkeit oftmals weit auseinander. Die Hoffnung auf Verstehen, Zuwendung und Geborgenheit, auf Zusammenhalt in kritischen Belastungssituationen zerbricht in vielen Fällen an der Hilflosigkeit und Überforderung der Familien in außergewöhnlichen Belastungssituationen. Der vorherrschende Eindruck ist nicht der der Unterforderung, sondern der der *Überforderung* von Familien.[3]

Die heutigen Familienprobleme sind jedoch nicht ausschließlich eine Folge wirtschaftlicher Rezession und des Abbaus öffentlicher Leistungen. Die Entwicklung der Eheschließungs- und Scheidungsquoten sowie der Geburtenraten stellt sowohl eine Anpassung an veränderte Lebensbedingungen, aber auch einen *stillen Protest* von Menschen gegen Wertorientierungen und Normen einer Gesellschaft dar, in der für Kinder und Familie wenig Raum ist.[4]

Angesichts des grundlegenden *Lebensstilwandels* in den Familien erschweren Belastungen von außen die Suche nach der eigenen Lebensform. Dieser Suchprozeß äußert sich - wie bereits ausgeführt - in den Formen des nicht-ehelichen Zusammenlebens ebenso wie in der abnehmenden Bereitschaft, sich auf die Gründung einer Familie einzulassen.

Die deutliche Diskrepanz zwischen Kinderwunsch und tatsächlicher Kinderzahl pro Familie zeigt oder läßt vermuten, daß persönliche Vorbehalte und gesellschaftliche Rahmenbedingungen der Verwirklichung des Kinderwunsches entgegenstehen. Der einzelne erfährt direkt und indirekt, daß mit der Entscheidung für Kinder ein lang andauernder Prozeß von Verpflichtungen und Benachteiligungen im Vergleich zu Alleinstehenden und Ehepaaren ohne Kinder beginnt.

2. Frauen und der Ruf nach mehr Familiensolidarität

Neu sind die weitreichenden Auswirkungen des *Rollenwandels der Frauen* im Partnerschafts- und Familiengründungsverhalten. In den 70er Jahren wurden Frauen angehalten zu erhöhten Bildungsanstrengungen, zu verstärktem beruflichen Engagement. Ziel war und ist die berufliche und gesellschaftliche Integration der Frau.

Viele Barrieren waren zu überwinden: traditionelle Rollenvorstellungen, festgefügte und wenig reflektierte Sozialisationsmuster. Es fiel schwer, sich eine partnerschaftlichere Aufgabenteilung in Familie und Beruf vorstellen zu können und den Männern gleiche Familienfähigkeiten wie den Frauen zuzumuten und zuzutrauen.

Zu Beginn der 80er Jahre ist im Zusammenhang mit drastisch verschlechterten Berufsausbildungschancen für Mädchen und der höheren Arbeitslosigkeit von Frauen jedoch kritisch zu fragen, ob nicht *Ziele* wie volle berufliche Integration der Frau, partnerschaftliche Arbeitsteilung in der Familie, verstärkte Entlastungen der Frauen bei außergewöhnlichen Belastungen (Krankheit eines Kindes oder eines erwachsenen Familienangehörigen, Trennung/Scheidung) und von ausschließlichen Betreuungs- und Pflegeaufgaben wieder *zurückgenommen* oder aufgegeben werden.

In den offiziellen Verlautbarungen wird an den Zielen - Gleichberechtigung, Partnerschaft, Wahlfreiheit - festgehalten, aber die Chancen bzw. der Wille zur Durchsetzung scheinen immer geringer zu werden. Die Entscheidungsspielräume nehmen ab. Mehr Frauen sind aufgrund von Arbeitslosigkeit oder Kurzarbeit der Ehemänner zur Erwerbsarbeit gezwungen. Viele von ihnen müssen sich auf geringfügige Arbeit (Putzstellen, Aushilfen, Gelegenheitsarbeit) mit Einkommen bis zu 400 DM ohne Sozialversicherung einlassen.

Nicht wenige verdienen ihren Unterhalt durch „gestückelte" Arbeit (Dienstleistungen bei mehreren Arbeitgebern).

Gleichzeitig wächst die Erwartung an die materiellen und sozialen Eigenleistungen für Behinderte und Pflegebedürftige in der Familie, für die Betreuungs- und Bildungskosten der Kinder.

Die Wahlfreiheit nimmt für viele ab, die Belastungen verstärken sich, denn es sind gerade die Frauen, die neben dem oft zeitaufwendigen Zuverdienst die Arbeit in der Familie vornehmlich allein zu bewältigen haben.

Konkret erfahren Frauen - jedenfalls ein Teil der Frauen - die sie und ihre Familien betreffenden Sparmaßnahmen beim Mutterschaftsgeld, bei der sozialen Sicherung, bei der Ausbildungsförderung und der beruflichen Wiedereingliederung.
Eine wirksame materielle Anerkennung der in der Familie erbrachten Erziehungs-, Betreuungs- und Pflegeleistungen - sei es durch Pflegegeld oder steuerliche Entlastungen oder Beiträge zur Sozialversicherung - ist noch immer nicht erfolgt. Seit 1969 besteht die Forderung nach Erziehungsgeld oder Elternurlaub. Mit dem Gesetzentwurf vom Herbst 1984 zum Erziehungsgeld zeichnet sich ein erster Durchbruch auf der gesetzgeberischen Ebene ab.
Frauen sind es, die die Kürzungen beim Kindergeld, der Ausbildungsförderung, Wohngeld und Mutterschaftsgeld und die erhöhten Aufwendungen für die Kinder im Familienalltag primär zu bewältigen haben. Konkret erfahren die Frauen, daß ihre Lebensplanung und die Verwirklichung ihrer Wünsche nicht erleichtert, sondern erheblich erschwert wird. Weder die Vereinbarkeit von Familie und Beruf noch die Wahlfreiheit wird in Zukunft leichter zu praktizieren sein. Die Handlungs- und Entscheidungsspielräume nehmen ab.
Für einen Teil der Frauen mag ein verstärktes Engagement in der Familie eine Perspektive sein, aber sie steht in Konkurrenz zur bezahlten Arbeit mit ihren ökonomischen und sozialen Vorteilen. Nehmen die Frauen die neue Herausforderung im gewünschten Sinne an, so leisten sie zwar der Gesellschaft einen unschätzbaren Dienst, aber es wird ihnen auf diese Weise kaum gelingen, diese Gesellschaft zu verändern, zu einer *Neubewertung der unbezahlten Arbeit* zu kommen und das Bewußtsein für die notwendige Beteiligung an Gemeinschaftsaufgaben zu erhöhen.
Die Bereitschaft zur Übernahme unbezahlter Arbeit ist in erster Linie bei jenen zu erhöhen, die bereits über ein Erwerbseinkommen oder über eine Rente verfügen, denn freiwillige soziale Dienste sind kein Ersatz für Erwerbsarbeit. Sie leisten jedoch einen wichtigen Beitrag zur gesellschaftlichen Integration der Menschen, vermitteln ihnen die Erfahrung, daß sie gebraucht werden und daß es für ein sinnerfülltes menschliches Leben wichtig ist, in unmittelbar zwischenmenschlichen Beziehungen zu geben und zu nehmen.
Der Ausbau der ehrenamtlichen Tätigkeit soll zu einer Umstrukturierung und Umschichtung, nicht aber zu einem Abbau der sozialen Dienste beitragen. Gerade Frauen, die sich über Jahre pflegebedürftiger Familienangehöriger annehmen, wissen um die Dringlichkeit von punktuellen oder auch längeren Entlastungsphasen durch ambulante und stationäre Dienste. Sollte es dabei bleiben, daß vor allem Frauen für diese Dienste in Anspruch genommen werden, so könnte sich dies negativ auf ihr Familienengagement wie auch auf ihre Bereitschaft zu sozialer, ehrenamtlich erbrachter Arbeit auswirken.
Völlig ungelöst ist die Situation der Frauen, die ihre Erwerbstätigkeit unterbrechen. Sie verzichten nicht nur auf ein eigenes Erwerbseinkommen, sondern

darüber hinaus auf eine eigenständige soziale Sicherung und auf die Absicherung ihres Arbeitsplatzes. Eine Ausnahme bildet der *öffentliche Dienst,* der es Frauen seit Anfang 1985 ermöglicht, bis zum 9. Lebensjahr des Kindes beurlaubt zu werden oder eine Stundenreduktion zu erhalten.
Frauen wird zwar formal Wahlfreiheit zugesichert. Aber diese Wahlfreiheit hat einen frauenpolitisch nicht länger zu vertretenden Preis.
Von daher sind Maßnahmen dringend geboten, die zum einen je nach Lebenslage und Entscheidung der Väter und Mütter die Vereinbarkeit von Familien- und Erwerbstätigkeit erhöhen und zum anderen den Wechsel zwischen Familien- und Erwerbstätigkeit erleichtern. Das erfordert sowohl familiengerechtere Arbeitszeiten (Arbeitsflexibilität) und bessere zeitliche Abstimmungen zwischen Arbeitszeiten und Öffnungszeiten in Kindertagesstätten, Kindergärten, Schulen und den übrigen Dienstleistungsbereichen als auch Maßnahmen zur Aufwertung und Anerkennung der in der Familie erbrachten Leistungen, verbunden mit realisierbaren Perspektiven zur Rückkehr in den Beruf nach einer kürzeren oder längeren Phase der Familientätigkeit.
In Öffentlichkeit und Politik setzt sich nur zögernd die Einsicht durch, daß die Trennung der Lebensbereiche, die geschlechtsspezifische Arbeitsteilung, die Überschätzung der Selbstregulierungskraft der Familien und die wirtschaftliche Benachteiligung der Familien mit Kindern aufzuheben bzw. schrittweise abzubauen sind.
Die in der jüngsten Politik für 1986 angekündigten familienpolitischen Maßnahmen stellen Neuorientierungen und erste Schritte in die richtige Richtung dar, lösen aber erst einen Teil der zuvor angesprochenen Familienprobleme.
Tendenziell zielen die Antworten auf eine Anerkennung und Aufwertung der Familienarbeit, sie zielen zum anderen auf eine bessere Vereinbarkeit von Familie und Beruf und damit auf eine Annäherung der Lebensbereiche. Aber eine familienfreundlichere Arbeitswelt, eine an den Belangen von Familien orientierte Organisation der Betreuungs- und Bildungseinrichtungen sowie der sonstigen Dienstleistungsbereiche ist nach wie vor ein Zukunftsdesiderat. Auf erhebliche Widerstände stößt nach wie vor die Durchsetzung der Partnerschaft von Mann und Frau in Beruf und Familie. Das zeigt sich beim Mutterschaftsurlaub, der längst zum Elternurlaub hätte ausgeweitet werden müssen, wie bei der jetzt zu beobachtenden Diskussion um die Einbeziehung der Väter in die geplante Erziehungsgeldregelung. Noch immer gelten die Mütter als die wichtigeren und fähigeren Bezugspersonen des Kindes im frühen Kindesalter. Dabei werden beide, Männer wie Frauen, diskriminiert.*

* Die Forderung nach Einbeziehung der Väter wurde im Gesetzentwurf zum Bundeserziehungsgeld durchgesetzt.

Ebenso bleibt die Ausweitung der Teilzeitarbeit, vor allem die Teilzeitarbeit für Männer, eine mittel- und langfristige Zukunftsaufgabe.
Die eigenständige soziale Sicherung der Frau zählt zu jenen sozial-, familien- und frauenpolitischen Aufgaben, die längst überfällig sind. Die vom Verfassungsgericht vorgeschriebene Neuregelung der Witwenrenten erfolgte kostenneutral, d. h. ohne Verbesserung für die Frauen.
Aus diesen wenigen Beispielen geht hervor, daß sich die Familienpolitik angesichts der gesellschaftlichen und familialen Um- und Neuorientierungen mit einer Fülle von Aufgaben konfrontiert sieht und dabei nicht nur die Maßnahmen, sondern vor allem die Prinzipien überdenken muß, die die bisherige Familienpolitik leiteten.

3. Restriktive Perspektiven für Frauen

Als prekär erweist sich die Situation der Frauen. Besonders betroffen sind die erwerbstätigen und nicht erwerbstätigen Frauen, vor allem die jüngere, inzwischen beruflich qualifiziertere Frauengeneration.
In den 70er Jahren wurden Frauen angehalten zu erhöhten Bildungsanstrengungen, zu verstärktem beruflichen Engagement. Ziel ist die berufliche und gesellschaftliche Integration der Frau. Viele Barrieren waren zu überwinden: traditionelle Rollenvorstellungen, festgefügte und wenig reflektierte Sozialisationsmuster. Es fiel schwer, sich eine partnerschaftlichere Aufgabenteilung in Familie und Beruf vorstellen zu können und den Männern gleiche Familienfähigkeiten wie den Frauen zuzubilligen. Von den 20- bis 25jährigen Frauen waren 1982 beruflich 82% tätig, von den Müttern mit einem Kind 42%.[5]
Trotz guter und teilweise sehr guter Schulabschlüsse sind zwei Drittel der Jugendlichen ohne Ausbildungsplatz Mädchen. Verheiratete Frauen mit Kindern sind als „Doppelverdienerinnen" auf dem Arbeitsmarkt unerwünscht und junge Frauen im gebährfähigen Alter haben erhöhte Schwierigkeiten, nach der Ausbildung einen Arbeitsplatz zu finden.
Ist ihnen die berufliche Integration gelungen, dann möchten viele von ihnen den Arbeitsplatz nicht durch eine Erwerbsunterbrechung zugunsten der Familie aufs Spiel setzen. Es ist sehr viel schwieriger geworden, nach einer Phase der Familientätigkeit in den außerhäuslichen Beruf zurückzukehren.
In den offiziellen Verlautbarungen tritt der Bundesfamilienminister für die Aufrechterhaltung der Ziele Gleichberechtigung, Partnerschaft und Wahlfreiheit (vgl. Positionspapier des Ministers v. 18. 8. 1983, S. 18) ein.[6] Wichtige Schritte auf dem Weg zu diesen Zielen sind nach seiner Auffassung größere Flexibilität bei der Entscheidung der Arbeitszeit, der Förderung der Teilzeitbeschäftigung und die Verbesserung der Berufsrückkehrchancen von Frauen, die sich eine Zeitlang ganz den Kindern gewidmet haben. Ebenso dezidiert hat

sich das Bundesfamilienministerium gegen die Diffamierung der erwerbstätigen verheirateten Frauen als Doppelverdienerinnen ausgesprochen. Gezielte Stellungnahmen erfolgten sowohl durch den Minister als auch durch die parlamentarische Staatssekretärin. Im Pressedienst des BMJFG vom 1.2.1983 heißt es: „Als Familienminister wende ich mich ausdrücklich dagegen, daß - wie es häufig vorkommt - der Arbeitsplatz von Frauen als erstes zur Disposition gestellt wird. Eine solche Einstellung führt auch dazu, daß an den Tatbestand der Ehe Benachteiligungen geknüpft werden".[7]
Diese Erklärungen sind für Frauen von zentraler Bedeutung, aber *unmittelbarer* betroffen sind sie von den für das Haushaltsjahr 1984 geplanten und weitgehend beschlossenen *Sparmaßnahmen.* Diese häufen sich bei den Frauen gleichsam in einer Weise, als könnte ihnen ein größeres Sonderopfer zugemutet werden. Ohne bestehende Benachteiligungen abzubauen, werden neue hinzugefügt.[8]
Kurzfristig lassen sich keine entlastenden Perspektiven aufzeigen. Ausbildungs- und Berufschancen haben sich für Frauen stärker verschlechtert als für Männer. Der Benachteiligung im Beruf entspricht die Benachteiligung in der Familie. Konkret erfahren die Frauen - jedenfalls ein großer Teil - die gegen sie und ihre Familien gerichteten Sparmaßnahmen im Bereich der

1. beabsichtigten Kürzungen beim Mutterschaftsgeld (drei statt bislang vier Monate und 600 DM statt bislang 750 DM),
2. Berufs- und Erwerbsunfähigkeitsrente (zwar wird die Wartezeit durch eine Anerkennung von 5 Erziehungsjahren je Kind verkürzt, doch bei Inanspruchnahme muß eine dreijährige versicherungspflichtige Erwerbstätigkeit nachgewiesen werden),
3. 1984er Reform, die zu Lasten der selbstversicherten Frauen geht, (Der hinterbliebene Ehegatte erhält eine Witwenrente von 60%. Beim Zusammentreffen mit eigener Rente wird eine Obergrenze von 70% für beide Renten eingeführt),
4. Neuregelungen des Arbeitsförderungsgesetzes, an dessen Leistungen Frauen ohnehin nur zu einem Drittel partizipieren; erschwert wird die Beteiligung der Frauen durch die Erhöhung der Selbstkostenbeteiligung. Es betrifft jene Frauen, die an Umschulungs- und Fortbildungsmaßnahmen teilnehmen wollen, ohne arbeitslos gemeldet zu sein,
5. Nichtanerkennung von Erziehungszeiten im Rentenrecht im Rahmen der 84' Reform (Ein späterer Zeitpunkt wird in Aussicht gestellt, jedoch ohne zeitliche Festlegung).

Eine materielle Anerkennung der in der Familie erbrachten Erziehungs-, Betreuungs- und Pflegeleistungen - sei es durch Pflegegeld oder steuerliche Entlastungen oder Beiträge zur Sozialversicherung - zeichnet sich ebenfalls nicht ab. Versprochen worden ist für das Haushaltsjahr 1987 ein viermonatiges Erziehungsgeld für alle Mütter bei der Geburt eines Kindes.
Frauen sind es, die die Kürzungen beim Kindergeld, der Ausbildungsförderung, Wohngeld und Mutterschaftsgeld und die erhöhten Aufwendungen für die Kinder im Familienalltag primär zu bewältigen haben.

Konkret erfahren die Frauen, daß ihre Lebensplanung und die Verwirklichung ihrer Wünsche nicht erleichtert, sondern erheblich erschwert wird. Weder die Vereinbarkeit von Familie und Beruf noch die Wahlfreiheit wird in Zukunft leichter zu praktizieren sein. Die Handlungs- und Entscheidungsspielräume nehmen ab. Die erwerbstätigen verheirateten Frauen spüren vermehrt, daß sie als ungeliebte Doppelverdienerinnen auf dem Arbeitsmarkt unerwünscht sind oder aus ihm herausgedrängt werden.[9]

Unterbrechung der Erwerbstätigkeit bedeutet für mehr Frauen als früher Aufgabe der Erwerbstätigkeit ohne reale Wiedereingliederungschancen. Die Entscheidung für eine vorübergehende Familientätigkeit zieht weitreichende Konsequenzen nach sich.

Gleichzeitig wächst die Zahl der verheirateten Frauen und Mütter, die in ihrem erlernten oder in einem ungelernten Beruf arbeiten *müssen,* um ein ausreichendes Familieneinkommen zu gewährleisten. Persönliche Wünsche an Arbeitszeit, Tätigkeit und Bezahlung sowie soziale Absicherung müssen zurückgenommen werden. Familie und Arbeitswelt rücken gegenwärtig nicht wie geplant näher zueinander, sondern driften noch weiter voneinander weg.

Jene, die die Erwerbstätigkeit aus wirtschaftlichen Gründen nicht aufgeben können, stehen vor schwierigen und z. T. kaum lösbaren Betreuungsproblemen. Entweder fehlt der Betreuungsplatz oder die Kosten sind inzwischen so hoch, daß Eltern den Betrag nicht aufbringen können, zumal in mehreren Bundesländern die Beitragssätze, insbesondere für die Ganztagsbetreuung erhöht und die Zugangsbedingungen zu den Ganztagsplätzen verschärft wurden.[10]

Mehr Frauen als in den vergangenen Jahren geben ihre Erwerbstätigkeit nicht freiwillig, sondern unfreiwillig auf. Die jüngste Allensbachstudie zeigt, daß von den in dieser Untersuchung befragten nicht erwerbstätigen Müttern nahezu die Hälfte unzufrieden ist.[11]

Von welcher Perspektive können Frauen ausgehen? Sie werden seit Jahren vertröstet. Sie reagieren mit Empörung und Resignation, mit offenen und stillen Protesten. Bei zunehmend mehr jungen Frauen wird der Kinderwunsch aufgeschoben oder aufgegeben und die Erwerbstätigkeit beibehalten.

Im Rahmen der familienpolitischen Aussagen zu Familie und Arbeitswelt werden flexiblere Arbeitszeiten und mehr Teilzeitarbeitsplätze für Frauen und Männer in Aussicht gestellt.

Aber die Umsetzung dieser Ziele läßt auf sich warten und ohne gezielte Anreize für Arbeitgeber und Arbeitnehmer in der Privatwirtschaft und im öffentlichen Dienst wird die Bereitschaft zu mehr Teilzeitarbeitsplätzen nicht zunehmen.

Gegenwärtig suchen noch immer 2 Mill. Menschen einen Vollzeitarbeitsplatz und 250 000 einen Teilzeitarbeitsplatz. Der Ausbau und die Inanspruchnahme der Teilzeitarbeitsplätze wird entscheidend von der Ausgestaltung (Arbeitsstunden, Entgelt, Versicherung, Arbeitsplatzsicherheit) abhängen.

Frauen, vor allem Frauen mit Kindern, stellen jene Gruppe dar, die am stärksten Teilzeitarbeitsplätze nachfragen, um Familie und Erwerbstätigkeit besser miteinander vereinbaren zu können. Die Einführung eines viermonatigen Erziehungsgeldes bei der Geburt eines Kindes mag dazu beitragen, Ungleichbehandlungen von Müttern zu verringern. Aber eine auf vier Monate befristete Unterstützung von 450 oder 650 DM hilft den Frauen nicht, die Erwerbs- und Familientätigkeit miteinander vereinbaren wollen oder den Frauen, die sich für eine Unterbrechung der Erwerbstätigkeit entscheiden. Dieses Geld hat lediglich den Charakter einer Geburtenbeihilfe bzw. einer Entlastung von erhöhten Kosten. Der bayerische Vorstoß zur Einführung eines einjährigen Familiengeldes stieß - abgesehen von Finanzierungsproblemen - nicht zuletzt auf Kritik, weil die damit für Familien und Frauen in Aussicht gestellte Entlastung zeitlich nicht vertretbar sei. Diese Kritik ist mehr als bedenkenswert, aber immerhin wurden mit dem bayerischen Vorschlag deutliche Zeichen gesetzt. Ein Familiengeld von 670 DM für ein Jahr könnte einen Teil der Frauen ganz entscheidend entlasten, vorausgesetzt, es kommen flankierende Maßnahmen hinzu, die die weitere Perspektive für Familien und Erwerbsarbeit klar erkennen lassen. Daß alle diese Vorschläge die Gefahr in sich bergen, den Arbeitsmarkt von Frauen zu entlasten, darf nicht dazu führen, daß solche Vorschläge vorschnell zurückgewiesen werden.[12]*

Probleme bestehen jedoch nicht nur für die jüngeren, schulisch und beruflich besser ausgebildeten Frauen, sondern ebenso für die älteren, deren berufliche Wiedereingliederungschancen gegenwärtig relativ gering sind. Was wird aus diesen Frauen - es sind annähernd 40% -, die nach der Familientätigkeit wieder erwerbstätig sein möchten. Ihre Familientätigkeit schlägt sich weder in einer eigenständigen Alterssicherung noch in verstärkten Zugangschancen zum Arbeitsmarkt nieder. Ihre in den Familien erworbenen Qualifikationen sind nicht gefragt, die Chancen nach der Familienphase einen neuen Beruf zu erlernen, sind je nach Alter gering. Die ältere Frauengeneration verfügt über wesentlich niedrigere Schul- und Ausbildungsabschlüsse.

Eine jüngste DFG-Studie über Frauen in der nachfamiliären Phase, die in Gießen durchgeführt wurde, weist nach, daß die frei verfügbare Zeit für Frauen dieser Altersgruppe Vorrang vor fremdverplanter Zeit hat.[13] Das gilt gerade auch für die Bereitschaft, sich in einem Verband, bei der Kirche oder Kommune sozial und karitativ zu betätigen. Die Bereitschaft zu ehrenamtlicher Tätigkeit nimmt bei den Frauen nicht zu, sondern ab. Zwar sind noch immer zwei Drittel der ehrenamtlich tätigen Helfer Frauen, aber die Wohlfahrtsver-

* Die Bundesregierung hat einen Gesetzesentwurf zum Bundeserziehungsgeld eingebracht. Ab 1. 1. 1986 erhalten Mütter oder Väter für 10 Monate (ab 1. 1. 1988: für 12 Monate) ein Erziehungsgeld von 600 DM monatlich, ohne ihren Arbeitsplatz zu verlieren (Kündigungsschutz).

bände beobachten, daß sich das Durchschnittsalter (53 Jahre) erhöht und das Engagement rückläufig entwickelt.
Nach der Untersuchung des Allensbacher Instituts für Demoskopie hat sich das Potential an ehrenamtlichen Mitarbeitern deutlich verringert. Die Zahl derjenigen, die sich eine Mitarbeit bei den Wohlfahrtsverbänden vorstellen kann, ist von 49% im Jahre 1962 auf 37% im Jahre 1979 gesunken. Analog dazu stieg die Zahl derjenigen, die sich grundsätzlich ein ehrenamtliches Engagement nicht vorstellen können von 47% auf 59% an.[14]
Von den Frauen wird erwartet, daß sie die sich ausweitende, aber nicht mehr bezahlbare Arbeit für Kinder und Jugendliche, Behinderte, Pflegebedürftige und Kranke leisten. In dem Maße wie außerfamiliale Dienste in Kindertagesstätten, Behinderteneinrichtungen, Altersheimen und Krankenhäusern nicht mehr finanzierbar sind, ist die Rede von mehr Familiensolidarität, von der Reaktivierung familialer Leistungen. Im Regierungsprogramm vom 4. Mai dieses Jahres werden die Aussagen zur Familienpolitik eng verknüpft mit den Vorstellungen von einer menschlicheren Gesellschaft.[15] Mehr Familiensolidarität wie auch die Erwartung einer erhöhten Beteiligung der Menschen einer Gesellschaft an den Gemeinschaftsaufgaben kann sich aber nicht speziell an die Frauen richten. Mit welch' widersprüchlichen Erwartungen werden Frauen angesichts der konkreten Auswirkungen einer Rückverlagerung von öffentlichen Aufgaben in die Familie konfrontiert?
Es geht bei der Auseinandersetzung um diese Fragen nicht um eine positive oder negative Bewertung der aufgestellten Ziele und Erwartungen. Aber wie ist beispielsweise Familiensolidarität zu verstehen? Die Mehrgenerationenfamilie unter einem Dach ist keinesfalls der Regelfall. Die Familienbeziehungen haben sich teilweise analog zu den veränderten Lebensbedingungen neu gestaltet. Wohnformen, berufliche Mobilität, berufliches Engagement von Mann und Frau, die Vorstellung von der wirtschaftlichen Unabhängigkeit der Generationen haben zu einem Umgang miteinander geführt, der stärker durch räumliche Trennung, getrennte Lebensführung, gelegentliche wechselseitige Unterstützung und Inanspruchnahme kollektiver sozialer Leistungen als durch gemeinsames Wohnen und miteinander Leben bestimmt ist.[16]
Umbrüche in einer Gesellschaft sind nicht eindeutig unter dem Aspekt der Belastung und Überforderung, sondern auch als Herausforderung, als Chance zur Neuorientierung und Neugestaltung zu bewerten.
Viele Frauen reagieren auf diese Situation nicht mit Passivität und Resignation. Sie erwarten die Lösung der Probleme primär nicht vom Staat oder der Politik, sondern in erster Linie durch sich selbst, ihre Initiative und ihre persönliche Anstrengung.
Das gilt für viele erwerbstätige Frauen in den Familien, für arbeitslose und erwerbstätige Frauen. Es fehlt häufig nicht an Phantasie und persönlichem Einsatz.

Aber diese zur Selbsthilfe entschlossenen Frauen und auch Männer fühlen sich ohne Unterstützung von außen, ohne Fremdhilfe häufig allein gelassen.
Viele von ihnen sind bereit zu unbezahlter Arbeit, wenn ihr Lebensunterhalt gesichert ist. Sie wollen gebraucht werden, suchen nach einem sinnerfüllten menschlichen Leben.
Aber die freiwilligen sozialen Dienste sind kein Ersatz für Erwerbstätigkeit.
Der Ausbau der ehrenamtlichen Tätigkeit kann zu einer Umstrukturierung und Umschichtung, nicht aber zu einem Abbau der sozialen Dienste führen.
Gerade Frauen, die sich über Jahre pflegebedürftiger Familienangehöriger annehmen, wissen um die Dringlichkeit von punktuellen und zeitlich ausgedehnteren Entlastungsphasen durch ambulante und stationäre Dienste.[17]
Sollte es dazu kommen, daß vor allem die Frauen für diese Dienste in Anspruch genommen werden, so könnte das bei vielen die Abwehr gegenüber Familie eher noch erhöhen und die Bereitschaft verringern, nach der familiengebundenen Lebensphase weiter soziale Verpflichtungen einzugehen. Statt einer gesellschaftszugewandten bzw. gesellschaftsoffeneren Einstellung würde eine privatistische Orientierung unter Umständen noch an Bedeutung gewinnen.
Sollen Frauen nicht erneut in ihrem Selbstverständnis verunsichert und in ihren Entfaltungsmöglichkeiten beeinträchtigt werden, dann ist es dringend angezeigt, Erwerbs- und Familienrolle wie auch die Stellung der Frau in der Öffentlichkeit klarer zu bestimmen und im Rahmen der gesellschaftspolitischen Möglichkeiten abzusichern. Die angeführten Tatbestände zeigen, wie notwendig gerade in Krisenzeiten eine Familien- und Frauenpolitik ist, die die Betroffenen nicht sich selbst überläßt.

4. Notwendige Kurskorrekturen in der Familienpolitik

Einschneidende Veränderungen in den Lebensbedingungen und Lebensformen von Familie konfrontieren die Familienpolitik mit neuen Anforderungen. Wie antwortet die Familienpolitik auf die neu entstandenen Problemlagen? Dieser Frage ist auf zwei Ebenen nachzugehen, auf der der familienpolitischen Programmatik und der der Maßnahmen. Dabei ist zu unterscheiden zwischen alten und neuen Problemlagen. Neu ist nicht die Benachteiligung der Familien mit Kindern im Vergleich zu Ehepaaren ohne Kinder; neu sind auch nicht die Probleme der Vereinbarkeit von Familie und Beruf.
Neu sind die weitreichenden Auswirkungen des Rollenwandels der Frauen im Partnerschafts- und Familiengründungsverhalten. Die wirtschaftlichen Probleme verschärfen sich in den Familien aufgrund der Arbeitsmarktkrise und des gleichzeitigen Abbaus von Sozialleistungen, durch die erhöhten psychosozialen Belastungen in vielen Familien und einer wachsenden Instabilität,

durch den wachsenden Anteil an alten Menschen in unseren Familien und unserer Gesellschaft, durch das Zusammentreffen von ökonomischer und ökologischer Krise, das Zusammentreffen von geburtenstarken und geburtenschwachen Jahrgängen.

Angekündigt wurde von der neuen Regierung eine *Wende* in der Familienpolitik. Diese läßt auf sich warten, äußert sich bislang in programmatischen Absichtserklärungen. Ungewiß ist, zu welchem Zeitpunkt welche familienpolitisch wirksamen Maßnahmen durchgesetzt werden. Gegenwärtig beschränkt sich Familienpolitik schwerpunktmäßig darauf, Kürzungen zu legitimieren, sozial vertretbar zu gestalten und weitere Einsparungen abzuwehren.

Die geplanten Maßnahmen konzentrieren sich auf eine Neuregelung des Familienlastenausgleichs durch Einführung eines „Familiensplittings", dessen Ausgestaltung noch offen ist und die Einführung eines viermonatigen Erziehungsgeldes.

Gedacht ist beim Familiensplitting an eine Kombination von Kindergeld und steuerlichen Entlastungen, wobei im Verlauf der Berechnungen immer deutlicher wird, daß eine solche Reform nicht kostenneutral durchgeführt werden kann.[18]

Familienpolitik hat zwar verbaliter eine herausgehobene Priorität, aber diese wird politisch nicht wirksam. Arbeitsmarkt- und Wirtschaftspolitik sowie Sanierung der Staatsfinanzen haben in der gegenwärtigen sparpolitischen Argumentation absoluten Vorrang. Mit den Einsparungen in den Leistungsbereichen Familie, Soziales, Bildung und Gesundheit werden den Familien erhöhte „Sonderopfer" als Beitrag zur *Sanierung der Staatsfinanzen* und zur *Bewältigung der Arbeitsmarktkrise* zugemutet.

Es trifft zwar zu, wie der Arbeitsminister N. Blüm immer wieder betont, daß der Sozialhaushalt immer noch der größte Einzelposten im Etat ist, aber sind die von ihm verfolgten Einsparungen wirklich unabwendbar im Interesse der Bekämpfung der *Arbeitslosigkeit?* Arbeitslosigkeit trifft Familien mit allen vorstellbaren Härten und Konsequenzen, der Abbau der Arbeitslosigkeit ist dementsprechend familienpolitisch in höchstem Maße relevant. Aber stimmen die Prämissen, die der gegenwärtigen sozial- und familienpolitischen Argumentation zugrunde liegen? In „Politik für die Reichen?" erklärt Blüm:

> „Die härteste, unsozialste Gesellschaft ist die Arbeitslosengesellschaft. Die Sozialpolitik hat nur dann Boden unter den Füßen, wenn alle Arbeit haben. Deshalb ist die Vollbeschäftigung die wichtigste sozialpolitische Aufgabe".[19]

Prinzipiell ist dieser Aussage nicht zu widersprechen. Aber welche Erwartung wird an diese These geknüpft?

Gehen wir davon aus, daß die gegenwärtige Arbeitsmarktkrise keine kurzfristige, sondern eine längerandauernde ist, und tragen wir dem Tatbestand Rechnung, daß zusätzliche Belastungen für Familien auf eine ohnehin instabile Lage vieler Familien treffen, so scheint es umso dringlicher, solche Kurskorrekturen in der Familienpolitik vorzunehmen, die die Belastungen und Krisen in den Familien entschärfen.

Das zeitliche Nacheinander von Finanz- und Wirtschaftspolitik auf der einen Seite und Sozial- und Familienpolitik auf der anderen Seite ist für Familien nicht vertretbar, zumal die für die Arbeitsmarktpolitik gesetzten Ziele nicht erreichbar scheinen. Offen ist auch, ob ein weiterer Anstieg der Arbeitslosenzahlen vermieden werden kann. Ohne gezielte Förderung werden sich Erwartungen an Familie - sei es in bezug auf Selbsthilfe und Familiensolidarität, sei es in bezug auf die Zahl der Kinder oder die Sorge für pflegebedürftige und alte Menschen - als Wunschdenken erweisen.

Die Familienpolitik entwickelt sich gegenwärtig zur „Armenpolitik". Die Gewährung von finanziellen Familienhilfen in Abhängigkeit vom Einkommen erscheint auf den ersten Blick plausibel und folgt dem Grundsatz, daß derjenige, der leistungsfähig ist, mehr aus eigener Kraft leisten soll als der Leistungsschwache.

In Zeiten extremer finanzieller Engpässe ist in der Tat vorrangig jenen zu helfen, die besonders belastet und überfordert sind. Aber der Grundsatz der Einkommensabhängigkeit beim Familienlastenausgleich hätte zur Folge, daß für alle Familien oberhalb eines bestimmten Einkommens überhaupt kein Ausgleich für die Mehraufwendungen für Kinder mehr erfolgen würde. Diese Praxis widerspräche auch der vom Familienministerium vertretenen Grundauffassung zur Neuregelung des Familienlastenausgleichs, wonach derjenige, der Kinder hat, weniger Steuern zahlen soll als derjenige, der keine Kinder hat. Bei den angestrebten Regelungen des Familiensplitting ist umgekehrt kritisch anzufragen, wie wird verhindert, daß die einkommensstarken Familien nicht ungleich stärker begünstigt werden als die einkommensschwachen Familien.

Aber ein gerechterer Familienlastenausgleich löst noch nicht die entscheidende familienpolitische Zukunftsfrage, die Erwerbs- und Familienrolle von Mann und Frau. Die Lösung dieses Problems erfordert rasches Handeln auf verschiedenen Ebenen. Vorrang müssen Veränderungen in der Arbeitszeitstruktur haben. Aber ohne flankierende Maßnahmen im Betreuungs- und Bildungswesen, die auch dort ein größeres Angebot an flexiblen Betreuungszeiten und verläßlichen Entlastungen bewirken, können Vereinbarkeit von Familie und Erwerbsarbeit nicht erreicht werden.

Die jüngsten Einsparungen in der familienergänzenden Erziehung, Abbau der Arbeitsplätze und Verringerung des Betreuungsangebotes aufgrund des Geburtenrückgangs, sind ein Schritt in die falsche Richtung. Notwendig ist der Erhalt und Ausbau des Ganztagsbetreuungsangebotes, allein um die wachsende Zahl der Mütter und Väter nicht ohne Hilfen zu lassen, die aufgrund von Scheidung oder Einkommensschwäche auf familienergänzende Betreuung angewiesen ist. Die vorgelegten Studien des Deutschen Jugendinstituts wie auch des Wissenschaftszentrums Berlin zeigen, welchen Nachholbedarf die Bundesrepublik in diesem Bereich im Vergleich zu anderen europäischen Ländern hat.[20]

Der Anteil an Ganztagsbetreuung, vor allem an 8- bis 10stündiger Betreuung, wird in dem Maße abnehmen, wie sich die Arbeitszeiten verkürzen. Entscheidend ist, ob es gelingt, die Öffnungs- und Unterrichtszeiten in Kindergärten, Kindertagesstätten und Schulen endlich familienfreundlicher zu gestalten. Flexiblere Öffnungszeiten ziehen nicht zwingend Kostenlawinen nach sich. Die Erfahrungen mit flexiblen Öffnungszeiten, wie sie in jenen Einrichtungen vorliegen, die dieses jetzt schon praktizieren, machen deutlich, daß verschiedene Varianten mit unterschiedlichen Kosten gewählt werden können. Neben den Bemühungen um Erhalt und Umstrukturierung der bestehenden Einrichtungen kann Abhilfe im Betreuungsbereich durch verstärkte Förderung von Elterninitiativen geschaffen werden.[21]

Vergleichbares gilt für Initiativen unterschiedlicher Art, die neue Formen der Eigenaktivierung und Betreuung älterer Menschen zu entwickeln und zu erproben versuchen.

Entwicklung und Förderung neuer Ideen erhöht das Interesse an und die Bereitschaft zur Selbsthilfe. Aber es ist nicht mehr länger vertretbar, daß jene Menschen finanziell und sozial „bestraft" werden, die nach dem Prinzip der Selbsthilfe handeln, während die Inanspruchnahme öffentlicher sozialer und medizinischer Hilfen finanziert wird. Die materielle Anerkennung von Betreuungs- und Pflegeleistungen in der Familie kann nicht weiterhin auf die Zukunft verschoben werden.[22]

Zur Erhöhung der Wirksamkeit von materiellen und immateriellen Hilfen muß das Prinzip der Differenzierung verstärkt werden. Das bedeutet nicht nur, daß Leistungen besser auf den Lebens- bzw. Familienzyklus und die Lebenslage abgestimmt sein müssen, sondern daß der Handlungs- und Entscheidungsspielraum durch die angebotene Hilfe selbst erhöht wird. In der gesamten Diskussion um ein Erziehungs- und Familiengeld wird immer davon ausgegangen, daß diese Leistung unmittelbar im Anschluß an die Geburt eines Kindes in Anspruch genommen wird. Warum können Familien nicht stärker selbst entscheiden, zu welchem Zeitpunkt eine Unterbrechung der Erwerbstätigkeit aufgrund spezieller Betreuungs- oder Erziehungsanforderungen in der Familie besonders wichtig ist? Gewiß ist generell zutreffend, daß gerade die Kleinstkindphase besonderen Vorrang hat, aber nachfolgende Phasen der Entwicklung von Kindern werden familienpolitisch weitgehend vernachlässigt. Was spricht eigentlich gegen die Ausweitung des Entscheidungsspielraumes?

Die Befürchtung, die angebotenen finanziellen Hilfen könnten zweckentfremdet verwandt werden, ließe sich leicht durch entsprechende Regelungen ausräumen, die durch bestimmte Auflagen erfolgen.

Familienpolitik ist gefordert, gestaltend tätig zu werden und dabei dem Strukturwandel in Gesellschaft und Familie Rechnung zu tragen. Gegenwärtig ist

Familienpolitik in Gefahr, lediglich auf Sparanforderungen zu reagieren und in der Familienpolitik Erreichtes wieder zurücknehmen zu müssen. Die seit 1982 erfolgten Kürzungen beim Kindergeld oder die Kürzung des Mutterschaftsgeldes belegen das beispielhaft.
Zwei zentrale Fragen sind der Familienpolitik gestellt. Wird es ihr gelingen, ohne Rückgriff auf nicht mehr gelebte Familienmodelle dem Wandel der Familie Rechnung zu tragen und tragfähige Fundamente für die Zukunft zu legen? Und zweitens ist zu fragen, ob es der Familienpolitik gelingt eine weitere zeitliche Verzögerung der längst fälligen Kurskorrekturen zu vermeiden.
In den familienpolitischen Verlautbarungen und Positionspapieren sind Ansätze für eine stärker gestaltende Familienpolitik enthalten. Diese Ansätze bedürfen zunächst der Konkretisierung, damit sie in ihren beabsichtigten Wirkungen und Auswirkungen diskutierbar sind. Sie bedürfen darüber hinaus einer äußerst raschen Umsetzung, denn angesichts der Belastungen vieler Familien heute können die geplanten Hilfen zu spät kommen.

Anmerkungen

1 Vgl. die Stellungnahmen der Familienverbände EAF (Evangelische Aktionsgemeinschaft für Familienfragen) und FDK (Familienbund der Deutschen Katholiken in den Verbandsorganen „Familienpolitische Information“ und „Stimme der Familie“ Nov/Dez 1982 und die ersten Nummern des Jahres 1983.

2 Nach einer für die Landeshauptstadt München 1980 durchgeführten repräsentativen Untersuchung waren bereits 17,2% der Haushalte mit einem Kind, 34,8% der Haushalte mit zwei Kindern und 50% der Haushalte mit drei Kindern als einkommensschwach im Sinne des Wohngeldgesetzes zu bezeichnen.

3 Eid, V./Vaskovics: Wandel der Familie - Zukunft der Familie, Mainz 1982.

4 Vgl. Mikrozensus April 1983.

5 Frauen in Familie, Beruf und Gesellschaft, Statistisches Bundesamt, Ausgabe 1983.

6 Positionspapier des Bundesministers für Jugend, Familie und Gesundheit, Dr. Heiner Geißler, in: Informationen des BMJFG 18.8.1983, 18.

7 Pressedienst des Bundesministers für Jugend, Familie und Gesundheit, 1.2.1983. Gleichberechtigung der Frau verwirklichen - Bessere Chancen für Frauen bei Bundestagswahlen, 2.
Vgl. Rede der Parlamentarischen Staatssekretärin Karwatzki bei der KAB-Bundesfachtagung „Frauen übernehmen Verantwortung“, 19.3.1983, 33.

8 Vgl. Entwurf eines Gesetzes über Maßnahmen zur Entlastung der öffentlichen Haushalte und zur Stabilisierung der Rentenversicherung sowie über die Verlängerung der Investitionsabgabe (Haushaltsbegleitgesetz 1984), Deutscher Bundestag - 10. Wahlperiode, Drucksache 10/335.

9 Vgl. die Stellungnahme in „frau und arbeit“ 6/1983 „und das soll Frauen nicht ärgern!“, 1-5.

10 Vgl. DJI Materialien.
Dittrich, G./Miedauer, L./Schneider, K. (Hrsg.): Auswirkungen des Sozialabbaus im Kindergarten- und Kindertagesstättenbereich München 1982.

[11] Vgl. Sozialpolitischer Info-Dienst, hrsg. v. Ministerium für Arbeit, Gesundheit und Sozialordnung Baden-Württemberg, 6/1983 „Studie zur Situation der Frau in Baden Württemberg und Pressemitteilung vom 8. 10. 1983 in der Frankfurter Rundschau.

[12] Vgl. FAZ, 20. 7. 1983, Kannengießer, W.: Mit Mutterschaftsgeld soll die Alterspyramide vom Kopf auf die Füße gestellt werden.

[13] Vgl. Unveröffentlichte DFG-Studie zur Situation der Frau nach der Familienphase, Gießen 1983. Manuskript.

[14] Vgl. „Die Einstellung zur freien Wohlfahrtspflege - Vergleich der Ergebnisse von vier repräsentiven Bevölkerungsumfragen zwischen 1962 und 1979, Institut für Demoskopie, Allensbach 1980.

[15] Vgl. Programm der Erneuerung - Freiheit, Mitmenschlichkeit, Verantwortung, Regierungserklärung v. 4. Mai 1983, 37ff.

[16] Lehr, U.: Der ältere Mensch und die Familie: Die Bedeutung innerfamiliärer und außerfamiliärer Kontakte, in: Archiv für Wissenschaft und Praxis der sozialen Arbeit 1/1983, 15ff. und „Auf dem Weg zur Fünf-Generationen-Gesellschaft", in: FAZ, 5. 10. 1983, 9.

[17] Vgl. Teufel, E. (Hrsg.): Ehrenamtliche Arbeit im sozialen Bereich, Protokoll einer Anhörung der CDU-Landtagsfraktion am 23. April 1983, Stuttgart 1983.

[18] Vgl. Familienpolitik in der 10. Legislaturperiode. Positionspapier des Bundesministers für Jugend, Familie und Gesundheit, Dr. Heiner Geißler, in: Pressedienst des Bundesministers für Jugend, Familie und Gesundheit, 11. 7. 1983, 2ff.

[19] Blüm, N.: Politik für die Reichen? in: Kirche und Gesellschaft, hrsg. v. d. Katholischen Sozialwissenschaftlichen Zentralstelle Mönchengladbach 1983, 11.

[20] Wissenschaftszentrum Berlin: Maßnahmen zugunsten einer besseren Vereinbarkeit von Familie und Beruf. Erfahrungen aus der DDR, Frankreich, Großbritannien und Schweden sowie Empfehlungen für die Bundesrepublik Deutschland, Gruppe Politik-Informationen am IIMV/Arbeitsmarktpolitik, November 1982, 141f und
Netzler, A./Pfaff, A. B.: Internationaler Vergleich familienpolitischer Leistungen. Eine empirische Analyse der Familienpolitik in neun europäischen Ländern, Internationales Institut für Empirische Sozialökonomie, Leitershofen 1982.

[21] Kindergarten und Familie - getrennte Lebensbereiche verbinden, Übergänge gestalten, Untersuchung durchgeführt im Auftrag des Instituts Frau und Gesellschaft in Hannover 1983.

[22] Kaufmann, F. X., (Hrsg.): Staatliche Sozialpolitik und Familie, München/Wien 1982, 3ff.

III. Frauen bewähren sich

1. Die mittlere Frauengeneration zwischen Verunsicherung und Wagnis (1984)

Die wiederentdeckte Geschichte der Frauen ist bisher noch unvollständig rekonstruiert. Aber bereits die vorliegenden Ergebnisse sind aufschlußreich, weil sie zeigen, wie wechselvoll, widersprüchlich und diskontinuierlich diese Geschichte immer wieder verlaufen ist.

Traditionen und Wandlungsprozesse, Erfahrungen mit Veränderungen und Widerständen, die die heute lebenden Frauengenerationen geprägt haben, lassen vermuten, daß Orientierung am Überkommenen und tastende, wie auch radikale Aufbruchinitiativen dicht beieinanderliegen. Daß ein tiefgreifender Rollenwandel, ein Umbruch in der Lebensplanung und im Lebensvollzug der Frauen begonnen hat, wird längst in der Öffentlichkeit wahrgenommen, von den einen vorangetrieben und von den anderen bestürzt oder abwartend zur Kenntnis genommen.

Nicht zu übersehen ist die ambivalente Reaktion vieler Frauen, die zwar einerseits an den Vorteilen der Gleichberechtigungspolitik teilhaben möchten, sich andererseits aber unsicher fragen, was Rollenwandel für sie persönlich bedeutet und wie er von ihnen verwirklicht werden kann.

1. Wer ist mit der mittleren Frauengeneration gemeint und warum soll gerade von ihr die Rede sein?

Gemeint ist jene Frauengeneration, die in der Zeit zwischen 1935 und 1945, vor und während des Zweiten Weltkrieges also, geboren ist. Es geht um die heute 40–50jährigen. Diese Frauen wuchsen unter höchst widersprüchlichen Bedingungen auf. Erzogen wurden sie von Müttern, die direkt oder indirekt gegensätzlichen Frauenidealen begegnet waren: jenen Gegensätzlichkeiten und unheiligen Allianzen zwischen fortschrittlicher und rückschrittlicher Frauenpolitik, zwischen den Idealen der ersten großen Frauenbewegung und dem Frauenbild der nationalsozialistischen Ideologie.[1]

Der mittleren Frauengeneration gehören jene an, bei denen die Erinnerung an Krieg und Nachkriegszeit unmittelbar und mittelbar lebendig ist. Sie alle erinnern sich an ihre Mütter, die gewollt oder ungewollt ein „emanzipiertes“

Leben führen mußten: von den einen als unzumutbare Belastung, von den anderen als eine Zeit harter, aber zugleich auch bereichender Erfahrung gewertet.
Die heute mittlere Frauengeneration hat in anderer Weise als die in den Jahren der Gründungszeit der Bundesrepublik geborene materielle Not erlebt, und ihre Jugendjahre fielen in die Zeit des Wiederaufbaus, wobei den Wirtschaftswunderjahren eine Phase der Arbeitslosigkeit, fehlender Ausbildungs- und Arbeitsplätze für Frauen vorausging. Sie erlebten, wie ihre Mütter zunächst zur Erwerbsarbeit gezwungen und dann ebenso unfreiwillig wieder in die Familie zurückgeschickt wurden. Ihre Kindheit ist entscheidend durch Mütter geprägt, die ohne Väter ihre Kinder zu versorgen und zu erziehen hatten, die zwischen Mutterkreuz und harter Arbeit für Familie und Volk weitestgehend auf sich allein gestellt waren.[2] Sie hatten etwas anderes zu leben, als es ihr Ideal vorsah; sie konnten nicht wählen, sie mußten wagen.
Diese Mütter haben als Vertriebene, als Flüchtlinge, als Ausgebombte, als Kriegerwitwen eine weitere Erfahrung gemacht: Ehe, Familie, Eigentum, soziales - durch den Ehemann gewonnenes - Ansehen sind eine von den Wechselfällen der Politik abhängige und daher unsichere Existenzgrundlage.
Angesichts der Auswirkungen des Zweiten Weltkrieges im persönlichen und materiellen Bereich setzte sich die Erkenntnis durch, daß eine entscheidende Voraussetzung für eine eigenständige Lebensführung die qualifizierte Bildung und Berufsbildung ist, die ein gesichertes Einkommen ermöglicht. Diese Erfahrung fand ihren Niederschlag in den Bildungswegen, die die heute mittlere Generation bereits in einem hohen Maße nachweisen kann. Unabhängig von der Dauer der späteren Berufstätigkeit wurde eine Berufsausbildung für die Mädchen vor allem in Mittelschichtfamilien eine Selbstverständlichkeit. Aber der sich ändernden Einstellung zu Bildung und Ausbildung der Mädchen folgten zunächst keine einschneidenden Veränderungen bezüglich der Rolle der Frau in der Familie. Die Erwerbstätigkeit von verheirateten Frauen mit Kindern wurde nicht als Fortschritt gewertet, sondern als Ergebnis einer Notlage.
Und so wurde die nach 1945 eingeleitete Rückkehr der Frauen in die Familien, die ungefragt erfolgte, von vielen als frauenfreundlich und human beurteilt.
Obwohl die Müttergeneration während und nach dem Zweiten Weltkrieg zugleich die Rollen von Mann und Frau ausgeübt hatte, obwohl diese Mütter als Trümmerfrauen maßgeblich am Wiederaufbau beteiligt waren und sich bei der Bewältigung der familialen, beruflichen und öffentlichen Probleme bewährt hatten, vollzog sich ihre Rückkehr in die Familie nach außen hin lautlos.

Ausgetragen wurden die dadurch verursachten Brüche und Krisen in den Ehen und Familien. In den 50er Jahren stiegen die Scheidungsquoten rapide, aber unter anderen Bedingungen und mit anderen Bewertungen als heute. Krieg und Nachkriegsphase galten als Ausnahmesituation, und so übernahm ein großer Teil der heute mittleren Frauengeneration von ihren Müttern die Auffassung, daß der Beruf eine Notwendigkeit darstelle, aber nach wie vor die Familie Vorrang vor dem Beruf habe.[3]
Anders als die heute 20–30jährigen war die junge Frauengeneration in den 50er und frühen 60er Jahren mit der Erwartung konfrontiert, daß die Erwerbstätigkeit und die Berufslaufbahn zunächst einmal mit der Eheschließung enden werde. Erwerbstätigkeit war zunächst nicht mit der Vorstellung verminderter Zuständigkeit für die Familie bzw. partnerschaftlicher Arbeitsteilung zwischen Mann und Frau verbunden. Die heute mittlere Frauengeneration lebte mit Müttern, die unabhängig von ihrem Können, ihrem außerfamilialen Engagement davon überzeugt waren, daß Mutter- und Familienaufgaben ihr primärer Bereich seien, d.h., daß die Familie durch die Erwerbstätigkeit nicht zu kurz kommen dürfe.
Die heute 40–50jährigen verfügen über weitaus bessere Bildungs- und Berufsvoraussetzungen als ihre Mütter. Sie leben, sofern sie eine Familie haben, mit weniger Kindern zusammen, ihre aktive Familienphase ist wesentlich kürzer geworden, viele von ihnen streben die Rückkehr in den Beruf nach der aktiven Familienphase an. Die 50er Jahre, eine Phase der Restauration auch in der Familienpolitik, sind ein Beispiel dafür, wie wenig Konsequenzen für die Frauen aus den Erfahrungen und Veränderungen in den Lebensbedingungen der Frauen während der Kriegszeit gezogen wurden.[4]
Es zeigt sich darüberhinaus, wie instabil Verhaltensmuster und Lebensformen sind. Es gibt keine gradlinige Entwicklung vom Anfang der Gleichberechtigungsbewegung bis zur Gegenwart. Widersprüchliche Sozialisationsnormen und Prozesse treffen nicht nur in der Vergangenheit aufeinander, sie charakterisieren ebenso die Gegenwart.[5]
Auch noch in den achtziger Jahren verfehlt die Diskussion über die Aufgabenstellungen der Frau mit ihren widersprüchlichen Vorstellungen von weiblicher Eigenart und spezifisch weiblichen Lebensverläufen nicht ihre Wirkung auf ein ohnehin instabiles Selbstverständnis der Frauen.
Verstärkte Integration der Frauen in den Beruf, die mit dem wirtschaftlichen Wiederaufstieg begann und in der Mitte der siebziger Jahre ein beträchtliches Ausmaß erreicht hatte, verläuft keineswegs in Übereinstimmung mit einem grundlegenden Wandel in den Partnerbeziehungen, mit familialer Arbeitsteilung, mit der sozialen und gesellschaftlichen Integration der Frau.

2. Beginn der zweiten Frauenbewegung in den 50er/60er Jahren

Und dennoch kann nicht übersehen werden, daß infolge der im Zweiten Weltkrieg gewonnenen Erfahrungen ein Einstellungswandel, zunächst latent, später offen, in Gang kam, der in den 50er und 60er Jahren eine zweite Frauenbewegung vorbereitet hat. Entscheidende Voraussetzungen dafür bildeten der wachsende Wohlstand, die verbesserte Schulausbildung und der damit einhergehende Umstand, daß Resourcen verfügbar waren, die gesellschaftliche Veränderungen zugunsten der Frauen ermöglichten.

Die heute mittlere Frauengeneration steht zwischen den Erfahrungen, Werten und Normen der älteren und der jüngeren. Sie selbst hat nicht einfach im Sinn ihrer Mütter gelebt, sondern in Teilen einen anderen Lebensstil zu praktizieren versucht und die Wege für die nachfolgende Generation vorbereitet. In diesem Zusammenhang sollte daran erinnert werden, welche wichtigen und zugleich einschneidenden Veränderungen sich in den späten 50er und 60er Jahren vollzogen haben.

Vor allem zu Beginn der 60er Jahre bahnte sich – in deutlicher Abgrenzung zu den Nachkriegs- und Wiederaufbaujahren – eine entscheidende Neuorientierung an.[6] Ob sie das negative oder positive Ergebnis eines Umerziehungsprozesses oder die verspätete Reaktion auf eine hierarchisch-autoritäre Lebensführung war, läßt sich nicht eindeutig beantworten. Aber eines läßt sich historisch nachweisen: diese mittlere Frauengeneration hat auch nach dem Krieg die Familienaufgaben vornehmlich allein erfüllt. Mitscherlichs These von der vaterlosen Gesellschaft bezog sich ja gerade nicht auf die Kriegszeit, sondern auf die Zeit danach.[7] Die Männer waren zwar aus dem Krieg in die Familien zurückgekehrt, aber nicht, um sich verstärkt an Familienaufgaben zu beteiligen und an der Erziehung mitzuwirken, sondern um ein Zuhause zu haben, für das die Frauen garantierten. Dennoch entwickelte sich in dieser Phase wirtschaftlichen Wachstums und relativer Stabilität eine neue Konzeption von Partnerschaft, Familie, Kindererziehung und beruflichem Engagement der Frauen, die zunächst unbehelligt von einer aufgescheuchten Öffentlichkeit durchdacht und auch erprobt wurden.

Rechte wuchsen den Frauen innerhalb und außerhalb der Familie zu. Es veränderten sich die sozialen Normen, es wurde zunehmend offen über sexuelle Fragen wie voreheliche Beziehungen und Antikonzeptionsmittel diskutiert, und die Spielräume des Handelns vergrößerten sich. Noch vor der Änderung des Ehe- und Familienrechts bauten Frauen ihren Status als gleichberechtigte Partner in der Beziehung zu Männern aus. Dies galt nicht nur für die Familie, sondern ebenso für das Berufsfeld. Frauen erweiterten ihre familialen Entscheidungsbefugnisse. Der private Kompetenzzuwachs ging einher mit dem im öffentlichen Bereich. Beispiele sind: Kindergarten, Schule, Kirchengemeinde

und Kommune. Das hatte ein Umdenken bezüglich weiblicher Fähigkeiten und Begabungen zur Folge. Je mehr Frauen qualifizierte Abschlüsse, und diese auch in den Naturwissenschaften, erreichten, um so stärker wurden gängige Vorurteile über spezifisch männliche und weibliche Begabungen relativiert oder ganz zurückgenommen. Im gleichen Maße wie Mädchen nicht nur im Alltag, sondern auch in den formalen Lernprozessen der Schule den Jungen nicht nachstanden, schwächten sich die Zweifel an einer geringeren naturwissenschaftlich-mathematischen Begabung der Frauen ab.[8]
Allerdings ist noch immer die Auffassung anzutreffen, die Mutterschaft sei nicht nur die natürliche, sondern auch die wesentliche Bestimmung der Frau. Je größer allerdings der Zeitraum wird, in dem Frauen andere Aufgaben ausüben als die der Hausfrau und Mutter, desto mehr setzt sich in weiten Kreisen der Öffentlichkeit eine Einstellungsänderung durch, die den Frauen Handlungsspielräume zurückgibt und ihnen die Verwirklichung unterschiedlicher Lebensplanungen in zeitlichem Nebeneinander oder Nacheinander erlaubt. Diese allmähliche Umorientierung hat allerdings zwei zentrale Voraussetzungen: einen höheren Bildungsstand der Frauen und einen gesellschaftlichen Wandel, der sich nicht auf das Technische und Ökonomische beschränkt, sondern zurückwirkt auf Werte und Normen, die die Lebensformen sowie die Beziehung der Geschlechter und der Generationen zueinander betreffen.
Die heute mittlere Frauengeneration drängte auf eine partnerschaftliche Beziehung zwischen Mann und Frau, praktizierte eine offenere Beziehung zwischen Eltern und Kindern, die weniger autoritär und angstbesetzt war und gleichberechtigter zwischen den Eltern und Kindern verlief. Für diese Frauengeneration mit weniger Kindern als ihre Mütter aufgezogen hatten hat sich die aktive Familienphase verkürzt, die nachfamiliale Phase dagegen verlängert. Erst am Ausgang der sechziger Jahre mündeten diese Wandlungsprozesse in neue Rechtsregelungen zur Verbesserung der Gleichberechtigung zwischen Mann und Frau ein. Berufsausbildung und Erwerbstätigkeit erfolgten zunächst für Notzeiten, wurden aber immer mehr als ein den Mädchen und Frauen zustehendes Recht im Rahmen der Chancengleichheit verstanden und legitimiert. Qualifizierte Bildung und Berufsbildung sowie Ausübung der außerhäuslichen Berufstätigkeit wurden zu festen Bestandteilen der Persönlichkeitsentfaltung beim Mann wie bei der Frau.
Der Aufbruch der Frauen zu einem neuen Selbstverständnis, zur radikalen Ablösung von traditionellen Frauenleitbildern, durch eine selbstbestimmte Lebensführung, verbunden mit den Forderungen nach voller beruflicher und sozialer Integration sowie politischer Partizipation in den verschiedenen Entscheidungs- und Handlungsfeldern hat zu neuen Sichtweisen und Beurteilungen der Frauensituation geführt.
Die neue Frauenbewegung am Ausgang der sechziger Jahre wurde angeführt von Jungakademikerinnen und engagierten berufstätigen Frauen, die mit aller

Schärfe gegen Unterdrückung und Benachteiligung der Frauen zu Felde zogen.[9] Die zunächst vor allem von Intellektuellen getragene Frauenbewegung hat im Verlauf der frühen siebziger bis hin zu den achtziger Jahren Frauen aller Berufsgruppen angezogen, sei es durch direkte Zugehörigkeit oder durch die sympathisierende indirekte Unterstützung. Der Kampf galt dem traditionellen, stereotypen Leitbild der mütterlichen, familienorientierten Frau. Das Engagement richtete sich auf den Abbau der Benachteiligung von Frauen in Ausbildung, Arbeitswelt und Politik, der Verhinderung des Sexismus in der Werbung und in den Massenmedien. Der Weiblichkeitsideologie wurde eine radikale Absage erteilt. Angestrebt wurden eine bessere Vereinbarkeit von Familie und Beruf und eine eigenständige soziale Sicherung der Frau.

Die heute mittlere Frauengeneration hat erlebt, wie frauenhemmende und frauenfeindliche gesetzliche Regelungen abgebaut, wie beispielsweise im Familienrecht, im Mutter- oder Arbeitsschutz sowie im Versorgungsausgleich rechtliche und soziale Benachteiligungen beseitigt wurden. Als die zweite Frauenbewegung in der Bundesrepublik in der Öffentlichkeit von sich reden machte, stand ein großer Teil der mittleren Generation dieser emanzipatorischen Bewegung mit ihren militanten Teilnehmerinnen anfangs skeptisch und distanziert gegenüber. Die in der Bewegung engagierten Frauen zeigten Verhaltensweisen, dachten und argumentierten in einer Weise, die viele Frauen der mittleren Generation eher unangenehm berührte und befremdete. Weil diese Formation als unweiblich galt, hielten viele Frauen bewußt Abstand. Die Emanzipierten standen im Verdacht, Egoisten, Selbstverwirklicher, Männerhasser, unfrauliche geschlechtslose Wesen zu sein. Aber diese Einschätzung änderte sich. Die neuen Frauengruppen setzten mit ihren Sprecherinnen und Initiativen eine breite Bewegung in Gang, die die Frauen zwangsläufig zur Auseinandersetzung mit ihren bisherigen Lebenserfahrungen gebracht hat.

3. Scheinbar Selbstverständliches wurde in Frage gestellt, die Rolle der Frau wurde neu definiert

Die mittlere Frauengeneration wurde so Zeuge eines tiefgreifenden Umbruchs. Sie erlebte aber auch die Übergänge und einschneidenden Brüche zwischen heute und morgen, zwischen sich und der nachfolgenden Frauengeneration. Viele sind hin- und hergerissen zwischen alten und neuen Anforderungen, zwischen überkommener Lebensführung und neuen Wegen. Diese mittlere Generation wird durch die heute 20- und 30jährigen, d.h. durch ihre Töchter und Söhne, mit andersartigen Lebensentwürfen und Lebensvollzügen konfrontiert.[10] Das betrifft Einstellungen zu Formen des Zusammenlebens, zu bezahlter und unbezahlter Arbeit, zu familialer und beruflicher Arbeitsteilung zwischen den Geschlechtern. Töchter stellen ihre Mütter in Frage, sei es wegen ihrer zu stark familienzentrierten oder ihrer zu stark berufsorientierten Lebensführung, sei es in bezug auf ihr zu geringes politisches Engagement oder auf die Zurücknahme der eigenen Bedürfnisse und Rechte zugunsten des Partners und der Kinder. Aufgewachsen im Wohlstand, gewöhnt an größere Handlungsspielräume, was den Umgang zwischen den Geschlechtern und deren wechselseitige Erwartungen angeht, vertreten die Töchter von heute andere Einstellungen zu Kindern, zur Scheidung, Wiederverheiratung oder Berufstätigkeit. Bei der mittleren Frauengeneration stoßen alte und neue Frauenrollen aufeinander. Sie erleben vergleichbare und gänzlich gegenläufige Lebensvorstellungen und Verhaltensmuster gemessen an der Lebensweise ihrer Mütter und der Generation ihrer Töchter. Sie haben die Vor- und Nachteile der Erwerbstätigkeit wie der Nichterwerbstätigkeit von Müttern erlebt. Sie haben die Erfahrung gemacht, daß eine qualifizierte Schul- und Berufsausbildung noch keineswegs ausreicht, um den Kontakt zum Beruf zu halten, um den Grundkonflikt zwischen Familie und Beruf zu lösen. Unbelastet waren viele so lange, wie die Rolle als Hausfrau und Mutter nicht problematisiert wurde, so lange es selbstverständlich war, die Erwerbsarbeit bei der Familiengründung aufzugeben. Nun erlebt diese mittlere Frauengeneration, daß ihre Kinder vor nicht weniger spannungsreichen Konflikten stehen als sie selbst. Daß die Vereinbarkeit zwischen den Lebensbereichen nicht erhöht wurde und daß auch die nachfolgende Frauengeneration unter Voraussetzungen ihr Leben plant, die nicht weniger widerspruchsvoll als die der vorangegangenen Generation sind. Die Möglichkeit, Beruf und Familie miteinander zu verbinden, ist für die Mehrheit der Frauen nicht erweitert worden. Entscheidung für Familie und/oder Beruf hat in aller Regel Mehrfachbelastungen zur Folge. Rechtlich wurde das Leitbild der partnerschaftlichen Aufgabenteilung durchgesetzt. Keine Frau kann mehr an der außerhäuslichen Erwerbstätigkeit durch ihren Ehemann gehindert werden, aber faktisch hat die Frau die Erwerbstätigkeit zusätzlich zu den Familienaufgaben zu erbringen. Viele Frauen fürchten, damit überfordert zu sein, und fragen sich, zu welchem Preis sie ihre Gleichberechtigung in Familie und Beruf durchsetzen. Frauen wissen, daß sich abgesehen von verbesserten rechtlichen Voraussetzungen und einer qualifizierteren Ausbildung ihr Alltag nicht entscheidend verändert hat. Denn eine Abstimmung zwischen den Lebensbereichen der Familie einerseits, der Arbeitswelt und dem Bildungswesen andererseits ist in gar keiner Weise erfolgt. Dieser Prozeß hat noch gar nicht begonnen.

Erwähnenswert ist in diesem Zusammenhang die Stellung der heute mittleren Frauengeneration zu den Forderungen der engagierten autonomen Frauenbewegung.

Es besteht kein Dissenz zwischen den Frauen in bezug auf den Anspruch und die Durchsetzung uneingeschränkter Gleichberechtigung bzw. den Abbau jeder Form von Benachteiligung.

Die Geister scheiden sich jedoch, wenn es um die Durchsetzung von Rechten im Alltag der Frauen geht. Frauen sind sich weder als Angehörige der mittleren Generation noch generationübergreifend in der Frage der Gewichtung und Verteilung von Familientätigkeit und Erwerbstätigkeit einig. Nach wie vor gehen viele Frauen davon aus, daß sie in anderer, d.h. in weitergehender Weise für Familie zuständig sind, daß es primär ihre Pflicht ist, sich um die Kinder zu kümmern, daß sie eher arbeitslos sein können als der Mann. Viele Frauen halten die gegenwärtige Arbeitsteilung für einen auf lange Zeit nicht zu korrigierenden Tatbestand. Die Kraft zur Veränderung ist noch relativ schwach ausgeprägt. Nicht wenige Frauen ahnen, daß Gleichberechtigung ihren Preis hat und mit ihr Anforderungen an Selbständigkeit, Eigenverantwortlichkeit, Entscheidungsfähigkeit, an familiale und außerfamiliale Kompetenzen geknüpft sind. Aber die persönliche Herausforderung geht einher mit der gesellschaftlichen Herausforderung. Die faktischen Widerstände sind so groß, daß Frauen zu Recht befürchten, eine kurzfristige Veränderung ihrer Situation kaum durchsetzen zu können. Die mangelnde Koordination zwischen Familie, Arbeitswelt und Bildungswesen hat dazu geführt, daß Belange der Frauen, wie ihre soziale und berufliche Integration, bisher eine untergeordnete Rolle gespielt haben. Das zeigt sich beispielsweise in den Öffnungszeiten von Kindergärten und in den Zeiten für Schulunterricht wie auch in den Arbeitszeiten bis hin zu den Öffnungszeiten der meisten Dienstleistungsbetriebe. Trotz geringer Entlastungen hat sich der Anteil der erwerbstätigen Frauen mit Kindern in den letzten 20 Jahren stetig erhöht. Das hängt zum einen mit dem gestiegenen Ausbildungsniveau und zum anderen mit der rückläufigen Kinderzahl in den Familien zusammen. Je weniger Kinder, desto kürzer die Familienphase, desto geringer die zeitliche, physische und psychische Inanspruchnahme durch die Familie. Den meisten Frauen ist bewußt, daß die Entscheidung für außerhäusliche Erwerbstätigkeit mit höherer Beanspruchung verbunden ist und in aller Regel den Verzicht auf Freizeit und vielfältige soziale Kontakte beinhaltet. Sie wissen aber auch, daß Erwerbstätigkeit allein eine völlig unzureichende Bedingung für eine gleichberechtigtere private und öffentliche Lebensführung ist. Gerade ökonomische Krisenzeiten zeigen, wie ungesichert die gesellschaftliche Rolle der Frau noch ist, wie wenig die Gleichberechtigung der Geschlechter tatsächlich im öffentlichen Bewußtsein zur Selbstverständlichkeit geworden ist.

Dennoch hat sich wenigstens in einem Bereich ein entscheidender Wandel vollzogen. Mehr Frauen haben die Voraussetzungen zu einer vom Mann unabhängigen Lebensführung erreicht. Sie sind sozial unabhängiger und damit selbstbewußter geworden. Mehr Frauen wagen – oftmals auch unter größeren wirtschaftlichen Schwierigkeiten – den Schritt in die Eigenständigkeit. Sie nehmen, wenn es notwendig ist, ihr Leben selbst in die Hand, sind weniger bereit, unzumutbare menschliche Bedingungen im Zusammenleben durchzuhalten.

Aber solchen Verselbständigungsschritten gehen oftmals aufreibende Phasen der Selbstfindung voraus. Die Unsicherheit betrifft die eigenen Lebensrechte, die Verpflichtung gegenüber dem Partner und den Kindern. Erschwert wird die Selbstfindung durch wiederkehrende Auflagen der Ideologie von der sogenannten weiblichen Wesensart und weiblichen Lebensmustern, durch alte Festschreibungen der familialen Rolle der Frau also und durch belastende Kritik an jenen Frauen, die sich für eine Unterbrechung oder eine Fortführung der Erwerbstätigkeit entschieden haben.
Ein immer deutlicheres Nein sagen Frauen zu ihrer beruflichen Integration ohne wirksame Formen der Entlastung im häuslichen Bereich. Sie sind nicht länger bereit, außerhäusliche Erwerbstätigkeit unter den bestehenden Bedingungen auszuüben. Frauen drängen auf flexible und kürzere tägliche Arbeitszeiten, ein breites Teilzeitarbeitsangebot, eine stärkere Beteiligung der Männer an Familienaufgaben.

4. Folgerungen

Veränderungen sind nur erreichbar, wenn mehr Frauen selbst politisch aktiv werden, wenn sie die Durchsetzung veränderter Lebensführung von Frauen und Männern nicht einer Minderheit überlassen. Frauen sind zwar selbstbewußter geworden, aber sie brauchen offenbar noch mehr Ermutigung und Unterstützung, um mehr zu wagen. Der Vorstoß in neue, bislang vornehmlich von Männern gestaltete Lebensbereiche wie auch die Durchsetzung partnerschaftlichen Zusammenlebens in der Familie eröffnen neue Chancen, konfrontieren aber auch mit neuen Anforderungen und Zwängen.
Damit wird den Frauen abverlangt, zunächst mehr zu leisten, ohne unmittelbar mehr Einfluß und Macht zu haben. Sie nehmen das Risiko auf sich, bisherige Freiräume zu verlieren, durch neue Verpflichtungen gebunden zu sein und zunächst mehr Widerstand als Zuspruch zu erfahren.
Ein Teil der Frauen fürchtet den Verlust der „alten“ Sicherheit.
Der Aufbruch zu einer partnerschaftlichen Lebensform in Familie, Beruf und Öffentlichkeit ist eine mit Schwierigkeiten verbundene Herausforderung, ein Wagnis, dessen Ausgang offen ist. Sicherheit und Wagnis stehen in Spannung zueinander. Jede Frau muß für sich entscheiden, wieviel sie sich selbst und jenen zumuten kann, mit denen sie zusammenlebt.

Anmerkungen

1 Nave-Herz, R.: Die Geschichte der Frauenbewegung in Deutschland, Schriftenreihe der Niedersächsischen Landeszentrale für Politische Bildung, Hannover 1982; Schenk, H.: Die feministische Herausforderung. 150 Jahre Frauenbewegung in Deutschland, 2. Aufl. München 1984; Beuys, B.: Familienleben in Deutschland. Neue Bilder aus der deutschen Vergangenheit, Hamburg 1980; Weber-Kellermann, I.: Die deutsche Familie. Versuch einer Sozialgeschichte, Frankfurt 1974; Reif, H. (Hrsg.): Die Familie in der Geschichte, Göttingen 1982.

2 Lauer, A.: Die Frau in der Auffassung des Nationalsozialismus, Köln 1932, Scholtz-Klink, G.: Verpflichtung und Aufgabe der Frau im Nationalsozialismus, Schriften der Deutschen Hochschule für Politik, Berlin 1936; Silber von Groote, P.: Die Frauenfrage und ihre Lösung durch den Nationalsozialismus, Berlin 1933; Stephenson, J.: Women in Nazi Society, London 1975; Mason, T.: Zur Lage der Frauen in Deutschland 1930–1940: Wohlfahrt, Arbeit und Familie, in: Backhaus, H.-G. u. a. (Hrsg.): Gesellschaft. Beiträge zur Marxistischen Theorie 6, Frankfurt 1976, 118–192; Hervé Murray, F.: Frauen im Faschismus, in: Das Argument 24, 1963, H. 1, 19–22.

3 Schelsky, H.: Wandlungen der deutschen Familie in der Gegenwart, Stuttgart 1953.

4 Lehr, U.: Die Frau im Beruf – eine psychologische Analyse der weiblichen Berufsrolle, Frankfurt 1969; Lehr, U.: Veränderungen in der Daseinsthematik der Frau im Erwachsenenalter, in: Vita Humana 4, 1961, 193–228.

5 Pross, H.: Gleichberechtigung im Beruf? Eine Untersuchung mit 7000 Arbeitnehmerinnen in der EWG, Frankfurt 1973; Pross, H.: Die Wirklichkeit der Hausfrau. Eine erste repräsentative Untersuchung über nicht-erwerbstätige Ehefrauen, Reinbek 1975.

6 Schenk, H.: Die feministische Herausforderung, 2. Aufl. München 1984.

7 Mitscherlich, A.: Auf dem Weg zur vaterlosen Gesellschaft. Ideen zur Sozialpsychologie, München 1963.

8 Kutsch, M.: Die Frau im Berufsleben. Der Weg zur Chancengleichheit am Arbeitsplatz, Freiburg 1979; Soden, K./Zipfel, G.: Frauen in der Wissenschaft, Köln 1979; Randzio-Platz, Ch.: Laßt uns endlich mitregieren! Wege von Frauen in die Politik, Freiburg 1980.

9 Nave-Herz, R.: Die Geschichte der Frauenbewegung in Deutschland, 49 ff.; Schenk, H.: Die feministische Herausforderung, 83 ff.

10 Gravenhorst, L./Schablow, M./Cramon-Daiber, B.: Lebensort: Familie, Opladen 1984.

2. Frauen und neue Technologien (1985)

Am 29. 1. 1985 veranstaltete die CDU in Bonn ein Hearing zu dem Thema „Frauenbeschäftigung und neue Technologien“. Zu dieser Tagung waren vor allem Vertreter/innen von Universitäten, Forschungsinstituten, Gewerkschaften, Arbeitgeberverbänden und der Bundesanstalt für Arbeit eingeladen.
Die Expertinnen/Experten waren aufgefordert, zu verschiedenen Themenschwerpunkten Stellung zu nehmen und in der Diskussion alternative Entwicklungslinien zur erwarteten Tendenz aufzuzeigen. Die Komplexität und Vielschichtigkeit der Thematik wurde in den Beiträgen der Expertinnen/Experten deutlich. Generell bestand Einigkeit darüber, daß durch die aktuellen Entwicklungstendenzen im Bereich der Informations- und Kommunikationstechnik in besonderem Maße Frauenarbeitsplätze betroffen sind. Dabei beschränken sich die Auswirkungen nicht nur direkt auf die Arbeitswelt, sondern beeinflussen alle Lebensbereiche. Daraus resultieren quantitativ und qualitativ gewandelte Anforderungen an die Qualifizierung der Arbeitnehmer/innen. Es müssen verstärkt Überlegungen vorangetrieben werden, inwieweit Veränderungen im Bildungsbereich sinnvoll und notwendig sind. In der Schlußdiskussion wurde betont herausgestellt, daß zur Beeinflussung der Entwicklung und zur Korrektur von Disparitäten auf dem Arbeitsmarkt gegenwärtig verstärkt politischer Handlungsbedarf besteht. Die zahlreichen theoretischen Ansätze müssen durch empirische Analysen der Anwendungsbereiche neuer Technologien ergänzt werden, die insbesondere frauenspezifische Aspekte berücksichtigen.
In dem folgenden Aufsatz soll zunächst eine Darstellung des aktuellen Diskussionsstands zur Thematik „Frauenbeschäftigung und neue Technologien“ erfolgen. Danach entwickeln wir auf dieser Basis mögliche Konsequenzen für die Qualifizierung bzw. den Bildungsbereich.

1. Wandel der Wirtschafts- und Sozialstruktur durch neue Technologien

Den neuen Technologien kommt eine Schlüsselfunktion in der gegenwärtigen und zukünftigen Wirtschafts- und Gesellschaftsentwicklung der Bundesrepublik Deutschland zu. Der zu beobachtende Übergang von der Industriegesell-

schaft zur „Dienstleistungsgesellschaft" oder auch „Informationsgesellschaft" ist vor allem durch den Wandel der Arbeits- und Wirtschaftsverhältnisse gekennzeichnet. Die Symptomatik dieser Entwicklung zeigt sich in der oft kontroversen Beurteilung des Einsatzes neuer Technologien in den verschiedenen Wirtschaftsbereichen.
Eine genaue und abgrenzende Definition zum Umfang neuer Technologien ist schwierig und sicherlich nur sachbezogen zulässig, es werden jedoch im wesentlichen darunter Informations- und Kommunikationstechniken verstanden, deren Entwicklung und Anwendung durch den Einsatz der Mikroelektronik gekennzeichnet ist (O. V. 1984).
Ausgehend von der in Volks- und Wirtschaftswissenschaften traditionellen sektoralen Wirtschaftsgliederung im primären, sekundären und tertiären Wirtschaftssektor ist im historischen Vergleich eine deutliche Entwicklung von der Industrie- zur Dienstleistungsgesellschaft und Informationsgesellschaft festzustellen. Damit werden neue Arbeits- und Produktionsstrukturen geschaffen. Die neuen Informations- und Kommunikationstechniken werden grundsätzlich in alle Wirtschaftssektoren Eingang finden. Jedoch dürften die Diffussionsgeschwindigkeit, die Eindringtiefe und der Produktivitätseffekt sektorspezifisch recht unterschiedlich sein. Im sekundären und tertiären Sektor kommt den Produktionsfaktoren Arbeit und Technologie besondere Bedeutung zu. Mit zunehmender Kostenintensität des Produktionsfaktors Arbeit verstärkt sich die Tendenz, durch erweiterten Einsatz neuer Technologien die menschliche Arbeitskraft zu substituieren und so eine höhere Produktivität zu erzielen. Die Sektoren Industrie und Dienstleistungen bieten somit für neue Technologien besonders gute Eingangsmöglichkeiten.

2. Die Entwicklung des Informationssektors

Die beschriebenen Veränderungen der Beschäftigungsstruktur durch die Umsetzung und Nutzung neuer Technologien haben nach Dostal (1984) zur Erweiterung des Dreisektorenmodells um einen vierten Sektor, den „Informationssektor", geführt. Die Informationstätigkeiten haben im produzierenden Gewerbe und insbesondere im Dienstleistungsbereich erheblich an Bedeutung für den Arbeitsmarkt gewonnen (vgl. Abb. 1).
Der quantitativen Ausweitung der Informationsberufe im Bereich des Dienstleistungssektors steht das gebremste Wachstum der übrigen Dienstleistungen entgegen. Die Abgrenzung des Informationsbereichs nach dem Tätigkeitsschwerpunkt zeigt, daß im Jahr 1980 nahezu 40% aller Erwerbstätigen ihrem Tätigkeitsschwerpunkt nach zum Informationsbereich gehörten und 33,5% der Erwerbstätigen in Informationsberufen beschäftigt waren.

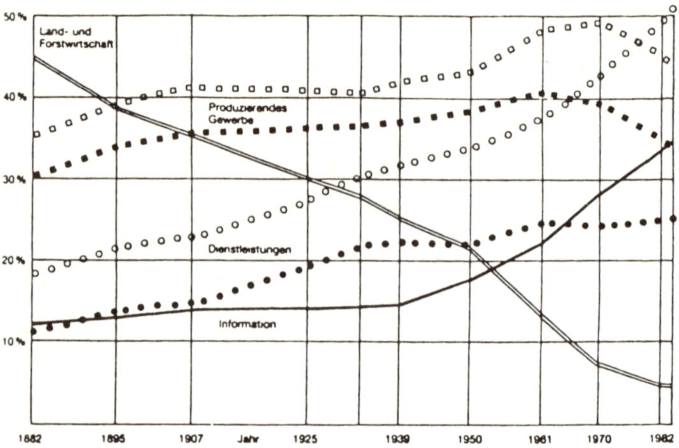

●●● ■■■ Sektoren ohne Informationsberufe ○○○ □□□ Sektoren incl. Informationsberufe

Datenquelle: Volks- und Berufszählungen 1882–1970, Mikrozensus 1980 und 1982

Abbildung 1: Entwicklung der Beschäftigung in den vier Sektoren, 1882–1982

Quelle: Dostal, W. 1984: Datenverarbeitung und Beschäftigung. Teil 3: Der Informationsbereich, in: MittAb, 17. Jg., Nr. 4, 499

Die Interpretation der Veränderungen im Bereich der Wirtschaft als grundlegende strukturelle Entwicklung des Wirtschaftssystems vom traditionellen Dreisektorenmodell zum Viersektorenmodell ist für die Frauenbeschäftigung von besonderer Relevanz. Grundsätzlich bieten die neuen Berufe, die im Rahmen der Erstellung und Anwendung neuer Technologien entstehen konnten, neue Möglichkeiten der Beschäftigung für Frauen und Männer gleichermaßen. Wie jedoch die historische Erfahrung gezeigt hat, partizipieren Frauen in geringerem Maße an den positiven Entwicklungen derartiger Veränderungen der Beschäftigungsstruktur als Männer. Neu entstehende zukunftsträchtige Erwerbsmöglichkeiten werden zunächst von Männern wahrgenommen und erschlossen. Frauen dringen erst mit starker zeitlicher Verzögerung in diese Beschäftigungsbereiche ein und müssen dann mit den geringer qualifizierten Tätigkeiten oder den weniger attraktiven Arbeitsplätzen vorlieb nehmen.

3. Betroffenheit von Frauenarbeitsplätzen

Die quantitativen und qualitativen Auswirkungen der technologiebedingten Beeinflussung von Frauenarbeitsplätzen sind vielschichtig und anhand der vorliegenden Empirie schwer abzuschätzen. Zudem sind die aufgezeigten Entwicklungen im Bereich neuer Technologien noch längst nicht abgeschlossen. Weder die bislang erstellten Globalstudien noch die repräsentativen Fallstudien haben zu wissenschaftlich akzeptablen Ergebnissen über die zu erwartenden Beschäftigungseffekte geführt.

Die Betroffenheit von Frauenarbeitsplätzen hängt ganz wesentlich von den Strukturfaktoren der beschäftigungsrelevanten Bereiche ab. Da die Bezüge zwischen der technischen Entwicklung und den Frauenarbeitsplätzen selten direkt, sondern meist indirekt, vermischt mit anderen sozialen, ökonomischen und geschlechtsrollenspezifischen Aspekten auftreten, lassen sich Betroffenheit durch Technik und die zukünftigen Entwicklungen nicht unmittelbar bestimmen. Die Schwierigkeit, die Auswirkungen der neuen Technologien auf Frauenarbeitsplätze zu bestimmen, ist auch auf die mangelnde Isolierbarkeit der Informationstechnik und des Mikroelektronikeinsatzes zurückzuführen. Dementsprechend sind exakte Aussagen zur quantitativen Betroffenheit von Frauenarbeitsplätzen durch den Einsatz neuer Technologien nicht möglich.

Nahezu in allen Untersuchungen (BMFT 1983, Krebsbach-Gnath 1983, u.a.) wird jedoch übereinstimmend davon ausgegangen, daß der Einsatz der Informations- und Kommunikationstechnik in allen Wirtschaftsbereichen längerfristig zu negativen Beschäftigungswirkungen führen wird. Die bisherigen Arbeitsplatzverluste sind nach Aussagen der Enquête-Kommission (1983) relativ gering im Vergleich zu den Beschäftigungseffekten der projektierten Anwendung von Informations- und Kommunikationstechniken wie z. B. dezentrale Online-Datenverarbeitung, Kleincomputer, computerunterstützte- und kommunikationsfähige Textverarbeitungssysteme, Telex und Btx. Bisher stehen der weiten Verbreitung und Nutzung dieser Innovationen noch einige Hemmnisse im Wege. Doch die Diffusionsgeschwindigkeit dieser Innovationen wird infolge der Preisentwicklung erheblich zunehmen, und der stete Preisverfall der Hard- und Software wird auch mittleren und kleinen Betrieben die Anwendung dieser Techniken ermöglichen, die bisher hauptsächlich kapitalstarken Großunternehmen vorbehalten war. Die enormen Umsatzsteigerungen amerikanischer und deutscher Informationstechnikhersteller können als Parameter des expansiven Wachstums der Nachfrage nach Informationstechnik angesehen werden.

Die Wirtschaft sieht in der Anwendung der Informationstechnik die Möglichkeit, Produktions- und Interaktionsprozesse schneller, zuverlässiger, einfacher und insbesondere billiger abzuwickeln. Die konsequente Nutzung der Informations- und Kommunikationstechnik als Instrument der Rationalisierung, Erhöhung der Produktivität und Schaffung von Wettbewerbsvorteilen wird in Zukunft zu umfangreicher Freisetzung von Arbeitskräften führen.

Bei den geschätzten Arbeitsplatzverlusten muß von einer unterschiedlichen Betroffenheit von Frauen und Männern ausgegangen werden. Die Verände-

Tabelle 1: Wichtige amerikanische und deutsche Informationstechnik (IT)-Hersteller im Jahr 1983 bzw. Geschäftsjahr 1982/83

Hersteller	IT-Umsatz in Milliarden Dollar (1983 bzw. 1982/83)	Umsatz-zuwachs in %	Reingewinn in Millionen Dollar (1983 bzw. 1982/83)
Amdahl	0,777	+68,3	46,5
Apple	0,982	+69,0	76,7
Burroughs	4,389	+ 5,0	196,9
Control Data	3,508	+ 6,3	161,7
Digital Equipment	4,272	+10,0	284,0
Hewlett-Packard Corp.	4,710	+12,4	432,0
IBM Corp.	40,180	+16,9	5485,0
Intel	1,122	+25,0	116,0
NCR	3,700	+ 6,0	228,0
NIXDORF	0,900	+18,1	31,0
SIEMENS (DV)	0,800	+17,0	-
Xerox Corp.	8,800	+ 1,7	466,0

Quelle: Haefner, K. 1985: Die neue Bildungskrise. Reinbek bei Hamburg, 69

rungen auf dem Arbeitsmarkt durch den Einsatz der Informations- und Kommunikationstechniken wird wesentlich von ökonomischen und gesellschaftlichen Gegebenheiten nach marktwirtschaftlichen Regeln bestimmt. Die Umsetzung und Nutzung neuer Technologien trifft auf eine Arbeitsmarktstruktur, die durch ausgeprägte geschlechtsspezifische Disparitäten gekennzeichnet ist. Die besondere Betroffenheit von Frauenarbeitsplätzen resultiert aus der Eigenart der Frauenerwerbstätigkeit, die das Ergebnis der historischen Festlegung der Zuständigkeit von Frauen für den Reproduktionsbereich ist. Die starke geschlechtsspezifische Segregation und Konzentration von Frauen auf wenige Berufsbranchen lassen eine Charakterisierung „typisch“ weiblicher Tätigkeitsmerkmale zu. So kennzeichnet Krebsbach-Gnath Frauenarbeitsplätze durch vornehmlich repetitive Tätigkeiten, die sich durch materialbezogene Überwachung und Lenkung und durch das Nichterfordernis von eigenständigem Denken auszeichnen. Die starke Konzentration von Frauen in „typischen“ Frauenberufen, die ein geringes Qualitätsniveau besitzen, die Art der ausgeführten Tätigkeiten mit überwiegend einfachen, rationalisierbaren und automatisierbaren Tätigkeitsmerkmalen sind neben sozioökonomischen Entscheidungsmustern und geschlechtsrollentypischen Einstellungen und Verhaltensweisen nur einige der Faktoren, aus denen zu schließen ist, daß die derzeitigen Strukturveränderungen in der Arbeitswelt sich nicht „geschlechtsneutral“ auswirken, sondern eine Benachteiligung von Frauen zur Folge haben werden.

4. Neue Benachteiligungspotentiale für Frauen im Produktionsbereich

Im *Produktionsbereich,* wo 24% der erwerbstätigen Frauen beschäftigt sind, verlagern sich die Arbeitsinhalte von der Bearbeitung eines Produkts hin zur Bedienung, Überwachung und Instandhaltung von automatisierten Fertigungsanlagen. Frauen sind in der Produktion vorwiegend in den unteren Lohngruppen an Arbeitsplätzen mit einfachen Bearbeitungs- und Montagetätigkeiten beschäftigt. Einzeluntersuchungen zeigen, daß im Bereich der industriellen Fertigung vorrangig Arbeitsplätze mit geringen Qualifikationsanforderungen von Rationalisierungsmaßnahmen betroffen sind wie z. B. Montage, Verpackung und Kontrolle. Diese Arbeitsleistungen erfordern lediglich ungelernte und angelernte Fähigkeiten. Die Zahl der Arbeitsplätze wird in diesen Bereichen in Zukunft durch Einführung programm- und computergesteuerter Maschinen und Anlagen erheblich zurückgehen.

Von dem Beschäftigungsrückgang sind auch Branchen mit einem traditionell hohen Anteil von Frauenarbeitsplätzen überdurchschnittlich betroffen. Für die Branchen Textil- und Bekleidungsgewerbe (278 000 bzw. 243 000 erwerbstätige Frauen) wird ein Rückgang von 26% bzw. 20% erwartet (Krebsbach-Gnath 1983).

Prognosen aus den USA beinhalten, daß bis zum Jahr 2000 50–80% der Tätigkeiten im Produktionsbereich automatisiert sein werden. Erste Beispiele vollautomatisierter Produktionsstätten, die menschenleere Fabrik, sind schon heute aus Japan bekannt.

Durch die Einführung programm- und computergesteuerter Maschinen und Anlagen werden in geringer Anzahl auch neue Arbeitsplätze geschaffen. Diese Arbeitsplätze setzen jedoch in der Regel ein hohes Qualifikationsniveau der Arbeitskräfte voraus. Da die von der Freisetzung im Produktionsbereich betroffenen Frauen nicht über die notwendigen Qualifikationen verfügen, bestehen für sie nur geringe Chancen, in diesem Bereich eingesetzt zu werden. Selektive Mechanismen bewirken, daß Frauen in der betrieblichen Weiterbildung sowohl im sekundären als auch im tertiären Sektor unterproportional vertreten sind.

5. Neue Benachteiligungspotentiale für Frauen im Büro- und Dienstleistungsbereich

Der zukünftigen Entwicklung im *Büro- und Dienstleistungsbereich* kommt durch den hohen Beschäftigungsanteil von Frauen in diesem Sektor besondere Bedeutung zu. 65% aller erwerbstätigen Frauen sind im Büro- und Verwaltungsbereich tätig. Der Einsatz neuer Büromittel wie z. B. Textverarbeitungssysteme wird primär die weniger qualifizierten Arbeitskräfte in Büro-, Organisations- und Verwaltungsberufen treffen. Vor allem Frauenarbeitsplätze sind durch diese Entwicklung betroffen. Die Abb. 2 zeigt die Entwicklung der Zahl der Erwerbstätigen im Bürobereich getrennt für Frauen und Männer auf.

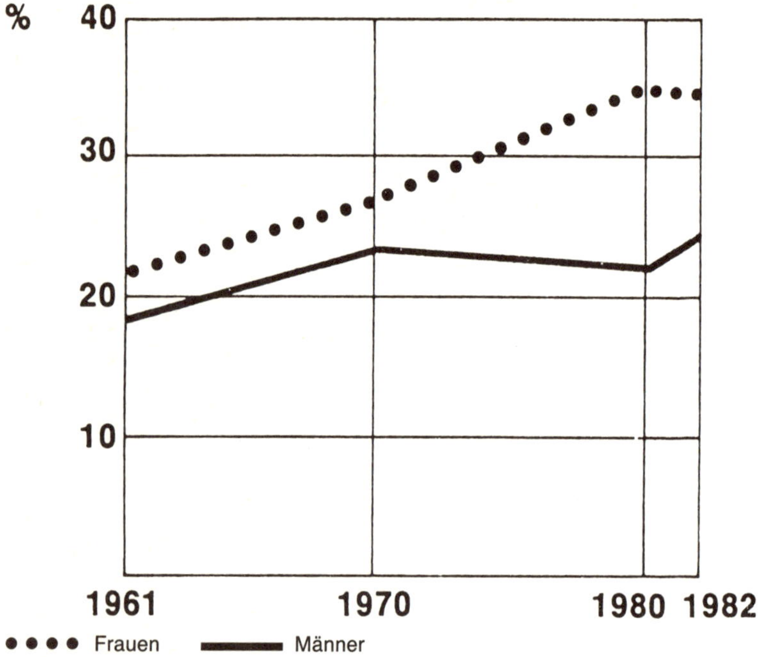

Abbildung 2: Anteil der Beschäftigten in „Büroberufen" an allen Erwerbstätigen in den Jahren 1961, 1979, 1980 und 1982

Quelle: Troll, L. 1984: Büroberufe im Wandel, in: MittAb, 17. Jg., Nr. 1, 6

Von 1961 bis 1980 stieg der prozentuale Anteil der Erwerbstätigen im Bürobereich an der Gesamtzahl der Erwerbstätigen von 20% auf 28% an, wobei Frauen in stärkerem Maße als Männer an dieser Entwicklung partizipierten. Von 1980 bis 1982 sank erstmalig der Anteil der weiblichen Erwerbstätigen, während der Anteil der männlichen Erwerbstätigen gleichzeitig anstieg. Aufschlüsse über mögliche Gründe für dieses Phänomen bietet die Statistik über die Entwicklung der Bürobeschäftigten nach überwiegender Tätigkeit (vgl. Tabelle 2). Insgesamt fällt der geringe Anteil der weiblichen Erwerbstätigen im Bereich der technischen Tätigkeiten auf. Bei den Büroberufen mit überwie-

Tabelle 2: Entwicklung der Beschäftigten in Büroberufen 1961, 1970, 1980 und 1982

„Büroberufe“ mit überwiegend		1961 absolut	1961 Anteil an allen Erwerbstätigen in %	1970 absolut	1970 Anteil an allen Erwerbstätigen in %	1980 absolut	1980 Anteil an allen Erwerbstätigen in %	1982 absolut	1982 Anteil an allen Erwerbstätigen in %
administrativen Tätigkeiten	insgesamt	843000	3,2	1075000	4,4	1285000	4,8	1404000	5,2
	Männer	609000	3,7	705000	4,5	753000	4,5	778000	4,7
	Frauen	234000	2,4	370000	4,1	532000	5,3	626000	6,2
kaufmännischen Tätigkeiten	insgesamt	3127000	11,8	3495000	14,2	4266000	15,9	4329000	16,2
	Männer	1847000	11,1	2142000	13,7	2045000	12,2	2221000	13,4
	Frauen	1280000	12,9	1353000	15,1	2221000	22,0	2108000	20,7
technischen Tätigkeiten	insgesamt	558000	2,1	652000	2,6	745000	2,8	759000	2,8
	Männer	514000	3,1	589000	3,8	668000	4,0	676000	4,1
	Frauen	44000	0,4	63000	0,7	77000	0,8	83000	0,8
Dienstleistungstätigkeiten	insgesamt	174000	0,7	284000	1,2	477000	1,8	506000	1,9
	Männer	99000	0,6	128000	0,8	191000	1,1	184000	1,1
	Frauen	76000	0,8	156000	1,7	286000	2,8	322000	3,2
Infrastrukturtätigkeiten	insgesamt	571000	2,2	570000	2,3	563000	2,1	595000	2,2
	Männer	62000	0,4	108000	0,7	132000	0,8	402000	1,2
	Frauen	509000	5,1	462000	5,2	431000	4,3	402000	4,0
Alle „Büroberufe“	insgesamt	5273000	19,9	6076000	24,7	7336000	27,3	7593000	28,4
	Männer	3130000	18,9	3672000	23,5	3789000	22,6	4052000	24,4
	Frauen	2143000	21,6	2404000	26,8	3547000	35,1	3541000	34,8

Quellen: Volks- und Berufszählungen 1961, 1970; Mikrozensen 1980, 1982. Troll, L. 1984: Büroberufe im Wandel, in: MittAb, 17. Jg., 7 und 10

gend kaufmännischen Tätigkeiten ging die Zahl der Frauen innerhalb des Zeitraumes von 1980 bis 1982 um 113 000, also 5% zurück.
Eine negative Beschäftigungsentwicklung für Frauen ist auch im Bereich der Infrastrukturtätigkeiten festzustellen. Seit 1961 ist die Zahl der erwerbstätigen Frauen in diesem Bereich um über 100 000 (–21%) gesunken. Betroffen sind vor allem Schreibkräfte, Bürohilfskräfte und Stenotypistinnen.
Die Daten zur Arbeitslosigkeit in Büroberufen (vgl. Tab. 3) zeigen, daß Frauen mit einer Quote von 6,5% häufiger arbeitslos sind als im Büro tätige Männer (4,1%). Troll (1984) kommt zu dem Ergebnis, daß vor allem im Bereich der Infrastrukturtätigkeiten (z. B. Bürohilfskräfte) und bei Dienstleistungsberufen (z. B. Sprechstundenhelferin) sowie bei technischen Berufen (z. B. Technische/r Zeichner/in) ein wachsendes Arbeitsplatzrisiko festzustellen ist, von dem Frauen in besonderem Maße betroffen sind.
Es ist zu erwarten, daß mit zunehmender Anwendungsbreite der Informations- und Kommunikationstechnik in Büroberufen verstärkt Frauenarbeitsplätze ersetzt werden. Die hohe Betroffenheit von Frauenarbeitsplätzen im tertiären Sektor resultiert aus den insgesamt hohen Beschäftigungsanteilen in

Tabelle 3: Entwicklung der Arbeitslosigkeit in den Büroberufen 1977, 1979, 1981 und 1983

„Büroberufe" mit überwiegend	1977		1979		1981		1983	
	absolut	%	absolut	%	absolut	%	absolut	%
Männer und Frauen								
administrativen Tätigkeiten	676	0,1	674	0,1	1228	0,1	3700	0,2
kaufmännischen Tätigkeiten	129077	3,5	95935	2,6	136231	3,6	217740	5,3
technischen Tätigkeiten	30556	4,7	15165	2,4	23666	3,4	48162	6,4
Dienstleistungstätigkeiten	25613	7,0	19724	4,7	26726	6,0	47230	9,3
Infrastrukturtätigkeiten	46150	7,7	37118	6,3	53273	9,0	84160	12,5
Alle „Büroberufe"	232072	3,5	168617	2,5	241124	3,4	400992	5,4
Zum Vergleich: Alle Erwerbspersonen	911257	4,0	736690	3,2	1256396	5,4	2133900	8,6
Männer								
administrativen Tätigkeiten	537	0,1	519	0,1	868	0,1	2240	0,3
kaufmännischen Tätigkeiten	38849	2,1	27787	1,7	40171	2,1	88510	4,4
technischen Tätigkeiten	27419	4,6	14521	2,6	22154	3,6	36636	5,6
Dienstleistungstätigkeiten	8106	6,1	5665	3,8	8477	5,3	11364	7,1
Infrastrukturtätigkeiten	6597	5,6	5691	4,5	7627	5,6	12766	8,0
Alle „Büroberufe"	81508	2,4	54183	1,8	79297	2,3	151516	4,1
Zum Vergleich: Alle männlichen Erwerbspersonen	424404	3,0	316875	2,2	616329	4,3	1144912	7,6
Frauen								
administrativen Tätigkeiten	139	0,0	155	0,0	360	0,1	1460	0,2
kaufmännischen Tätigkeiten	91089	5,0	68899	3,7	97390	4,8	129230	6,0
technischen Tätigkeiten	7245	10,6	4135	5,8	7002	8,9	11526	12,6
Dienstleistungstätigkeiten	18311	7,8	15231	5,7	21068	7,3	35866	10,4
Infrastrukturtätigkeiten	39553	8,2	31428	6,8	45646	10,0	71394	13,9
Alle „Büroberufe"	156337	4,2	119848	3,1	171466	4,1	249476	6,5
Zum Vergleich: Alle weiblichen Erwerbspersonen	486853	5,7	419815	4,8	640067	7,1	988988	10,6

Quellen: Mikrozensen 1976, 1978, 1980, 1982; Sonderuntersuchung über Arbeitslose (St 4) September 1977, 1979, 1981, 1983. Troll, L. 1984: Büroberufe im Wandel, in: MittAb, 17. Jg., Nr. 1, 7 und 10

diesem Sektor, der geschlechtsspezifischen Ausübung von Tätigkeiten und der unterschiedlichen Betroffenheit der verschiedenen Arbeitsplätze durch den Einsatz der Informations- und Kommunikationstechnik.

6. Geringe positive Beschäftigungseffekte

Die Netto-Beschäftigungseffekte durch Entwicklung und Anwendung neuer Technologien sind gering. Die Betriebsstruktur der Herstellerfirmen ist durch hohe Kapitalintensität bei relativ hoher Automatisierung gekennzeichnet.

Eine Zunahme der Produktion ist in diesen Branchen in den meisten Fällen nicht mit einer Zunahme des Arbeitsplatzangebots verbunden. Im amerikanischen Schrifttum ist hierfür der Begriff „jobless growth" geprägt worden.
Die tabellarische Zusammenstellung (vgl. Tab. 4) der Daten der Enquête-Kommission zeigt, daß im Herstellerbereich nur 353 000 bzw. 1,4% aller Arbeitnehmer beschäftigt sind, während die Zahl der Arbeitnehmer im Anwenderbereich auf ca. 13 Millionen bzw. 50% geschätzt wird (Kubicek/Rolf 1985).
Der hohe Automatisierungsgrad im Herstellerbereich führt bei hohem Produktionswachstum nicht nur zu einem „jobless growth", sondern zum Teil sogar zu einem Abbau von Arbeitsplätzen.
Gleichzeitig gerät die Argumentation der Verfechter der Kompensationsthese, die davon ausgeht, daß Rationalisierungseffekte in der Produktion durch die Ausweitung von Dienstleistungen ausgeglichen werden, immer stärker ins Wanken. In der Bundesrepublik erfolgte im Unterschied zu anderen hochindustrialisierten Staaten wie z. B. Japan oder USA ein Abbau von Arbeitsplätzen im Produktions- *und* Dienstleistungsbereich, eine Umschichtung auf den Dienstleistungsbereich fand nicht statt. Ein Zweites wirkt sich für den Arbeitsmarkt der Bundesrepublik besonders belastend aus. Während in den USA nahezu 10 Millionen neue Arbeitsplätze geschaffen wurden, vollzog sich in der Bundesrepublik in den letzten zehn Jahren ein Prozeß, in dem fast ausschließlich Arbeitsplätze abgebaut wurden. Erst seit kurzem wird in Expertengremien verstärkt der Aufgabe zur Schaffung neuer Arbeitsplätze (job creating) nachgegangen. Doch sind die Auffassungen darüber, in welchen Bereichen künftig

Tabelle 4: Entwicklung der Produktion und der Beschäftigung im Herstellerbereich 1975–1980

	Produktion		Beschäftigte	
	in Mrd DM	Δ 75/80 v. H.	in Tausend	Δ 75/80 v. H.
Nachrichtentechnik	9,3	+52	103	+12
Fernmeldekabel und -leitungen	1,1	+ 8	8	0
Büro- und Informationstechnik	9,1	+63	84	+17
Unterhaltungselektronik	8,6	+ 7	90	−17
Elektronische Bauelemente/Mikroelektronik	4,4	+30	65	− 9
Raumfahrt	0,4	–	3	–
insgesamt	32,9	+39	353	+ 2
Gesamte Wirtschaft	4013,1	+45	25795	+ 2
Herstelleranteil in v. H. vom gesamtwirtschaftlichen Ergebnis	0,8		1,4	

Quelle: Kubicek, R./Rolf, A. 1985: Mikropolis, 247. Hamburg

neue Arbeitsplätze geschaffen werden können und wie die Relation zwischen Wegfall bestehender Arbeitsplätze durch den Einsatz der Informations- und Kommunikationstechnik und Schaffung neuer Arbeitsplätze ist, äußerst geteilt.

7. Konsequenzen

Die seit den 70er Jahren zu beobachtende Tendenz, daß die Arbeitsproduktivität stärker steigt als das Bruttoinlandprodukt, läßt Prognosen, die von 4,5 Millionen Arbeitssuchenden im Jahr 1990 ausgehen (Kubicek/Rolf 1985), nicht als bloße Schwarzmalerei, sondern als realistische Einschätzung der zukünftigen Situation auf dem Arbeitsmarkt erscheinen, wenn es nicht gelingt, die derzeitigen Entwicklungslinien und Anwendungsstrategien im Bereich der Informations- und Kommunikationstechnik sozialverträglich zu gestalten.
Die besondere Betroffenheit von Frauenarbeitsplätzen durch die grundlegenden Strukturveränderungen in allen Wirtschaftsbereichen begründen die Notwendigkeit gezielter Aktionen und Interventionsstrategien. Die bestehende strukturelle Benachteiligung von Frauen auf dem Ausbildungs- und Arbeitsmarkt ist vielfach beschrieben und analysiert worden. Der Teufelskreis, in dem Mädchen und junge Frauen bei dem Aufbau ihrer Berufsqualifikation stecken, ist hinreichend bekannt (Süssmuth/Vallentin-Pralat 1984). Die geschlechtsspezifische Segregation im Bereich der Berufsausbildung, und die starke Konzentration auf wenige „frauentypische" Berufe bergen Benachteiligungspotentiale für Frauen, die mit dem Einsatz von Informations- und Kommunikationstechniken in besonderem Maße zum Tragen kommen.
Der Prozeß der Dequalifikation von Mädchen und Frauen hat in erschreckendem Ausmaß begonnen. Es gilt, ihn so schnell wie möglich aufzuhalten und Konzepte für die Qualifikation von Mädchen und Frauen im Bereich der Informations- und Kommunikationstechniken zu entwickeln. Das erklärte Ziel der Bemühungen darf nicht die Vermittlung bloßer Anpassungsqualifikationen sein, sondern die Vermittlung einer hochqualifizierten naturwissenschaftlich-technischen Grundbildung, die den Frauen eine Chance bietet, sich auf dem Arbeitsmarkt zu behaupten.

8. Neue Qualifikationsanforderungen

In den vorhergehenden Kapiteln konnte gezeigt werden, daß der Wandel der Wirtschafts- und Sozialstruktur von der Industrie- zur Dienstleistungs- und Informationsgesellschaft bereits begonnen hat und noch weiter fortschreiten wird. Als Folge werden die veränderten Arbeits- und Lebensbedingungen neue Anforderungen an die Ausbildung des Menschen stellen.

Eine historische Betrachtung der verschiedenen Wirtschafts- und Arbeitsstrukturen zeigt, daß mit einer neuen Phase auch neue Tätigkeitsfelder und Qualifikationsmuster entstehen mußten. Die alten, bisherigen Berufe wurden zumindest einer inhaltlichen Modifikation unterzogen oder durch völlig neue Berufsbilder ergänzt.

Die Abbildung 3 zeigt die Verdrängung von Qualifikationsanforderungen beim Übergang in eine andere Wirtschaftsform und die Entstehung neuer Leistungsanforderungen, wobei die Übergangsphasen durch Irration hinsichtlich der notwendigen Qualifikationsprofile geprägt sind. Der Wandel zur Informationsgesellschaft wird primär durch die Verdrängung „menschlicher" Informationsverarbeitung durch „technische" Informationsverarbeitung gekennzeichnet. Der Umgang mit und die Art der Informationsverarbeitung sind einem totalen Wandel unterworfen. Bislang war es Aufgabe der Bildung gewesen, die kognitive Leistungsfähigkeit des Menschen quantitativ und qualitativ auszubauen, jetzt entzieht die technische Informationsverarbeitung diesem Bildungsziel die Basis. Die im Bildungswesen vermittelten Kulturtechniken wie Rechnen und Schreiben verlieren in der sich wandelnden Arbeits- und Lebenswelt zunehmend an Bedeutung. Obwohl wir noch zu der Generation gehören, die arithmetische Grundoperationen mit Einsicht in die Notwendigkeit ausführlich und gründlich gelernt haben, wenden auch wir diese Kulturtechnik kaum mehr an, sondern greifen schon bei den einfachsten Rechenoperationen

Phase	Verdrängter Qualifikationsbereich	Neue Leistungsanforderungen
Jagd - Agrar	Jagen, Waffenkenntnis, Orientierung	Landbau, Viehwirtschaft
Agrar - Handwerk	Bestellen und ernten der Felder, Umgang mit Vieh, einfacher Hausbau	Arbeitsteiliges Handwerk, einfache Gerätebedienung
Handwerk - Industrie	Geschickte Handarbeit, Bedienung einfacher Geräte	Bedienung von Maschinen, Fließbandarbeiten, Verwaltungsarbeiten
Industrie - Informationsverarbeitung	Bedienung einfacher Maschinen, Fließbandarbeiten	Informations-Manipulation und -Produktion
Menschliche Informationsverarbeitung - Technische Informationsverarbeitung	Unmittelbarer, rationaler Umgang mit Information	

Abbildung 3: Verdrängung von Qualifikationsanforderungen und neue Qualifikationsbedürfnisse der Menschheit

Quelle: Haefner, K., 1985: Die neue Bildungskrise, 181, Reinbek

zum Taschenrechner. Somit ist nicht verwunderlich, daß Kinder und Jugendliche, die sehr genau ihre Umwelt und die derzeitigen Entwicklungen antizipieren, nach dem „wozu" der von ihnen geforderten Leistungen fragen. Das Lernziel „orthographisch richtig schreiben" sei hier als nur ein Beispiel angeführt. Und die Klage vieler Hochschullehrer, daß eine große Anzahl von Studenten die Orthographie und Zeichensetzung nicht beherrscht, sei hier nur am Rande erwähnt. Die Erfahrungen aus unserer Lehrtätigkeit haben gezeigt, daß schon Schüler in der 7. Klasse die Notwendigkeit des Erlernens von Rechtschreibung und Interpunktion nicht mehr einsehen. Weder sie noch ihre Eltern schreiben in der Regel noch Briefe, sondern benutzen das Telefon für die Informationsübermittlung. Auch die Kommunikation mit Behörden und z. B. Versicherungen wird entweder mit dem Telefon oder durch das Ausfüllen von vorgedruckten Formularen abgewickelt, wobei die Tätigkeit weitgehend im Ankreuzen standardisierter Fragen und Antworten besteht.
Die Verweigerung von Kindern und Jugendlichen, Qualifikationsanforderungen gerecht zu werden, die ohne Zweifel pädagogisch wichtig sind, aber in der informationellen Umwelt weitgehend nicht mehr zum Tragen kommen, wird sich in dem Maße verstärken, wie die Informationstechnik bisher dem Menschen vorbehaltene Qualifikationen substituiert.
Die in der Abbildung 4 aufgeführten Ausbildungsfelder erfahren durch den Einsatz der Informations- und Kommunikationstechnik einen Inhaltswandel. Es ist nicht auszuschließen, daß für einige mit diesen Ausbildungsfeldern eng verbundene Berufe in Zukunft kein Bedarf mehr besteht. Die Anwendung von Sprechschreibern und automatischen Übersetzungsprogrammen trifft insbesondere Tätigkeitsfelder, die häufig und bevorzugt von Frauen ausgeführt werden. Hier gilt es negativen Entwicklungslinien entgegenzuwirken.
Der Anteil der Informationsverarbeitung durch den Computer nimmt im privaten und beruflichen Bereich immer stärker zu. Die Einführung z. B. von Btx

Typisches Ausbildungsfeld	Informationstechnische Lösung
Algebraische Operationen	Algebraische Programme (z. B. muMATH, MACSYMA)
Chemische Analyse	Expertensystem (z. B. DENDRAL)
Stenographie	Sprechschreiber
Orthographie	Sprechschreiber
Justieren und regeln	Prozeßrechner
Technisches Zeichnen	Computer-Aided-Design
Übersetzen können	Automatische Übersetzungsprogramme
Lesen können	Vorlesemaschine

Abbildung 4: Typische Lernziele und ihre Irrelevanz für viele praktische Anwendungen durch die Existenz informations-technischer Lösungen

Quelle: Haefner, K., 1985: Die neue Bildungskrise, 182, Reinbek

ermöglicht eine teilweise Auslagerung von Dienstleistungen in die privaten Haushalte. Es werden primär Frauen sein, die mit der Durchführung von privater Kontoführung, Reisebuchungen, Abwicklung von Warenbestellungen etc. konfrontiert und durch Mehrarbeit belastet werden.
Die „menschliche" im Gegensatz zur „technischen" Informationsverarbeitung wird zunehmend an Bedeutung verlieren, und es muß die Frage gestellt werden, welche Konsequenzen dieser Prozeß für die Bildung des Menschen mit sich bringt. Schlagworte wie „lebenslanges Lernen" oder „Höherqualifizierung" werden immer wieder genannt, bieten so pauschal aber keine Lösungsmöglichkeiten. Im folgenden sollen die Bereiche berufliche Bildung und allgemeine Bildung genauer untersucht werden.

9. Orientierung der beruflichen Bildung

Die berufliche Bildung war schon immer stärker als die allgemeine Bildung an den Bedürfnissen der Arbeitswelt orientiert, die aus diesem Grund genauer betrachtet werden soll. Durch das Eindringen der Informations- und Kommunikationstechnik in alle Wirtschaftsbereiche und Tätigkeitsfelder besteht für Arbeitnehmer/innen generell die *Gefahr der Dequalifizierung.* Da die technische Informationsverarbeitung meist schneller, zuverlässiger, leistungsfähiger und zugleich kritikloser als die „menschliche" Informationsverarbeitung ist, muß befürchtet werden, daß die wesentlichen Prozesse der Informationsverarbeitung auf die Technik übertragen werden. Stooss und Troll (1982) weisen in ihrer Untersuchung jedoch nach, daß für den Umgang mit programmgesteuerten Arbeitsmitteln die Notwendigkeit einer breiten Qualifizierung besteht. Erwerbstätige, die mit programmgesteuerten Arbeitsmitteln arbeiten, weisen ein höheres Qualifikationsniveau als der Durchschnitt der Erwerbstätigen auf. Je nach Art der verwendeten Arbeitsmittel wird eine Kombination verschiedenster Kenntnisse gefordert.
Diese Auswertung der Qualifikationsanforderungen im Umgang mit programmgesteuerten Arbeitsmitteln belegt, daß traditionelle Kulturtechniken wie Rechtschreibung und Grammatik und insbesondere detaillierte Kenntnisse im Bereich der Mathematik und Statistik sowie berufsbezogene Detailkenntnisse nicht an Bedeutung verloren haben. Zusätzliche Anforderungen liegen primär im Bereich der Maschinenkenntnis und der EDV-Kenntnisse. Es muß jedoch zu bedenken gegeben werden, daß diese Ergebnisse auf einer Befragung von Erwerbspersonen im Jahr 1979 beruhen. Seither wurde die Informations- und Kommunikationstechnik wesentlich weiter entwickelt. Einfachere und zuverlässigere Maschinen bedürfen in geringerem Maße der Maschinenkenntnis und von Datenverarbeitungsfachleuten wird schon heute vorausgesagt,

Erwerbstätige, die mit folgenden Arbeitsmitteln arbeiten ...	... benötigen ... % Kenntnisse aus folgenden Bereichen										
	Material- u. Werkstoffkunde	Warenkunde, Produktkenntnisse	Maschinenkenntnisse	Rechnen, Mathematik, Statistik	EDV-Kenntnisse	Elektrotechnik	Technisches u. Konstruktionszeichnen	Rechtschreibung u. Grammatik der deutschen Sprache	Fremdsprachen	Schreibmaschinen etc. schreiben	Absolut in Tausend
Programm-, computergesteuerte Maschinen/Anlagen	53	33	81	47	25	28	21	28	8	16	266
Verfahrenstechnische Großanlagen der Energieerzeugung u. Verfahrenstechnik	64	34	74	59	16	47	30	16	17	12	164
Computergesteuerte medizinisch/technische Anlagen	28	20	47	38	22	16	2	42	18	39	64
Computer, EDV-Anlage, Terminal, Bildschirm	18	17	35	68	89	20	11	54	26	46	366
„Moderne Büromittel“	25	59	32	72	17	7	6	55	9	36	414
alle „programmgesteuerten Arbeitsmittel“	34	36	49	62	39	21	14	46	15	32	1274

Abbildung 5: Verwendung „programmgesteuerter Arbeitsmittel“ nach ausgewählten Kenntnisgebieten

Quellen: BIBB/IAB-Befragung 1979 bei deutschen Erwerbspersonen. Stooss, F./Troll, L., 1982: Die Verbreitung „programmgesteuerter Arbeitsmittel“, in: MittAb 2/82, 180

daß die Datenverarbeitungssysteme Ende dieses Jahrzehnts so bedienerfreundlich sein werden, daß EDV-Kenntnisse praktisch überflüssig sind. Gerade in dieser Aussage liegt jedoch eine große Gefahr. Wenn nämlich die Technikpotentiale genutzt werden, um dem Computer die gesamte Informationsverarbeitung zu übertragen und die „menschliche“ Informationsverarbeitung entweder überflüssig oder der Mensch zum bloßen Bediener des Systems wird.

10. Chancen und Risiken des Einsatzes der Datenverarbeitungs- und Textverarbeitungstechnik

Die Anwendung und Verbreitung von Technikpotentialen bietet prinzipiell verschiedene Entwicklungsmöglichkeiten. Diese sind abhängig von der Intention und dem Instrumentarium der Beeinflussung, so daß sowohl neue Chancen eröffnet werden, als auch Risiken auftreten können. Die Entwicklungsrichtung wird wesentlich durch die derzeitigen ökonomischen und sozialen Rahmenbedingungen und die gesellschaftlichen und betrieblichen Kräfteverhältnisse bestimmt werden.

Die in der folgenden Abbildung aufgeführten Risiken wie z. B. Entlassung und Abgruppierung bestehen, wie schon oben ausführlich beschrieben, insbesondere für Frauenarbeitsplätze mit geringem Qualifikationsniveau und Tätigkeitsprofilen, die leicht rationalisiert und automatisiert werden können. Es muß gefordert werden, daß die Chancen, die die Technik unzweifelhaft bietet, für die Arbeitnehmer/innen positiv genutzt werden. Die Forderung der Gewerkschaften nach sogenannten „Mischarbeitsplätzen" muß konkretisiert und geeignete Konzepte entwickelt werden, die eine Realisierung ermöglichen. Die erforderliche konzeptionelle Arbeit muß so schnell wie möglich geleistet werden, um den derzeitigen Entwicklungen, die in einem rasanten Tempo ablaufen, Einhalt zu gebieten, ehe Fakten und Strukturen geschaffen werden, die kaum mehr umkehrbar sind.

Haefner geht von der „Einstellung eines Gleichgewichts zwischen menschlicher und technischer Informationsverarbeitung" aus (1985, 184). „Neue Arbeitssituationen, neue Integrationsprozesse, neue Probleme werden es notwendig machen, menschliche Informationsverarbeitung verfügbar zu haben – notwendig im Hinblick auf individuell-persönliche, auf ökonomische und gesellschaftliche Ziele" (Haefner 1985, 194). An Bedeutung gewinnen insbesondere Fähigkeiten wie Abstraktionsvermögen, Systemdenken und sachlogisches Denken, die es dem Menschen erlauben, komplexe fachliche Probleme anzugehen und lösen zu können. Dazu werden Kenntnisse der Prinzipien technischer Informationsverarbeitung unabdingbar sein.

Als eine weitere wesentliche Qualifikationsanforderung der Zukunft wird die Arbeit im Team angesehen. Der Verbund von „Team und Informationstechnik" wird von Haefner als die wesentliche Herausforderung des kommenden Jahrzehnts angesehen. Gemeinsames Handeln, „Kooperativität, Kreativität, planmäßiges Handeln" müssen verstärkt gelernt, während gewisse Eigenschaften „wie überzogene Individualität in der Problemlösung, Draufgängertum, Rücksichtslosigkeit (...) in einer hochintegrierten Welt viele Schwierigkeiten verursachen werden" (Haefner 1985, 185) und deshalb an Bedeutung verlieren müssen.

Chancen	**Technikpotentiale**	**Risiken**
In Abhängigkeit von der Anwendung und begleitenden Maßnahmen besteht für bestimmte Gruppen die Möglichkeit für	Der Technikeinsatz erfordert/ermöglicht	In Abhängigkeit von der Anwendung und begleitenden Maßnahmen kann dies für bestimmte Gruppen führen zu
höhere Einkommen geringere Arbeitsintensität mehr Mitbestimmungszeit im Betrieb mehr Freizeit	Produktivitätssteigerungen	Entlassungen Abgruppierungen Schichtarbeit Arbeitsintensivierung stärkeren Belastungen
Arbeitsvereinfachung Arbeitsanreicherung Belastungsabbau Eigensteuerung	Neugestaltung von Arbeitsinhalten und Arbeitsorganisation	erhöhter Monotonie Dequalifikation Belastungsverstärkungen oder- verschiebungen
Eigenkontrolle verbesserten Informationszugang verbesserte Erreichbarkeit von Kommunikationspartnern	Neugestaltung von Information und Kommunikation	verstärkten Leistungs- und Verhaltenskontrollen Abhängigkeit von unüberschaubaren Systemen sozialer Isolation
Delegation von Kompetenzen Transparenz von Entscheidungsprozessen weniger autoritäre, stärker kooperative Beziehungen neue Formen überschaubarer betrieblicher Organisationseinheiten neue Formen der bedürfnisgerechten Verbindung von Beruf und Freizeit	Neugestaltung von Entscheidungs- und Machtstrukturen	Begrenzung von persönlichen Entfaltungsmöglichkeiten unsichtbaren Kontrollen erhöhter Disponierbarkeit durch den Arbeitgeber Verstärkung des Informationsvorsprungs des Arbeitgebers Verdunstung von Verantwortung und Erschwernissen für politische Auseinandersetzungen Isolierung, Vereinzelung bis hin zu Heimarbeit und damit Aushöhlung kollektiver Interessenvertretung
unwahrscheinlich	**angesichts**	**wahrscheinlich**

- der ökonomischen und sozialen Rahmenbedingungen
- der gesellschaftlichen und betrieblichen Kräfteverhältnisse
- des Tempos der technischen Entwicklungen
- der unzureichenden Mitbestimmungsmöglichkeiten
- der Wissensdefizite über geeignete ergänzende oder alternative Maßnahmen aus Arbeitnehmersicht

Abbildung 6: Mögliche Auswirkungen der Technikpotentiale

Quelle: Kubicek, H./Rolf, A., 1985: Mikropolis. Mit Computernetzen in die „Informationsgesellschaft, 302

11. Perspektiven für die schulische Bildung und Sozialisation

Angesichts dieser von Stooss/Troll (1982), Krebsbach-Gnath (1983) und Haefner (1985) erwarteten Qualifikationsprofile muß die Forderung nach einer qualifizierten Bildung für Mädchen erneut und mit weitaus größerer Vehemenz gestellt werden, als dies in der Vergangenheit der Fall war. Trotz aller bisherigen Bemühungen konzentriert sich die Ausbildung von Mädchen auf Berufe mit geringem Qualifikationsniveau. Berufe wie Verkäuferin, Friseurin oder Artzhelferin sind auf einseitige Tätigkeitsanforderungen ausgerichtet, die eine Übertragbarkeit und Verwendung der erworbenen Qualifikation in anderen Tätigkeitsbereichen kaum ermöglichen. Es muß angestrebt werden, die Qualifikationsbreite und das Niveau traditioneller Frauenberufe zu erweitern und Mädchen verstärkt zur Annahme einer Berufsausbildung in technischen Berufsfeldern zu motivieren. Mädchen und Frauen müssen eine qualifizierte naturwissenschaftliche Grundausbildung erhalten. Die Grundlagen dazu müssen in den allgemeinbildenden Schulen gelegt und in der beruflichen Qualifizierung ausgebaut werden.

Generell muß die Frage gestellt werden, inwieweit das Bildungswesen in der Lage ist, auf die geänderten Qualifikationsanforderungen angemessen vorzubereiten und was unternommen wird, um auch den Mädchen eine qualifizierte naturwissenschaftlich-technische Grundbildung zu vermitteln.

Nach unserer Ansicht sind dafür insbesondere ganzheitliche Konzepte geeignet, die die Veränderungen durch die Informations- und Kommunikationstechnik nicht auf die technische Hälfte reduzieren, sondern die sozialwissenschaftliche und kultursoziologische Dimension mit einbeziehen. Im schulischen Bereich würde ein fächerübergreifender Ansatz diesen Zielvorstellungen am ehesten gerecht werden.

Erklärtes Ziel aller Maßnahmen muß eine Qualifizierung von Mädchen und Frauen für die informationelle Arbeits- und Lebenswelt sein, die es ihnen ermöglicht, die Gestaltung dieser Umwelt verantwortlich mitzutragen und ihre Richtung zu bestimmen.

Literatur

Briefs, U.: Informationstechnologien und Zukunft der Arbeit, Köln 1984

Baethge, M. et al.: Beschäftigungs- und ausbildungspolitische Auswirkungen und Konsequenzen der Rationalisierung von kaufmännisch-verwaltenden Angestelltentätigkeiten, in: Mitteilungen des Soziologischen Forschungsinstituts (SOFI), Nr. 6/82. Göttingen 1982

BMFT (Hrsg.): Frauenbeschäftigung und neue Technologien; Vorstudie des Ifo-Instituts für Wirtschaftsforschung (München) und des Instituts für Sozialforschung (Köln), München 1983

BMFT (Hrsg.): Neue Technologien und Beschäftigung; Schriftenreihe Technologie und Beschäftigung, Bd. 1, Düsseldorf/Wien 1981

Deutscher Bundestag (Hg.): Zwischenbericht der Enquête-Kommission „Neue Informations- und Kommunikationstechniken" vom 28. 3. 1983 (Drucksache 9/2442), Bonn 1983

DGB (Hrsg.): Neue Technologien und ihre Auswirkungen auf Frauenarbeitsplätze (= frauen und arbeit 6/7 1984), Düsseldorf 1984

Dostal, W.: Datenverarbeitung und Beschäftigung; Teil 3: Der Informationsbereich. In: MittAB 4/84, Nürnberg 1984

Dostal, W.: Fünf Jahre Mikroelektronik-Diskussion. In: MittAB 2/82, 151–166, Nürnberg 1982

Dostal, W.: Thesen zum Thema „Frauenbeschäftigung im technischen Wandel", in: BeitrAB 56, 176–179, Nürnberg 1981

Haefner, K.: Die neue Bildungskrise, Reinbek 1985

Kendall, P. et al.: The Impact of Chip Technology on Employment and the Labour Market, Den Haag/London 1980

Krebsbach-Gnath et al.: Frauenbeschäftigung und neue Technologien; Sozialwissenschaftliche Reihe des Battelle-Instituts Bd. 8, München/Wien 1983

Kubicek, H./Rolf, A.: Mikropolis. Mit Computernetzen in die „Informationsgesellschaft", Hamburg 1985

Lahner, M.: Auswirkungen technisch-organisatorischer Änderungen auf Arbeitskräfte im Einzelhandel. In: MittAB 2/82, 192–205, Nürnberg 1982

Morgenbrod, H./Schwärtzel, H.: Informations- und Kommunikationstechnik verändern den Büroarbeitsplatz. In: Kendall, P., a. a. O., 233–241, München 1980

O. V.: „Entwicklung der Informationstechnik", Broschüre im Auftrag des BMFT anläßlich der Internationalen Konferenz „1984 und danach; die gesellschaftliche Herausforderung der Informationstechnik" vom 28.–30. 11. 84, Berlin 1984

Siemens AG: Zukunftsaspekte der Information und Kommunikation im Büro (Siemens-Projekt Büro 2000), Vortrag von Preisl vor dem AWV, diskutiert in Morgenbrod, H./ Schwärtzel, H. a. a. O., 1976

Stooss, F./Troll, L.: Die Verbreitung „programmgesteuerter Arbeitsmittel." In: MittAB 2/82, 167–181, Nürnberg 1982

Süssmuth, R./Vallentin-Pralat, I.: Diversifizierung der Berufswahlmöglichkeiten von Mädchen und Frauen; Arbeit des Instituts Frau und Gesellschaft, Hannover 1984

Troll, L.: Büroberufe im Wandel. In: MatAB 1/84, 3–12, Nürnberg 1984

Prognos AG/Mackintosh Consults Company: Technischer Fortschritt – Auswirkungen auf Wirtschaft und Arbeitsmarkt, Basel/Luton 1979

Prokop, D.: Heimliche Machtergreifung: Neue Medien verändern die Arbeitswelt, Frankfurt/M. 1984

3. Frauen als Selbständige (1983)

1. Familien- und Sozialisationsprobleme – ein „weißer Fleck“ in der Mittelstandsforschung

Zwar fehlt es nicht an kritischen Stellungnahmen zur Lebenssituation der Selbständigen, speziell der mithelfenden und mitarbeitenden Frauen, aber Familien- und Erziehungsprobleme wurden in den bisherigen Studien und Forschungen nur wenig beachtet. Erziehungsbedingungen und Erziehungseinstellungen sowie die Frage nach den Möglichkeiten und Grenzen der Wahrnehmung von Erziehungsaufgaben durch beide Eltern gelten offenbar nicht als lohnendes oder dringendes Alltags- und Forschungsproblem.[1]

Im Mittelpunkt des Forschungsinteresses stehen nicht die kleinen und mittelgroßen Betriebe und damit die Selbständigen, sondern die Angestellten, Beamten und Arbeiter.

Das mag zum einen in der abnehmenden Zahl, zum anderen an der Heterogenität der Gruppe der Selbständigen liegen.[2] Dort wo Probleme kleinerer und mittlerer Betriebe zur Forschung anstehen, geht es primär um wirtschaftliche Rentabilität, Rationalisierung und Technisierung.

Familien- und Erziehungstätigkeiten bilden nicht nur ein Randproblem, sie sind bisher ausgeblendet, oder allenfalls im Zusammenhang mit Fragen zeitlicher Beanspruchung erörtert worden. Eine allmähliche Wende zeichnet sich in der Untersuchung der landwirtschaftlichen Familien ab. Dort sind gerade in jüngster Zeit auch in der Bundesrepublik neuere Untersuchungen vorgelegt worden.

Zu den Fragen der Erziehungsbedingungen und Erziehungseinstellungen sowie der Verteilung der Erziehungsaufgaben zwischen Mann und Frau fehlt es an differenzierten Daten und sozialwissenschaftlichen Erhebungen. Vieles muß auch in dem nachfolgenden Beitrag auf der Grundlage einer lückenhaften Statistik und mit Hilfe allgemeiner Ergebnisse der Sozialisationsforschung ausgesagt werden. Dabei wäre es reizvoll und wahrscheinlich auch aufschlußreich, gerade den von der Sozialisationstheorie und -forschung entwickelten ökologischen Ansatz auf die Analyse der Familien- und Erziehungsprozesse in Familien von Selbständigen anzuwenden. Gerade hier könnten die unterschiedlichen Umweltfaktoren in ihrer Bedeutung für die Entwicklung und Sozialisation von Kindern (z. B. Lebensraum, Besiedlungsdichte, Dichte des sozialen Netzes, Arbeitsplatzsituation, soziale Infrastruktur mit ihren Angeboten in den Bereichen Bildung, soziale und medizinische Dienste, Kultur- und Freizeitangeboten) erarbeitet werden.

Im Rahmen dieses Beitrages kann lediglich versucht werden, sozialisationstypische Merkmale zu bestimmen und mögliche Wechselwirkungen zwischen spezifischen Umweltbedingungen und Entwicklungs- sowie Erziehungsprozessen von Kindern dieser Gruppe aufzuzeigen. Dabei geht es u.a. darum, jene sozialisationswirksamen Faktoren herauszuarbeiten, die in gleicher Weise in Familien mit abhängig Beschäftigten nicht oder deutlich weniger vorkommen. Es soll versucht werden, prägende Merkmale mit ihrem zu vermutenden Einfluß zu bestimmen und dabei den Unterschieden zwischen den sehr verschiedenartigen Lebensbedingungen der Selbständigen Rechnung zu tragen.

Dabei muß beachtet werden, daß das Bemühen um die Bestimmung der sozialisationstypischen Merkmale leicht dazu führen kann, bestimmte Faktoren aus dem Kontext herauszulösen und isoliert zu betrachten. Es gilt, den verschiedenen Wirkfaktoren in ihrer Wechselwirkung gerecht zu werden, ohne daß es möglich ist, den Einfluß eines einzelnen Faktors zu gewichten.

Bei der Erarbeitung der erziehungsrelevanten Lebensbedingungen sind zum einen betriebsbezogene und zum anderen familienbezogene Merkmale zu beachten. Für die Abgrenzung der Gruppen ist grob zu unterscheiden zwischen landwirtschaftlichen und nichtlandwirtschaftlichen Betrieben, zwischen unterschiedlichen Branchen, Betriebsgrößen und Standorten der Betriebe, zwischen gering- und hochtechnisierten Betrieben.

Für das Zusammenleben mit Kindern, die direkt und indirekt vermittelte Wert- und Normenorientierung und die Wahrnehmung der Erziehungsaufgaben sind nach den Erkenntnissen der allgemeinen und geschichtspezifischen Sozialisationsforschung ausschlaggebend:

1. spezifische Berufs- und Arbeitsplatzsituation der Väter und Mütter mit den Arbeitsanforderungen, der konkreten Tätigkeit, der zeitlichen Beanspruchung, dem wirtschaftlichen Risiko;
2. Trennung oder räumliche Einheit von Familie und Betrieb sowie die Einbindung in einen städtischen oder ländlichen Lebensraum;
3. die Rolle der Frau in den Betrieben der Selbständigen und die Arbeitsabläufe in der Familie;
4. die soziale Infrastruktur mit ihren Bildungsangeboten, sozialen und medizinischen Diensten.[3]

Von besonderer Bedeutung ist in diesem Zusammenhang, welche Faktoren und Prozesse sozialen und kulturellen Wandel in dieser sozialen Gruppe beschleunigen oder aufhalten, in welchem Maße traditionelle Lebensvorstellungen und Lebensführung durch den Einfluß der Massenmedien verändert werden.

Zu erwähnen sind die fortschreitende Technisierung in Landwirtschaft, Handwerk und Dienstleistungsbetrieben und die damit einhergehenden Anforderungen und Entlastungen für die im Betrieb tätigen Familienangehörigen.

Das bisweilen verzerrte Bild einer naturwüchsigen Lebensform in Landwirtschaft und Handwerk mit den Vorteilen größerer Durchschaubarkeit und Anschaulichkeit der Arbeitsprozesse entspricht vielfach eher der Fiktion als der Wirklichkeit. Zutreffend ist, das dort, wo Familie und Betrieb nicht getrennt sind, wo die Kinder ihre Eltern bei der Arbeit erleben, eine konkretere Vorstellung von der beruflichen Arbeit der Eltern möglich ist, allerdings mit dem Vorbehalt, daß fortschreitende Technisierung Anschaulichkeit und Durchschaubarkeit erheblich reduziert.
Nicht zu vergessen ist in diesem Zusammenhang der sich abzeichnende Wandel in den Bildungseinstellungen und den Bildungswünschen der Eltern, insbesondere auch in landwirtschaftlichen Betrieben und in den Familien der Selbständigen in ländlichen Regionen. Bildungswerbung und Zentralisierung der Bildungsangebote sowie die gestiegenen beruflichen Anforderungen haben sich auf das Bildungsverhalten der Eltern ausgewirkt. Das betrifft die Einstellungen zum Kindergarten, zu weiterführenden Schulbesuchen und Schulabschlüssen und das Interesse an einer qualifizierten beruflichen Ausbildung der Kinder.[4]
Kultureller Wandel vollzieht sich aber ebenso in den Einstellungen zu Sexualität, Ehe und Kinderwünschen. Unterschiede in den Auffassungen und Lebensformen sind in Abhängigkeit von Lebensraum, dem Bildungsniveau und den konkreten Lebensbedingungen zu beobachten.
Weitgehend unbeachtet sind die spezifischen Wandlungsprozesse bei den Frauen geblieben, weniger in bezug auf ihre Schul- und Berufsausbildung als vor allem in bezug auf das Selbstverständnis dieser Frauen, die Wahrnehmung privater, beruflicher und öffentlicher Aufgaben, die Erwartungen an den Ehepartner bzw. an die Formen des Zusammenlebens, die Vorstellungen von Partnerschaft in Familie, Beruf und Öffentlichkeit. Offen ist, ob sich Partnerschaftsprobleme in der Gruppe der Selbständigen weniger stellen, sofern die Frau in den Betrieb und damit in Beruf und Öffentlichkeit eingebunden ist.
Die begonnene Auseinandersetzung mit den wirtschaftlichen, sozialen und rechtlichen Problemen der Selbständigen ist unbedingt zu intensivieren in bezug auf die Mittelstandsfrauen in ihren unterschiedlichen Rollen und Lebenskontexten.
Von Bedeutung sind in diesem Zusammenhang Aspekte wie Entscheidungskompetenzen dieser Frauen, Formen der rigiden und flexiblen Arbeitsteilung, die Wirkung von Männern und Frauen in der Rolle des bzw. der Selbständigen auf Einstellungen und Verhalten der Kinder, die Wirkung der Lebenssituation mithelfender und mitarbeitender weiblicher Familienangehöriger auf Töchter und Söhne. Von Interesse sind mögliche Wechselwirkungen zwischen dem Alltag der Müttergeneration und den Lebensplanungen und Vorstellungen von Lebensqualität, von dem Stellenwert von Familie und Beruf sowie der Vereinbarkeit bei der Töchtergeneration.

Die Vielfalt der auf Erziehung einwirkenden Faktoren kann in diesem Zusammenhang zwar bedacht, aber nicht im einzelnen erarbeitet und belegt werden. Die Frage, in welcher Weise sich die Entwicklungs- und Erziehungsbedingungen von Kindern in Familien Selbständiger von Kindern abhängig beschäftigter Eltern unterscheiden, kann in diesem Beitrag nur sehr eingeschränkt beantwortet werden. Vielmehr soll angeregt werden zu gezielter wissenschaftlicher Arbeit in diesem Feld. Und das betrifft vor allem die Familiensituation der Frauen, ihre Rolle im Erziehungsprozeß.

2. Entwicklungs- und erziehungsrelevante Merkmale der Lebenssituation

Selbständige bilden zunehmend eine Minderheit in unserer Gesellschaft. Ihr Anteil hat in den letzten 10–15 Jahren mit Ausnahme des Dienstleistungsbereichs stark abgenommen. Ist das eine Folge mangelnder Attraktivität dieser Arbeits- und Lebensform? Schrecken die finanziellen Risiken und die vielfach hohen zeitlichen Belastungen davon ab, sich selbständig zu machen? Erleben Kinder von Selbständigen die Lebenssituation ihrer Eltern eher negativ als positiv oder besteht vielmehr eine Diskrepanz zwischen abgehobener Berufsvorstellung und Berufsalltag?
Im folgenden soll der Frage nachgegangen werden, was die besondere Lebenssituation des Selbständigen und seiner Familienangehörigen ausmacht. Dabei ist an die eingangs schon erwähnte Heterogenität dieser Gruppe zu erinnern. Berufs- und Lebensbedingungen sind je nach Größe und Wirtschaftlichkeit des Betriebs, Standort, Trennung oder Verknüpfung von Familie und Betrieb, geringe oder hohe arbeitsmäßige Einbindung der Ehefrauen so vielfältig, daß die Verschiedenartigkeit das eher Vergleichbare und Übereinstimmende zurücktreten läßt.
Zur Gruppe der Selbständigen zählen jene, die nicht abhängig beschäftigt sind, die einen Betrieb leiten und die wirtschaftliche und soziale Verantwortung tragen. Der Selbständige handelt nicht weisungsgebunden, hat jedoch auch alle daraus erwachsenden Konsequenzen in Kauf zu nehmen.
Dort wo Familie und Betrieb räumlich nicht getrennt und die Grenzen zwischen Arbeiten, Wohnen und Leben fließend sind, herrscht nicht Trennung, sondern Verknüpfung der Lebensbereiche mit den entsprechenden Vor- und Nachteilen.
Je kleiner der Betrieb und je geringer der Grad der Technisierung umso größer ist die Chance, Arbeitsabläufe anschaulich begreifen zu können.
Bei räumlicher Trennung und geschlechtsspezifischer Arbeitsteilung entfallen wichtige Erfahrungschancen, nähern sich die Entwicklungsbedingungen eher denen an, wie sie in nichtselbständigen Familien gegeben sind.

Familienbetriebe leben jedoch im Unterschied zu den meisten anderen Familien von der engen Verbindung zwischen Leben und Wirtschaften, von der wechselseitigen Unterstützung und Entlastung, von der Mitarbeit der Frau und eventuell der Kinder. Solidarität ist eine unabdingbare Voraussetzung für das wirtschaftliche Überleben von Familienbetrieben ohne oder mit nur wenigen Beschäftigten.

Kinder von Selbständigen erleben in den meisten Fällen, daß ihre Eltern etwas besitzen: Land, ein Geschäft, eine Werkstatt, ein Büro, eine Praxis. Über den Betrieb laufen in vielen Branchen Kontakte mit Kunden, d. h. geschäftliche und zwischenmenschliche Kommunikation.

Kinder von Selbständigen erleben aber auch, direkt oder indirekt, daß die Arbeit, das Erwirtschaftete mit Risiken verbunden ist, daß dieses Risiko zugleich selbstverständlich und belastend ist. Selbständig arbeiten zu wollen, hat unter den gegebenen Bedingungen zur Konsequenz, eine größere wirtschaftliche und soziale Unsicherheit einzugehen, Flexibilität und Mobilität zu akzeptieren. Unabwendbar ist ein höherer Arbeitsaufwand. Das gilt vor allem für die zeitliche Beanspruchung, deren Ausmaß in den täglichen und wöchentlichen Arbeitszeiten ablesbar ist.

Die zeitliche Beanspruchung der Frauen in Mittelstandsbetrieben ist überdurchschnittlich hoch.[5] Frauen leisten in Familienbetrieben durchschnittlich 45 Stunden berufsmäßige Arbeit in der Woche. Für die Bundesrepublik wird die zeitliche Beanspruchung mit 43,4 bis 47,7 Stunden beziffert. Zehn bis zwölfstündige Arbeitstage sind keine Ausnahme. Kann eine Arbeitskraft aus Kostengründen nicht eingestellt werden, muß die Ehefrau einspringen. In den vom Mittelstandsinstitut Köln im Köln-Bonner Raum durchgeführten Untersuchungen geben die Frauen an, einerseits mit der Arbeit im Betrieb zufrieden zu sein, andererseits durch die Doppelbelastung in Familie und Betrieb häufiger überfordert zu sein.[6]

Dieselbe Untersuchung weist nach, daß mitarbeitende Hausfrauen im Schnitt 66,8 Stunden in der Woche an Arbeit leisten. Dabei beläuft sich die Arbeitszeit für den Haushalt auf 32,6 Stunden, die Betriebsarbeitszeit auf 33,8 Stunden. Die Verteilung der Arbeitszeit auf Familie und Betrieb schwankt in den verschiedenen Familienphasen. In der Phase der Familiengründung überwiegt aufgrund der Geburt des Kindes und der damit verbundenen zeitlichen Inanspruchnahme die Familienarbeitszeit.[7] Wachsen die Kinder heran, führt dieses nicht zu mehr Freizeit der Frauen, sondern die freiwerdende Zeit wird in den Betrieb investiert. Die Verlagerung der Arbeitszeit von der Familie auf den Betrieb führt so weit, daß nur die vom Betrieb nicht in Anspruch genommene Zeit für den Haushalt zur Verfügung steht.

In vielen kleinen und mittleren Betrieben leisten vor allem die Ehefrauen einen wesentlichen Beitrag zur wirtschaftlichen Produktivität und Ertragslage dieser Betriebe. Zwar hat der Anteil der mithelfenden Familienangehörigen zugunsten der mitarbeitenden Familienangehörigen abgenommen, aber viele der in den Bereichen Landwirtschaft, Handel, Gewerbe und Dienstleistung tätigen Frauen erhalten ein Entgelt unterhalb der Versicherungsgrenze von 390 DM. Diese Frauen sind trotz ihres hohen Arbeitseinsatzes weder wirtschaftlich noch sozial abgesichert. Die Gruppe der mithelfenden Frauen konzentriert sich heute vornehmlich auf die Landwirtschaft.[8]

Über die Berufsqualifikation dieser Frauen fehlen detailierte Daten. Viele Frauen beginnen als Ungelernte und holen ihre Berufsqualifikation in der Praxis nach. Sie sind vergleichsweise weniger in den traditionellen Frauenberufen vertreten. Weibliche Selbständige bilden in den verschiedenen Branchen keine Ausnahme mehr. In der Landwirtschaft wurden 1979 86 000 Frauen als Betriebsleiterinnen in der Bundesrepublik ausgewiesen.[9]

Tendenziell haben sich die Kinderzahlen zwischen Selbständigen und abhängig Beschäftigten einander angeglichen. Dennoch sind Unterschiede aufweisbar: Die Landwirte bzw. deren Familien haben mit 2,6 Kindern die durchschnittlich höchste Kinderzahl.

Auch der Anteil von drei und mehr Kindern liegt bei den Selbständigen höher als bei den Angestellten- und Beamtenfamilien. Die Ehepaare in landwirtschaftlichen Betrieben haben seltener kein oder nur ein Kind. Jede fünfte Familie eines Landwirtes der Eheschließungsjahrgänge 1961–1965 hat vier und mehr Kinder. Die Haushaltsgröße nimmt generell ab. Die Mehrzahl der landwirtschaftlichen Haushalte besteht aus den Eltern mit zwei bis drei Kindern und ist strukturell durchaus nichtlandwirtschaftlichen Haushalten ähnlich. Auch auf dem Land herrscht die Zweigenerationenfamilie vor. Die Mehrgenerationenfamilie kommt nur in 24% der industrienahen und in 41% der agrarischen Dörfer vor. Bei den Familien der Selbständigen außerhalb der Landwirtschaft haben gut ein Drittel ein Kind, ein weiteres Drittel zwei Kinder und die übrigen drei und mehr Kinder. Wieviele dieser Familien in Mehrgenerationenhaushalten leben, ist statistisch nicht ausgewiesen.[10]

Nachweislich liegt der Anteil der Frauen, die mit Kindern unter sechs Jahren und unter 16 Jahren mehr als 40 Stunden in der Woche im Betrieb arbeiten bei den Selbständigen und den mithelfenden Frauen überdurchschnittlich hoch. In der Phase in der die Kinder unter 6 Jahren sind, ist der Anteil der als Selbständige oder als mithelfende Familienangehörige arbeitende zwar am geringsten und vermindert sich noch mit der Kinderzahl, aber die Quote der Erwerbstätigen liegt bei den Familien mit Kindern unter sechs Jahren höher als mit Kindern unter 16 Jahren. Im Durchschnitt arbeiten jeweils mehr als 50% der Frauen mit Kindern unter sechs und unter 16 Jahren mehr als 40 Stunden wöchentlich im Betrieb.

Die Erfüllung der Erziehungsaufgaben ist zeitlich umso belastender, wenn Familie und Betrieb räumlich voneinander getrennt sind und eine strenge Arbeitsteilung zwischen den Ehepartnern gegeben ist, so daß die Wahrnehmung der Erziehungsaufgaben vornehmlich oder ausschließlich durch die Frauen erfolgen muß.

Das ist umso naheliegender, wenn ein Elternteil, häufig der Mann, durch den Betrieb zeitlich derart gebunden ist, daß er objektiv für die Beteiligung an Familienaufgaben nicht zur Verfügung stehen kann.

Je nach Typ des Unternehmens, nach arbeitsmäßiger und zeitlicher Beanspruchung erfahren Kinder Selbständiger entweder eine „Mutterfamilie" oder ein partnerschaftliches Zusammenwirken in Familie und Betrieb.

Aus der neueren schichtspezifischen und ökologischen Sozialisationsforschung geht hervor, daß Arbeitsplatzerfahrungen in ihrem Einfluß auf Erziehungseinstellungen und Erziehungsverhalten höher zu gewichten sind als Einkommen und beruflicher Status. Untersucht wurden der Zusammenhang zwischen geringer Zufriedenheit am Arbeitsplatz und Partner- sowie Erziehungsverhalten. Die die Erziehungsvorstellungen und das Erziehungshandeln leitenden Gesichtspunkte wie Autonomie, Kompetenz, Selbstvertrauen, Eigeninitiative sowie hohe und geringe Anpassungsbereitschaft, Offenheit und Verschlossenheit gegenüber Dritten sind abhängig von den Merkmalen des Arbeitsplatzes bzw. der Tätigkeitsstruktur:

1. vom Ausmaß der Kontrolle am Arbeitsplatz,
2. von der „bürokratischen" oder „unternehmerischen" Ausrichtung des Arbeitszusammenhangs
3. von der Art der Arbeit (Umgang mit Personen oder Sachen/Maschinen) und der Komplexität der Tätigkeit.

Selbstbestimmung am Arbeitsplatz steht in positivem Zusammenhang zu intellektuellen Fähigkeiten. Unselbständige Arbeitsbedingungen schwächen das Selbstwertgefühl, fördern rigide Verhaltensmuster in Beruf und Familie.[11]

Von entscheidender Bedeutung scheint zu sein, ob die Anforderungen am Arbeitsplatz Selbständigkeit oder Einordnung fördern und herausfordern.

Wird eine anspruchslose Tätigkeit längerfristig ausgeübt, führt das vielfach zu einer Verkümmerung selbstbestimmten Bewußtseins und selbstbestimmter Verhaltenstendenzen. Die Stellung des Vaters innerhalb der hierarchischen Arbeitsorganisation hat nach den Untersuchungsbefunden einen gewichtigen Einfluß auf Erziehungsziele und Einstellungen. Eine berufliche Tätigkeit, durch die Initiative, eigenständiges Urteils-, Denk- und Handlungsvermögen sowie Planungsverhalten eingeübt wird, führt bei diesen Personen zu Erziehungseinstellungen, die auf Selbständigkeit, Toleranz und Rücksichtnahme, auf Initiative und Risikobereitschaft gerichtet sind.[12]

Die Wirkungen auf die Personen sind aber nicht nur von den objektiven Arbeitsbedingungen, sondern in entscheidendem Maße von der subjektiven Wahrnehmung und Einschätzung der Arbeitsplatzsituation abhängig (Wagner). Und damit ist auf eine weitere Variable verwiesen, nämlich die Persönlichkeitsstruktur.

Die Verarbeitung objektiver Bedingungen variiert je nach den individuellen Ausprägungen von Mann und Frau.[13]

Für die Lebenssituation der Selbständigen und die dort gegebenen Arbeitsplatzerfahrungen ist festzuhalten, daß die Erfahrung von Eigenverantwortlichkeit, Unabhängigkeit, Initiative und Risikobereitschaft in höherem Maße ermöglicht wird. Das beinhaltet nicht, daß auch die Tätigkeit im einzelnen jeweils komplex und anspruchsvoll von den Arbeitsanforderungen her ist.

Was für die Selbständigen gilt, trifft nicht ohne weiteres auf die Arbeitsplatzsituation der mithelfenden und mitarbeitenden Familienangehörigen zu. Hier können die o. g. Arbeitsplatzbedingungen mit ihren positiven Merkmalen gegeben sein, es ist aber ebenso dem Tatbestand Rechnung zu tragen, daß Familienangehörige in vielen Fällen unselbständige Hilfsdienste leisten.

Für die Lebenssituation der Selbständigen wie der mithelfenden und mitarbeitenden Familienangehörigen ist des weiteren die Dauer und Verteilung der Arbeitszeit auf den einzelnen Tag und die Woche ausschlaggebend. Je höher die tägliche zeitliche Beanspruchung und je geringer die Möglichkeiten, über den zeitlichen Arbeitseinsatz individuell zu bestimmen, desto stärker geraten die an der Erziehung Beteiligten unter Druck und fallen hinter ihre Erziehungsvorstellungen zurück.

In dieser Hinsicht erweisen sich die Arbeitsbedingungen der Selbständigen eher nachteilig für Eltern und Kinder. Allerdings ist in diesem Zusammenhang entscheidend, ob diese geringe zeitliche Flexibilität ein Elternteil oder beide trifft und in welchem Maße der Arbeitsdruck im Betrieb aufgrund räumlicher Nähe, geringer Entlastung durch Personal und weitgehender Einbindung der Frau in den Betrieb auf das Zusammenleben in der Familie durchschlägt.

Kinder, die in Familien von Selbständigen aufwachsen, haben die größere Chance, insbesondere in Familienbetrieben im positiven Sinn an der Arbeitswelt ihrer Eltern teilzuhaben, die Vor- und Nachteile dieser Arbeits- und Lebensform kennenzulernen.

Sie wachsen in Haushalten auf, in denen unter Umständen sowohl hohe Arbeitsbelastung und berufliche Zufriedenheit als auch hohe Arbeitsbelastung und geringer wirtschaftlicher Erfolg den Familienalltag bestimmen. Kinder werden je nach Betriebsstruktur früher in soziale Verantwortung einbezogen, für sie besteht weniger die Gefahr der pädagogisierten, überbehüteten und stark kontrollierten Kindheit. Dem steht als möglicher und tatsächlicher Nachteil weniger Zeit für individuelle Zuwendung und Förderung gegenüber. Kinder werden erfahren können, welche Übermacht der Bereich der Arbeit in der Familie einnehmen kann, wenn für Privates, für Freizeit kein Raum mehr ist.

Diese einerseits vorteilhafte Einheit von Arbeiten und Leben führt dort zu Ambivalenzen, wo Schuldgefühle gegenüber den Kindern aufkommen wo Eltern zwischen Anforderungen aus beiden Lebensbereichen hin- und hergerissen werden. Solche Spannungen und Ambivalenzen werden erhöht durch die über eine popularisierte Erziehungsliteratur verbreiteten Erziehungsanforderungen.

Sie werden verstärkt durch die Erwartungen der Schule an die Bildungsförderung durch das Elternhaus. Einerseits erfahren gerade die Selbständigen, wie unabdingbar ein qualifizierter Schulabschluß und eine qualifizierte Schulausbildung sind, sie wissen, daß die Anforderungen auch in kleineren und mittleren Betrieben an intellektuelle und praktische Fähigkeiten gebunden sind, daß Schulabschlüsse auch für den Zugang zu den beruflichen Tätigkeiten in Landwirtschaft, Handel und Gewerbe immer ausschlaggebender sind, aber gleichzeitig sehen sich viele Selbständige und hier vor allem die in den Betrieben engagierten Frauen nicht in der Lage, den Erwartungen an familiäre Bildungsförderung nachzukommen.

Ausgleichend wirkt hier allerdings der Tatbestand, daß Kinder, deren Eltern kleine oder mittlere Betriebe führen, zu Eigenständigkeit und Eigeninititative eher angehalten werden und oftmals früher lernen, ohne Hilfe der Erwachsenen zu arbeiten.

Folgt man den sozialgeschichtlichen Untersuchungen zum sozialen Rollenwandel des Kindes, so zeigt sich jedoch, daß sich der Umgang zwischen Eltern und Kindern wie auch die Erziehungsvorstellungen und Erziehungspraktiken in den unterschiedlichen sozialen Schichten stark einander angenähert haben.

Autoritäres Erziehungsverhalten ist nicht gänzlich abgebaut, aber variiert weit stärker nach Beruf und Bildungsniveau als nach der Stellung im Beruf. In Lebensräumen, in denen tradierte Wert- und Normvorstellungen langsamer abgebaut oder verändert werden als in industriellen und großstädtischen Ballungsgebieten ist dennoch aufweisbar, daß es eher graduelle Unterschiede zwischen unterschiedlichen Vorstellungen partnerschaftlichen Zusammenlebens zwischen Erwachsenen wie auch Eltern und Kindern gibt. Die auf Gefühl und Spontaneität beruhende persönliche Zuwendung zum Kind ist kein schichtenspezifisches Merkmal mehr.

Der Rollenwandel der Frau mit seinen Auswirkungen auf die berufliche Stellung und Tätigkeit wie auch die Familienrolle ist auch in den Mittelstandsfamilien ein ausschlaggebender Vorgang.

Nicht erst mit der gehobenen Bildungs- und Berufsausbildung der Mädchen und Frauen hat sich deren Stellung in Familie und Betrieb gewandelt, sondern in den meisten Berufsbereichen, insbesondere in der Landwirtschaft, aber auch im Handel, haben die Frauen schon immer ihren eigenen Handlungs- und Entscheidungsbereich, z.T. ihre getrennten Einnahmen. Aus der Beteiligung an der wirtschaftlichen Versorgung erwuchsen Mitwirkungsrechte und -aktivitäten über den häuslichen Bereich hinaus. Zum einen war und ist durch die Führung eines Betriebes oder die Mitwirkung in ihm mit einem größeren

Ausmaß an Außenkontakten, aber auch mit differenzierten Anforderungen verbunden. Jedenfalls ist nicht zu übersehen: Was auch im Blick auf die Entwicklung und Erziehung der Töchtergeneration in seiner Bedeutung nicht zu unterschätzen ist, daß die Chance zur Überwindung des geschlechtsspezifischen Arbeitsmarktes in dieser Gruppe zunimmt, d. h. Frauen gewinnen über ihre Familie bzw. über die Kontakte mit der Arbeit im Betrieb eher Zugang zu untypischen Frauenberufen. Sie verfügen in mehr Fällen über einen eigenen, über den familiären Arbeitsbereich hinausgehenden Kompetenzbereich. Frauen, die den Berufsweg als Selbständige durchsetzen, bringen vielfach ein größeres Selbstvertrauen, mehr Eigeninitiative, hohe Lernbereitschaft und Flexibilität sowie Durchsetzungsvermögen ein. Es ist kein Zufall, daß gerade aus der Gruppe der Selbständigen Frauen hervorgehen, die sich stark sozial und politisch auf den verschiedenen Ebenen engagieren. Dennoch zeigt sich auch in dieser Gruppe, wie schwierig es für Frauen ist, in Führungspositionen aufzusteigen. Trotzdem steigt der Anteil in der Altersgruppe zwischen 30 und 45 Jahren.[14]

Die bisher ermittelten Befunde sprechen nicht dafür, daß in der Familie der Selbständigen in der Erziehung eine andere Arbeitsteilung praktiziert wird als in den übrigen Haushalten. Hier herrschen eher in bestimmten Bereichen, vor allem in Landwirtschaft und Handwerk, verstärkt traditionelle Arbeitsteilungen vor. Das Problem für die Frauen besteht nicht in der mangelnden Beteiligung an der Erwerbstätigkeit, sondern in der dominierenden Verantwortung für den Familienbereich.

Töchter und Söhne machen einerseits die Erfahrung, daß die Arbeit ihrer Mütter im Betrieb für die wirtschaftliche Absicherung der Familie unerläßlich ist. Sie erfahren aber zum anderen, zu welchen Überforderungen ein solcher Einsatz führt.

Partnerschaft wird erfahren in den Kompetenzen von Mann und Frau, aber nicht - dieses gilt jedenfalls für die Gruppe der mithelfenden Familienangehörigen - in der wirtschaftlichen und sozialen Sicherung.

Positive Bedingungen und Rückwirkungen auf die Entwicklung der Kinder, insbesondere der Töchter sind in Einflußfaktoren zu sehen wie erfahrbare intellektuelle und praktische Fähigkeiten der Frauen, Möglichkeit und Notwendigkeit zu eigenständiger beruflicher und sozialer Absicherung, Abwehr von unzumutbaren Überforderungen in Arbeit und Familie bei unzureichender materieller Absicherung.

Frauen, die als Selbständige oder mithelfende Familienangehörige ihre Kinder erziehen, sind ein lebendiges Beispiel für die Leistungsfähigkeit der Frau, für ihren Beitrag in Beruf, Familie und Öffentlichkeit. Sie sind aber auch ein warnendes Beispiel in bezug auf einseitige Ausnutzung und Überforderung, für zu geringe Bewertung der von Frauen geleisteten Arbeit. Wo sie tätig werden in den Betrieben ihrer Männer besteht allzu leicht die Gefahr, die unbezahlte Familienarbeit auch in der Erwerbsarbeit forzusetzen.

Die Arbeits- und Lebensform von selbständigen und mitarbeitenden Frauen könnte wieder attraktiver werden, wenn ihre Leistungen in Familie und Beruf anerkannt und entsprechend in den verschiedenen Politikbereichen berücksichtigt werden.

Anmerkungen

1 Vergleiche die bisherigen Veröffentlichungen des Instituts für Mittelstandsforschung der Forschungsgruppe Bonn/Köln, (J. F. M.) u. a. Schelmper-Kubista: Die Bedeutung der mitarbeitenden Familienangehörigen für mittelständische Unternehmen, J. F. M. 1980/50, Schlemper-Kubista/Wollrab: Die wirtschafts- und gesellschaftspolitische Bedeutung der Unternehmerinnen und mitarbeitenden Unternehmerfrauen, Schriften zur Mittelstandsforschung, J. F. M. Bonn, o. J.

2 Vgl. Erwerbstätige im April 1979 nach Wirtschaftsabteilungen und Stellung im Beruf, in Bevölkerung und Erwerbstätigkeit, Reihe 4.1.1. Stand und Entwicklung der Erwerbstätigkeit 1979, hrsg. vom Statistischen Bundesamt Wiesbaden, 44 und 46. Vgl. ferner Bevölkerung und Erwerbstätigkeit, Fachserie 1, Reihe 3, Haushalte und Familie 1981, Hrsg. vom Statistischen Bundesamt Wiesbaden 1982; Bildung im Zahlenspiegel 1982, hrsg. vom Statistischen Bundesamt Wiesbaden 1982, 71, 73/74.

3 Vaskovics, L. A.: Umweltbedingungen familialer Sozialisation, Stuttgart 1982, vgl. dort Bertram, H.: Von der schichtspezifischen zur sozialökonomischen Sozialisationsforschung, 25–54; ferner Wegner, Th.: Arbeitsbedingungen und familiale Erziehung, Frankfurt 1979.

4 Europäische Landfrauen im sozialen Wandel. Ergebnisse empirischer Untersuchungen einer internationalen Arbeitsgruppe, Bd. 1, Schriftenreihe der Forschungsgesellschaft für Agrarpolitik und Agrarsoziologie, Bonn 1982.

5 Bericht über die Stellung der Frau in der Europäischen Gemeinschaft, Gesamtberichterstatter: Hanja, R. H. Maij-Weggen, Dok. I-829/80 - 1, 118.

6 Schlemper-Kubista, A.: Die Bedeutung der mitarbeitenden weiblichen Familienangehörigen für mittelständische Unternehmen, J. F. M., 38 ff.

7 v. Schweitzer, R./Pross, H.: Die Familienhaushalte im wirtschaftlichen und sozialen Wandel, Kommission für wirtschaftlichen und sozialen Wandel, 206–223, und 384–429.

8 Die Situation der Landfrauen in den Mitgliedstaaten der Europäischen Gemeinschaft. Untersuchung der Landwirtschaftlichen Hochschule Wageningen im Auftrag der EG, Februar 1979.

9 Familie und Haushalt 1981, a. a. O., 75.

10 Europäische Landfrauen im sozialen Wandel, a. a. O., s. dort Beitrag zur Bundesrepublik, van Deenen, B. u. a., 10.

11 Miller, J. u. a.: Women and Work. The Psychological Effects of Occupational Conditions. In: American Journal of Sociology, 85/1979, 66–94.
Steinkamp, G.: Arbeitsplatzerfahrungen und familiale Sozialisation. In: Vaskovics, L. A. (Hrsg.): Umweltbedingungen und familiale Sozialisation, a. a. O., 120–142.

12 Kohn, M. C.: Persönlichkeit, Beruf und soziale Schichtung, Stuttgart 1981.

13 Schneewind, K.: Familiäre Aspekte der Selbstverantwortlichkeit. In: Mielke, R. (Hrsg.): Interne/externe Kontrolle, Bern 1982.

14 Bock-Roenthal, E./Haase, C./Streck, S.: Wenn Frauen Karriere machen, Frankfurt 1978, Cooper, C. L.: Streßbewältigung: Person, Familie, Beruf, München 1981.

4. Frauen in Führungspositionen (1983)

1. Erweiterte Chancen und neue Barrieren

Nationale, europäische und international vergleichende Analysen kommen zu dem Ergebnis, daß Frauen nach wie vor in Führungspositionen schwach vertreten sind.[1]

Trotz gestiegener Bildungs- und Berufsqualifikationen in der jüngeren Frauengeneration hat sich an diesem Tatbestand wenig geändert. Das schlägt sich sowohl in den Daten der amtlichen Statistik[2] als auch in Befunden vorliegender Studien nieder.

Zwar ist nicht zu übersehen, daß sich in vielen Bereichen, in denen eine Frau früher undenkbar gewesen wäre, neue Möglichkeiten eröffnet haben. Im Beruf nach oben zu kommen, ist für Frauen schon nicht mehr ganz so aussichtslos wie vor Jahrzehnten.[3]

Diese prinzipielle und faktische Öffnung geht entscheidend auf den verbesserten Ausbildungsstand der Frauen zurück. 1978 konnten von den unter 55- bis 60jährigen Frauen 37 Prozent einen beruflichen Abschluß nachweisen. Bei den jungen Frauen zwischen 25 und 30 Jahren hatten bereits 65,7 Prozent eine abgeschlossene Berufsausbildung. Ein vergleichbarer Zuwachs ist für die männliche Bevölkerung nicht nachweisbar.[4]

Aber der berufliche Aufstieg, sofern er Frauen gelingt, endet überwiegend auf der mittleren Führungsebene, bei einer Position, von der aus viele Männer ihre Karriere erst vorbereiten.[5]

In arbeitsmarktkritischen Zeiten ist die Bereitschaft zur beruflichen Förderung von Frauen gering, da die Nachfrage nach Führungspositionen weitaus größer ist als das Angebot.

Insofern ist die schmale Erweiterung an weiblichen Führungspositionen wie in den späten 60er und frühen 70er Jahren in den 80er Jahren weder auszubauen noch zu erhalten. Nachfolger von Frauen sind in der Regel Männer, und der Tatbestand verbesserter beruflicher Qualifikationen wird daran wenig ändern. Die schlechten Nachwuchschancen von Frauen an den Hochschulen sind nur ein Beispiel.[6]

Hinzu kommt, daß offene und verdeckte Maßnahmen gegen verheiratete Frauen bei Neueinstellungen und Kündigungen längerfristige Auswirkungen auf die Repräsentanz von Frauen in Führungspositionen haben werden.

Diese Tendenzen könnten unter Umständen dadurch abgeschwächt werden, daß mehr Frauen kontinuierlich im erlernten Ausbildungsberuf verbleiben, da – im Gegensatz zu den frühen 70er Jahren – Unterbrechung der Erwerbstätigkeit in vielen Fällen zum definitiven Ausschluß vom Arbeitsmarkt führt.
Gerade in Phasen wirtschaftlicher Rezession gilt es verstärkt, Rückschlägen auf dem Weg zu einer chancengleichen beruflichen Integration der Frauen entgegenzuwirken. Krisenzeiten erfordern zum einen absichernde Maßnahmen für Frauen, und diese sind vor allem in einer weiterhin qualifizierten Berufsausbildung und gezielten Förderungsmaßnahmen zur beruflichen Eingliederung der Frauen durchzusetzen. Zum anderen ist gerade in Krisenzeiten den Innovationschancen Rechnung zu tragen, die sich sowohl in der Arbeitsorganisation wie auch in der Entwicklung neuer Berufe auftun.
Von daher kommen Maßnahmen zur Verbesserung der beruflichen Qualifikation von Frauen in frauenuntypischen Berufen aber auch einer Aufwertung der traditionellen Frauenberufe zentrale Bedeutung zu, denn es ist nach dem bisherigen Verlauf einer sich ausweitenden Erwerbstätigkeit in der jüngeren Frauengeneration[7] zu erwarten, daß mit zunehmender beruflicher Qualifikation auch die Chancen von Frauen in Führungspositionen steigen.[8]
In der Diskussion um frauenfördernde Sondermaßnahmen fordert ein Teil der Frauen die Einrichtung von Frauenstudien an den Universitäten.[9] Gedacht ist an gezielte Studien- und Ausbildungsangebote – beispielsweise in naturwissenschaftlichen und technischen Ausbildungsgängen mit didaktisch-methodischen Konzepten, die sozialisationsbedingte geschlechtsspezifische Eigenarten von Frauen berücksichtigen und somit Motivation, Selbstwertgefühl und Leistungsfähigkeit stärken. Ob ein solcher Ansatz die Ausbildungs- und Berufschancen von Frauen erhöht, müßte erprobt werden, wobei auch die Gruppe der Frauen unterschiedliche Lerntypen ausweist, so daß die frauentypischen Studienangebote nur eine Variante einer notwendigen didaktisch-methodischen Differenzierung in Ausbildung und Studium darstellen.
Entscheidend ist jedoch ein Umdenken im Ausbildungswesen und in der Arbeitswelt in bezug auf Erst- und Zweitberufe sowie die damit verbundenen Konsequenzen für Aus- und Weiterbildung. Geht man davon aus, daß weit mehr Menschen als bisher einen zweiten und dritten Beruf erlernen müssen oder wollen, so könnte das nur realisiert werden, wenn bestehende Barrieren abgebaut würden. Das gilt für Altersgrenzen bei der Ausbildung und Umschulung sowie beim Berufszugang, aber auch für die Dauer und die Inhalte der Ausbildung bzw. des Studiums. Seit den 50er Jahren ist in der Bildungsforschung vom lebenslangen Lernen und vom „recycling“ bei schulischer und beruflicher Bildung die Rede. Lerneinstiege und -ausstiege sollen erleichtert werden. Die lernpsychologische Forschung hat ebenso wie die gerontologische Forschung auf die produktiven Lernmöglichkeiten in den verschiedenen Altersphasen hingewiesen.

Faktisch bleiben jedoch die Grundmuster von Ausbildung und Beruf sowie Altersnormen für den Erwerb beruflicher Kompetenzen und für die Ausübung des Berufs in unterschiedlichen Funktionen und Positionen bestehen.
Chancen zur Ausbildung in einem Zweitberuf jenseits der Altersgrenze von 42 Jahren oder berufliche Aufstiegschancen in einem Alter über 50 Jahren sind kaum gegeben.[10] Vorschläge zur Verkürzung der Lebensarbeitszeit orientieren sich ebenfalls an biologischen Altersgrenzen, ohne Berücksichtigung der spezifischen Unterschiede zwischen Männern und Frauen.
Selbst wenn die bisherigen Erfahrungen (z. B. Inanspruchnahme von Umschulungs- und Fortbildungsmaßnahmen sowie Einstellungs- und Beförderungspraktiken im öffentlichen Dienst und in der privaten Wirtschaft) Altersgrenzen nahelegen, so darf nicht vergessen werden, daß das bisher bei Männern und Frauen aufweisbare Verhalten in hohem Maße abhängig ist von gesellschaftlich vorgegebenen Normen und verfestigten Auffassungen in bezug auf schwindende Lern- und Leistungsfähigkeit jenseits der Altersgrenze von 40 Jahren.
Bisher werden keine Konsequenzen aus der Altersforschung gezogen, auch den unterschiedlichen Alterungsprozessen von Männern und Frauen wird nicht Rechnung getragen. Obwohl bekannt ist, daß die körperliche Vitalität bei Frauen langsamer abnimmt als bei Männern und die physische Belastbarkeit - gemeint ist nicht die Muskelkraft - größer ist, werden daraus weder politische noch rechtliche Folgerungen für Ausbildung, Beschäftigung und Arbeitsrecht gezogen.
Als relativ starr erweisen sich zum anderen die für Führungspersönlichkeiten geltenden Anforderungen bzw. Standards. Prinzipiell haben sich die Vorurteile gegenüber Frauen in Führungspositionen abgeschwächt, aber nach wie vor bestehen erhebliche Vorbehalte gegenüber Frauen, weil angenommen wird, sie seien weniger durchsetzungsfähig, karriereorientiert, weniger bereit zu hierarchischer Führung, Härte und Distanz. Frauen wird angelastet, sie seien zu sachorientiert, zu stark auf Kooperation und zu wenig auf Konkurrenz und Leistung ausgerichtet.
Trotz gegenteiliger empirischer Befunde und der nachgewiesenen Eignung von Frauen für Führungspositionen bedarf es noch erheblicher Bewußtseinsarbeit, um den gängigen Vorurteilen und der allgemein ablehnenden Haltung von Personalchefs gegenüber Frauen in Führungspositionen entgegenzuwirken.
In dem Maße wie die Untersuchungen zu Qualifikationsprofilen für Führungspositionen zu dem Ergebnis kommen, daß sich kein einheitliches Profil, sondern allenfalls bestimmte Grundqualifikationen bestimmen lassen[11], die je nach Aufgabenbereich um die je besonderen Anforderungen zu erweitern sind, müßte es auch möglich sein, von stereotypen, standardisierten Normen abzurücken. In diesem Zusammenhang sind auch die Anforderungen an zeitliche Verfügbarkeit, Funktionshäufung und Funktionsteilung, zeitlich befri-

stete und unbefristete Führungsaufgaben zu überdenken. Teilzeitarbeit und Arbeitsplatzteilung in Führungspositionen können nicht von vorneherein ein Tabu sein, sondern erst in der Auslotung einer größeren Flexibilität werden sich auch die Grenzen aufteilbarer Zuständigkeiten zeigen.
Bislang geht es einseitig um die Frage, wie sich Frauen verändern, welche Defizite sie abbauen müssen, wenn sie ihren Anteil an gehobenen Berufs- und Öffentlichkeitspositionen erhöhen wollen. Von ihnen werden überdurchschnittliche fachliche Kompetenzen, männliche Führungsqualitäten und Verzicht auf Familie erwartet. Hier trifft zu, was Beck-Gernsheim und Ostner in ihrem Aufsatz „Frauen ändern - Berufe nicht" thematisieren.[12]
In diesem Zusammenhang ist bewußt zu machen, daß sich in der Diskussion über die Forderung nach mehr Frauen in Führungspositionen konzeptionell unterschiedliche Ansätze, Problemzugänge sowie Strategien abzeichnen. Dabei sind zwei Richtungen deutlich voneinander abgrenzbar. Es ist zu unterscheiden zwischen einem *pragmatisch* ausgerichteten Maßnahmenkonzept und einem *gesellschafts-* und *berufspolitisch kritischen* Ansatz.
Während Politik und Praxis Förderungsprogramme entwickeln und durchführen, die eine bessere Anpassung der Frauen an das Beschäftigungssystem zum Ziel haben, warnen gerade jene, die einen gesellschaftskritischen und ‚frauenspezifischen' Standpunkt vertreten vor einer unkritischen Orientierung an Defizithypothesen und der Anpassung der Frauen an vorgegebene Leistungsstandards und Persönlichkeitsmerkmale. Gewarnt wird vor einer unkritischen Anpassung an bestehende Leistungsnormen und Arbeitstugenden, denn - so lautet die Argumentation - auf diese Weise werde ein männliches System fortgeschrieben werden, ohne daß auch nur Ansätze zur Humanisierung der Arbeitswelt eine Chance haben. Frauen zahlen einen hohen Preis für den sozialen und beruflichen Aufstieg, und sie müssen entscheiden, wieviel ihnen der Zugang zu Führungspositionen Wert ist.[13] Modellversuche des Bundes und der Länder wie auch Einzelmaßnahmen zur Verbesserung der beruflichen Chancen von Frauen verschließen sich der angesprochenen Problematik nicht, aber die Lösungsperspektiven verweisen eher in die Richtung, daß die Bejahung und Beherrschung bestehender Leistungs- und Verhaltensnormen eine kaum zu umgehende Voraussetzung für Veränderungen ist. Die Gegenargumentation lautet vielmehr, daß ohne eine stärkere Beteiligung der Frauen an Führungspositionen auch keine Veränderung der geltenden Vorstellungen über Führungsstile und Leistungsnormen erfolgen könne. Aber ob es den Frauen tatsächlich gelingt bzw. gelingen kann, Anforderungen an und Verhalten in Führungspositionen zu verändern, ist eine offene Frage. Je geringer die gesellschafts- und berufskritische Komponente in Aus- und Weiterbildung vertreten ist, desto geringer ist die Möglichkeit zur Veränderung.
Eine Lösung des Problems ist aber auch nicht durch eine konsequente Verweigerung der Frauen gegeben. Die Benachteiligungen bleiben bei einer solchen

Strategie ebenso bestehen wie die Strukturen der Arbeitswelt mit den dort geltenden Arbeitswerten und Normen. Von daher kann der Weg nur über eine kritische Anpassung und schrittweise Veränderung führen, vorausgesetzt, das kritische und innovative Potential wird bei den Frauen gefördert und Frauen nehmen diese Aufgabe auch verantwortlich wahr, trotz vielfältiger Barrieren. Die dieser Strategie eigene Ambivalenz ist offenkundig, es handelt sich eher um eine Zielbestimmung als um eine absichernde Angabe des Weges. Dieser Weg ist ein Experiment, dessen Ergebnis offen ist.

2. Frauen in gehobenen Führungspositionen - eine Minderheit

Beruflicher Aufstieg beinhaltet Zuwachs an Aufgaben und Kompetenzen, größere Weisungs- und Kontrollfunktionen. Aufstieg innerhalb der betrieblichen Hierarchie verbunden mit mehr Autonomie und Dispositionsbefugnissen. Untersuchungen wie die von Kienbaum 1975 und Hegelheimer 1977 und 1982 lassen erkennen, daß der Anteil von Frauen in Führungspositionen mehr als gering ist.

Kienbaum untersuchte 50 000 Angestellte, davon entfiel ein Anteil von 2,4 Prozent auf Frauen mit Dispositionsfunktionen. Frauen mit Leistungsfunktionen sind am ehesten im Verwaltungssektor (4 Prozent) und am geringsten im technischen Bereich (1 Prozent) vertreten.

Die höchsten Anteile weiblicher Führungskräfte sind in folgenden Bereichen anzutreffen:

1. im Personalwesen (rund 11 Prozent),
2. in der Finanz- und Geschäftsbuchhaltung (rund 7 Prozent),
3. in der Qualitätskontrolle (rund 5 Prozent),
4. in der Marktforschung (rund 5 Prozent),
5. in der Werbung (rund 4 Prozent).

In den anderen Bereichen liegt der Anteil der Frauen an Stellen mit Dispositionsfunktion bei unter 3 Prozent.

Diese Ergebnisse von Kienbaum werden durch Untersuchungen der amtlichen Statistik weitgehend bestätigt. Die Gehalts- und Lohnstrukturerhebungen des Statistischen Bundesamts von 1978 zeigen, daß Frauen in der Leistungsgruppe I (Angestellte in leitender Stellung mit umfassender Aufsichts- und Dispositionsbefugnis) wie auch in der Leistungsgruppe II (Angestellte mit selbständigen Tätigkeiten in verantwortlicher Stellung, jedoch mit eingeschränkter Dispositionsbefugnis) mit rund 6 Prozent vertreten sind im Vergleich zu Männern, die dort zu 38 Prozent beteiligt sind. In der Leistungsgruppe III (Angestellte mit mehrjähriger Berufserfahrung oder besonderen

Fachkenntnissen, die nach allgemeiner Anweisung selbständig arbeiten) finden sich rund 50 Prozent der Männer und 42 Prozent weibliche Angestellte.
In der Leistungsgruppe IV (Angestellte ohne Entscheidungsbefugnisse) und in der Leistungsgruppe V (Angestellte in einfacher und/oder mechanischer Tätigkeit) sind nur 13 Prozent männliche Angestellte und 52 Prozent weibliche Angestellte tätig.
Etwas günstigere Aufstiegsmöglichkeiten bietet der öffentliche Dienst für Frauen. Der Anteil der Frauen im höheren Dienst ist seit den 60er Jahren deutlich gestiegen, aber auch hier liegt der Anteil der Männer noch immer um die Hälfte höher. Dabei sind Beamtinnen in höherem Maße als weibliche Angestellte in höhere Laufbahngruppen eingestuft.
Hegelheimer hat in ihrer 1982 veröffentlichten Studie (CEDEFOP) Ergebnisse über den Zusammenhang zwischen Weiterbildung, beruflicher Tätigkeit und beruflichem Aufstieg anhand von Fallstudien in Handel, Bankwesen, Computer-Industrie und im öffentlichen Dienstleistungssektor vorgelegt. In den von ihr untersuchten Branchen und Betrieben ist der betriebliche Führungskräftenachwuchs bis in die hohe Führungsebene mit der in den Unternehmen fest institutionalisierten betrieblichen Weiterbildung verknüpft. Der Aufstieg in Führungspositionen ist in der Regel mit der Teilnahme an Weiterbildungsprogrammen verbunden, wenngleich daran kein formeller Anspruch an beruflichen Aufstieg im Unternehmen verknüpft ist. Die Weiterbildungslehrgänge werden überwiegend innerhalb der Unternehmen durchgeführt. Die Teilnehmer werden von der Arbeit freigestellt, die Kosten werden ausschließlich von den Unternehmen getragen und die Weiterbildung erfolgt unter Fortzahlung der vollen Bezüge.
Wesentliche Einflußgrößen für die Teilnahme an Weiterbildungsprogrammen sind fast durchgängig Alter, Familienstand, Kinderzahl, Bildungs-/Ausbildungsabschluß und Dauer der Betriebszugehörigkeit. Bevorzugt werden junge, unverheiratete Frauen ohne familiäre Verpflichtungen mit qualifizierten Bildungs- und Ausbildungsabschlüssen, mittel- oder längerfristiger Berufserfahrung und mittlerer Dauer der Betriebszugehörigkeit. Während Familienstand und Kinderzahl im öffentlichen Dienst weitgehend unberücksichtigt bleiben, läßt sich jedoch im übrigen feststellen, daß fachliche Kompetenz und betriebliche Funktion über die Teilnahme an beruflicher Weiterbildung entscheiden. Je geringer die Stellung im Beruf, desto höher wird der Stellenwert der Weiterbildung für den beruflichen Aufstieg eingeschätzt. In allen Betrieben, die in die Untersuchung einbezogen wurden, äußerten sich die befragten Frauen dahingehend, daß Frauen die gleichen Chancen wie Männer bei der Teilnehmerrekrutierung für die betrieblichen Weiterbildungsmaßnahmen haben. Andererseits ist den meisten Befragten bewußt, daß Weiterbildung nur *einer* der relevanten Einflußfaktoren für den beruflichen Aufstieg ist. Je höher die Führungsposition, desto stärker zählen neben der beruflichen Kompetenz

„vor allem Leistungsfähigkeit und Eignung für die Ausübung von Führungspositionen, Berufserfahrung, Berufsdauer, Dauer der Betriebszugehörigkeit, Berufsengagement und nicht zuletzt auch die berufliche und regionale Mobilität".[14]

Einerseits hat die Akzeptanz von Frauen in Führungspositionen in den letzten Jahren zugenommen. In allen Branchen hat sich der Anteil der Frauen in Führungspositionen erhöht, er konzentriert sich jedoch nach wie vor auf die unteren und mittleren Führungsfunktionen und ist in der Computer-Industrie am schwächsten ausgeprägt. Je höher das Niveau der Führungsposition und je ‚frauenuntypischer' der Tätigkeitsbereich, desto geringer der Frauenanteil, desto schwieriger ist - nach Aussagen der befragten Frauen - der Zugang zu solchen Positionen. Hegelheimer stellt fest, daß in bezug auf die generellen Aufstiegschancen von Frauen aus der Sicht der Frauen noch erhebliche soziale Barrieren bestehen. Die Gründe für die bislang geringen Aufstiegschancen beziehen sich überwiegend nicht auf die berufliche Kompetenz, die Leistungsfähigkeit oder Eignung für die Ausübung von Führungspositionen, sondern auf die familiale Rolle der Frau bzw. Rollenkonflikte bei der Vereinbarung beruflicher und familiärer Anforderungen. Hieraus resultieren Auswirkungen auf den Berufs- und Karriereverlauf. Frauen verweisen allerdings auch auf die durchschnittlich geringere Berufsqualifikation und die geringere Weiterbildungsbereitschaft von Frauen als Gründe für die bislang geringen Aufstiegschancen von Frauen.[15]

Aus dem bisher vorliegenden Material wird eines sehr deutlich: Beruflicher Aufstieg und Zugang zu Führungspositionen hängt zum einen entscheidend ab von beruflicher Kompetenz, beruflicher Erfahrung und Dauer der Berufsausübung, sie hängt zum anderen ab vom Familienstand und den damit verbundenen Rollenkonflikten auf seiten der Frauen und Vorbehalten auf seiten der Arbeitgeber. Maßnahmen zur beruflichen Ausbildung und Weiterbildung sind aber zunehmend bedeutungsvoller, denn die empirischen Befunde lassen den Schluß zu, daß diese beiden Faktoren von nicht zu unterschätzender Bedeutung für die beruflichen Chancen von Frauen sind. Das Kriterium berufliche Eignung von Frauen setzt sich nicht isoliert durch, aber es gewinnt offenbar zunehmend an Gewicht.

Der überproportionalen Repräsentanz von Frauen in beruflichen Führungspositionen entspricht der geringe Anteil von Frauen in öffentlichen Ämtern. Die Gesellschaft macht sich zwar die Dienstbereitschaft der Frauen zunutze, fordert sie auf zu sozialem und politischem Engagement, aber wenn es um Leistungsaufgaben und gesellschaftspolitische Entscheidungen geht, scheinen Sachverstand und Phantasie der Frauen nicht gefragt zu sein. Durch das erhöhte Engagement von Frauen in Verbänden, Gewerkschaften und Parteien (mehr als 20 Prozent sind Frauen) drücken Frauen ihre Bereitschaft zu gesellschaftlicher Verantwortungsübernahme aus, aber die politischen Ämter werden zu 90 Prozent von Männern wahrgenommen. Erhöht haben sich die Chancen der Frauen lediglich in der Kommunalpolitik, in der Landes- und Bundespolitik ist keine durchgreifende Veränderung zu erkennen. Der Anteil der Frauen im Bundestag liegt bei 10 Prozent, und in den Länderparlamenten wird diese Quote nicht durchgängig erreicht. Von daher bleibt die gesellschaftliche Einflußnahme von Frauen begrenzt, es sei denn, daß der Zusammenschluß von Frauen in Initiativen in den nächsten Jahren zunimmt bzw. daß die dort organisierte Minderheit ihren politischen Einfluß verstärkt. Auch in diesem Bereich wird zur Entkräftigung der Benachteiligung von Frauen immer wieder auf fehlende Qualifikation und mangelndes Interesse an politischen Ämtern verwiesen, ohne den Teufelskreis von Ursachen und Folgen bewußt zu machen.

3. Ursachenanalyse und Maßnahmenplanung oder die Tücken scheinbarer Plausibilität

In den vorliegenden Studien über Berufskarrieren von Frauen mit ihren Chancen und Behinderungen dominieren im wesentlichen zwei Ansätze. Der erstere hebt ab auf systembedingte Gründe zur Erklärung der beruflichen Benachteiligung der Frauen, insbesondere im Zugang zu Führungspositionen. Fehlende berufliche Aufstiegschancen, geringere Anerkennung der von Frauen eingebrachten Fähigkeiten und Eignungen resultieren aus der Trennung und der unterschiedlichen Bewertung des Produktions- und Reproduktionsbereichs. Die Folge ist ein geschlechtsspezifischer Arbeitsmarkt mit ‚typischen' Männer- und Frauenberufen und einer geschlechtsspezifischen Arbeitsteilung in Familie und Erwerbsleben. Soziale, pflegende und andere dienstleistende Tätigkeiten werden den Frauen angetragen; technische, handwerkliche, schöpferische und mit Entscheidungskompetenzen versehene berufliche Tätigkeiten fallen in den Aufgabenbereich des Mannes.

Die Quintessenz lautet: Solange die Trennung von Produktion und Reproduktion, die geschlechtsspezifische Arbeitsteilung mit den ihr impliziten Werten und Normen fortbesteht, kann die soziale und berufliche Benachteiligung der Frauen nicht aufgehoben werden.

Die geschlechtsspezifische Arbeitsteilung bestimmt die Sozialisation der Mädchen und drückt sich aus in der Erziehung zu Eigenschaften wie Geduld, Fürsorglichkeit, Zurückhaltung und Einfühlsamkeit.[16] Gerade in den biographischen Aussagen von ‚Karrierefrauen' wird deutlich, wie entscheidend für ihre Lebensplanung und ihren Karriereaufbau Einflüsse von erwachsenen Bezugspersonen, insbesondere der Väter waren, die sie zu nichttypischen Interessen und Aktivitäten ermutigten. Solche Frauen haben von früher Kindheit an ein starkes Selbstbewußtsein, Durchhaltevermögen, Selbstvertrauen entwickeln können.[17] Kinder, die eine aktive Unterstützung in ihrem eher technischen Berufsinteresse oder in der Berufsorientierung erhalten haben, setzen sich im Beruf anders durch, schaffen den Aufstieg in Vorgesetztenpositionen und selbständige Tätigkeitsbereiche. Sie konfrontieren Personalchefs und Unternehmen mit Führungsstilen, die entweder männlichen Normen und Standards entsprechen oder eine gelungene Verbindung von fachlich kompetenten und sachorientiert-kooperativen Führungsstilen darstellen. Die noch immer geringe Akzeptanz von Frauen in Führungspositionen beruht nämlich nach wie vor noch immer auf dem gängigen Vorurteil, Frauen seien zu sehr familienorientiert in ihrem Führungsstil[18], verhielten sich eher sach- als aufstiegsorientiert, bevorzugten einen sozial-integrativen gegenüber einem hierarchischen Führungsstil, wichen der Konkurrenz eher aus und seien weniger nervlich belastbar. Noch immer haben Frauen weniger Spielraum, ihre Vorstellungen von Personalführung und Sachentscheidungen in Betriebe und Verwaltungen einzubringen. Aber auch hier ist darauf zu hoffen, daß dort, wo Frauen die Führungspositionen erkämpft haben, auch die Handlungsspielräume prinzipiell bestehen und faktisch stärker genutzt werden können.

Der zum Teil komplementäre, zum Teil aber gerade gegenläufige Erklärungsansatz begründet die berufliche Benachteiligung der Frau aus Defiziten, die sowohl in der beruflichen Qualifikation als auch in persönlichen Einstellungen und Haltungen gegeben sind. Hauptziel der bei den Defiziten ansetzenden Frauenförderungsmaßnahmen ist die Verbesserung des Ausbildungsniveaus und einer Persönlichkeitserziehung, die in den anzustrebenden Einstellungen und Verhaltensweisen den öffentlichen und beruflichen Situationsanforderungen besser entsprechen. Über Erziehung, Bildung und Ausbildung ist zu gewährleisten, daß sie nicht länger die in der Gesellschaft vorgegebenen Rollen reproduzieren. Der koedukative Unterricht sowie gleiche Curricula für Mädchen und Jungen haben bisher nicht entscheidend zur Veränderung der beruflichen Interessen und des Berufswahlverhaltens der Mädchen beigetragen. Die Ausbildung in technisch gewerblichen Berufen ist trotz der Modellversuche in diesem Feld nicht wesentlich gestiegen.

Trägt man dem Tatbestand Rechnung, daß selbst in Ländern mit einem hohen Anteil an Frauen in technisch-gewerblichen Berufen (DDR oder Sowjetunion) der Anteil der Frauen in Führungspositionen gering ist, so veranlaßt das zur Zurückhaltung in bezug auf eindimensionale Erklärungsmuster. Weder die These von der geschlechtsspezifischen Arbeitsteilung noch die Ausbildungsdefizithypothese erklären für sich genommen den geringen Zugang der Frauen zu Führungspositionen. Die Ursachen liegen auf mehreren Ebenen und ihre Auswirkungen haben kumulative Effekte. Es bestehen offenbar komplexe Wechselwirkungen zwischen dem gesellschaftlichen System mit seinen Rollenzuschreibungen, dem Bildungs- und Ausbildungs- sowie dem Beschäftigungs-

system und dem Lebensbereich Familie mit seinen frühkindlichen Prägungen, Langzeiteinflüssen und spezifischen Anforderungen.
Diese Wechselwirkungen sind in der Erziehung der Mädchen, ihrer schulischen Förderung, ihrer Berufsorientierung, in der Berufs- und Familienrolle der Frauen wie auch in den Erwartungen der Arbeitswelt ablesbar.
In enger Verknüpfung mit der Defizithypothese wird als ‚Mangel' bei den Frauen kritisiert: zu geringe berufliche Mobilität, zu geringes Aufstiegsinteresse, schwächer ausgeprägte Bereitschaft zur Teilnahme an Weiterbildungsveranstaltungen, zu kurze Verweildauer im Erwerbsleben und eine häufigere Unterordnung der Berufsrolle unter die Familienrolle. Verhaltensweisen, die beobachtbar und meßbar sind, werden den Frauen als Einstellungen, in der Regel als geschlechtsspezifische Präferenzen zugeschrieben, ohne zu fragen, worin diese Einstellungen und Verhaltensweisen begründet sind.
Maßnahmen zum Abbau solcher ‚Mängel' setzen allzu einseitig in einem Lebensbereich an, ohne den Anforderungen in den komplementären Bereichen Rechnung zu tragen. Die gravierenden Berufsprobleme der heute beruflich qualifizierten Frauengeneration sind nicht zuletzt darin begründet, daß die Bildungs- und Ausbildungschancen von Frauen erweitert wurden, ohne jedoch die entsprechend notwendigen Veränderungen in Arbeitswelt und Familie anzubahnen oder durchzusetzen.
Soziale Barrieren, wie sie noch immer aufgrund von weiblichen Klischees, aber auch aufgrund von Doppelbelastungen und Rollenkonflikten verheirateter Frauen mit Kindern bestehen, lassen sich nur in dem Maße verringern, wie gleichzeitig Veränderungen in Arbeitswelt und Familie erfolgen, um durch eine Entlastung der Frauen eine chancengleichere berufliche Integration zu bewirken. Bisher können Frauen ihre Situation nur verändern, wenn sie bereit sind, Überdurchschnittliches zu leisten. Sie selbst haben für die Gewährleistung solcher Bedingungen Sorge zu tragen, die beruflichen und sozialen Aufstieg ermöglichen. Entscheidende Entlastungen durch bessere Möglichkeiten familienergänzender Betreuung oder Entlastung von der Aufgabe als ‚Hilfslehrerin' sind bislang nicht erfolgt. Die Anforderungen, in Familie und Beruf zeitlich total verfügbar zu sein, schließen einander aus. Real haben viele Frauen keine Möglichkeit an Weiterbildungsveranstaltungen teilzunehmen, wenn sie in größerer räumlicher Entfernung und über einen längeren Zeitraum stattfinden. Das geringe oder fehlende Interesse an Führungspositionen resultiert zum einen aus der geringen Wertschätzung von Frauen mit Familienpflichten in Führungsstellungen und zum anderen aus der Befürchtung, den hohen Anforderungen beider Lebensbereiche nicht gewachsen und durch sie überfordert zu sein.
Ängste vor Konkurrenz und Berufskonflikten, Abwehr gegenüber einem hierarchischen Führungsstil, stärkere Sach- als Karriereorientierung sind nicht als Mangel, sondern als Stärke von Frauen zu beurteilen.

Was den Frauen fehlt, ist ein stärkeres Selbstbewußtsein, eine ihren Fähigkeiten entsprechende Selbsteinschätzung, ein selbstverständlicheres Verhältnis zu Macht und Konkurrenz im beruflichen und politischen Alltagsleben.
Von daher muß kontinuierliche berufliche Qualifizierung einhergehen mit persönlichkeitsorientiertem strategischem Lernen. Letzteres ist ausgerichtet auf Verhalten in unterschiedlichen beruflichen Kontexten. In der Literatur werden verschiedenartige Vorschläge unterbreitet und praktiziert: Rollenspiele, Kreativitätstraining, Selbstbehauptungstrainung, Verhaltensmodifikation. Die Wirksamkeit solcher Angebote hängt u. a. jedoch entscheidend davon ab, in welchem Maße die Hilfen zur Persönlichkeitsentfaltung auf die individuell gegebenen Fähigkeiten und Probleme zugeschnitten sind.
Einmalige Teilnahme an solchen Angeboten ist nur ein Mosaikstein auf dem Weg zur Veränderung der Frauen und ihrer beruflichen Chancen. In Beruf und Politik werden sich Frauen weniger abschrecken und abwehren lassen, wie sie nicht nur auf sich selbst und ihre Fähigkeiten verwiesen sind, sondern auf informelle und institutionalisierte Beratung zurückgreifen können. Angelika Wagner hat in Verbindung mit ihren Erfahrungen in Frauengruppen und deren psychologischer Schulung auf die Notwendigkeit sozialer und beruflicher Netzwerke nach amerikanischem Vorbild hingewiesen. Diese Netzwerke ermöglichen rasche Information und Beratung und können zu einer stützenden Säule in beruflichen Entscheidungs- und Konfliktsituationen werden.[19]
Welche Rolle einem lokal oder betrieblich angebundenen Beratungssystem für Frauen in Berufsanfangssituationen, in nicht typischen Frauenberufen, bei beruflicher Wiedereingliederung oder Bemühungen um beruflichen Aufstieg zukommt, zeigen die dänischen Versuche mit einem speziellen Beratungsangebot für beruflich schwierige Situationen.
Das Bundesministerium für Jugend, Familie und Gesundheit in Bonn hat im Frühjahr dieses Jahres eine Studie in Auftrag gegeben, die klären soll, wie die Chancen für Frauen bei Einstellungen, beim beruflichen Aufstieg in den Betrieben und bei der Übernahme von Führungspositionen verbessert werden können. Neben Empfehlungen zu Stellenausschreibungen, verstärkter Mitwirkung von Frauen an Entscheidungen über Beförderungen in den Betrieben und im öffentlichen Dienst soll geprüft werden, in welchem Maße die beruflichen Chancen von Frauen dadurch verbessert werden können, daß bei gleicher Qualifikation mit männlichen Bewerbern Frauen nach Möglichkeit vorrangig berücksichtigt werden sollen. Von positiven Erfahrungen mit frauenbegünstigenden Einstellungsverfahren (Quoten oder andere Formen positiver Diskriminierung) berichtet eine jüngste EG-Studie.[20]
In ihrem Aufsatz „Frauen in untypischen Berufen und Positionen" stellt Barbara Stiegler fünf Thesen zu diesem Problembereich auf[21], die hier abschließend wiedergegeben und auf ihre Konsequenzen hin bedacht werden sollen.

Diese Thesen lauten:

1. Der Zugang zu untypischen Berufsfeldern und Positionen wird für Frauen begünstigt, wenn für dieses Berufsfeld und für diese Positionen männlicher Nachwuchs knapp ist oder fehlt.
2. In untypischen Berufsfeldern und Positionen lösen Frauen das verschärfte Problem der Vereinbarkeit von Beruf und Familie zunächst durch Verzichtleistungen.
3. Psychische und soziale Voraussetzungen, die Frauen in untypischen Berufsfeldern und Positionen brauchen, sind untypisch im Sinne der traditionellen Frauenrolle.
4. Frauen in untypischen Berufen und Positionen haben andere Wertvorstellungen und Erwartungen als Männer.
5. Die Entscheidung für einen untypischen Beruf und seine Ausübung ist bei Frauen abhängig von der Unterstützung durch ihre männliche Bezugsperson.[22]

In diesen fünf Thesen sind die in den vorausgegangenen Ausführungen bewußt gemachten Einstellungen, Verhaltensweisen und Probleme zusammengefaßt. Sie machen deutlich, daß allgemeine und besondere berufliche Förderungsmaßnahmen für Frauen nicht isoliert auf der berufsqualifizierenden Ebene ansetzen können, weil damit zentrale Aspekte weiblicher Sozialisation und weiblicher Lebensplanung ausgespart bleiben.

Eine breitere und auf nicht typische Frauenberufe ausgerichtete Berufsausbildung ist unabdingbar, zeigt sich doch in allen Untersuchungen, daß die Berufschancen mit der beruflichen Qualifikation steigen. Insofern sind auch die Bemühungen um Ausweitung des Frauenanteils in gewerblich-technischen Berufen fortzusetzen.

Aber ebenso wichtig wie die bei der Person und der beruflichen Qualifikation ansetzenden Maßnahmen ist eine gezielte Öffentlichkeitsarbeit, durch die weit verbreiteten Vorurteilen und Klischees entgegengewirkt wird. Bewußtseinsverändernde Bildungsarbeit muß inzwischen nicht primär bei den Frauen, sondern bei den Ausbildern und Personalchefs ansetzen.

Maßnahmen auf diesen Ebenen werden jedoch keine durchschlagenden Veränderungen nach sich ziehen, wenn strukturelle Veränderungen in Arbeitswelt und Bildungswesen sowie familienergänzender Erziehung weiterhin ausgesetzt und auf eine weitere Zukunft verschoben werden.

Bei allen diesen Erwägungen kann nicht außer Betracht bleiben, daß ein Teil der Frauen für sich die Konsequenzen gezogen hat durch die Entscheidung für die Berufsrolle.

Anmerkungen

[1] Eurostat: Comparative Study of the Contingents entering and leaving the population of working age, 1973–1977, hrsg. v. Zighera, J. A./Guillox, A., Luxembourg 1981. Eurostat: Economic and social position of women in the community, Luxembourg 1981. Hörburger, H./F. Hörburger-Rath: Europas Frauen gleichberechtigt? Die Politik der EG-Länder zur Gleichberechtigung der Frau im Arbeitsleben mit einem Beitrag von H. Wieczorek-Zeul, Düsseldorf 1983.

[2] Frauen in Familie, Beruf und Gesellschaft, Ausgabe 1983, Statistisches Bundesamt, Wiesbaden 1983.

[3] Hegelheimer, B.: Chancengleichheit in der Berufsbildung, Cedefop, Berlin 1979. Hegelheimer, B.: Betriebliche Weiterbildung und beruflicher Aufstieg von Frauen in der Bundesrepbulik Deutschland, Cedefop 1982. Gardiner-Sirtl, A.: Gleichberechtigt? Was die Frauen erreicht haben und was zu tun bleibt, München (Brigitte) 1982.

[4] Materialien zur Bildungsplanung 4, hrsg. vom Bundesministerium für Bildung und Wissenschaft, Zur Situation der Mädchen und Frauen, Bonn 1981.

[5] Hegelheimer, B.: Betriebliche Weiterbildung.

[6] Langkau-Hermann, M./Langkau, J.: Der berufliche Aufstieg der Frau. Arbeitsmarktstrategien zur verstärkten Integration der Frau in die Arbeits- und Berufswelt, Opladen 1972.

[7] Frauen in Familie, Beruf und Gesellschaft.

[8] Hegelheimer, B.: Betriebliche Weiterbildung.

[9] Duelli-Klein, R./Maresi, N./Metz-Göckel, S. (Hrsg.): Feministische Wissenschaft und Frauenstudium, Göttingen 1982.

[10] Bock-Rosenthal, E./Haase, Ch./ Streeck, S.: Wenn Frauen Karriere machen, Frankfurt 1978.

[11] Geser, G.: Die Frau als Vorgesetzte. Eine Untersuchung der die Karriere weiblicher Personen beeinflussenden Faktoren, Zürich 1973.

[12] Beck-Gernsheim, E./I. Ostner, Frauen verändern - Beruf nicht?, in: Soziale Welt 29, 1978, 3, 257ff.

[13] Ebd.

[14] Hegelheimer, B.: Betriebliche Weiterbildung, 62.

[15] Hörburger, H./F. Hörburger-Rath: Europas Frauen gleichberechtigt?

[16] Ostner, I.: Frauen verändern - Beruf nicht?

[17] Stiegler, B.: Frauen in untypischen Berufen und Positionen, in: Mohr/Rummel/ Rückert (Hrsg.): Frauen, Psychologische Beiträge zur Arbeits- und Lebenssituation, München 1982, 78ff.

[18] Hartmann, H.: Die Unternehmerin, Münster 1968. Langkau-Hermann, M./J. Langkau: Der berufliche Aufstieg der Frau in die Arbeits- und Berufswelt, Opladen 1972. Geser, G.: Die Frau als Vorgesetzte.

[19] Jurinek-Stinner, A./M. Weg (Hrsg.): Frauen lernen ihre Situation verändern, München 1982.

[20] Bundespressedienst vom 1.2.1983. Vogel-Polsky, E. u.a.: Studie der Programme für positive Maßnahmen als Strategien zur Integration weiblicher Arbeitnehmer und anderer Minderheitsgruppen in den Arbeitsmarkt. Zusammenfassender Bericht, Kommission der Europäischen Gemeinschaft, Brüssel 1982.

[21] Stiegler, B.: Frauen in untypischen Berufen und Positionen.

[22] Stiegler, B.: Frauen in untypischen Berufen und Positionen, 81–87.

5. Frauen auf dem Lande (1984)

1. Äußere Veränderungen

Der ländliche Raum wird immer weniger bestimmt durch die Zahl der Frauen aus landwirtschaftlichen Betrieben. Es überwiegt die Zahl der weiblichen Erwerbstätigen und nicht Erwerbstätigen in Arbeiter-, Angestellten- und Beamtenhaushalten. Landwirtschaft und Selbständige liegen bei 15%.
Kennzeichnend für den ländlichen Raum ist die geringere Bevölkerungsdichte und damit das Verhältnis von freien und bebauten Flächen, aber wichtiger als die Siedlungsstruktur ist das Zusammentreffen dörflich gewachsener Strukturen mit Neubaugebieten.
Leben auf dem Lande ist seit Jahren eingebunden in technische Entwicklungen und Innovationen in fast allen Bereichen, angefangen bei den zum Teil hochtechnisierten landwirtschaftlichen Betrieben, den technischen Neuerungen im Handwerk bis hin zum Dienstleistungsgewerbe mit seiner computergesteuerten Datenverarbeitung.
Und dennoch treffen überkommene und neue Lebensformen auf dem Lande in anderer Weise zusammen als in der Stadt. Viele der städtischen Organisationen und Institutionen sind auf dem Lande nicht zu finden. Das soziale Netz – Familie, Nachbarschaft und Gemeinde – ist auch heute noch tragfähiger als in der Stadt. Größere Haushalte und Dreigenerationenfamilien kommen häufiger vor als im städtischen Umfeld. Frauen – so scheint es aufgrund sozialwissenschaftlicher Untersuchungen – sind zugleich sozial integrierter und auf sich selbst verwiesen, selbstbewußt und verunsichert. Der ländliche Raum nimmt heute stärker als je zuvor am technologischen, wirtschaftlichen und sozialen Wandel teil.
Der soziale Wandel betrifft die Erwartungen und Vorstellungen von Partnerschaft, Ehe und Familie, die Anforderungen an die Erziehung und Ausbildung ihrer Kinder, die Vorstellungen von Familien- und Erwerbstätigkeit, die Wünsche an kulturelle Angebote, berufliche und persönliche Weiterbildung, soziale und politische Mitwirkung sowie Schutz vor sozialen Kontrollen.
Zu fragen ist nach den Auswirkungen der veränderten Lebensbedingungen auf Einstellungen und Verhaltensweisen von Frauen auf dem Lande.
Das Stadt-Landgefälle ist geringer geworden. Frauen auf dem Lande haben sich in ihrem Rollenverständnis ebenso gewandelt wie Frauen in städtischer

Umgebung. Was aber interessiert, sind die besonderen Merkmale und Strukturen des ländlichen Lebensraumes mit ihren Auswirkungen auf Frauen.
Von den je besonderen Umwelten gehen prägende Wirkungen aus, aber Frauen sind nicht nur von der Umwelt geformt, sondern formen und gestalten diese Umwelt. Von ihrer gestalterischen Arbeit, ihrem sozialen und kulturellen Wirken, ihrer gesellschaftlichen Bedeutung für den ländlichen Lebensraum soll die Rede sein.

2. Die ländlichen Lebensräume – das Problem der Wirklichkeitsannäherung

Leben auf dem Land – sei es nun in Stadtnähe oder weit entfernt von städtischen Lebensräumen, sei es in wachsenden oder stagnierenden Dörfern – wird häufig entweder idealisiert oder einseitig negativ bewertet. Galt der ländliche Lebensraum, insbesondere die Lebensweise der ländlichen Familien trotz fortschreitender Technisierung als rückständig, traditionsverhaftet, hinterwäldlerisch und naiv, so ist inzwischen eine Art Renaissance dieses ländlichen Lebens in vollem Gange, verbunden mit alten und neuen Vorurteilen. Gegenwärtig gilt die Landbevölkerung nicht als unmodern, rückständig und altmodisch, sondern es überwiegt die Vorstellung vom gesunden Leben in überschaubaren Gruppen mit lebendiger Nachbarschaft, größerer persönlicher Nähe, sozialer Verbundenheit und Integration in die Dorfgemeinschaft. Der Wunsch vieler Menschen, von der Stadt aufs Land zurückzukehren, geht nicht selten einher mit einer romantisierenden Verklärung der Lebensqualität auf dem Lande. Die der Stadt Überdrüssigen suchen neue Lebensstile und Gestaltungsräume, oftmals ohne den realen Lebensbedingungen auf dem Land Rechnung zu tragen.
Auf der anderen Seite stehen jene, die verstärkt in den 70er Jahren Veränderungen in den Lebensformen, den Werten und Normen untersucht haben. Immer wieder neu wird die Frage zur Diskussion gestellt, ob sich Lebensbedingungen, Einstellungen und Verhaltensweisen der Landbevölkerung weitgehend denen der städtischen Bevölkerung angepaßt haben oder ob nach wie vor spezifische Unterschiede bestehen. Die aufweisbaren Veränderungen in den Familienstrukturen und familiären Lebensstilen, im Bildungs- und Ausbildungsverhalten, in der wirtschaftlichen Existenzsicherung und den Gesellungsformen dürfen den Blick nicht verschließen für das, was anders ist oder auch noch anders geblieben ist.
Äußere Strukturveränderungen ziehen nicht gleichsam zeitgleich soziale und kulturelle Veränderungen nach sich. Der Mentalitätswandelt hat eine andere Zeitstruktur als der technische und ökonomische Wandel. Mentalitäten, d.h. sozialkulturelle Einstellungen und Verhaltensweisen mit ihrem gelebten Alltag

haben eine eigentümliche Dynamik, durch die Verknüpfung von Traditionsbruch und Traditionsverhaftung, durch äußere Veränderung und Beibehaltung des überlieferten Brauchtums, durch die eingeübten privaten und öffentlichen Umgangsformen, die fließenden Grenzen von privater und öffentlicher Macht. Diese für den Städter oft schwer verständlichen Eigenheiten lassen sich durch folgende Redeweise verdeutlichen:

„Auf einem Ausflug kommt ein Tourist in ein kleines Dorf. Da seine Uhr stehengeblieben ist, erkundigt er sich bei einem kleinen Jungen: Wie spät ist es? Es wird ungefähr 12 Uhr sein, erwidert der Junge. Was, nicht mehr? staunte der Tourist. Da sagt der Kleine: Bei uns wird es nie mehr, denn um Eins fängt es wieder von vorne an."

Es klingt nach intellektueller Unterlegenheit. Einfältiges Denken wird zum Ausdruck gebracht, aber viel entscheidender ist eine andere Aussage, durch die Unterschiede deutlich werden. Die Redewendung „bei uns" unterstreicht das Bewußtsein des eher Andersartigen, des Unterscheidenden, aber auch die Zugehörigkeit zu jenen Menschen und Gruppen, die in dieser Art denken, reden und handeln. An anderen Orten, in anderen sozialen Kontexten mag anders gedacht und geredet werden, doch das gerade unterscheidet Menschen und ihre Mentalitäten voneinander. Es geht nicht darum, die Unterschiede im einzelnen zu benennen und festzuschreiben, sondern offen zu bleiben für das, was möglicherweise oder auch faktisch anders ist.
Neben den fremden, oftmals schwer zugänglichen ländlichen Strukturen vollzieht sich ein Alltagsleben, das sich auf den ersten Blick nicht wesentlich vom städtischen unterscheidet.

3. Sozialer Wandel auf dem Land

Leben auf dem Land ist einbezogen in die gesamtgesellschaftliche Entwicklung. Zu bedenken bleibt aber, daß sich die gleichen Prozesse der Technisierung und Rationalisierung, der wirtschaftlichen Krisen wie auch der Veränderungen im Bildungssystem und im beruflichen Qualifikationsprofil für die Menschen im ländlichen Raum anders auswirken können als für diejenigen, die unter städtischen Gegebenheiten leben.
Trotz der einschneidenden Veränderungen in der ländlichen Wirtschafts- und Erwerbsstruktur, des drastischen Rückgangs der in der Landwirtschaft Beschäftigten und der Zunahme der abhängig Beschäftigten wie auch der Entwicklung eines Berufsspektrums werden das Bewußtsein und Verhalten von Menschen im dörflichen Lebenszusammenhang doch durch Faktoren bestimmt, die im städtischen Raum nicht in der gleichen Weise gegeben sind.
Bedingt können diese sein:

- durch die bäuerliche oder handwerkliche Herkunft, oder allgemeiner gesagt durch die gemeinsame Geschichte im dörflichen Zusammenleben;

- durch Eigentum bzw. Besitz an Land oder zumindest an Haus und Garten, durch den der soziale Rang und die Position im Dorf nach wie vor bestimmt werden;
- durch soziale Beziehungen, die eine geringere Anonymität und ein höheres Maß an sozialer Kontrolle, aber auch fließendere Grenzen zwischen dem öffentlichen und privaten Bereich des Zusammenlebens aufweisen.

Der soziale Wandel auf dem Land hat fast alle zentralen Bereiche erfaßt: die Wirtschaft, das Bildungssystem und die berufliche Bildung, den Arbeitsmarkt, die Siedlungsformen, die Infrastruktur, aber auch die Zusammensetzung der Bevölkerung. Der soziale Wandel auf dem Land hat zu einer Ausdifferenzierung der ländlichen Bevölkerung geführt. Das betrifft nicht nur den Anteil der eigenständigen bäuerlichen und nicht bäuerlichen Bevölkerung und den der zugezogenen Familien, sondern auch der abgewanderten und zurückkehrenden Personen. Mit dem Abbau der in der Landwirtschaft Beschäftigten sind viele aus dem bäuerlichen Zusammenhang ausgeschieden, suchten Arbeit in Handwerk und Handel oder arbeiteten als Pendler in erreichbaren städtischen Industriebetrieben. Nicht zu vergessen sind die Honoratioren auf dem Land, der Pfarrer, der Arzt, der Apotheker und der Lehrer.

Der soziale Wandel hat einerseits neue Arbeits-, Ausbildungs- und Berufsmöglichkeiten eröffnet und zugleich vielen der aus der Landwirtschaft ausscheidenden Menschen die Möglichkeit gegeben, in den Dörfern oder Regionen ihrer sozialen Herkunft wohnen zu bleiben. Mit der fortschreitenden Arbeitsteilung, der Technisierung und Spezialisierung, der Konzentration der Produktion und der Trennung von Produktion und Reproduktion ging die räumliche Einheit des Lebenszusammenhangs verloren. Die Menschen teilten sich zunehmend auf in jene, die außerhalb des Dorfes arbeiten und jene, die im Dorf arbeiten und wohnen. Arbeit, Ausbildung, Teilnahme am kulturellen Leben und Familienleben erfolgen für einen Großteil der ländlichen Familien an verschiedenen Orten.

Nur eine Minderheit der auf dem Land lebenden Menschen arbeitet in der Landwirtschaft. Nahezu die Hälfte der landwirtschaftlichen Betriebe sind heute Nebenerwerbsbetriebe, die immer häufiger von den Frauen bewirtschaftet werden, während die Männer außerhalb der Betriebe einer Erwerbstätigkeit nachgehen. Trotz Technisierung wächst die Arbeitsbelastung, weil zusätzliche Arbeitskräfte nicht verfügbar sind. Mehr junge Frauen als früher - auch aus der Landwirtschaft - gehen einer außerhäuslichen Erwerbstätigkeit in ihrem Ausbildungsberuf nach. Das zentrale Problem besteht im Mangel an Arbeitsplätzen, insbesondere an Frauenarbeitsplätzen.

Die anfallende Hausarbeit muß nicht nur in den landwirtschaftlichen Betrieben, sondern ebenso in den Familien der Handwerker und Gewerbetreibenden ohne Personal erledigt werden. Das führt zu hohen Wochenarbeitszeiten (60–80 Stunden) bei vielen Frauen. Zwar kommt der Verwandten- und Nachbarschaftshilfe auf dem Land noch immer eine weitaus größere Bedeutung als

in der Stadt zu, aber die Organisation des Familienalltags bricht bei außergewöhnlichen Belastungen zusammen. Saisonbedingte landwirtschaftliche Einsätze, Sonderbeanspruchungen durch den Ausbau des Tourismus auf dem Land, Krankheit, Kur oder familiäre Zusammenbrüche verbunden mit Trennung und Scheidung stellen die Familien auf dem Land vor unlösbare Probleme, die sie in vielen Fällen ohne Hilfe von außen nicht lösen können. Die Familien sind kleiner geworden. Der Anteil der Drei-Generationenfamilie nimmt auch auf dem Land ab, und die Kinderzahlen in den Familien gehen zurück. Nach wie vor zählen die bäuerlichen Familien zu den Familien mit der höchsten Kinderzahl, aber in diesem Bereich zeigt sich ebenso wie in der Stabilität der Ehen eine ähnliche Entwicklung wie in den Städten. Die Zwei- und Dreikinderfamilien sind auf dem Land häufiger anzutreffen als in der Stadt, aber auch dort wächst die Zahl der Einkindfamilien, obwohl gerade auf dem Land mehr als zwei Drittel der Familien in Eigenheimen wohnen und über günstigere räumliche Bedingungen für Kinder verfügen als in der Stadt.
Aber auch auf dem Land wird der mit Kindern verbundene Erziehungs- und Bildungsanspruch bewußter wahrgenommen. Der Tatbestand, daß die junge Elterngeneration zu einem hohen Anteil über eine qualifizierte Schul- und Berufsausbildung verfügt, bleibt offenbar nicht ohne Einfluß auf die Erziehungsvorstellungen und Erziehungspraktiken dieser Eltern. Das zeigt sich nicht nur in dem Bedürfnis junger Eltern nach Elternbildung und einer familienergänzenden Kindergartenerziehung, sondern auch in den angestrebten Schulabschlüssen und Ausbildungsplanungen. Eltern auf dem Land sind sich zunehmend der Tatsache bewußt, wie unverzichtbar eine qualifizierte Schul- und Berufsausbildung für die Zukunft ihrer Kinder ist. Neue Erziehungs- und Bildungsansprüche werden vor allem über die Massenmedien (Fernsehen, Rundfunk und Illustrierte), aber auch über die Schule und über den Kindergarten vermittelt.
Werden Eltern durch widrige Umstände daran gehindert, sich intensiv genug um ihre Kinder zu kümmern, so scheint sie dieser Tatbestand besonders zu beunruhigen und zu belasten. Die Erziehungsaufgabe hat an Bedeutung gewonnen. Den meisten Müttern – und sie sind es, die nach wie vor die Erziehungsaufgabe auf dem Land wahrnehmen – ist die Betreuung der Kinder weit wichtiger als die Arbeiten im Haushalt.
Alleingelassen fühlen sich die Familien aber nicht nur bei außergewöhnlichen Belastungen oder durch Dauerbelastungen wie z. B. durch kranke oder behinderte Familienangehörige, sondern verstärkt in Wert- und Normfragen. Viele Eltern auf dem Land orientieren sich nicht mehr an den überkommenen Erziehungsvorstellungen, an den Werten und Normen der Älteren, sondern bemühen sich, den sich wandelnden Wert- und Normvorstellungen im Zusammenleben und in der Erziehung zu entsprechen, aber gerade hier fehlt es ihnen oft an klärenden Gesprächen, an Austausch und Unterstützung.

4. Landfrauen zwischen Traditions- und Gegenwartsorientierung

Frauen auf dem Lande sind als Familienfrauen und Betriebsangehörige zuständig für die „soziale Balance“, für Erhalt und Veränderung der Lebensformen und Wertorientierungen. Sie befinden sich dabei höchst widersprüchlichen Anforderungen und Erwartungen ausgesetzt. Einerseits erleben sie sich selbst als Integrierte in den ländlichen Lebenszusammenhang und andererseits erfahren sie als Frauen die einschneidenden Veränderungen auf den Höfen, in den Betrieben, in den Sozialformen und haben beides an ihre Kinder weiterzugeben und ihnen tragfähige Perspektiven offenzuhalten.
Technisierung, Rationalisierung und industrielle Produktion haben den ländlichen Lebensraum, haben vor allem die landwirtschaftlichen Betriebe voll erfaßt, Geld bzw. Kapital wird immer wichtiger zur Existenzsicherung und auf der anderen Seite sehen sich gerade die Frauen zum Erhalt der Höfe, zum totalen Arbeitseinsatz, zur Sicherung des Familieneinkommens durch Neben- oder Haupterwerbsarbeit im erlernten Beruf herausgefordert. Und wenn es nicht die Frauen sind, die einer Erwerbstätigkeit außerhalb der Landwirtschaft nachgehen, so übernehmen sie die Höfe als Nebenerwerbsbetriebe und sind zugleich für den familiären und den wirtschaftlichen Bereich zuständig.
Ein nach wie vor bestimmendes Moment ist auf den Höfen, bei Handwerksfamilien und Kaufleuten die Arbeit bzw. der Arbeitseinsatz zur Sicherung des Familieneinkommens. Je höher der Arbeitsaufwand und je geringer das Einkommen, desto nachdrücklicher stellt sich die Frage nach Aufwand und Ertrag und die jüngere Generation stellt die Frage, ob sich ein solches Leben lohnt und sucht nach Alternativen.
Im ländlichen Raum wächst die Nachfrage nach Arbeitsplätzen für abhängig Beschäftigte. Immer mehr Frauen wollen oder müssen erwerbstätig sein; dieser Trend steht im Gegensatz zur traditionellen Familienorientierung der Frauen, aber entscheidender ist, daß der Mangel an Arbeitsplätzen im ländlichen Raum noch viel ausgeprägter ist als in den Städten.
Der veränderten Lebensplanung und Lebensführung vieler Frauen in und außerhalb der Landwirtschaft steht die Erwartung entgegen, daß die Frauen die allein Verantwortlichen für die Familie, vor allem für Haushalt und Erziehung sind. Bei den Frauen wächst die Unzufriedenheit mit dieser Arbeitsteilung und den damit verbundenen Anforderungen und Überlastungen. Die Unzufriedenheit ist um so größer, je weniger Arbeitsaufwand und Einkommen sowie soziale Sicherung einander entsprechen. Die Bereitschaft zu einem hohen Arbeitseinsatz ohne entsprechendes Einkommen nimmt vor allem in der jungen Generation ab. Neben der wirtschaftlichen und sozialen Sicherung gewinnt die Freizeit an Bedeutung.

Die jüngeren Frauen auf dem Lande haben durchgängig Berufe in und außerhalb der Landwirtschaft erlernt (in den letzten Jahren nur 11% der weiblichen Auszubildenden in landwirtschaftlichen Berufen), verfügen über Berufserfahrung, waren über mehrere Jahre wirtschaftlich unabhängig und bringen ihre Vorstellungen von Arbeit und partnerschaftlichem Zusammenleben in den ländlichen Lebensraum ein. Sie wollen Familien, in denen die jungen Väter einen aktiven Part einnehmen. Sie streben eine Arbeitsorganisation an, die ausreichend Zeit für die Familie, insbesondere für die Kinder läßt.
Gerade die Frauen wissen sich zuständig für die Entwicklungs- und Lebenschancen ihrer Kinder. Sie orientieren ihr Erziehungsverhalten und ihre Erziehungsziele verstärkt an den in den Städten entwickelten Erziehungsvorstellungen. Dazu zählt die gezieltere Förderung der Kinder im Vorschulalter, dazu zählt aber auch die seit den 70er Jahren angestrebte höhere Schulbildung mit nachfolgend qualifizierter beruflicher Ausbildung.
Einerseits ist es noch immer selbstverständlich, daß Kinder in den Familienbetrieben zur Mithilfe herangezogen werden, andererseits achten gerade die Mütter darauf, daß ihre Kinder von der häuslichen Mithilfe freigestellt werden, um die schulischen Leistungen nicht zu beeinträchtigen.
In der Erziehung sehen sich viele Frauen widersprüchlichen Anforderungen ausgesetzt. Einerseits möchten sie die Lebensformen der ländlichen Familie und der Lebensformen auf dem Lande weitergeben, andererseits müssen sie ihre Kinder anhalten zu weniger räumlicher und sozialer Verwurzelung, zu mehr Flexibilität und Mobilität, zur Fortführung der Familienbetriebe und zur Ablösung von ihnen durch eine qualifizierte Berufsausbildung und zu beruflichen Tätigkeiten außerhalb der Landwirtschaft. Die gegenwärtig anstehenden wirtschaftlichen Probleme in der Landwirtschaft verschärfen diesen Zielkonflikt.
Bereits heute sind 50% der landwirtschaftlichen Betriebe Nebenerwerbsbetriebe. Entweder werden diese überwiegend von Frauen geführt, die in diesem Zusammenhang die Erfahrung hoher Anforderungen an landwirtschaftlichem und betriebswirtschaftlichem Wissen machen, oder die Frauen gehen ihrem erlernten Beruf nach und pendeln zwischen zwei Lebensbereichen, häufig auch zwischen Land und Stadt hin und her. Insofern ist das Pendeln nicht nur ein Charakteristikum vieler Familien außerhalb der Landwirtschaft, sondern trifft mehr und mehr auch auf die Familien in der Landwirtschaft zu. Frauen auf dem Lande erfahren verschärft die Spannungen und Konflikte, die sich aus der traditionellen Familienstellung und der neu hinzukommenden außerhäuslichen Erwerbsarbeit ergeben.
Gleiche Entwicklungs- und Berufschancen für Jungen und Mädchen, dafür haben sich gerade die Familienfrauen auf dem Lande verstärkt eingesetzt. Sie haben seit den 70er Jahren maßgeblich dazu beigetragen, daß das Stadt-Landgefälle in der allgemeinen und beruflichen Bildung abgebaut wurde.

Gegenwärtig ist es besonders schwierig, diese Zielvorstellung durchzuhalten und durchzusetzen. Aber gerade die Frauen auf dem Lande machen angesichts der gegenwärtigen Arbeitsmarktkrise die Erfahrung, wie wichtig eine qualifizierte Berufsausbildung für die berufliche Integration, vor allem auch für Weiterbildung und Umschulung ist. Die Berufsausbildung der Mädchen und jungen Frauen ist eine Selbstverständlichkeit geworden ebenso wie der Wunsch, den erlernten Beruf auch auszuüben. Die vom Landfrauenverband jährlich veröffentlichte Statistik zur allgemeinen und beruflichen Weiterbildung zeigt, wie stark die Weiterbildungsangebote von den Frauen in Anspruch genommen werden. Zwar konzentriert sich das Interesse nach wie vor auf die allgemeine und kulturelle Bildung, aber es steigt das Interesse an berufsspezifischen Angeboten, an Wirtschafts- und Gesellschaftsorganen, an Gesundheits- und Umweltproblemen. Die Frauen sind auf dem Wege zu einer eigenständigen Position. Immer nachdrücklicher wird die Forderung nach eigenständiger sozialer Sicherung, nach einem eigenen Anteil der Frauen am Altersruhegeld, nach einer ausreichenden Hinterbliebenenversorgung der Witwen und Geschiedenen gestellt. Frauen auf dem Lande wie auch der Landfrauenverband erwarten eine verstärkte Anerkennung der Familientätigkeit, eine Förderung und Entlastung von der Familienpflege der behinderten, kranken und älteren pflegebedürftigen Familienangehörigen, aber sie treten aufgrund ihrer spezifischen Erfahrungen in den ländlichen Familienhaushalten und Betrieben für eine wirtschaftliche und soziale Sicherung der Frauen ein, die nicht allein und ausschließlich über die Erwerbsarbeit erfolgt. Sie votiren nicht für mehr stationäre Pflege, sondern für den Vorrang der Familienpflege vor der stationären Unterbringung. Aber sie wehren sich gegen die Erwartung, daß die Familienpflege ohne steuerliche Entlastung und ohne Absicherung der Pflegenden im sozialen Sicherungssystem, ohne Aufbau von Rentenansprüchen erfolgen soll.
Aufgrund der langen Erfahrungen mit dem System der Selbsthilfe im wirtschaftlichen Bereich, sprechen sie sich auch im Sozialen für eine Kombination von Selbst- und Fremdhilfe aus. Gewollt ist die Eigeninitiative und die Eigenverantwortlichkeit, jedoch nicht ohne subsidiäre Entlastung, d. h. ohne jene Form der Fremdhilfe, die eine kontinuierliche Selbsthilfe ermöglicht. Dieser Wunsch nach einem Verbund von Selbst- und Fremdhilfe besteht nicht nur für den Bereich der Pflege, sondern auch für den Bereich der Betreuung und Förderung der Kinder im Vorschul- und Schulalter. Die Menschen auf dem Lande haben die Zentralisierungstendenzen und die Verbürokratisierung des ländlichen Lebensraumes als unvereinbar mit den Prinzipien der Selbstverwaltung und des genossenschaftlichen Denkens erfahren. Mit der Zentralisierung gingen zunehmend die überschaubaren kleinen Einheiten der Gemeinde, des Schullebens, der Jugendarbeit und der ländlichen Erwachsenenbildung verloren. Damit einher ging der Verlust dörflicher Kultur. Trotz der großen wirt-

schaftlichen und kulturellen Integrationsarbeit, die vor allem nach dem Krieg auf dem Lande geleistet wurde, stehen die Menschen auf dem Lande gegenwärtig vor der Frage, ob sich diese Integrationsarbeit gelohnt hat. Sie fragen sich zugleich, worin die Zukunft des Dorfes als ländlichem Lebensraum besteht, was die dort Lebenden, die „angestammten" und die Zugezogenen miteinander verbindet, worin ihre gemeinsame Aufgabe besteht, und wieder stehen die Frauen vor neuen integrativen Aufgaben, die mit den Mitteln der 70er Jahre nicht mehr zu lösen sind. Es wird sich erweisen, worin das spezifisch Ländliche trotz Technisierung, Automatisierung, Rationalisierung und urbanen Siedlungsformen bestehen wird.
Dabei stellt sich den Frauen die Frage, was von den überkommenen ländlichen Lebens- und Produktionsformen zu erhalten und zu verändern ist und was erhalten werden kann. Dabei sind es gerade die Bäuerinnen, die aufgrund des technischen und wirtschaftlichen Wandels aufgefordert sind:

„traditionelle Vorstellungen und Handlungsweisen zu reflektieren und zu revidieren, neue Ungleichgewichte ins Lot zu bringen ... und die Spannungen zwischen der traditionell bäuerlich-ländlichen Existenzweise und der „modernen" industriellen Arbeitsformen und den bürgerlich-städtischen Lebensformen unmittelbar auszuhalten und abzumildern ..." (Bäuerinnenprojekt Erlangen 1979, 178).

Literatur

Agrarsoziale Gesellschaft: Die Frau in der Landwirtschaft, Schriftenreihe für ländliche Sozialfragen, Heft 85, Hannover 1981.
Bäuerinnenprojekt Erlangen: Zur Lage der Bäuerin im landwirtschaftlichen Kleinbetrieb, in: Poppinga, O. (Hrsg.): Produktion und Lebensverhältnisse auf dem Land, Leviathan Sonderheft 2, Opladen 1979.
Becker-Schmidt u. a.: Nicht wir haben die Minuten, die Minuten haben uns, Zeitprobleme und Zeiterfahrungen von Arbeitermüttern in Fabrik und Familie, Bonn 1982.
Bellmann, D. u. a.: „Provinz" als politisches Leben, in: Kursbuch 39 (1975).
Benard, C./Schlaffner, E.: Notizen über Besuche auf dem Land, Wien/München 1979.
Bloch, E.: Gespräche der Ungleichzeitigkeit, in: Kursbuch 39 (1975).
Bommert, W.: Bestimmungsgründe der Weiterbildungsbereitschaft von Landfrauen, Schriftenreihe der Forschungsgesellschaft für Agrarpolitik und Agrarsoziologie, H. 245, Bonn 1977.
Bommert, W./Büttner, E.: Bildungsverhalten der Landfrauen, Schriftenreihe der Forschungsgesellschaft für Agrarpolitik und Agrarsoziologie, H. 22, Bonn 1977.
Brockmann, A. D. (Hrsg.): Landleben, Reinbek 1981.
Chotjewitz, P. C.: Neuland - Leben in der Provinz, in: Kursbuch 39 (1975).
Van Deenen, B. u. a. (Hrsg.): Europäische Landfrauen im sozialen Wandel, Bonn 1982.
Van Deenen, B.: Wandel im Verhalten, in den Einstellungen und Meinungen westdeutscher Länder, in: Familie und Gesellschaft, Schriftenreihe der Forschungsgesellschaft für Agrarpolitik und Agrarsoziologie, H. 211, Bonn 1971.
Van Deenen, B. u. a. (Hrsg.): Lebensverhältnisse in kleinbäuerlichen Dörfern 1972, in: Schriftenreihe der Forschungsgesellschaft für Agrarpolitik und Agrarsoziologie, H. 230, Bonn 1975.
Faber, W.: Das Dorf ist tot - es lebe das Dorf, Studientexte zur Erwachsenenbildung, Düsseldorf 1981.

Funk, A.: Abschied von der Provinz - Strukturwandel des ländlichen Raumes und staatliche Politik, Offenbach/Stuttgart 1977.

Funk, A.: Die Urbanisierung der bäuerlichen Dörfer, in: Brockmann, A. D. (Hrsg.): Landleben, Reinbek 1977.

Heidtmann, W.: Die Landfrau - Partnerin des Fortschritts, ASG Nr. 94, Göttingen 1970.

Heinze, R. G.: Struktur und Politik des Deutschen Bauernverbandes, in: Brockmann, A. D. (Hrsg.): Landleben, Reinbek 1981.

Heinze, R. G.: Soziale Lage und Deutungsmuster von Arbeiterbauern, in: Poppinga, O. (Hrsg.): Produktion und Lebensverhältnisse auf dem Land, Leviathan Sonderheft 2, Opladen 1979.

Hunecke, D.: Ausbildungs- und Arbeitsplätze für Frauen im ländlichen Raum, in: ASG (Hrsg.): Die Frau in der Landwirtschaft a. a. O., Hannover 1981.

Ilien, A./Jeggle, U.: Leben auf dem Dorf, Opladen 1978.

Inhetveen, H./Blasche, M.: Frauen in der kleinbäuerlichen Landwirtschaft, „Wenn's Weiber gibt, kann's weitergehen", Opladen 1983.

Karsten, M. E./Thunemeyer, B.: Kinder zwischen Stadt und Land, in: Preuss-Lausitz, U. u. a. (Hrsg.): Kriegskinder, Konsumkinder, Krisenkinder, Weinheim 1983.

Kirschner, P.: Frauenarbeit in ländlichen Betrieben, in: Brockmann, A. D. (Hrsg.): Landleben, Reinbek 1977.

Knirim, C./Kroll, M./Peters, R.: Familienstrukturen in Stadt und Land, Forschungsgesellschaft für Agrarpolitik und Agrarsoziologie, H. 222, Bonn 1974.

Knirim, C.: Familienfunktionen in Abhängigkeit von familialen Strukturen in Stadt und Land, in: Bericht über Landwirtschaft, NF Bd. 54, H. 1 (1976).

Kursbuch 59, ‚Provinz', Berlin 1976.

Levevre, H.: Die Revolution der Städte, Frankfurt 1972.

Planck, U./Ziche, J.: Land- und Agrarsoziologie. Eine Einführung in die Soziologie des ländlichen Siedlungsraumes und des Agrarbereichs, Stuttgart 1979.

Poppinga, O. (Hrsg.): Produktion und Lebensverhältnisse auf dem Lande, Leviathan Sonderheft 2, Opladen 1979.

Potthoff H.: Bedeutung der Frauenarbeit in der Landwirtschaft, in: ASG (Hrsg.): Die Frau in der Landwirtschaft, a. a. O., Hannover 1981.

Preuss-Lausitz, K. u. a. (Hrsg.): Kriegskinder, Konsumkinder, Krisenkinder, Weinheim 1983.

Projektgruppe Arbeit und Technologie im Reproduktionsbereich (Hrsg.): Produktionsort Haushalt, Über Arbeit und Sozialbeziehungen im Haushalt, Bremen 1982.

Römer, E.: Zur beruflichen Situation der landwirtschaftlichen Arbeitnehmerinnen, in: ASG (Hrsg.): Die Frau in der Landwirtschaft, a. a. O., Hannover 1981.

Runge, E.: Frauen - Versuche zur Emanzipation, Frankfurt 1972.

Sozialinstitut Katholisches Landvolk e. V. (Hrsg.): Veränderungen von Werten und Normen im ländlichen Raum, Handreichungen von Lehr- und Lernmaterialien für die ländliche Erwachsenenbildung, Stuttgart 1983.

Stark-Von der Haar, E./Von der Haar, H.: Kinderarbeit in der Bundesrepublik und im Deutschen Reich, Berlin 1980.

Vonderach, G.: Lebensverhältnisse in ländlichen Regionen, in: Poppinga, O. (Hrsg.): Produktion und Lebensverhältnisse, a. a. O.

Waninger, H.: Einstellungen von Landfrauen zu Fragen der Sexualität und Sexualerziehung und deren Auswirkungen auf die Persönlichkeitsentwicklung ihrer Kinder, Frankfurt 1982.

Werkkreis Literatur der Arbeitswelt: Landfriedensbruch, Reportagen und Geschichten aus der Provinz, Frankfurt 1982.

Zang, G. (Hrsg.): Provinzialisierung einer Region, Zur Entstehung der bürgerlichen Gesellschaft in der Provinz, Frankfurt 1978.

6. Junge Frauen zwischen Arbeitslosigkeit und Selbsthilfe (1985) Abgedrängt in die Subkultur?

1. Zur gesellschaftlichen Ausgrenzung von Frauen

Multikulturelle Erziehung richtet ihr Interesse auf kulturelle Vielfalt innerhalb einer oder mehrerer Kulturen. Ihr besonderes Augenmerk gilt den Minderheiten, den Randgruppen mit ihren kulturellen und sozialen Benachteiligungen und Leistungen. Die vor allem von der Frauenbewegung in Europa und Nordamerika eingebrachte Unterscheidung zwischen weiblicher und männlicher Kultur wird bislang im Rahmen multikultureller Erziehung kaum beachtet. Zwar werden Mädchen und Frauen in bestimmten Zusammenhängen, wenn beispielsweise Probleme der dropouts oder der neuen Armen in den Industriegesellschaften erörtert werden, den Randgruppen zugeordnet, aber dabei bleibt immer wieder außer acht, daß Ausbildungs- und Berufsfragen von Frauen kein Problem von Minderheiten sind.
Sozialisation und Lebensplanung von Jungen und Mädchen weisen trotz Annäherung in Teilbereichen nach wie vor erhebliche Unterschiede auf, die zu einem wesentlichen Teil aus der geschlechtsspezifischen Arbeitsteilung und dem daraus resultierenden männlichen und weiblichen Lebenszusammenhang abzuleiten sind.[1] Vieles deutete darauf hin, daß der nach wie vor in erster Linie von Frauen verantwortlich wahrgenommene Bereich der unbezahlten Familientätigkeit wie der unbezahlten Gemeinschaftsaufgaben mit spezifischen Sozialisationserfahrungen verbunden ist, die denen der Jungen und Männer im öffentlichen Bereich entgegenstehen. In beiden Lebenszusammenhängen gelten unterschiedliche Werte und Normen, Einstellungsanforderungen und Verhaltensweisen. Insofern stellt sich im Blick auf die multikulturelle Erziehung die Frage, ob nicht gerade die gesellschaftsspezifische Sozialisation ein zentrales Arbeitsfeld innerhalb des Schwerpunkts ‚Multikulturelle Erziehung' sein müßte.
In dem Maße wie innerhalb einer Gesellschaft die geschlechtsspezifische Sozialisation und Arbeitsteilung zu gravierenden Benachteiligungen der Frauen, aber auch der Männer geführt hat, stellt sich zugleich die Frage nach den Folgen und den Ansätzen zur Überwindung solcher Benachteiligungen, zumal diese in den 80er Jahren angesichts der Ausbildungs- und Arbeitsmarktkrise verschärfte Formen annehmen. Das Ziel der gesellschaftlichen Integration der Frau auf allen Ebenen ist nicht nur infragegestellt, sondern es verstärken sich

die Tendenzen, Frauen in den zweiten Arbeitsmarkt, den der Eigenwirtschaft und Schattenarbeit mit unbezahlter und gering bezahlter Tätigkeit abzudrängen.[2] Nur der geringere Teil der Mädchen und jungen Frauen vollzieht diesen Schritt freiwillig und als bewußte Aussteigerinnen.
Dieser Prozeß birgt aber neben gravierenden Problemen wie denen der Ausgrenzung, Marginalisierung und der gesellschaftlichen Spaltung auch Chancen der „kulturellen Mutation“, der Entwicklung veränderter Arbeits- und Lebensstile für beide Geschlechter. Subkultur beinhaltet jene Werte, Normen, Einstellungen und Verhaltensweisen, die partiell oder umfassender von denen der Hauptkultur bzw. der dominanten Kultur abweichen. Das betrifft die Wertorientierungen und Lebensstile der arbeitslosen und im zweiten Arbeitsmarkt Tätigen mit ihren spezifischen Vorstellungen und Erfahrungen. Sollte sich die Gesellschaft zukünftig zweiteilen, und zwar in Erwerbstätige und Erwerbslose, in jene, die Einkommen über bezahlte Arbeit und jene, die Arbeitslosengeld oder Sozialhilfe erhalten, so werden sich verstärkt Unterschiede in den Lebensbedingungen und Lebensstilen entwickeln. Von daher drängt sich aber auch die Frage auf, ob und in welchem Umfang Frauen eine weibliche Gegenkultur entwickeln und welche Austauschprozesse und Wechselbeziehungen zwischen Haupt- und Subkultur ablaufen.
Im folgenden soll versucht werden, berufliche und gesellschaftliche Integration und Desintegration der Frauen aufzuzeigen und jenen Formen der Selbsthilfe nachzugehen, die sowohl für Veränderungen in der Arbeitswelt als auch für die Entwicklung neuer Lebensstile relevant sind.

2. Berufliche Integration und Desintegration der jungen Frau

Die zentrale Annahme der siebziger Jahre lautete, daß der Weg der Mädchen und Frauen zur beruflichen Integration über Bildung und Ausbildung führe. Die breit einsetzende Bildungswerbung zum Abbau der Bildungsbenachteiligung der Mädchen löste ein starkes Interesse gerade dieser Gruppen an weiterführenden Schulen und gehobenen Schulabschlüssen aus. So ist der Anteil der Gymnasiastinnen von 1960 mit 36,5% auf 49,2% im Jahre 1980 gestiegen. Eine ähnliche Entwicklung läßt sich an den Hochschulen nachweisen. 1960 studierten 2,1% der 19–20jährigen weiblichen Bevölkerung, 1980 waren es 12,3%. In den allgemeinbildenden Schulen ist der Anteil der Jungen und Mädchen ausgeglichen, auf der Ebene der mittleren Schulabschlüsse weisen die Mädchen bessere Leistungen aus als die Jungen.[3]
Aber die im Bildungswesen vollzogene Integration der Mädchen setzt sich keineswegs im Ausbildungs- und Beschäftigungswesen fort. Dort haben sich die Chancen der Mädchen in den letzten Jahren erheblich verschlechtert, und

dies gilt nicht nur für die Bundesrepublik, sondern in z. T. noch verschärfter Form in den meisten europäischen Staaten.[4] Frauen haben einen überdurchschnittlich hohen Anteil an der Arbeitslosigkeit, obwohl Frauenarbeitsplätze, die überwiegend im Dienstleistungsbereich angesiedelt sind, in den vergangenen Jahren weniger abgebaut wurden als die in der Produktion verankerten Männerarbeitsplätze. Mit den gegebenen Engpässen auf dem Ausbildungs- und Arbeitsmarkt stellt sich das Problem der beruflichen und gesellschaftlichen Benachteiligung der Frauen in neuer Schärfe.

Aus den Untersuchungen der jüngsten Zeit läßt sich keinesfalls eine erhöhte Bereitschaft der Frauen ablesen, auf Ausbildung und Beruf zu verzichten. Die verbreitete Annahme, junge Frauen tendierten verstärkt zum alternativen Arbeitsmarkt mit geringer Fremdbestimmung, größerer zeitlicher Flexibilität und geringeren Qualifikationsanforderungen trifft allenfalls auf eine Minderheit zu. Die Mehrheit zeigt sich im Gegenteil bereit, auch solche Arbeitsplätze zu akzeptieren, die weder ihren Berufswünschen noch ihren Einkommensvorstellungen entsprechen.

Ausbildung und Beruf haben einen hohen Stellenwert in der Lebensplanung der Mädchen und jungen Frauen. Nach den Ergebnissen der repräsentativen BRIGITTE-Untersuchung an 15–19jährigen Mädchen ist die Verwirklichung des Berufswunsches für 64% der befragten Mädchen ein zentrales Anliegen. 58% sehen die Ausübung einer beruflichen Tätigkeit als unabbdingbare Voraussetzung, um auf eigenen Füßen stehen zu können.[5] Der Wunsch nach qualifizierter Berufsausbildung hat zugenommen. Es trifft nicht zu, daß Frauen den beruflichen Bereich für weniger wichtig halten als Männer.

Angesichts der geringen Zugangschancen im dualen Ausbildungssystem steigt der Anteil der Mädchen in den Vollzeitschulen. Die Verweildauer von Mädchen in Schulen hat in den letzten Jahren erheblich zugenommen.[6] Mädchen nehmen die zahlreichen beruflichen Vollzeitschulen, die auch zur Steuerung der Jugendarbeitslosigkeit vermehrt eingeführt wurden, sehr stark in Anspruch. 1980 besuchten 352000 Jugendliche Berufsfachschulen, davon 233400 weibliche und 118000 männliche.[7] Dabei ist nicht zu übersehen, daß die ein- und zweijährige berufliche Vollzeitschule für viele Mädchen eine Notlösung darstellt, denn sie vermittelt in der Regel nur eine berufliche Grundausbildung.

Gerade das in den Jahren 1973–1979 quantitativ stark ausgebaute Berufsvorbereitungsjahr, das ursprünglich als besondere Maßnahme für „Lernbeeinträchtigte und Lernbehinderte“ gedacht war, zählt heute allzuviele Mädchen, die dort auf eine Ausbildungschance warten und ihre Berufsstartbedingungen zu verbessern suchen. Viele dieser Mädchen werden in hauswirtschaftlichen, gesundheits- und sozialpflegerischen Bereichen ausgebildet. Damit wird die berufliche Sackgasse bereits in der Ausbildung angelegt.[8] Was liegt da näher, als daß ein Teil der Mädchen resigniert und die Ausbildung als mütterliche

Vorbereitung auf die spätere Familientätigkeit akzeptiert. Viele Mädchen befürchten, den gewünschten Beruf nicht erlernen zu können. Nach den Ergebnissen der BRIGITTE-Untersuchung gilt dieses für 43% der befragten Mädchen, 31% fürchten, keine Arbeit zu finden und 73% sind der Auffassung, sie würden beruflich erheblich benachteiligt.
Solche Befürchtungen sind allzu begründet. Während der Anteil der Jugendlichen, die einen Ausbildungsvertrag abschließen, im Zeitraum 1976–1980 von 50 auf 60% angestiegen ist, steigerte sich der Anteil der Mädchen von 1974 bis 1980 nur um 3% auf 38,1%. Es kommt hinzu, daß sich 41% der weiblichen Auszubildenden auf fünf Berufe konzentrieren: Verkäuferin 11,5%, Friseurin 10,4%, Verkäuferin im Nahrungsmittelbereich 6,7%, Bürokauffrau 6,4% und Industriekauffrau 5%.[9] Dieser Tatbestand wird allzu oft dahingehend interpretiert, daß die Mädchen sich auf ein enges, traditionelles, wenig qualifiziertes Berufsspektrum begrenzten und nur geringes Interesse und Fähigkeiten für gewerblich-technische Berufe zeigten. Dem ist entgegenzuhalten, daß die Berufswünsche zwischen dem 5. und 7. Schuljahr eine wesentlich breitere Palette umfassen als beim Übergang von der Schule zum Beruf. Dieser Tatbestand hat zur Anregung und Durchführung berufsorientierender und berufsbefähigender Maßnahmen in den Bereichen Schule, Berufsberatung und Arbeitswelt geführt.[10]
Zum anderen zeigen gerade die Ergebnisse der Begleitforschung zu dem Modellversuch „Mädchen in technisch-gewerblichen Berufen“, daß es nicht an Interessen und Fähigkeiten für dieses Berufsfeld fehlt, sondern am Zugang. Die Probleme liegen weniger in der Ausbildung als beim Übergang von der Ausbildung zum Beschäftigungswesen. Die Betriebe sind in der Regel nur wenig bereit, Mädchen nach der Ausbildung einzustellen.[11] Immer weniger ist es gerechtfertigt, die Gründe für die berufliche Benachteiligung bei den Mädchen selbst, ihren Berufseinstellungen und Fähigkeiten zu suchen. Untersuchungen des Instituts für Arbeitsmarkt- und Berufsforschung wie auch des Bundesinstituts für Berufsbildungsforschung bestätigen, daß Mädchen sowohl subjektiv als auch objektiv bessere Voraussetzungen als viele Jungen für den Zugang zum Ausbildungs- und Beschäftigungswesen mitbringen.
Aus diesen Untersuchungen geht hervor, daß Mädchen,

1. sich sehr viel häufiger als Jungen bewerben bzw. bewerben müssen,
2. größere Flexibilität in der Berufswahl zeigen,
3. stärker die Berufsberatung in Anspruch nehmen,
4. sich breiter über das Berufsspektrum und die beruflichen Zukunftschancen informieren,
5. die besseren Noten und höhere Schulabschlüsse aufweisen.[12]

Trotz dieser positiv zu bewertenden Tatbestände sind Mädchen und junge Frauen weniger erfolgreich als Jungen mit vergleichbaren und geringerwertigen Schulabschlüssen. Selbst in der Gruppe der Jugendlichen ohne Berufsausbildung zeigt sich, daß die Mädchen „insgesamt eine positivere Grundhaltung zum Beruf und ebenso eine mehr auf Zukunftsplanung und Existenzgründung orientierte Lebenshaltung“[13] zeigen. Auch unter den Jugendlichen ohne Berufsausbildung weisen die Mädchen die besseren Schulabschlüsse auf. Faktisch bringen Jungarbeiterinnen zu einem weitaus höheren Anteil (75%) die besseren Voraussetzungen für einen Abschluß in einem anerkannten Ausbildungsberuf mit. Aber auch hier zeigt sich, daß die Jungen die höheren Vermittlungschancen haben, das liegt zum einen am Ausbildungs- und Arbeitsplatzangebot und zum anderen an schichtspezifischen Benachteiligungen der Mädchen. Nach wie vor stammen arbeitslose Jugendliche zu zwei Dritteln aus unteren sozialen Schichten. Die sozioökonomischen Bedingungen der Eltern beeinträchtigen die Chancen für einen erfolgreichen Berufsstart beträchtlich. Mädchen aus unteren sozialen Schichten erfahren nur geringe familiale Unterstützung für eine qualifizierte Schul- und Berufsausbildung. Die Berufsrolle der Frau hat einen geringen Stellenwert, so daß auch die Bereitschaft der Eltern, sich für die Vermittlung ihres Kindes in einen Ausbildungsplatz einzusetzen, bei Jungen höher ist als bei Mädchen.[14]

In Studien zur beruflichen Wertorientierung von Jungen und Mädchen, Männern und Frauen wird deutlich, daß Mädchen nicht weniger berufsorientiert sind als Jungen. Unterschiede zeigen sich in den Bereichen Aufstiegsorientierung und Machtorientierung. Einkommen und Ansehen sind den Mädchen nicht unwichtig, aber weniger wichtig als berufliche Zufriedenheit. Der ausgeprägteste Unterschied findet sich in der sozialen Orientierung. Diese nimmt bei den Jungen zwar auch deutlich zu, aber sie stellt bei den Mädchen einen ungleich höher zu gewichtenden Einflußfaktor bei der Berufswahl dar.[15] Aber die besondere Präferenz für Berufe mit vielfältigen Kontakten zu Menschen wie auch der Wunsch, im Beruf Menschen zu helfen, begünstigt die Wahl sozialpflegerischer Berufe. Damit ist jedoch nicht die Konzentration der auszubildenden Mädchen auf ein äußerst schmales berufliches Spektrum erklärt. Die Ausbildungs- und Berufsbarrieren liegen weitaus weniger bei den Mädchen selbst, als im Ausbildungs- und Beschäftigungswesen, d.h. es fehlt an der Bereitschaft, in Mädchen beruflich zu investieren und ihnen gleiche Arbeitsplatzchancen einzuräumen.

Bei den Analysen zu den Ursachen der Arbeitslosigkeit werden drei Faktoren als besonders relevant hervorgehoben:

1. fehlender Schulabschluß,
2. fehlende Mobilitätsbereitschaft,
3. fehlende berufliche Qualifikation.

Mädchen wurden und werden immer noch berufliche Qualifikationen und Mobilität abgesprochen, obwohl auch hier die jüngsten einschlägigen Untersuchungen des Instituts für Arbeitsmarkt- und Berufsforschung zu gegenteiligen Erkenntnissen gekommen sind. Obwohl die vielfach negativen Erfahrungen der Mädchen und Frauen im Kampf um Zugang zu Ausbildung und Erwerbsarbeit zur Zurücknahme der Bildungsanstrengungen führen müßten, zeichnet sich dieser Trend generell nicht ab. Viele Frauen intensivieren vielmehr ihr Engagement, um durch bessere Leistungen ihre Chancen zu erhöhen. Ist von den arbeitslosen Mädchen und Frauen die Rede, so muß zugleich die wachsende Zahl arbeitsloser männlicher Jugendlicher und junger Erwachsener beachtet werden, denn aus der Arbeitsmarktstatistik der letzten Jahre läßt sich ablesen, daß der Anteil an Frauenarbeitsplätzen weniger abnahm als der der Männer. Die Zukunftsprognosen besagen jedoch auch, daß der Abbau von Frauenarbeitsplätzen im Dienstleistungsbereich erst beginnt und in den nächsten Jahren bedrohlich zunehmen wird.

Entscheidend ist, daß offensichtlich in der Auseinandersetzung um Problemlösungsstrategien für Männer und Frauen ausgesprochen und unausgesprochen unterschiedliche Lösungswege verfolgt werden, wobei gerade hier kontroverse Positionen aufeinanderstoßen. Zwar wird die Notwendigkeit der Berufsausbildung für Mädchen nicht bestritten, aber gleichzeitig wird darauf gesetzt, daß in Zukunft mehr Mütter als bisher vorübergehend die Erwerbstätigkeit unterbrechen und den Arbeitsmarkt entlasten. Die Aufforderungen zu mehr ehrenamtlichem Engagement richten sich faktisch an die Frauen und ihre Bereitschaft, notwendige soziale Dienste unbezahlt zu leisten. Ferner wird davon ausgegangen, daß Frauen unter Arbeitslosigkeit weniger psychisch leiden als Männer.

Zutreffend ist, daß arbeitslose Mädchen und Frauen weniger Schwierigkeiten haben als Männer, sich auf den ausschließlich familialen Bereich umzustellen. Vergessen wird in diesem Zusammenhang, daß Frauen Arbeitslosigkeit als gesellschaftliche Ausgrenzung erfahren sowie in ihrem Selbstwertgefühl und ihren Außenkontakten vor allem in der Anfangsphase der Arbeitslosigkeit stark beeinträchtigt sind. Zwar wünschen gerade Frauen Zeit für nicht berufsbezogene Aktivitäten und Kontakte, sie fordern humanere Arbeitsbedingungen, mehr zeitliche Flexibilität, aber mehr Freizeit ist keine Alternative zur Arbeit, sondern für notwendig gehalten wird eine gerechtere Verteilung der Arbeit zwischen Männern und Frauen, zwischen der jüngeren und älteren Generation.[16]

Wie Arbeitslosigkeit verarbeitet wird, hängt von vielen Faktoren ab: gesellschaftlichen, individuellen und familialen. Probleme persönlicher Schuldzuschreibungen, Frustration und Aggression, Isolation und soziale Diskriminierung werden in dem Maße empfunden wie die Betroffenen geringe individuelle und gesellschaftliche Hilfen erfahren. Die einen reagieren auf diese Situation durch verstärkte Suche nach Alternativen, die anderen reagieren verbittert, bei ihnen herrscht der Eindruck vor, daß ihnen die Chance verweigert wird, in die Erwachsenen- und Berufsrolle hineinzuwachsen und zu erfahren, daß sie in dieser Gesellschaft wichtig sind und gebraucht werden.[17] Der überwiegende

Teil der Arbeitslosen unter den weiblichen und männlichen Jugendlichen hofft auf berufliche und gesellschaftliche Integration. Der Schritt in den alternativen Arbeitsmarkt stellt eine Notwendigkeit dar, in vielen Fällen die einzige Chance zur Absicherung der materiellen Existenz.

3. Arbeitslosigkeit, Selbsthilfe, Subkultur

Erwerbsarbeit hat zwar für eine größer werdende Zahl von Menschen der postindustriellen Gesellschaft einen abnehmenden Stellenwert in der für den einzelnen relevanten Wertehierarchie, aber für die meisten Menschen ist sie das Mittel geblieben, um den Lebensunterhalt zu verdienen. Erwerbsarbeit ist in den unterschiedlichen Gesellschaftssystemen mit bestimmten Erfahrungen verbunden, die für den Lebensstil des einzelnen wie den der Gruppe prägend sind, unabhängig davon, ob sie vom einzelnen als angenehm oder als unangenehm empfunden werden. Erwerbsarbeit ist verbunden mit zeitlicher Strukturierung des Tagesablaufs, mit erweiterten sozialen Bezügen, mit regelmäßiger Aktivität, einem sozialen Status sowie einer bestimmten sozialen und persönlichen Identität.

Erwerbslosigkeit schafft eine plötzlich eintretende umfassende Veränderung in bezug auf Anforderungen und Verhaltensweisen. Dazu zählen Verschlechterung des Lebensstandards, fehlende Zeitstruktur und Verlust sozialer Kontakte, Verlust des über Erwerbsarbeit zugeschriebenen sozialen Status und der erworbenen Identität.[18] Erwerbstätige und Erwerbslose unterscheiden sich in grundlegenden Merkmalen in ihren alltäglichen Erfahrungen, was nicht ohne Auswirkungen auf Einstellungen und Verhalten bleiben kann. Als besonders problematisch ist die Situation derjenigen anzusehen, denen nach Beendigung der Schulzeit der Übergang in die Arbeitswelt und damit auch der Übergang in die Erwachsenenwelt verwehrt wird. Es wird ihnen verwehrt, jene Fertigkeiten, jene Arbeitsmotivationen und Lebensformen zu entwickeln, die von ihnen als erwachsenen Mitgliedern in der Industriegesellschaft erwartet werden. Früher oder später werden sie ihren Arbeitswillen, ihr Interesse an der Arbeitswelt mit den dort gegebenen Strukturen und Anforderungen aufgeben und entweder nach Alternativen suchen, resignieren oder sich gewaltsam zur Wehr setzen.

In dem Maße wie der formelle Sektor der Arbeit abgebaut wird, gewinnt der informelle Sektor an Bedeutung. Erwerbslose haben oftmals keine andere Chance, und das gilt verstärkt für jugendliche Arbeitslose und Frauen sowie ausländische Arbeitssuchende, als auf dem informellen Sektor der unbezahlten und gering bezahlten Arbeit tätig zu werden. Eigenarbeit, das meint insbesondere für Frauen den Bereich der traditionell unbezahlten Hausarbeit, der Hobbies sowie der Mitarbeit in Bürgerinitiativen und Selbsthilfegruppen.

Damit ist die Gefahr der „kulturellen Regression“, der Wiederherstellung teilweise überwundener Arbeitsteilung und der gesellschaftlichen Desintegration der Frauen verbunden.
Jene, die nach bezahlter Arbeit in den Einrichtungen und Projekten des alternativen Arbeitsmarktes suchen, beteiligen sich an Produktions- und Dienstleistungsgenossenschaften, die in vielen Fällen aus Mitteln der Arbeitslosenunterstützung finanziert werden. Als weitere Möglichkeiten eröffnen sich Projekte im Bereich der Landkommunen und der handwerklichen Kooperativen, der alternativen Läden, der Frauen- und Mütterzentren. Hinzu kommt der Bereich der sich ausweitenden Schattenarbeit bzw. Schwarzarbeit, der sich in den letzten Jahren ständig ausgeweitet hat. Versucht wird der Schritt in die „Selbständigkeit“. Die Gruppe der „neuen Selbständigen“ in traditionell strukturierten und alternativ organisierten Betrieben weist eine hohe Zuwachsrate aus. Es ist gerade für jene qualifiziert ausgebildeten Frauen oftmals die einzige Chance, der Arbeitslosigkeit zu entgehen. Gegenwärtig wird jedes vierte Unternehmen von einer Frau gegründet.
Die Grenzen zwischen formellem und informellem Sektor erweisen sich insbesondere für die Erwerbstätigen im Bereich der Schattenwirtschaft wie auch der alternativ geführten Betriebe als durchaus fließend. Für viele hat die Arbeit auf dem alternativen Arbeitsmarkt wie auch in unbezahlten Selbsthilfegruppen vorübergehenden Charakter. Es ist nicht selten der Umweg oder der Einstieg über Ehrenamt, Aushilfen, Arbeitsbeschaffungsmaßnahmen und befristete Arbeitsverträge in den offiziellen Arbeitsmarkt mit einer längerfristigen Perspektive.
Alternative Einrichtungen und Projekte, Eigenarbeit, Selbsthilfe und Schattenwirtschaft sind aber nicht nur entstanden als Reaktion auf die konjunkturelle und strukturelle Arbeitsmarktkrise, sondern als Antwort auf die Entfremdung zwischen Mensch und Arbeit, als Versuch, Ökonomie und Ökologie, Arbeit und Leben, Bedarfsweckung und Bedarfsdeckung besser aufeinander abzustimmen. Leitend war und ist das Ziel, Alternativen zur bürokratisierten, hoch technisierten, zentralisierten und fremdbestimmten Arbeit zu entwickeln. Ökologie- und Frauenbewegung haben sich gerade in diesem Anliegen einer Gegenkultur verbündet und in diesem Feld engagiert. Wichtige Merkmale dieser Gegenkultur sind basisnahe, dezentralisierte und selbstbestimmte Arbeitsformen, Verzicht auf Wachstum und Umweltausbeutung, Aufhebung der Trennung zwischen Arbeit und Leben, Überwindung der traditionellen Arbeitsteilung, Öffnung der unterschiedlichen Lebensbereiche für Männer und Frauen.
In diesem Feld stellt die Gruppe der bewußten Aussteiger zahlenmäßig eine Minderheit dar. Aber sie sind die Hauptpioniere einer Gegenkultur und weisen in erhöhtem Maße akademische Abschlüsse auf. Zu ihnen zählen auch jene, die als unfreiwillige Aussteiger/innen nach Neuanfängen suchen und Risiko-

bereitschaft zeigen. Tatbestand ist, daß der zweite bzw. der informelle Arbeitsmarkt expandiert hat. Ob die in ihm entwickelten Formen der Arbeitsorganisation Rückwirkungen auf den traditionellen Arbeitsmarkt haben, läßt sich gegenwärtig nicht prognostizieren. Erkennbar ist eine zunehmende öffentliche Bewußtseinsbildung für neue Arbeitsformen, Arbeitszeitstrukturen und Verteilung der Arbeit. Insofern weist die Subkultur Möglichkeiten der „kulturellen Mutation" auf.[19]

Aber die sich verschärfende Arbeitsmarktkrise kann ebenso dazu führen, daß die vom zweiten Arbeitsmarkt ausgehenden Impulse zur Humanisierung der Arbeit ungenutzt bleiben. An die Stelle kultureller Erneuerung mit neuen Lebensstilen und einer besseren Verknüpfung von Arbeit und Leben für Männer und Frauen kann das Nebeneinander und Gegeneinander zweier Lebenswelten und Kulturen treten, ein Prozeß, bei dem die einen an den Rand der Gesellschaft, ins Abseits gedrängt werden, und die Erwerbstätigen nach wie vor die Normen prägen, denen die Minderheit zu folgen hat.[20]

Anmerkungen

1 Prokup, U.: Der weibliche Lebenszusammenhang, Frankfurt 1978, Beck-Gernsheim, E.; Das halbierte Leben, Frankfurt 1980.

2 Vonderach, G.: Eigeninitiativen - Beginn einer „kulturellen Mutation"? in: Benscher, F./Heinze, R. G./Klönne, A. (Hrsg.): Zukunft der Arbeit, Hamburg 1982, 39ff; Heinz, R. G./Olk, Th.: Selbsthilfe, Eigenarbeit, Schattenwirtschaft in: Zukunft der Arbeit, 17.

3 Schmid, J./Krebsbach-Gnath/Hüber, S.: Bildungschancen für Mädchen und Frauen im internationalen Vergleich, München/Wien 1980; Bundesministerium für Bildung und Wissenschaft (Hrsg.), Grund- und Strukturdaten Bonn 1981/82, 37.

4 CEDEFOP: Une enquête sur les initiatives de formation professionelle en faveur des femmes dans la Communaute Européenne, Berlin 1981; Kommission der Europäischen Gemeinschaften: Die Förderung der Beschäftigung von Jugendlichen, Brüssel 1983 vgl. Tab. B + C.

5 Brigitte/Deutsches Jugendinstitut (Hrsg.): Mädchen '82, Hamburg 1982, 9; Burger, A.: Ein vergessenes Thema: Die Mädchen und die Jugenddebatte, in: Deutsches Jugendinstitut (Hrsg.): Die neue Jugenddebatte, München 1982.

6 Bundesministerium für Bildung und Wissenschaft, Berufsbildungsbericht 1982, Bonn 1982.

7 Westhoff, G./Jurinnek-Stinner, A.: Frauenemanzipation und berufliche Bildung, München 1982, 93.

8 Kohlbeyer, G./Westhoff, G.: Berufsvorbereitung und was kommt danach?, Berlin 1982.

9 Berufsbildungsbericht 1982, 11.

10 Europäische Gemeinschaften, Erklärung des Rates vom 20. Mai 1983, Drucksache 7097, 83. Anlage 1, 11.

[11] Hegelheimer, B.: Bildungs- und arbeitsmarktpolitische Maßnahmen zur beruflichen Förderung von Frauen in der Bundesrepublik Deutschland, CEDEFOP, Berlin 1979.

[12] Engelbrech, G./Kreft, H.: Besonderheiten bei der Ausbildungs- und Berufswahl Jugendlicher, in: MitAB 1/1983, 44.

[13] Landwehr-Dobberstein, Ch.: Mädchen zwischen Schule und Beruf, Bundesinstitut für Berufsbildungsforschung, Berichte zur beruflichen Bildung, H. 33, Berlin 1981.

[14] Landwehr-Dobberstein, Ch.: Mädchen zwischen Schule und Beruf, 78.

[15] Lange, E.: Berufswahl, München 1978.

[16] Jahoda, M.: Wieviel Arbeit braucht der Mensch. Arbeit und Arbeitslosigkeit im 20. Jahrhundert, Weinheim/Basel 1983, 160.

[17] Schober, K.: Arbeitslose Jugendliche. Belastungen und Reaktionen der Betroffenen. Aus der Untersuchung des IAB über Ursachen und Auswirkungen der Arbeitslosigkeit. MitAB 11/1978, 198-215.

[18] Jahoda, M.: Wieviel Arbeit braucht der Mensch?, 137f.

[19] Vonderach, G.: Eigeninitiativen - Beginn einer „kulturellen Mutation"?, 46ff.

[20] Brand, K. W./Büsser, D./Rucht, D.: Aufbruch in eine andere Gesellschaft. Neue soziale Bewegungen in der Bundesrepublik, Frankfurt 1983, 85ff. und 118ff.

7. Frauen in Ehrenämtern (1984)

Ehrenamtliche Tätigkeit erfährt gegenwärtig erneut eine Phase der Aufwertung und der öffentlichen Beachtung. Bundesweite Aktionen wie z.B. die des Bundesministeriums für Jugend, Familie und Gesundheit unter dem Titel „Reden ist Silber - Helfen ist Gold", öffentliche Hearings, Fachtagungen sowie Forschungsprojekte spiegeln die aktuelle Bedeutung dieses Themas, das äußerst kontrovers diskutiert wird (Teufel 1983, DPWV 1984, Caritas 1983).

1. Ausgangslage

Die erneute Diskussion um Stärkung und Aufwertung des Ehrenamts ist eng verknüpft mit der Sozialstaatskrise, der knapper werdenden Erwerbsarbeit und dem Zuwachs an frei verfügbarer Zeit (Benseler/Heinze/Klönne 1982). Zwischen den Einsparungen im Sozialbudget von Bund, Ländern und Kommunen und den Appellen zu verstärktem ehrenamtlichen Engagement besteht ein deutlicher Zusammenhang.

Ein erhöhter Einsatz im Bereich ehrenamtlicher Arbeit gilt als unabdingbare Voraussetzung zur Senkung sozialer Kosten, zur Verbesserung der sozialen und gesundheitlichen Dienste und zur Bewältigung der Arbeitsmarktkrise für Frauen und andere vom Arbeitsmarkt Verdrängte. Staat und Gesellschaft sind insbesondere in Krisenzeiten auf ein erhöhtes Engagement ihrer Bürger angewiesen, um die anstehenden Probleme zu meistern.

Die Kritik an der ausufernden Professionalisierung und Bürokratisierung der sozialen und gesundheitlichen Dienste setzte allerdings sehr viel früher ein als die offizielle Sparpolitik. Das zeigt sich in der Behandlung dieses Themas in den Wohlfahrtsverbänden, in sozial- und wirtschaftswissenschaftlichen sowie politischen Fachkreisen. Dort wurde schon seit der Mitte der 70er Jahre mit allem Nachdruck die Frage nach den Grenzen des Sozialstaates und der Verbesserung der sozialen und gesundheitlichen Dienste aufgenommen und zum Arbeitsschwerpunkt in der Forschung gemacht (Kaufmann 1982; Gross 1976 u. 1977; Grunow/Hegner 1981).

Der Sozialstaat der Bundesrepublik hat in den vergangenen Jahrzehnten seit seinem Bestehen im Vergleich zu anderen Industriestaaten Außergewöhnliches zur sozialen Sicherung der Menschen geleistet. Dieses gilt vor allem für die Bereiche Gesundheit, Alter, Invalidität und für die Hilfe in besonderen Lebenslagen. Aber es betrifft auch Bereiche wie Jugendhilfe, z.B. den Ausbau der Kindergärten und der sozialen Dienste für besonders belastete und gefährdete Jugendliche.

Dieses System der vielfältigen sozialen Sicherung hat den einzelnen unabhängiger, freier gemacht. Unmittelbare materielle Abhängigkeit der jüngeren und älteren Generation hat abgenommen. Das gilt für die Heranwachsenden ebenso wie für ältere Menschen. Grundlage des Miteinander zwischen den Generationen ist für immer weniger Menschen wirtschaftliche Versorgung, sondern soziale und emotionale Verbundenheit. Dennoch weist dieses System unabhängig von den Grenzen der Finanzierbarkeit qualitative Lücken auf. Das ist darin bedingt, daß zum einen neue Problemlagen entstanden sind, die mit den bestehenden Einrichtungen und Diensten nicht mehr adäquat beantwortet werden können, und zum anderen, daß weder die Familien noch die institutionellen Hilfsangebote jene Form der Unterstützung anbieten können, die die Betroffenen suchen. Aus dieser Lage heraus entstanden und entstehen Selbsthilfegruppen, die jeweils unmittelbar auf die Bedürfnisse der Menschen - losgelöst von bürokratisierten Hilfen in Großsystemen - reagieren. Es gibt viele menschliche Situationen, in denen das Ausschlaggebende der unmittelbare menschliche Beistand, die hautnah erfahrene praktische Solidarität bildet.

Die gegenwärtige Situation ist gekennzeichnet durch ökonomische und soziale Umbrüche, tief einschneidende technologische Veränderungen. Diese Umbrüche betreffen die Arbeitswelt und die Familie, die private und öffentliche Kommunikation. In bestimmten Bereichen nimmt die Arbeit ab. Arbeitszeiten werden kürzer, aber zugleich wächst mit der privaten Zeit auch der Anteil an nicht mehr bezahlbaren Dienstleistungen im Handwerk, im Sozial- und Gesundheitswesen.

Um die veränderte Lebenssituation zu meistern, werden alte und neue Lösungsmuster bemüht. Insgesamt herrschen Handlungsprinzipien vor wie:

1. Eigeninitiative, Eigenverantwortlichkeit und Selbsthilfe
2. Reprivatisierung sozialer Dienste
3. Familiensolidarität
4. sozialpflichtige Tätigkeit in Ehrenämtern.

Die Grenzen des Sozialstaats und die Krise der Arbeitsgesellschaft - das sind die beiden Ausgangspunkte, die eine Umorientierung des sozialpolitischen Denkens und Handelns bestimmen.

Das öffentliche Interesse an einer Ausweitung ehrenamtlicher Tätigkeit steht allerdings im Gegensatz zur abnehmenden Bereitschaft der Bundesbürger, sich im Bereich unbezahlter gesellschaftlicher Arbeit zu engagieren. Die Meinungsumfragen des Allensbacher Instituts für Demoskopie für die Jahre 1953 bis 1979 zeigen einen deutlichen Rückgang in der Bereitschaft zu ehrenamtlichem Engagement (Allensbach 1979).

Die Zahl derjenigen, die sich eine Mitarbeit bei den Wohlfahrtsverbänden vorstellen können, ist von 49% im Jahre 1962 auf 37% im Jahre 1979 gesunken. Analog dazu stieg der Anteil derjenigen, die sich grundsätzlich ein ehrenamtliches Engagement für sich selbst nicht vorstellen können, von 47% auf 59% an.

Unbestritten ist die Notwendigkeit unbezahlten gesellschaftlichen Engagements und unbezahlter Arbeit in einem Gemeinwesen. Die Vertreter der Wohlfahrtsverbände erklären in ihren Stellungnahmen immer wieder, daß die von ihnen erwartete und geleistete Arbeit sowohl in der Vergangenheit als auch in der Zukunft ohne die starke Unterstützung durch ehrenamtliche Helfer und Helferinnen nicht denkbar und möglich ist (Niedrig 1982).
Aber die Bundesarbeitsgemeinschaft der Freien Wohlfahrtsverbände wehrt sich andererseits dagegen, verstärkt ehrenamtliche Mitarbeiter/innen einzusetzen, um auf diese Weise Professionelle einzusparen. Hinzu kommt, daß das ehrenamtliche Engagement in allen sozialen Einrichtungen und Verbänden rückläufig ist.

2. Selbsthilfegruppen - eine Alternative zu den traditionellen sozialen Diensten?

Ein größerer Zulauf und ein wachsendes Engagement ist in den letzten Jahren hingegen bei den Selbsthilfegruppen zu beobachten. Bereits jetzt wird die Frage gestellt, ob die Selbsthilfegruppen in naher Zukunft die Arbeit der traditionellen gesundheitlichen und sozialen Dienste ablösen werden (Moeller 1981, Fink 1983). Diese Befürchtung ist übertrieben, zumal Selbsthilfegruppen in der Regel eine höhere Fluktuation und eine zeitlich befristete Existenz haben. Außerdem setzen sich die Selbsthilfegruppen zum einen in Bereichen ein, für die ein Angebot fehlt, und zum anderen verstehen sie sich als Alternative zu den gegenwärtig institutionalisierten Formen sozialer und gesundheitlicher Dienste. Sie reagieren auf Probleme der Isolation und Vereinsamung, auf psychische Gefährdungen und Erkrankungen mit unmittelbarer Hilfe in überschaubaren Kleingruppen. Sie suchen Formen selbstbestimmten, eigenverantwortlichen Handelns und sind bestrebt, einen ganzheitlichen Hilfeansatz zu praktizieren. Die Selbsthilfe stellt eine Antwort auf neue Problemlagen, aber auch auf veränderte Erwartungen an die Qualität der Hilfeleistung und die Beteiligung der Betroffenen dar. Insofern verstehen sich Gruppen nicht als „gesellschaftliche Nothelfer“, sondern als innovative Alternativen zu bestehenden Formen sozialer Dienste.
Dennoch gilt es - bei aller Wertschätzung der Selbsthilfe - diesen Ansatz und die Leistungsfähigkeit dieser Gruppen nicht zu überschätzen. Sie können aufgrund ihres Selbstverständnisses, ihrer Arbeitsweisen und ihrer finanziellen Leistungsmöglichkeiten die privaten und öffentlichen Träger im Gesundheitswesen nicht ersetzen, denn der Bestand solcher Initiativen, Dauer und Umfang ihrer Tätigkeit sind weniger verläßlich und vorausschaubar.
Außerdem ist auch die Selbsthilfe auf Fremdhilfe angewiesen (Nokielski/Pankoke, in: Kaufmann 1982). Sie grenzt sich nicht gegen die Hilfe Dritter, sondern gegen den Staat und vergesellschaftete Hilfen ab.

Historisch weist Selbsthilfe zurück auf gemeinschaftliche Hilfen ständischer Gemeinschaftsbildung in Hausgemeinschaften, Genossenschaften, Nachbarschaften und Zünften. Die tendenzielle Auflösung dieser Strukturen in der Neuzeit durch die Einrichtung staatlich geförderter öffentlicher und privater Dienste hat nur kurze Zeit angedauert. Der Selbsthilfegedanke wurde gerade in der Phase der Industrialisierung mit ihren Verarmungs- und Verelendungsprozessen in bürgerlichen und proletarischen Kreisen reaktiviert. Mit dem Ausbau der sozialen Sicherung und der sozialstaatlichen Daseinsvorsorge kam es vor allem in den 60er und 70er Jahren zu starken Entlastungen und Einschränkungen der Eigenhilfe.
Gegenwärtig verstärkt sich erneut der Trend, im Vorfeld gesellschaftlich organisierter Hilfeleistungen alternative Formen sozialer Dienste und Hilfen zu entwickeln. Dabei spielt u. a: der Vorbehalt gegenüber Experten und deren Bevormundung eine entscheidende Rolle. Es gilt, die Probleme ohne Institution und Experten in Selbsthilfe zu lösen.
In bestimmten Bereichen kann dieses Ziel realisiert werden, in anderen Fällen ist ein gestaffeltes System von Eigenhilfe, Hilfe durch Selbsthilfegruppen und Fremdhilfe notwendig. Eine ganz wesentliche Voraussetzung für eine erhöhte Eigenhilfe bildet offensichtlich ein Geflecht sozialer Beziehungen, durch die Menschen sich entlasten, austauschen und orientieren. Die Suche nach neuen sozialen Einbettungen schlägt sich nicht nur in Selbsthilfegruppen, sondern ebenso in den Bemühungen um intensivere nachbarschaftliche Kontakte, um Einbindung in die Gemeinde nieder. Die neuen Selbsthilfegruppen drücken eine Umorientierung zu mehr sozialer Verankerung und wechselseitiger Verbundenheit in Kleingruppen aus, ein verstärktes Bedürfnis nach Gemeinschaft, um der Vereinzelung, dem Alleinsein und der Isolation zu entgehen.
Aber drückt sich dieses Bedürfnis nicht auch in dem Engagement der freiwilligen Helfer/innen in den Freien Wohlfahrtsverbänden, in der Vielzahl der Vereine und der technischen Hilfswerke aus? Ein Motiv mag das soziale Engagement für andere sein, aber dieses Motiv ist auch dort in der Regel eng mit einem anderen verknüpft: der Suche nach sozialen Kontakten, nach gemeinsamen Aufgaben und gemeinsamen Erfahrungen. Es liegt nahe, daß Frauen aufgrund ihrer Sozialisation und ihrer stark an Menschen orientierten Tätigkeiten eine größere Bereitschaft, aber auch ein größeres Interesse an solchen sozialen Engagements entwickeln.

3. Der Anteil der Frauen am Ehrenamt

Insgesamt beschränkt sich der Anteil der ehrenamtlich Tätigen nach den Angaben der Bundesarbeitsgemeinschaft der Freien Wohlfahrtsverbände auf eine sehr geringe Bevölkerungsgruppe. Die Arbeitsgemeinchaft der Freien

Wohlfahrtsverbände schätzt die Zahl der ehrenamtlich Tätigen auf 1,5 bis 2 Millionen. Verläßliche Statistiken zu diesem Bereich fehlen, wenngleich die Bemühungen um eine genauere quantitative Erfassung bei den Kirchen und Freien Wohlfahrtsverbänden zunehmen. Nach den Umfrageergebnissen von Allensbach 1979 sind zwei Drittel der freiwilligen, unbezahlten Helfer Frauen. Nach der Umfrage des Deutschen Frauenrats (Kleemann 1977) in seinem Organisationsbereich konnte folgendes ermittelt werden:

1. die Frauen kommen zur Hälfte aus Städten mit mehr als 50000 Einwohnern;
2. der Anteil der 40- bis 60jährigen Frauen ist stark vertreten, während die Frauen unter 30 Jahren sich kaum ehrenamtlich betätigen;
3. die erwerbstätigen Frauen stellen mit knapp der Hälfte im Vergleich zu gut einem Drittel der nicht erwerbstätigen Frauen den Hauptanteil der ehrenamtlich tätigen Frauen dar;
4. die berufliche Situation dieser Frauen wie deren Haushaltsnettoeinkommen liegt z.T. erheblich über dem Durchschnittseinkommen. Berufstätige Frauen nehmen eher Ämter wahr, nicht berufstätige Frauen engagieren sich mehr bei den unmittelbaren Diensten;
5. die zeitliche Inanspruchnahme beträgt durchschnittlich 20 Stunden im Monat, wobei 25% weniger als 12 Stunden und 25% mehr als 43 Stunden im Monat für das Ehrenamt aufwenden;
6. das Durchschnittsalter der ehrenamtlichen Mitarbeiter/innen wird nach internen Berechnungen der Wohlfahrtsverbände auf 53 Jahre geschätzt, und es weist in den letzten Jahren vor allem bei den Frauen eine ansteigende Tendenz auf. Das ist vermutlich auf die stärkere Berufstätigkeit der Frauen bei den jüngeren Altersjahrgängen zurückzuführen. Helferinnen neigen verstärkt dazu, ihre zeitliche Mitwirkung zu befristen. Längerfristige, zeitlich nicht absehbare Mitarbeit wird häufiger abgelehnt. Besondere Klage führen die Frauen aber nicht nur über das hohe zeitliche Engagement, sondern vor allem über die Formen der Zusammenarbeit zwischen Professionellen und Laien.

4. Widerstände gegen die Ausweitung ehrenamtlicher Tätigkeit

Jene, die sich entschieden gegen die Tendenz wenden, die Sozialstaatskrise durch den verstärkten Einsatz von ehrenamtlich Tätigen zu lösen, wenden sich nicht prinzipiell gegen unbezahlte gesellschaftliche Arbeit, sondern gegen die Vorstellung, daß hier kostensparend vor allem Frauen und Arbeitslose tätig werden sollen, um hauptamtliche Kräfte zu entlasten. Die Skepsis gilt dem sozialpolitischen Denken und Handeln, das auf Eigenleistung, Eigenverantwortlichkeit und Selbsthilfe setzt und sich in diesem Ansatz durch die wachsende Zahl und die zunehmende Bedeutung der Selbsthilfegruppen bestätigt sieht.

Die Notwendigkeit und der Sinn unbezahlter gesellschaftlicher Arbeit wird von breiten Bevölkerungskreisen bejaht, aber sie wäre an erster Stelle von jenen zu leisten, die über ein Erwerbseinkommen verfügen.

Die kritischen Stimmen gegen eine unvertretbare Ausweitung des Ehrenamts kommen eben nicht nur von jenen, die um ihre Arbeitsplätze im Sozial- und Gesundheitswesen sowie in der verbandlichen Arbeit bangen, sondern vor allem auch aus den Reihen der Frauen, die in diesem Bereich freiwillig unbezahlte Arbeit leisten.
Sie fühlen sich erneut mit zusätzlichen Leistungserwartungen konfrontiert, obwohl sie von den Haushaltseinsparungen im Sozialbudget der letzten Haushaltsjahre besonders hart betroffen sind. Frauen, die eine Zeitlang aus familiären Gründen ihre Erwerbstätigkeit unterbrochen haben, sehen in der Aufforderung zu mehr ehrenamtlicher Arbeit eine erneute Vereinnahmung und Rollenfixierung. Sie wehren sich gegen die Fortsetzung der unbezahlten Arbeit im Anschluß an eine kürzere oder längere Phase der unbezahlten Familienarbeit.
Wenn auch von Politikern ausdrücklich erklärt wird, die Aufwertung der ehrenamtlichen Arbeit sei „kein politischer Trick, um die Finanzmisere zu beheben, in die das System der sozialen Sicherheit geraten ist“, sondern ihr Sinn liege in der „qualitativen Verbesserung unserer sozialen Dienste, das Ziel ist eine menschliche Gesellschaft“ (Teufel 1983, 7), so ändert das wenig daran, daß Einsparungen hauptamtlicher Kräfte und der kostenfreie Ausbau der sozialen Dienste wichtige Motive der Aufwertung ehrenamtlicher Tätigkeit darstellen.

5. Das „Ehrenamt“ - eine irreführende Begrifflichkeit?

Allein schon die Bezeichnung „Ehrenamt“ löst Widerspruch aus. Was hat die freiwillig geleistete, unbezahlte Arbeit mit Ehre zu tun, so wird gefragt. Welche unbezahlten Tätigkeiten werden allein um der Ehre willen übernommen?
In der Vergangenheit, insbesondere im 17. und 18. Jahrhundert, aber auch noch im 19. Jahrhundert war die Übernahme eines Ehrenamtes an Voraussetzungen gebunden, die nur die gebildeten und wohlhabenden Bürger und Adeligen erfüllten. Die Vergabe von unbezahlten Ämtern in privaten Gesellschaften, Akademien und später auch in Wohltätigkeitsvereinen erfolgte nur an Personen, die sich durch geistige Fähigkeiten und hohes gesellschaftliches Ansehen auszeichneten und finanziell unabhängig waren.
Diese Art des Ehrenamtes gehört keineswegs der Vergangenheit an. Es wird weiterhin vor allem an Männer, bisweilen auch an Frauen vergeben. Aber die meisten Dienste, die von Frauen im Gesundheits- und Sozialwesen wahrgenommen werden, sind mit dem Begriff „Ehrenamt“ unzutreffend bezeichnet. Männer übernehmen in Vereinen und Verbänden sehr viel häufiger die Leistungspositionen, die ihr öffentliches Ansehen und damit ihre Ehre erhöhen, während die Frauen die „unsichtbare“ Arbeit leisten, die wenig Ehre bringt und mit einer geringen oder keinerlei Aufwandsentschädigung verbunden ist.

Mit Ehre mag diese Tätigkeit noch insofern einhergehen, als ehrenamtlich Tätige in der Öffentlichkeit nach wie vor als Idealisten gelten und ihnen vor allem im Bereich der unmittelbaren Dienste am Menschen selbstlose Motive unterstellt werden. In welchem Maße hier soziale Geltung, Eigenliebe und Profilierung im Spiel sein können, soll in diesem Zusammenhang nicht diskutiert werden. Wichtiger erscheint der Hinweis, daß die von Frauen und Männern im Verborgenen erbrachten Dienste oftmals als zeitaufwendige, anstrengende und harte Arbeit erlebt werden, die von der Gesellschaft in den vergangenen Jahren wenig beachtet und gewertet wurde. Ehrenamtliche Arbeit vollzieht sich nicht nur im Sozial- und Gesundheitswesen, sondern vollzieht sich ebenso in Sport- und Musikvereinen, Umwelt und Katastrophenschutz. Das Spektrum reicht von der Arbeit mit Kindern und Jugendlichen, Hilfe für Kranke, Behinderte und Alte, Mitarbeit in der Familien- und Nachbarschaftshilfe, in Sanitätsdiensten und technischen Hilfswerken über die Mitarbeit in Initiativen von psychisch Gefährdeten, Suchtkranken, Strafgefangenenentlassenen und Arbeitslosen bis hin zur Arbeit in Verwaltung und Organisation bei Wohlfahrtsverbänden (Caritas 1983, Teufel 1983, Klages/Braun/Röhrig 1984).

Es ist zu unterscheiden zwischen der Ebene der Leitung und Führung, der Ebene der Administration und der Ebene der direkten persönlichen Dienste (Kosmale 1967). Während die erste und zweite Ebene sehr häufig von Professionellen wahrgenommen wird, handelt es sich bei der dritten Ebene überwiegend um unbezahlte Tätigkeiten von freiwilligen Helfern. Diese setzen sich für andere Menschen ein durch Kranken- und Altenbesuche, Pflege- und Betreuungsdienste, Beratungsdienste und wirtschaftliche Hilfen.

Ehrenamtliche, besser gesagt, freiwillige unbezahlte Arbeit dient nicht dem Lebensunterhalt. Schwierig ist die Abgrenzung des Arbeitsfeldes und der Tätigkeit von den Professionellen wie auch die Zusammenarbeit mit den hauptamtlichen Fachkräften. Die hohe Wertschätzung der Professionellen und die geringe Wertschätzung der Laienhelfer wird in Umfragen häufig als diskriminierend empfunden (Caritas 1983: Schober, in: Teufel 1983, 59ff.).

6. Neuralgische Punkte in der Debatte um mehr Ehrenamt

In der jüngsten Debatte um Aufwertung und Ausweitung des Ehrenamtes werden eine Reihe von kritischen Fragen gestellt. Sie lauten:

1. Wer sollte ehrenamtliche Arbeit leisten? – Frauen, Rentner, Arbeitslose oder Frauen wie Männer, alle Altersgruppen, Erwerbstätige, Rentner und Arbeitslose?
2. Ist das Ehrenamt eine freiwillige oder eine sozialpflichtige Arbeit?
3. Handelt es sich beim Ehrenamt um eine primär selbstbestimmte oder fremdbestimmte Arbeit und haben sich die Laienhelfer den Professionellen unterzuordnen?
4. Ist das Ehrenamt ein politisch relevantes oder ein unpolitisches Amt?
5. Welchen Beitrag leisten die ehrenamtlich Tätigen zur Entfaltung der Person und zu mehr Menschlichkeit in der Gesellschaft?

Auf die aufgeworfenen Fragen soll im folgenden thesenartig eingegangen werden.

a) **Freiwillige, für die Gemeinschaft geleistete unbezahlte Arbeit ist eine Aufgabe, die von Männern und Frauen, Jungen und Alten, Erwerbstätigen und Menschen ohne Erwerbsarbeit zu erbringen ist.**

Diese Forderung beruht auf der Prämisse, daß Menschen in einem Gemeinwesen nicht nur Rechte, sondern auch Pflichten gegenüber der Gemeinschaft haben. Es kommt hinzu, daß der Sinn von Arbeit nicht an das Kriterium Bezahlung geknüpft werden kann und sollte. Das Wohlergehen aller in einer Gemeinschaft wie auch in einer Gesellschaft setzt voraus, daß Arbeit und Daseinsvorsorge nicht auf die eigene Person beschränkt bleiben, sondern in diese Sorge Leistungen für andere eingeschlossen werden. Solche Dienste für die Gemeinschaft liegen auf verschiedenen Ebenen, auf der unmittelbar personbezogenen und auf der gruppenbezogenen.

Diese unbezahlte Arbeit ist von Männern wie Frauen, Menschen aller Altersgruppen in unterschiedlicher Weise zu erbringen, denn von den Sozialleistungen kann sich niemand ausnehmen, der dazu in der Lage ist. Auch die junge Generation ist von einem frühen Lebensalter an in die Pflichten für die Gemeinschaft einzuüben.

Aber die freiwillige unbezahlte Arbeit für andere bzw. das Wohl der Gemeinschaft ist nicht primär ökonomisch, sondern vor allem anthropologisch und sozialethisch begründet. Sie resultiert nicht aus der Arbeitsteiligkeit, sondern beruht auf dem Prinzip der Solidarität. Eine Gesellschaft, deren Wohlergehen davon abhängt, daß jeder einzelne für die Leistungen bezahlt, die er in Anspruch nimmt, verteilt Wohlergehen nach dem Prinzip der finanziellen Leistungsfähigkeit. Die grundlegende Basis des gesellschaftlichen und individuellen Verhaltens bildet in solchen Gesellschaften der Warentausch bzw. der Geldtausch.

In einer solidarischen Gesellschaft leistet jeder nach seinen Fähigkeiten und Möglichkeiten. Wechselseitige Hilfe zwischen Personen und Gruppen ist nicht an Geld gebunden. Die Inanspruchnahme von Leistungen, medizinischen oder sozialen, setzt nicht unbedingt Bezahlung voraus. Menschen treten vielmehr füreinander ein, ohne daraus jeweils finanziellen Nutzen zu ziehen. Die wechselseitige Hilfeleistung gilt nicht nur in Zeiten materieller und/oder psychischer Not, sondern sie ist notwendig für eine menschliche Gesellschaft.

Eine Gesellschaft, in der das Wohl des einzelnen nicht abhängig sein soll vom Besitz und der individuellen Leistungsfähigkeit, muß Sorge tragen für einen solidarischen Austausch von Diensten und Gütern.

Solidarität kann aber nicht nur von einem Teil oder gar der Minderheit der Bevölkerung praktiziert und gewährleistet werden, sondern sie setzt den Beitrag jedes einzelnen voraus.

Solidarität betrifft den Ausgleich zwischen Leistungsstärkeren und Leistungsschwächeren, meint aber nicht Aufteilung der Gesellschaft in Menschen mit bezahlter und unbezahlter Arbeit.

b) **In der jüngsten Diskussion um das Ehrenamt wird vermehrt von sozialpflichtiger Arbeit gesprochen. Wie wird diese Sozialpflichtigkeit begründet und trifft sie nur für jene zu, die Empfänger von Leistungen der Solidargemeinschaft (Sozialhilfeempfänger, Arbeitslose ...) sind und selbst keine Leistungen in Form von Steuern und Sozialabgaben erbringen?**

Nachdem was zuvor zum Solidaritätsprinzip in demokratischen Gesellschaften gesagt wurde, ist die Verpflichtung zu unbezahlter Sozialarbeit für die Gemeinschaft ein unverzichtbares Element der Solidarität und eines sinnerfüllten menschlichen

Lebens. Solidarität kann nur unter der Voraussetzung verwirklicht werden, daß alle Mitglieder einer Gesellschaft ihren Beitrag dazu leisten. Teile dieser sozialen Verpflichtungen werden in modernen bürokratischen Gesellschaften über Steuern und sonstige gesetzliche Abgaben erbracht. Auf diese Weise sind die Pflichten des einzelnen gegenüber der Gemeinschaft abstrakt und anonym geworden. Die für Leistungen am Menschen notwendigen Ressourcen werden primär über Geld gesichert. In wirtschaftlichen und sozialen Krisenzeiten werden zum einen die Grenzen der Bezahlbarkeit, zum anderen aber auch die Grenzen von Diensten in Großorganisationen und von Apparateleistungen bewußt. Es kommt hinzu, daß im Unterschied zu Wohlstandsphasen die Zahl der auf Fremdhilfe angewiesenen Menschen zunimmt und damit auch der Sozialstaat auf seine Leistungsgrenzen stößt.

Die jüngste Diskussion um sozialpflichtige unbezahlte Arbeit ist nicht einseitig in Zusammenhang mit Arbeitslosigkeit und Leistungskürzungen im Sozial- und Gesundheitswesen zu bringen, sondern sie erfolgt in Verbindung mit der Verkürzung der Arbeitszeit, der Zunahme der Freizeit und einer erneuten Auseinandersetzung mit den leitenden Werten und Normen einer Gesellschaft.

Der Zuwachs an Freizeit wirft die Frage nach dem menschlich sinnvollen Umgang mit der Zeit auf. Ist Freizeit lediglich individuell frei verfügbare Zeit? Die Antwort lautet: „Nein!“ Die frei werdende Zeit kann der einzelne nicht nur für sich, d. h. seine Rekreation, seine privaten Bedürfnisse und Interessen nutzen, sondern diese individuell verfügbare Zeit ist zugleich Zeit, mit der sich der einzelne im Interesse der Gemeinschaft engagieren sollte, weil das Gemeinwesen zur Erfüllung seiner Aufgaben auf diese Zeit angewiesen ist.

Es handelt sich hierbei nicht um Sonderverpflichtungen jener, die in besonders großem Umfang Dienste und Leistungen von der Solidargemeinschaft erhalten, sondern wiederum um alle Mitglieder des Gemeinwesens.

So zählen z.B. Frauen zu jener Gruppe, die in und außerhalb der Familie den höchsten Anteil an unbezahlter Arbeit für die Solidargemeinschaft leisten. Von ihnen kann am wenigsten ein zusätzlicher Beitrag oder eine Ausweitung der Dienste für Kinder, Pflegebedürftige, Alte und Kranke in Nachbarschaft und Gemeinde erwartet werden.

Bisher wird Arbeit, die über die gesetzlich geregelten Pflichtbeiträge zur Sozialversicherung hinaus geleistet wird,nach dem Prinzip der Freiwilligkeit erbracht. Aber es ist notwendig geworden, erneut bewußt zu machen, daß sich der Dienst an der Gemeinschaft eben nicht auf Geldabgaben beschränkt, sondern daß die Lebensqualität der Menschen in einer Gesellschaft von der wechselseitigen Zuwendung und Unterstützung abhängt. Dienst am Nächsten, am Gemeinwesen ist nicht nur die private Entscheidung des einzelnen, sondern zählt zu den unverzichtbaren moralischen Verpflichtungen eines jeden Menschen in einer kleineren oder größeren Gemeinschaft.

Der Spielraum der Freiwilligkeit ist nur so lange gegeben wie so viele im Gemeinwesen ihren sozialen Verpflichtungen nachkommen, daß das Gemeinwesen als Ganzes keinen Schaden nimmt. Die Aufforderung zu mehr ehrenamtlichem Engagement ist jedoch problematisch, wenn daran gedacht ist, jene in diesem Feld zu „beschäftigen“, die keinen Zugang zur bezahlten Arbeit haben. Der verstärkte Einsatz im Bereich der unbezahlten Arbeit setzt Erwerbstätigkeit voraus; erstere kann kein Ersatz für die Erwerbsarbeit sein. Insofern sind jene besonders gefordert, die über ein Einkommen aus Erwerbsarbeit oder Rente verfügen.

c) **In der Diskussion um Organisationsprinzipien im Bereich bezahlter und unbezahlter Arbeit spielt das Verhältnis von selbst- und fremdbestimmter Arbeit eine zentrale Rolle.**

Die Annahme, es handle sich beim Ehrenamt im Unterschied zur Erwerbsarbeit um eine stärker selbstbestimmte Arbeit, trifft nur bedingt zu. Es wird davon ausgegan-

gen, daß der einzelne selbst darüber entscheidet, ob, in welchem Bereich, in welchem zeitlichen Umfang er tätig wird und welche Aufgaben er konkret übernimmt.
Dabei ist jedoch zu bedenken, daß in Vereinen und Verbänden, in Gewerkschaften und Parteien eine bestimmte Hierarchie und Organisationsstruktur und damit auch bestimmte Funktionen und Arbeitsabläufe vorgegeben sind. Über Einsatzbereiche und Einsatzmöglichkeiten entscheidet die jeweilige Organisation. Viele ehrenamtlich Tätige führen darüber Klage, daß sie als „Ungelernte" abqualifiziert werden, aber andererseits Arbeiten der Fachkräfte zu deren Entlastung übernehmen müssen und von ihnen ein zu großes zeitliches Engagement erwartet wird (Kleemann 1977; Caritas 1983).
Gegen das Ehrenamt als fremdbestimmte, den Sozialstaat entlastende Tätigkeit setzen die autonomen Initiativen, so vor allem auch die feministischen autonomen Frauengruppen, die selbstbestimmte unbezahlte Arbeit. Der Einsatz erfolgt nicht für andere, sondern für die Betroffenen selbst. Arbeit in Initiativen ist selbstorganisierte, nicht hierarchisch strukturierte, unbürokratische, unprofessionelle Tätigkeit auf der Grundlage der Selbstverwaltung, der wechselseitigen unmittelbaren Hilfe ohne Verrechtlichung und staatliche Bevormundung. Der Zusammenschluß auf der Grundlage der Betroffenheit, persönlicher Kompetenz und Selbsthilfe bilden Grundpfeiler der Arbeit in autonomen Initiativen (Lösch, in: DPWV 1984).
Allerdings geraten diese Prinzipien leicht ins Wanken, wenn Initiativen für die Fortführung ihrer Arbeit staatliche Förderung beantragen. Am Beispiel der Frauenhäuser zeigt sich, wie mit der Entgegennahme öffentlicher Finanzierung auch die Anforderungen an Verwaltung, Fachlichkeit und öffentliche Kontrolle akzeptiert werden müssen.

d) Umstritten ist auch das politische Selbst- und Fremdverständnis der ehrenamtlich Tätigen.

Von den Frauen der autonomen Frauengruppen wird diese Tätigkeit ebenso wie von den Mitgliedern in Bürgerinitiativen als politische Arbeit verstanden. Nach ihrem Vorverständnis soll die unbezahlte Arbeit in Initiativen und Projekten nicht den Sozialstaat entlasten. Es handelt sich vielmehr inhaltlich und organisatorisch um ein Gegenmodell zu den von den öffentlichen und freien Trägern etablierten sozialen Diensten. Das betrifft den organisatorischen Zusammenschluß, die Forderung nach selbstbestimmter Arbeit und das Ziel, die anonymen, den einzelnen bevormundenden Dienste zu überwinden.
Im Unterschied dazu bevorzugen viele Frauen, insbesondere die der mittleren und älteren Generation ein Engagement im vorpolitischen Raum. Sie suchen dieses Feld in vielen Fällen sehr bewußt auf, um in Vereinen und Verbänden der politischen Steuerung oder Vereinnahmung zu entgehen. Sie fürchten aufgrund der Erfahrungen im Dritten Reich politisch mißbraucht zu werden oder haben insgesamt eine distanzierte, eher ablehnende Einstellung zur Politik. Viele von ihnen möchten mit ihrer Arbeit direkt den Menschen helfen und nicht einer Partei oder einer Ideologie. Dabei ist den meisten Frauen nicht bewußt, daß sie mit ihrem Engagement politisch relevante Arbeit leisten. Gewollt oder ungewollt stützen und entlasten sie den Sozialstaat. Die bewußte Abgrenzung vom politischen Raum hat vielfach nicht reflektierte politische Wirkungen. Das Bewußtsein, im vorpolitischen Raum tätig zu sein, trägt somit direkt oder indirekt dazu bei, wenig oder gar nichts an den Rahmenbedingungen ehrenamtlicher Arbeit zu verändern und die Dienste am Menschen strukturell zu verbessern. Das betrifft Ausbildung und Fortbildung, die Zusammenarbeit zwischen Professionellen und ehrenamtlich Tätigen, aber auch die finanzielle Anerkennung der ehrenamtlichen Arbeit, z. B. im Steuerrecht, im Rentenrecht, in der Anwart-

schaft auf spätere Pflegeleistungen im Alter oder die Anerkennung der DM 390,- Freibetragsgrenze für Ehrenamtliche. Arbeit in diesem Bereich erfordert ein gesellschaftliches Bewußtsein, das zugleich die Lage der auf Fremdhilfe Angewiesenen wie der Helfenden reflektiert.

e) **Viele sehen den ehrenamtlichen Einsatz unter dem Aspekt der Herausforderung zu mehr Menschlichkeit. Die Kritiker wehren sich gegen solche Perspektiven und sprechen von der Ideologisierung ehrenamtlicher Arbeit (DPWV 1984). In der Aufwertung des Ehrenamtes wird darüber hinaus eine Diskriminierung der von Fachkräften geleisteten Arbeit gesehen.**

Die ehrenamtliche Arbeit wird mit Tätigkeitsmerkmalen belegt wie: personale Nähe, spontane Hilfsbereitschaft, Intuition für das Richtige und Wesentliche, Sensibilität für Nöte und Bedürfnisse von Menschen, Selbstlosigkeit als Korrektiv für rationale Professionalität (Teufel 1983). Ähnliches klingt an in der Pressekonferenz zur Aktion „Reden ist Silber - Helfen ist Gold", wenn es heißt: „Es sollen Zeichen gesetzt werden für praktische Solidarität, für gelebte Nächstenliebe und Menschlichkeit und nicht zuletzt auch für ein neues Verständnis von Sozialpolitik, das staatliche Leistungen ebenso umfaßt wie freiwillige soziale Dienste."
Solche Aussagen könnten einen Keil treiben zwischen Hauptamtliche, Professionelle und Ehrenamtliche. Es gilt, beiden jene Qualitäten und Fähigkeiten zuzuerkennen, die im Umgang unter Menschen, in wechselseitiger oder einseitiger Hilfe erforderlich sind.
In der Tat geht es um „Hilfsbereitschaft im menschlichen Nahbereich" (Schober, in Teufel 1983). Es geht um die verständnisvolle und unterstützende Umgebung, die vielen Menschen fehlt. Es ist eine Art „Familienersatz", der in unseren technischen Krankenhäusern, unseren rationell durchorganisierten sozialen Einrichtungen vielfach nicht geleistet werden kann. Krankenschwestern haben häufig nicht die Zeit, sich an den Bettrand der Patienten zu setzen. Die Altenpflegerin muß bei ihrer Arbeitsbelastung bedrückend erfahren, daß sie nicht die Zeit aufbringen kann, sich einzelnen alten Menschen intensiver zu widmen.

Dienste, die Menschen füreinander im Rahmen freiwilliger unbezahlter Arbeit komplementär zu den Aufgaben der Professionellen übernehmen können, sind:

1. Ermittlung bestehender Notlagen durch die persönliche Kenntnis der Lebensbedingungen in Nachbarschaft und Gemeinde;
2. Vermittlungsdienste zu Ämtern, sozialen Einrichtungen und Diensten, Abbau der Schwellenängste bei den Hilfsbedürftigen (Ausländern, Mißhandelten, seelisch Kranken, Menschen in materiellen Nöten);
3. Hilfen der Verständigung zwischen den Hilfsbedürftigen und ihren Angehörigen;
4. Gespräche, informelle Beratungsdienste, vorbereitende Hilfe zur Selbsthilfe (Braun, in: Teufel 1983, 46ff.).

Umfragen bei den ehrenamtlich tätigen Frauen haben ergeben, daß viele von ihnen bei dieser Arbeit menschliche Erfahrungen gemacht haben, die ihnen in dieser Art weder in der Familie noch im Beruf zuteil wurden. Sie gaben an, mit unvorstellbaren menschlichen Nöten konfrontiert worden zu sein; sie hätten gelernt, ihre eigenen Probleme zu relativieren. Sie hätten aber auch gelernt, wie bei dieser Arbeit Fähigkeiten und Energien freigesetzt worden seien.

Diese Arbeit vermittelt zugleich Erfahrungen der Dankbarkeit, der zwischenmenschlichen Unmittelbarkeit, aber auch der Verschlossenheit, Enttäuschung und Verbitterung.
Als Aussage ist auch aufzunehmen, daß diese Arbeit frei für andere macht, Ichgebundenheit mindert und den Blick weitet für das existentiell Wichtige.
Aufwertung und Ausweitung des Ehrenamtes sind nicht geeignet, den Sozialstaat zu sanieren. Die Fachkräfte können nicht durch ehrenamtliche Helfer ersetzt werden. Insofern ist die Ausweitung des Ehrenamtes kein Ausweg aus der Sozialstaatskrise und aus der Arbeitslosigkeit. Aber die Diskussion um das Ehrenamt leistet einen wichtigen Beitrag zur Orientierung des einzelnen und zur Verhältnisbestimmung von individuellem und kollektivem Wohl in der modernen Industriegesellschaft.

Literatur

Badura, B./Gross, P.: Sozialpolitische Perspektiven. Eine Einführung in die Grundlagen und Probleme sozialer Dienstleistungen, München 1976

Benseler, F./Heinze, R./Klönne G. (Hrsg.): Zukunft der Arbeit, Eigenarbeit, Alternativökonomie?, Hamburg 1982

Bock, T.: Ehrenamtliche Tätigkeit im sozialen Bereich, in: Deutscher Verein für öffentliche und private Fürsorge (Hrsg.): Fachlexikon der sozialen Arbeit, Frankfurt/M. 1980

Bundesarbeitsgemeinschaft der Freien Wohlfahrtspflege, Gesamtstatistik der Einrichtungen der Freien Wohlfahrtspflege 1981, Bonn 1981, 3

Caritasverband, Information des Deutschen Caritasverbandes: Die „leisen Helfer", Ehrenamtliche Mitarbeit in den Verbänden der Caritas, 4, 1983, Nr. 21

Deimer, K./Jaufmann, D./Kistler, E./Pfaff, M.: Selbsthilfe in der Sozialpolitik - ein Lösungsansatz, in: aus politik und zeitgeschichte, B 34/1983

DPWV, Institut für soziale Arbeit, Münster: Tagungsbericht: Ehrenamtliche Arbeit von Frauen im sozialen Bereich I, 1984 (mit einer umfangreichen Literaturdokumentation)

Fink, U. (Hrsg.), Keine Angst vor Alternativen, Freiburg 1983

Fischer, M.: Arbeit in Ehrenämtern. Problembericht über ein weithin unbekanntes Arbeitsfeld und seine Bedeutung für die Frauen, in: Pinl, C./Fischer, M. u.a., Frauen auf neuen Wegen, Oelnhausen 1978

Gross, P., Entwicklungstendenzen und Widersprüche im modernen Wohlfahrtsstaat, in: Österr. Zeitschrift für Soziologie, H. 2/1979, 29-33

Gross, P./Badura, B., Sozialpolitik und soziale Dienste, Entwurf einer Theorie personbezogener Dienstleistungen, in: Ferber, Ch.v./Kaufmann, F.X. (Hrsg.): Soziologie und Sozialpolitik, Opladen 1977, 361-385

Großjohann, K.: Unbezahlte soziale Dienstleistungen - Eine Veranstaltung der Gesellschaft für sozialen Fortschritt, in: Sozialer Fortschritt 32, 1983, H. 1, 1ff.

Grunow, D./Hegner, F.: Sozialstationen im Bereich der ambulanten Sozial- und Gesundheitspflege, in Badura, B./Ferber, Ch. v. (Hrsg.): Selbsthilfe und Selbstorganisation im Gesundheitswesen, München 1981, 39-66

Heinemann-Knoch, M. u. a.: Die Bedeutung ambulanter sozialer Dienste im familiären Lebensumfeld: Überlegungen am Beispiel der Sozialstationen, in: Kaufmann, F. X. (Hrsg.): Staatliche Sozialpolitik und Familie, 243-266

Kaufmann, F. X. (Hrsg.): Staatliche Sozialpolitik und Familie, Wien/München 1982
Klages, H./Braun, J., Röhrig, P.: Beiträge der Weiterbildung zur Förderung von sozialem Engagement und Selbsthilfe in der arbeitsfreien Zeit. Forschungsinstitut für öffentliche Verwaltung bei der Hochschule für Verwaltungswissenschaften in Speyer, Köln 1984
Kleemann, U.: Ergebnisse einer Umfrage über die ehrenamtliche Tätigkeit, in: Informationen für die Frau 10, 1977, 11-24
Koch, J. J.: Ehrenamtliche Hilfe: Ein Weg zu mehr Menschlichkeit, in: Herder Korrespondenz 6, 1983, 248 ff.
Kosmale, A. F.: Bereiche ehrenamtlicher Mitarbeit in der sozialen Arbeit und Kategorien ehrenamtlicher Mitarbeit, in: Schriften des Deutschen Vereins für öffentliche und private Fürsorge, Schrift 237, 1967, 22 ff.
Lösch, G.: Ehrenamtliche Arbeit aus der Sicht der Frauenbewegung, in: DPWV, Tagungsbericht 1984, 27-31
Moeller, M. L.: Anders Helfen. Selbsthilfegruppen und Fachleute arbeiten zusammen, Stuttgart 1981
Niedrig, H./Wagner, D.: Kann ehrenamtliche Mitarbeit Kommunalfinanzen sanieren?, in: Theorie und Praxis der sozialen Arbeit 33, 1982, H. 7, 244-252
Nokielski, H./Pankoke, E.: Familiale Eigenhilfe und situative Selbsthilfe, in: Kaufmann, F. X. (Hrsg.): Staatliche Sozialpolitik und Familie, München/Wien 1982, 267-284
Schmidtchen, R.: Ehrenamtlichkeit und Selbsthilfe - Konkurrenz oder sinnvolle Ergänzung, in: Nachrichtendienst des Deutschen Vereins für öffentliche und private Fürsorge, Nov. 1982, 362 ff.
Teufel, E. (Hrsg.): Ehrenamtliche Tätigkeit im sozialen Bereich; Protokoll einer Anhörung der CDU-Landtagsfraktion im Landtag von Baden-Württemberg, 1983

8. Frauen in beiden deutschen Staaten (1985)

Tatbestände geschlechtsspezifischer Sozialisationsforschung und ungelöste Probleme

1975 rief die UNO unter dem Motto „Gleichberechtigung, Entwicklung und Frieden" das internationale Jahr der Frau aus. Im Juli dieses Jahres wird die Weltfrauenkonferenz in Nairobi die Frauenfrage erneut ins Rampenlicht rücken.
Die Weltöffentlichkeit wird erneut konfrontiert mit den offenen und versteckten Formen der Benachteiligung und Unterdrückung, den Diskrepanzen zwischen rechtlich verankerten Gleichberechtigungsnormen und faktisch erreichter Gleichberechtigung, mit Überforderung und Nichtanerkennung der von Frauen erbrachten Leistungen.
10 Jahre Frauenpolitik und Frauenforschung sind zugleich ein Anlaß, Veränderungstendenzen innerhalb dieses Zeitraums in Einstellungen und Verhaltensweisen der Mädchen und Frauen in beiden deutschen Staaten einer vergleichenden Analyse zu unterziehen. Solche Analysen sind in den vergangenen Jahren sowohl in der Bundesrepublik als auch in der DDR erfolgt.[1] Dabei fällt auf, daß zentrale Fragestellungen, wie die nach der Gleichberechtigung, konstant beibehalten, andere neu aufgenommen oder anders akzentuiert werden.
Die vorliegenden Analysen sollen im Rahmen dieses Beitrags erweitert werden, indem ich versuche:

1. die gleichbleibenden und sich verändernden Fragestellungen in den bundesrepublikanischen Analysen zur Situation der Frau in der DDR herauszuarbeiten;
2. die jüngeren Befunde zur geschlechtsspezifischen empirischen Sozialisationsforschung in der DDR mit denen in der Bundesrepublik zu vergleichen;
3. die Frage nach den vermeintlichen und tatsächlichen Differenzen zwischen den emanzipatorischen Frauenleitbildern in beiden deutschen Staaten zu stellen.

Fortschritt in der Frauenfrage wird an bestimmten Indikatoren gemessen: Rechtsnormen, Beteiligung an Bildung und Ausbildung, Berufszugang und Berufsaufstieg, Breite des Berufsspektrums, Beteiligung an politischer Macht bzw. Repräsentanz in politischen Gremien und Ämtern. Sie soll sich nicht nur im Grad der beruflichen und gesellschaftlichen Integration, sondern in dem Grad der Selbstbestimmung, der ökonomischen Unabhängigkeit, der sozialen Sicherung, der aktiven Teilhabe an politischer und kultureller Verantwortung und Macht ausdrücken. Es ist zu fragen, ob das bisher entwickelte Konzept der

Gleichberechtigung und seine praktische Umsetzung ohne grundlegende Veränderung der öffentlichen und privaten Strukturen zu kurz greift oder scheitern muß.

1. Konkurrierende Konzepte und Maßnahmen zur Gleichstellung der Frauen

1975 veröffentlichte Gisela Helwig ihre Untersuchung „Frau '75 - Bundesrepublik Deutschland - DDR", nachdem sie ein Jahr zuvor eine Studie zur Vereinbarkeit von Familie und Beruf in beiden deutschen Staaten vorgelegt hatte.[2] Im Vorwort zu „Frau '75" geht Helwig auf das internationale Jahr der Frau ein und zitiert zu Beginn den damaligen Bundespräsidenten Walter Scheel mit seiner negativen Bilanz:

> „Noch immer werden Mädchen schlechter ausgebildet als Jungen; noch immer wird Frauenarbeit schlechter bezahlt als Männerarbeit; noch immer gibt es die durch nichts gerechtfertigten Leichtlohngruppen; noch immer ist es im privaten und im staatlichen Bereich unverhältnismäßig wenigen Frauen möglich, Spitzenpositionen einzunehmen; noch immer ist das Recht der sozialen Sicherung patriarchalisch konzipiert. In Parlamenten und Regierungen überall in der Welt sind Frauen in geradezu grotesker Weise unterrepräsentiert. In der Bundesrepublik Deutschland liegt der Anteil der weiblichen Bevölkerung bei 50%. Im deutschen Bundestag jedoch wird dieser hohe Bevölkerungsanteil durch nur 5,9% der Abgeordneten repräsentiert. Das ist die niedrigste Zahl seit der Gründung der Bundesrepublik".[3]

Diese Aussagen könnten mit geringfügigen Modifikationen 1985 wiederholt werden. Soziale Veränderungen folgen einem anderen Zeitmaß als die naturwissenschaftlich-technischen und technologischen Entwicklungen. Es hat bisweilen den Anschein, als mache sich frauenpolitisch eher ein Immobilismus als ein Fortschritt breit. Gerade angesichts der gegenwärtigen strukturellen Probleme auf dem Arbeitsmarkt wie auch in der Sozialpolitik droht die Gefahr der Rückschläge, die Gefahr der erneuten Ausgrenzung der Frauen aus angestammten Berufsbereichen, aber auch aus grundlegenden Bildungs- und Qualifizierungsprozessen im Bereich der neuen Technologien. Dieses Wissen um neue Probleme und Gefahren darf jedoch den Blick nicht verschließen für die einschneidenden Veränderungen bei den Frauen selbst, ihren Einstellungen und Verhaltensweisen wie auch bei den objektiv aufweisbaren Veränderungen der Lebensstile und der Lebensbedingungen von Frauen. Diese betreffen die Rechtsstellung der Frau (Reform des Ehe- und Familienrechts 1977) in der Bundesrepublik, das einschneidend verbesserte Bildungs- und Ausbildungsniveau, die verstärkte Beteiligung am Erwerbsleben (38% der Beschäftigten im erwerbsfähigen Alter), vor allem der Frauen mit Kindern. Dazu gehören aber auch die Eigeninitiative der Frauen, ihr erhöhtes Bildungsinteresse und ihre Bildungsbereitschaft auch im Erwachsenenalter, ihre durchgängige Berufs-

orientierung, ihr verstärktes berufspolitisches und gesellschaftliches Engagement und ihre veränderten Erwartungen an partnerschaftliche Aufgabenteilung zwischen Mann und Frau.[4] Insofern weist die Entwicklung der letzten 15 Jahre eine Dynamik auf, die in den Nachkriegsjahren bis hin zum Ende der 60er Jahre nicht zu verzeichnen war. Das schließt nicht aus, daß nach wie vor strukturelle Benachteiligungen alter und neuer Art der Gleichberechtigung entgegenstehen.
1975 konnte Gisela Helwig zurecht auf die in vieler Hinsicht konsequentere und erfolgreichere Gleichberechtigungspolitik der DDR verweisen. Die von ihr zitierten Fakten sprechen für sich selbst:

„Ohne Zweifel kann die DDR mit imponierenden Fakten und Zahlen aufwarten. Fast die Hälfte aller Lehrlinge, Abiturienten und Studenten ist weiblich; eine konsequente berufliche Fortbildung sorgt dafür, daß auch ältere Arbeiterinnen eine abgeschlossene Ausbildung erhalten; rund 49% aller Beschäftigten sind Frauen; vier Fünftel der 3- bis 6jährigen Kinder werden in Tagesstätten betreut - um nur einige Beispiele zu nennen".[5]

Nicht genannt werden die in der DDR aufweisbaren Schattenseiten: die einseitige familiäre Belastung der Frauen (nur 10% der Hausarbeit wurde in den 70er Jahren von den Männern getan), der geringe Anteil der Frauen in leitenden Positionen, das Defizit an Frauen in hohen politischen Ämtern, die schlechter bezahlte Frauenarbeit.
Die Politiker und Experten der DDR stellen demgegenüber die Bundesrepublik als negatives Beispiel in Sachen Frauenemanzipation heraus sie brandmarkten im internationalen Jahr der Frau, aber auch in den nachfolgenden Jahren die ökonomische, soziale und politische Diskriminierung, die soziale Ungleichheit, die Ausbeutung der Mädchen und Frauen in allen kapitalistischen Staaten.[6]
Bereits 1963 nahmen die politisch Verantwortlichen der DDR für sich in Anspruch, die „volle politische und wirtschaftliche Gleichberechtigung" verwirklicht zu haben. Am 1.8.1963 erklärte der Staatsratsvorsitzende Ulbricht:

„Selbst wenn unsere Republik nichts weiter geleistet hätte als diese reale Emanzipation der Frau, dann würde das bereits ausreichen, um ihre politisch-soziale Überlegenheit gegenüber Westdeutschland zu begründen".[7]

In diesen Aussagen drückt sich die ideologische Überzeugung von der Überlegenheit des sozialistischen Systems aus. Es beruht auf dem marxistisch-leninistischen Axiom, daß Gleichberechtigung nur in einem sozialistischen System zu erreichen sei.
Durch die vergleichenden Analysen des letzten Jahrzehnts zur Situation der Mädchen und Frauen in beiden deutschen Staaten zieht sich wie ein roter Faden die Frage nach Anspruch und Wirklichkeit des in den Verfassungen verankerten Auftrags, Gleichberechtigung von Mann und Frau in allen Bereichen durchzusetzen. Dabei dominieren Problemkomplexe wie Vereinbarkeit von

Familie und Beruf, Wandel von Partnerschaft, Ehe und Familie aus der Sicht von Mädchen und Jungen, Frauen und Männern, geschlechtsspezifische Erziehung in und außerhalb der Familie.[8] Während in den Untersuchungen der ersten Hälfte der 70er Jahre ideologische und rechtliche Fragen einen breiten Raum einnehmen, zeichnet sich danach ein wachsendes Interesse an Befunden empirischer Sozialforschung und im Bereich der Jugend- und Familienforschung gerade auch an geschlechtsspezifischer Empirie ab. Das zeigt sich sowohl in den Studien von Barbara Hille und Walter Jaide als auch in der 1984 erschienenen Untersuchung zu „Jugend und Familie in der DDR" von Gisela Helwig.[9]

Ist von empirischer Sozialisationsforschung die Rede, so trifft das im engeren Sinne auf repräsentative und nicht repräsentative Befragungen sowie Longitudinalstudien durch sozialwissenschaftliche Institute und Wissenschaftler(innen) an Universitäten zu. Daneben stützen sich die Analysen auf die offiziell zugänglichen Zeitschriften und Zeitungen und die nur schwer zugänglichen Dokumente. So basiert die Untersuchung „Jugend und Familie in der DDR" auf 11 Jahrgängen der nur wenigen zugänglichen „Informationen" des 1968 gegründeten Wissenschaftlichen Beirats „Die Frau in der sozialistischen Gesellschaft" bei der Ost-Berliner Akademie der Wissenschaften.[10] In sie werden auch unveröffentlichte Dissertationen aufgenommen. Dokumente dieses Charakters gewährleisten eher eine wirklichkeitsnahe Analyse der Gegebenheiten und Entwicklungstendenzen. Wie schwierig nach wie vor der Zugang zu sozialwissenschaftlichen Daten in der Jugendforschung allgemein und in der geschlechtsspezifischen Forschung im besonderen ist, hat Barbara Hille im Kontext ihrer Untersuchungen zu Jugend-, Frauen- und Familienfragen immer wieder deutlich gemacht.[11]

Dennoch ermöglicht der in den letzten Jahren erweiterte Zugang zu Befunden empirischer Sozialforschung neue Akzentsetzungen in der Fragerichtung der Analysen. Das ist ablesbar an den empirisch belegten Argumenten zur Reproduktion traditioneller Aufgabenteilung zwischen Mann und Frau in der Familie, in dem Nachweis beharrender geschlechtsspezifischer Unterschiede in Einstellungen und Verhaltensmustern bis hin zur Problematisierung des marxistisch-leninistischen Gleichberechtigungsverständnisses. In einem Aufsatz zum aktuellen Forschungsstand über die Jugendlichen in der DDR 1981 schreibt Barbara Hille:

> „Am wenigsten ist bislang der intendierte Abbau geschlechtsspezifischer Differenzen im familiären wie im außerfamiliären Bereich gelungen. Nach wie vor differieren Mädchen und Jungen deutlich in ihren schulischen und außerschulischen Interessen, Einstellungen und Verhaltensweisen, und zwar mit zunehmendem Alter (etwa ab 12 Jahren) um so prägnanter nach dem Geschlecht"[12]

1984 wiederholt sie diese Aussage mit geringfügigen Einschränkungen und stellt fest:

„Allenfalls in Ansätzen hat ein Abbau geschlechtsspezifischer Differenzen in beruflichen und gesellschaftlichen Funktionen begonnen, und zwar in erster Linie als Anpassung an männliche Merkmale und Eigenschaften“[13]

Diese Tatbestände werden auch in der DDR nicht ignoriert. Die Ursache wird im traditionellen Rollenverständnis und Erziehungsstil vieler Eltern gesehen. Die offizielle Kritik wendet sich in erster Linie gegen die Familie. Gleichzeitig wird seit einigen Jahren auch in der DDR die Frage aufgeworfen, ob der Prozeß der zunehmenden Angleichung der Frau an den Mann, der sich in Merkmalen wie verstärkter Aktivität, Selbständigkeit und Durchsetzungsfähigkeit der Frauen niederschlage, gesellschaftlich und kulturell wünschenswert sein könne, ob er nicht eher zu einer Verarmung als zu einem Fortschritt führe.[14]
Die in den Analysen beschriebenen Tatbestände bleiben bislang als unaufgeklärte Befunde stehen. Im Rahmen der geltenden Ideologie resultieren sie aus gesellschaftlichen Beharrungstendenzen und Konflikten. Die Überwindung der bestehenden Widersprüche ist eine Aufgabe der Erziehung und der Veränderungen in den gesellschaftlichen Strukturen.
Trägt man der Tatsache Rechnung, daß die in der DDR erhobenen Rollenfixierungen und geschlechtsspezifischen Differenzen in vergleichbarer Weise auch in der Bundesrepublik gegeben sind, so reichen die bisherigen Erklärungsansätze nicht aus. Es bleibt zu fragen, wo die tieferen Ursachen für die geschlechtsspezifischen Differenzen liegen, es bleibt aber auch zu fragen, welche Diskrepanzen gegenwärtig zwischen Veränderungen der Individuen als Mann und Frau und zwischen den gewachsenen, voneinander rigide abgegrenzten Lebensbereichen wie Familie, Schule und Arbeitswelt bestehen.
Vergleicht man die Entwicklungen in der DDR und in der Bundesrepublik so kann allerdings auch nicht außer acht gelassen werden, daß die Maßnahmen zur Durchsetzung der Gleichstellung der Frau in der DDR zeitlich früher einsetzen und konsequenter aufeinander bezogen sind.[15]

2. Zum Rollenwandel der Frau – Befunde der Frauenforschung

Die Gleichstellung von Mann und Frau in allen Lebenslagen hat sowohl in der Verfassung als auch im Familiengesetzbuch der DDR (FGB) den Rang eines Grundprinzips. In der Familie – so heißt es im FGB § 5, Abs. 1 – soll die gleichberechtigte Stellung von Mann und Frau verwirklicht werden. Rechtlich tragen beide Ehegatten ihren Anteil zu Erziehung und Pflege der Kinder und der Führung des Haushalts bei. Die Beziehungen der Ehegatten zueinander sind so zu gestalten, daß die Frau ihre berufliche und gesellschaftliche Tätigkeit mit der Mutterschaft vereinbaren kann (FGB, § 10, Abs. 1). Beide sollen das Recht auf Entfaltung ihrer Fähigkeiten zum eigenen und zum gesellschaftlichen Nutzen voll wahrnehmen können.

Trotz dieser normierenden Rechtsaussagen und einer Vielzahl entlastender Maßnahmen zur Vereinbarkeit von Familie und Beruf sowie einer breiten ideologischen Aufklärungs- und Erziehungsarbeit sind Haushalt und Familie überwiegend Frauensache geblieben und in den Interessen, Einstellungen und Verhaltensweisen von Mädchen und Jungen zeigen sich ausgeprägte geschlechtsspezifische Unterschiede, die weitgehend den in der Bundesrepublik empirisch ermittelten Befunden entsprechen.

In der Jugend- und Familienforschung hat sich das empirische Interesse daher seit den 60er Jahren immer wieder darauf konzentriert, die positiven und negativen Effekte der Familienerziehung zu ermitteln und geeignete Maßnahmen zur Überwindung der unerwünschten Wirkungen, vor allem auch in der Geschlechtererziehung zu entwickeln. Der Negativkatalog unter der Überschrift „Erziehung zu geschlechtspezifischem Verhalten" umfaßt die familiären und schulischen Sozialisationsprozesse, Rollenklischees in Schulbüchern, fehlende männliche Vorbilder in der öffentlichen Erziehung sowie in der Familienerziehung, die traditionelle Berufsorientierung der Frauen, die anhaltende Doppelbelastung der Frauen durch Beruf und Haushalt.[16]

Zur Kritik an der Familienerziehung zählt die ungleiche Beanspruchung von Töchtern und Söhnen bei der Mithilfe im Haushalt. Die empirischen Befunde der 70er und 80er Jahre besagen, daß Aufgaben im Haushalt, die männliche wie weibliche Jugendliche erledigen können, zu drei Vierteln von den Mädchen und einem Viertel von den Jungen erledigt werden. Die Autoren von Studien zu geschlechtsspezifischen Einstellungen und Verhaltensweisen bei Jugendlichen weisen darauf hin, daß solche Praktiken nicht zum Abbau der stärkeren Belastung der Frau durch Familie und Beruf beitragen, zu geringerer Freizeit bei den Mädchen und insgesamt zu nicht erwünschten Geschlechterrollenfixierungen führen.[17] Trotz polytechnischer Erziehung für beide Geschlechter in der Schule nehmen die Jungen in der Familie die technischen und die Mädchen die nicht technischen Arbeiten im Haushalt wahr. Insgesamt nimmt die Mithilfe der Kinder im Haushalt ab.[18]

Das erklärt den insgesamt hohen Stundenanteil der Frauen in bezug auf die Familienarbeit, der sich trotz einiger Entlastungen (Schulküchen, öffentliche Wäschereien) in den letzten 10 Jahren nur wenig vermindert hat. 1965 betrug der Zeitaufwand für die Versorgung eines Vierpersonenhaushalts 47,5 Wochenstunden, von denen die Frauen 37,7 und die Männer 5,5 leisteten; der Rest entfiel auf sonstige Personen. In den 70er Jahren reduzierte sich der zeitliche Aufwand nur geringfügig.[19]

Geschlechtsspezifische Unterschiede zeigen sich nicht nur in unterschiedlichen familienbezogenen Rollenzuweisungen, sondern auch in anderen Bereichen. Kabat vel Job stellte in einer Studie von 1979 fest, daß Mädchen und Jungen sich nach wie vor in ihren schulischen und außerschulischen Interessen unterscheiden. Mädchen haben unverändert musische, soziale und sprachliche Interessen, während Jungen auf den technisch-naturwissenschaftlichen und sportlichen Bereich ausgerichtet sind.[20] Das haben zuvor auch Jaide und Hille in ihrer vergleichenden Jugendstudie festgestellt.[21] In einem Beitrag zu ‚Familie in der DDR als Vermittlerin sozialistischer Werte und Normen?' stellt Barbara Hille 1984 fest:

„Eltern stellen höhere Erwartungen an die Leistungen der Jungen als der Mädchen; realiter erbringen jedoch die Mädchen die besseren Schulleistungen. Mädchen haben weniger Freizeit und sind statt dessen stärker im elterlichen Haushalt beansprucht. Auch in den Berufswünschen von Mädchen und Jungen zeigen sich typische Unterschiede – trotz einer dreißigjährigen egalisierenden Beeinflussung und Sanktionierung".[22]

Es trifft zwar zu, daß auch in der DDR die typischen Frauenberufe von den Mädchen bevorzugt werden, aber die konsequente Berufslenkung hat entscheidend dazu beigetragen, daß der Anteil der Lehrlinge im technisch-industriellen Bereich erheblich gestiegen ist (50% weibliche Elektronikfacharbeiter, 80% weibliche Facharbeiter für Datenverarbeitung). Der Anteil der weiblichen Fachschüler hat sich in den letzten 10 Jahren verdoppelt (35,4 auf 70%). Dabei handelt es sich überwiegend um Berufe außerhalb der materiellen Produktion, zumal der Anteil der Frauen im Gesundheitswesen und in den pädagogischen Berufen auf mittlerer Ebene bei über 90% liegt.

Bei den Hochschulen erfolgte seit 1972 eine verstärkte Aufnahme in die naturwissenschaftlich-technischen Studiengänge und ein Abbau bei Studiengängen, die traditionell stärker von Frauen nachgefragt werden wie Musik, bildende Kunst, Sprachen, Medizin. Der Anteil der weiblichen Studierenden in den technischen Wissenschaften beträgt ca. 30%, in der Mathematik und den Naturwissenschaften über 40%. In den traditionellen geisteswissenschaftlichen und gesellschaftswissenschaftlichen Disziplinen studieren 70% Frauen, in der Medizin 60%.[23]

Nach wie vor wird der Anteil der Frauen an den Facharbeiterinnen in technischen Berufen wie auch der Anteil der Frauen in leitenden Positionen als zu gering beurteilt. Dieser Tatbestand geht aber nicht einseitig auf mangelndes Interesse auf seiten der Frauen zurück, sondern ist ebenso in der Kaderpolitik der Betriebsleiter begründet.[24] Somit trifft zu, daß die Frauen vorwiegend außerhalb der materiellen Produktion in Verwaltungs- und Dienstleistungsberufen beschäftigt sind.

Allerdings zeigen alle Untersuchungen zur Lebensplanung der Frauen seit den 60er Jahren, daß Berufstätigkeit eine Selbstverständlichkeit darstellt und nicht in Konkurrenz zur Familie steht. Die große Mehrheit der Befragten will Familie, plant jedoch eine kürzere Erwerbsunterbrechung nach der Geburt eines Kindes ein. Auffallend ist, daß weit mehr Männer eine familiär begründete Erwerbsunterbrechung der Frau einplanen als die Frauen selbst (35%:8%).[25]

Je konkreter die familiären Beanspruchungen erfahren werden, desto rückläufiger sind die Einschätzungen in bezug auf Weiterbildung und volle Nachqualifizierung der Frauen. Dies trifft auch zu für das gesellschaftliche Engagement der Frauen, das angesichts der Verpflichtungen in Beruf und Familie kaum praktikabel ist.

Vergleichen wir die Befunde der sozialisations- und frauenbezogenen Forschung aus der Bundesrepublik mit denen der DDR so überwiegen die Übereinstimmungen. Abweichungen zeigen sich in erster Linie in der beruflichen Bildung und der quantitativen Beteiligung am Erwerbsleben. In beiden Bereichen weist die DDR einen höheren Anteil an betrieblich ausgebildeten weiblichen Lehrlingen, an weiblichen Beschäftigten und eine geringere Konzentration auf traditionelle Frauenberufe aus. Trotz dieser Abweichungen ist nicht zu übersehen, daß auf dem Gebiet der Gleichberechtigung in der Bundesrepublik eine Entwicklung nachgeholt wurde, durch die die Situation der Frauen entscheidend verbessert wurde. In rund einem Jahrzehnt sind sowohl subjektiv (auf seiten der Frauen) als auch objektiv (Recht, Bildung und Weiterbildung, Arbeitsmarkt, Gesundheit und Soziales) grundlegende Umorientierungen erfolgt.
Aus den Untersuchungen der letzten 5 Jahre geht hervor, daß Mädchen und junge Frauen beides anstreben und wollen: Beruf und Familie. Die ökonomische und soziale Absicherung über den Beruf ist in der Lebensplanung der Frauen selbstverständlich geworden.[26] Die heute jungen Frauen kommen aus Herkunftsfamilien mit 1–2 Kindern, haben eine gehobene Allgemeinbildung und anders als ihre Mütter eine qualifiziertere Berufsausbildung.
Beruf und Familie bilden keine Alternativen. Die Familie hat im Erleben und in der Lebensplanung einen hohen Stellenwert. Die Mehrheit der jungen Frauen möchte mehr als ein Kind. Die Ehe-Institution hingegen hat an Bedeutung verloren. Sie wird verstärkt eingegangen in Verbindung mit einem Kind. Insgesamt haben die Eheschließungen abgenommen, die Ehescheidungen stark zugenommen und die Zahl der jährlichen Geburten hat sich seit 1965 halbiert; rund 80% der Paare leben vor der Eheschließung kürzere oder längere Zeit mit ihrem Partner in einem gemeinsamen Haushalt.[27]
Auch für die Bundesrepublik trifft zu, daß sich der Rollenwandel stärker bei den Frauen als bei den Männern vollzogen hat. Frauen erwarten partnerschaftliches Zusammenleben und partnerschaftliche Arbeitsteilung in Familie und Beruf, während die Männer eine traditionelle Aufgabenstellung bevorzugen und praktizieren. Männer haben ihre Mithilfe im Haushalt in den letzten 10 Jahren nur geringfügig erweitert, zugenommen haben das Interesse und die Beteiligung an der Kindererziehung – letzteres gilt vor allem für die junge Männergeneration in gehobenen Berufspositionen. Männer plädieren im Unterschied zu Frauen auch in der Bundesrepublik für eine längere Erwerbsunter-

brechung zur Wahrnehmung familiärer Aufgaben. Die meisten Mädchen und jungen Frauen wünschen ebenfalls eine Erwerbsunterbrechung nach der Geburt eines Kindes von 1-3 Jahren, aber je qualifizierter die Berufsausbildung, desto kürzer ist die gewünschte Erwerbsunterbrechung.[28] Immer nachdrücklicher wird von den Frauen eine familienbezogene Erwerbsunterbrechung für Männer und Frauen ohne berufliche Nachteile gefordert (Rückkehrsicherung in den Beruf, Fortbildung, Fortführung der Rentenbiographie). Daher sind - anders als in der DDR - Mütter und Väter Adressaten des ab 1986 geplanten einjährigen Erziehungsgeldes zur Pflege und Erziehung des Kindes im ersten Lebensjahr (1986: 10 Monate; 1988: 12 Monate).

Anders als in der DDR sind Mädchen und Frauen in der Bundesrepublik von strukturell bedingter Arbeitslosigkeit betroffen, die angesichts des verstärkten Einsatzes der neuen Technologien in traditionellen Frauenberufen in den nächsten Jahren noch zunehmen wird. Experten prognositizieren ca. 2,5 Mill. entfallende Frauenarbeitsplätze.[29] Zwei Drittel der Jugendlichen ohne Ausbildungsplatz sind Mädchen. Gerade in der Altersgruppe der 20–29jährigen hat sich die Arbeitslosigkeit seit 1980 nahezu verdreifacht.[30]

Die Arbeitsmarktkrise verstärkt die Tendenz zur Ausgrenzung der Frauen; diese trifft im Rahmen der Kampagne gegen Doppelverdiener vor allem die verheirateten Frauen mit einem erwerbstätigen Ehemann.

Trotz dieser massiven Probleme im Ausbildungsbereich und auf dem Arbeitsmarkt hält die Berufsorientierung und die Nachfrage nach Frauenarbeitsplätzen in der Bundesrepublik an. Die Zahlen der EG-Arbeitsmarktanalyse von 1984 gibt keinen Hinweis auf einen Rückgang bei den weiblichen Beschäftigten, statt dessen eine geringfügige Zunahme. Frauen mit Kindern wünschen mehr Teilzeitarbeitsplätze; sie sind aufgrund des Arbeitsplatzangebots gezwungen, Vollzeitarbeitsplätze oder Arbeitsplätze ohne Sozialversicherung unterhalb der 400,- DM Grenze anzunehmen.

In der Bundesrepublik konzentrieren sich Mädchen und Frauen immer noch in den traditionellen Frauenberufen. Ihr Anteil an den gewerblich-technischen Berufen ist - gestützt durch bundesweite Modellversuche - leicht gestiegen, liegt aber noch immer unter 10%.[31] Der Anteil der Studierenden in den naturwissenschaftlichen und technischen Disziplinen liegt deutlich unter den in der DDR erreichten Quoten.

Trotz der rechtlich verankerten und öffentlich propagierten Gleichberechtigung bestehen versteckte und offene Diskriminierungen von Frauen in Schule und Berufsausbildung, beim Zugang zur Arbeitswelt, beim beruflichen Aufstieg, bei Fortbildung und Umschulung fort. Die für die DDR ermittelten Befunde geschlechtsspezifischer Sozialisation treffen ebenso auf Sozialisationsprozesse in der Bundesrepublik zu. Einen Gesamtüberblick dazu findet sich im 6. Jugendbericht der Bundesregierung.[32]

Mädchen verfügen über geringere Handlungs- und Erfahrungsspielräume, sie werden stärker gegängelt und kontrolliert. Von ihnen wird nach wie vor Fleiß, Ausdauer, Disziplin und Wohlverhalten erwartet. Elternhaus und Schule geben traditionelle Vorstellungen von mädchen- und jungenspezifischen Interessen, Einstellungen und Verhaltensweisen weiter. So werden die Mädchen auch in der Bundesrepublik stärker zur häuslichen Mithilfe herangezogen als Jungen. Jungen stellen ihre Lebensplanung nach wie vor nicht auf Familie ein; die verantwortliche Zuständigkeit für die Familie liegt bei den Frauen.[33]

Die in der Bundesrepublik gesetzlich geregelte Koedukation hat positive Effekte in bezug auf den Umgang zwischen Mädchen und Jungen erbracht, das Interesse der Mädchen an Technik, Mathematik oder Naturwissenschaft aber nicht erhöht.[34]

Auch für die jungen Frauen in der Bundesrepublik gilt, daß sie selbstbewußter, kompetenter, aktiver und durchsetzungsfähiger geworden sind.[35] Offen ist, ob in diesen Merkmalausprägungen eine bloße Anpassung an männliche Verhaltensmuster erfolgt ist. Um eine solche These zu belegen, müßte genauer geprüft werden, in welchem Maße die Aktionsziele und die Aktivitätsverläufe zwischen Männern und Frauen gleich und unterschiedlich sind. Außerdem wäre genauer zu untersuchen, ob die Zunahme an Wissen und Ausdrucksfähigkeit der Frauen nicht auf andere Lebensbereiche bezogen ist als bei den Männern. Es ist wahrscheinlich, daß zu einem Teil ein Zuwachs an traditionell männlichen Kompetenzen erfolgt ist, der Einsatz dieser Kompetenzen scheint jedoch in bestimmten Bereichen zwischen beiden Geschlechtern zu differieren. Das zeigt sich beispielsweise im Umgang der Mädchen und Jungen mit den neuen Technologien. Jungen tendieren zu einem eher analytischen Zugang zu den Computern, Mädchen zu einem gebrauchswertorientierten Zugang.[36] Diese Unterschiede resultieren in einem hohen Maße aus den verschiedenartigen Sozialisations- und Alltagserfahrungen beider Geschlechter. Für die Ausprägung geschlechtsspezifischer Merkmale sind die Lernprozesse in Kindheit und Jugend von ausschlaggebender Bedeutung.

In der Bundesrepublik sind diese geschlechtsspezifischen Befunde seit den 70er Jahren von unterschiedlichen theoretischen Ansätzen her gedeutet worden.

Vorauszuschicken ist, daß die geschlechtsspezifische Sozialisationsforschung bis zur Mitte der 70er Jahre weitgehend vernachlässigt worden ist. Unter den umfangreichen Arbeiten des Deutschen Bildungsrats hatten geschlechtsspezifische Fragen nur marginalen Charakter, Bildungschancen und Bildungsverläufe der Mädchen wurden nicht systematisch verfolgt.[37] Ein verstärkter Druck ist von der Frauenbewegung ihren Analysen und politischen Forderungen ausgegangen.

In der Folgezeit wurde sowohl in der amtlichen Statistik als auch in der sozialwissenschaftlichen Forschung die Differenzierung nach dem Geschlecht verstärkt beachtet. Aufgenommen wurden geschlechtsspezifische Fragen in die

entwicklungs- und lernpsychologisch orientierte Sozialisationsforschung unter Berücksichtigung psychoanalytischer, rollentheoretischer und ökologischer Erklärungsansätze.
Die Aussagen der geschlechtsspezifischen lerntheoretischen Sozialisationsforschung gehen dahin, die geschlechtsspezifischen Merkmalausprägungen als erlernt auszuweisen, und zwar über Rollen-, Modell- und Identifikationslernen.[38]
Nach wie vor kontrovers verläuft die Auseinandersetzung um biologisch konstitutionell bedingte geschlechtsspezifische Ausprägungen. Doch läßt sich nachweisen, daß der Hauptanteil geschlechtsspezifischer Einstellungen und Verhaltensweisen erlernt ist.
Neben den stärker psychologisch ausgerichteten Erklärungsansätzen sind die soziologisch orientierten Theorien geschlechtsspezifischen Verhaltens und geschlechtsspezifischer Benachteiligung anzuführen. Diese Erklärungsansätze setzen im wesentlichen bei den gesellschaftlichen Strukturen mit ihren Organisationsformen, den impliziten und expliziten Normen, den unterschiedlichen Bewertungen der verschiedenen Lebensbereiche und den damit einhergehenden geschlechtsspezifischen Rollenzuweisungen und Rollenfixierungen an. Entscheidendes Merkmal ist die historisch bedingte und gegenwärtig reproduzierte Spezialisierung und Trennung der Lebensbereiche, die einer gleichberechtigten Teilhabe der Frauen an allen Lebensbereichen und damit einer umfassenden Persönlichkeitsentfaltung entgegenstehen.
Von der feministischen Frauenforschung ist diese Theorie der getrennten und unterschiedlich bewerteten Lebensbereiche mit ihren Rollenzuweisungen als Erklärungsansatz verstärkt in die Auseinandersetzung eingebracht worden. Sie wurde darüber hinaus um eine wesentliche theoretische und gesellschaftspolitische Dimension erweitert, nämlich durch die These vom Patriarchat als Hauptursache der Unterdrückung und Benachteiligung.[39]
Auch in der Bundesrepublik hat der marxistisch-leninistische Erklärungsansatz eine breite Rezeption gefunden, aber gerade vom Standtpunkt feministischer Sozialisations- und Frauenforschung wurde dieser Erklärungsansatz als ein klassenbezogener als zu eng kritisiert, weil er den Gegensatz der Geschlechter, den Geschlechterkampf und die Frage des Patriarchats aus der Ursachenanalyse ausklammere und dem spezifisch weiblichen Lebenszusammenhang und der Andersartigkeit des Weiblichen nicht Rechnung trage. In bezug auf die These vom genuin Weiblichen besteht jedoch unter den feministischen Frauenforscherinnen erheblicher Dissens.[40]
Die theoretische Diskussion der letzten Jahre hat gezeigt, daß zur Erklärung der geschlechtsspezifischen Unterschiede ein mehrdimensionaler interdisziplinärer Deutungsansatz erforderlich ist. Dieser hat sowohl auf der individuellen wie auf der gesellschaftlich-strukturellen Ebene anzusetzen. Deutlich geworden ist jedoch auch, daß im Rahmen der Verhaltensforschung den anthropolo-

gischen Aspekten ein stärkeres Gewicht einzuräumen ist. Daher ist in diesem Zusammenhang intensiver der Frage nachzugehen, unter welchen Bedingungen, individuell und gesellschaftlich, Einstellungs- und Verhaltensänderungen für den Menschen als Mann und Frau möglich sind.

3. Frauenleitbilder in der Bundesrepublik und in der DDR

Das Interesse an der Erforschung der Ursachen geschlechtsspezifischer Einstellungen und Verhaltensweisen zielt nicht in erster Linie auf Angleichung der Geschlechterrollen, sondern auf Abbau einschränkender Umweltbedingungen und Ausweitung persönlicher Entfaltungsmöglichkeiten beider Geschlechter. Je mehr beim einzelnen und in der Gesellschaft ein Bewußtsein für die Frauenfrage lebendig wird, desto mehr gewinnt die Männerfrage und damit die Emanzipation beider Geschlechter an Bedeutung. Der Abbau geschlechtsspezifischer Einengungen betrifft den Mann mit seinen Rollenfixierungen im privaten, beruflichen und öffentliche Bereich, seine Berufs- und Karrierezwänge, seine fehlende oder geringe Beteiligung an familienbezogenen Lebenszusammenhängen.
Trotz dieser notwendigen - auch in der Bundesrepublik prinzipiell erkannten - Einheit der Frauen- und Männeremanzipation soll im abschließenden Teil primär auf grundlegende Unterschiede und Übereinstimmungen der emanzipatorischen Frauenleitbilder in beiden deutschen Staaten eingegangen werden.
Bei aller Annäherung im Gleichberechtigungs- und Emanzipationsverständnis bestehen grundlegende ideologische Unterschiede zwischen dem emanzipatorischen Frauenleitbild in der DDR und in der Bundesrepublik.
Gleichberechtigung und Emanzipation sind in der DDR unumgänglich an die faktische Teilhabe der Frau an der materiellen Produktion gebunden. Sie bildet die Grundlage für die ökonomische Unabhängigkeit, die soziale Sicherung und eine umfassende Persönlichkeitsentwicklung durch gesellschaftliche Arbeit.
Familie ist ein integrativer Teil dieser umfassenden gesellschaftlichen Arbeit, der aber die Tätigkeit in der materiellen Produktion voraussetzt, weil dort jene Werte und Normen erfahren werden, die es in der Familie weiterzugeben gilt. Die Familie steht in einem funktionalen Verhältnis zu den außerfamiliären Bereichen. Sie stellt keinen gesellschaftlich abgegrenzten Eigenbereich dar. Ohne die Arbeit in der materiellen Produktion sind die Bürger und Bürgerinnen in der DDR nicht imstande, die gesellschaftlich notwendigen und für den einzelnen erwünschten Werte und Normen, Einstellungen und Verhaltensweisen zu vermitteln.
Die Tatsache, daß nach wie vor in der Familie traditionelle Rollendifferenzierungen und Arbeitsteilung gegeben sind, ist ideologisch nicht gewollt. Insofern

stehen die positiven Diskriminierungen die Sonderregelungen für Frauen mit besonderen Lebensbedingungen, (kürzere Arbeitszeiten, Freistellungen nach der Geburt eines Kindes, Freistellung im Krankheitsfall eines Kindes) im Widerspruch zur Ideologie.

Gleichberechtigung ist in der DDR ohne durchgängige Beteiligung am Erwerbsleben nicht vorstellbar. Konstitutiv ist ferner die Interdependenz zwischen Arbeitserfahrung in der materiellen Produktion und Qualität der Erziehung; ohne diese Erfahrung muß die Familienerziehung entscheidende Mängel aufweisen. Ebenso konstitutiv ist die Einheit der gesellschaftlichen Arbeit und damit der Ausschluß von privaten und öffentlichen Lebensbereichen sowie disfunktionaler Bezüge zwischen den Teileinheiten. Diese können auftreten, sind aber als gesellschaftliche Konflikte zu identifizieren und zu überwinden. Damit ist ein Gleichberechtigungskonzept vorgegeben, das für Frauen und Männer identische Lebensplanungen und Lebensabläufe in bezug auf die Verknüpfung der Lebensbereiche vorgibt. Abweichungen von dieser Norm können nur bei außergewöhnlichen Lebensbedingungen zugelassen werden. Die anhaltende Doppel- und Dreifachbelastung der Frauen ist ebenso ideologisch wie politisch nicht erwünscht und konsequent abzubauen. Positiv zeichnet sich ideologisch und politisch die Teilhabe der Frauen an den verschiedenen Lebensbereichen ab und die Überwindung des strukturellen Nebeneinander von Familie, Bildungswesen, Arbeitswelt und Öffentlichkeit. Negativ ist die Überbewertung der materiellen Produktion und die mangelnde Differenzierung der Lebensbereiche und der in ihnen geleisteten Arbeit zu bewerten. Es ist abzuwarten, wie sich die Arbeitsdiskussion in der DDR unter dem Druck zunehmender Rationalisierung entwickelt und in welcher Weise das marxistisch-leninistische Arbeitsverständnis ausgeweitet wird. Eng verbunden mit dieser Frage ist die ökonomische und soziale Sicherung jener, die keinen Zugang zur materiellen Produktion bzw. zur Erwerbsarbeit haben.

In der Bundesrepublik stellt sich die Gleichberechtigungs- und Emanzipationsfrage als ein äußerst komplexes Problem dar, zumal die Prämissen emanzipatorischer Frauenleitbilder voneinander abweichen. Gleichberechtigung und Emanzipation sind nicht zwingend an Erwerbsarbeit gebunden. Doch an diesem Punkt scheiden sich zugleich die Geister. Formalrechtlich sind Erwerbsarbeit und Famlienarbeit gleichwertig, aber faktisch ist diese Gleichwertigkeit nicht gegeben, sonst könnten die ökonomischen und sozialen Benachteiligungen nicht gegeben sein. Beispiele dafür sind der abgeleitete Rentenanspruch der Frau oder die Nichtanerkennung der Erziehungstätigkeit im Rentenrecht. Die jüngsten Änderungen in diesem Bereich sind Ausdruck der vorher gegebenen Ungleichwertigkeit.

Realiter sind in der Bundesrepublik unterschiedliche Gleichberechtigungskonzeptionen zu identifizieren, denen jeweils andere frauenpolitische Programme und teilweise auch eine entsprechende praktisch politische Umsetzung zuzuordnen sind. Es ist zu unterscheiden zwischen:

1. dem Konzept der konsequenten beruflichen Integration für Frauen, die die Vereinbarkeit von Familie und Beruf anstreben;
2. dem Konzept der „Wahlfreiheit", wonach Gleichberechtigung sowohl für die erwerbstätige wie die Familienhausfrau durchgesetzt werden soll. Dieses Konzept geht davon aus, daß es jeder Frau möglich sein muß, sich sowohl für Beruf und Familie als auch für die Unterbrechung oder Aufgabe der Erwerbstätigkeit zugunsten der Familientätigkeit entscheiden zu können;
3. dem Konzept einer Loslösung der Gleichberechtigung, insbesondere der ökonomischen und sozialen Sicherung von der aktiven Teilhabe an der Erwerbsarbeit und der ökonomischen Grundsicherung für Frauen und Männer. Diese Konzeption schließt die Möglichkeit der bezahlten Haus- und Familienarbeit ein.

Diese frauenpolitischen Konzepte sind nicht losgelöst von der Rechtstellung der Familie in der Bundesrepublik als vorstaatlicher privater Einheit zu sehen. Als solche setzt sie der staatlichen Intervention und Kontrolle enge Grenzen. Der Staat kann der Familie keine bestimmten Leitbilder und Verhaltensregulative vorgeben. Das im Ehe- und Familienrecht verankerte partnerschaftliche Leitbild beinhaltet die unbedingte Gleichstellung von Mann und Frau sowie ihr Recht, Aufgabenteilung in und außerhalb der Familie partnerschaftlich zu vereinbaren. Die Familie stellt einen Eigenbereich dar, der verglichen mit der Arbeitswelt unterschiedliche wie auch gleichartige Aufgaben und Beziehungen aufweist. Das je Besondere der verschiedenen Lebens- und Sozialisationsumwelten ist ideologisch gewollt und entspricht der Grundauffassung pluraler Wert- und Normenorientierungen. Die Arbeitswelt mit ihren Anforderungen und Erfahrungen hat Auswirkungen auf familiäres Zusammenleben und Erziehungsstile, aber die Erwerbstätigkeit von Mann und Frau garantieren keineswegs eine geschlechtsneutrale Erziehung in der Familie.

In der Bundesrepublik besteht keine Verpflichtung zur Erwerbsarbeit. Doch unabhängig davon drängen immer mehr Frauen auf eine durchgängigere Vereinbarkeit von Familie und Beruf. Wie schon angesprochen fordern sie ebenso eine Ausweitung und Absicherung familienbezogener Erwerbsunterbrechung und eine Aufwertung der in der Familie geleisteten Arbeit durch einen erweiterten Familienlastenausgleich wie Verbesserungen im Rentenrecht. Zunehmend stärker setzt sich die Erwartung durch, daß bezahlte und unbezahlte Arbeit zwischen Männern und Frauen im Lebenszyklus gerechter zu verteilen sind. Konstitutiver Bestandteil dieses emanzipatorischen Leitbildes ist die Überwindung ausgrenzender Erfahrungen. Dabei kommt den schulischen und beruflichen Sozialisationsprozessen ein zentraler Stellenwert zu, aber dieser ist den Erfahrungen in Familie und Öffentlichkeit nicht übergeordnet. Emanzipation beinhaltet nicht Aufgabe des traditionellen weiblichen Lebenszusammenhangs, sondern Erweiterung von Lern- und Handlungsbezügen sowie Abbau patriarchalischer Strukturen und Lebensformen.

Verglichen mit der DDR wies die Bundesrepublik zu Beginn der 70er Jahre einen erheblichen Nachholbedarf in der Gleichberechtigung der Frauen auf. Früher und konsequenter wurde in der DDR die schulische und berufliche Qualifizierung der Frauen, ihre Gleichstellung im Recht wie auch die Vereinbarkeit von Familie und Beruf politisch verfolgt und in Teilen durchgesetzt.

Emanzipation und Gleichberechtigung haben jedoch nur eine Chance, wenn zugleich individuelle und gesellschaftliche Veränderungen eingeleitet und kontinuierlich verfolgt werden. Dabei dürfen die Belange der Individuen, ihre Bedürfnisse, ihre unterschiedliche Lebenslage, ihre Voraussetzungen, sich verändern zu können, nicht außer acht gelassen werden.

Eine Gesellschaft und eine Frauenpolitik ist daran zu messen, welche Handlungs- und Entscheidungskompetenzen sie den Individuen zubilligt und welche Unterstützungen Frauen und Männer erhalten, sich so zu verändern, wie es die Individuen anstreben und miteinander aushandeln. Bis zu diesem Ziel scheint der Weg in beiden deutschen Staaten bei unterschiedlichen Grundpositionen noch weit zu sein.

Anmerkungen

1 Vgl. dazu die Übersichtsarbeiten von G. Helwig 1982 und 1984: Helwig, G.: Frau und Familie in beiden deutschen Staaten, Köln 1982; Helwig, G., Jugend und Familie in der DDR. Leitbild und Alltag im Widerspruch, Köln 1984; zu berücksichtigen ist die Untersuchung von 1974: Helwig, G.: Zwischen Familie und Beruf. Die Stellung der Frau in beiden deutschen Staaaten, Köln 1974.

2 Helwig, G., Frau '75. Bundesrepublik Deutschland - DDR, Köln 1975.

3 Helwig, G., Frau '75 (Anm. 1), 8.

4 Frauen in Familie, Beruf und Gesellschaft, Statistisches Bundesamt Ausgabe 1983, Stuttgart 1983; Frauen in der Bundesrepublik, hrsg. v. Bundesminister für Jugend, Familie und Gesundheit, Bonn 1984; Frauen und Arbeitsmarkt. Ausgewählte Aspekte der Frauenerwerbstätigkeit. Institut für Arbeitsmarkt- und Berufsforschung der Bundesanstalt für Arbeit, Heft 4, Nürnberg 1984.

5 Helwig, G., Frau '75 (Anm. 1), 11.

6 Schmidt, H. H., Die berufstätige Mutter. Ursachen und Lösung eines Dilemmas, Berlin (Ost) 1981; Einheit. Zeitschrift für Theorie und Praxis des wissenschaftlichen Sozialismus, Nr. 1.1975.

7 Erklärung des Vorsitzenden vor der Volkskammer. Neues Deutschland 1. 8. 1963. (Vgl. dazu Helwig, G., Zwischen Familie und Beruf. Die Stellung der Frau in beiden deutschen Staaten, Köln 1974, 7.

8 Jaide, W./B. Hille (Hrsg.): Jugend im doppelten Deutschland, Opladen 1977; Helwig, G., Jugend und Familie in der DDR (Anm. 1).

9 Vgl. Anm. 8.; ferner Hille, B./B. Roeder (Hrsg.): Beiträge zur Jugendforschung. Sozialpsychologische Befunde zum Jugendalter in beiden deutschen Staaten. Opladen 1979; Hille, B., Familie und Sozialisation in der DDR, Opladen 1985.

[10] Vgl. Vorwort von G. Helwig. In Jugend und Familie in der DDR (Anm. 1).

[11] Vgl. Hinweise in Anm. 9.

[12] Hille, B., Zum aktuellen Forschungsstand über die Jugendlichen in der DDR, in: Deutsche Studien, H. 76, 19/1981, 332-346, (343).

[13] Hille, B., Familie in der DDR als Vermittlerin sozialistischer Werte und Normen (Anm. 22), 100.

[14] Kabat vel Job, O.; Geschlechtsspezifische Einstellungen und Verhaltensweisen bei Jugendlichen, Berlin (Ost) 1979; Kabat vel Job, O./A. Pinther/M. Reißig: Jugend und Familie, Berlin (Ost) 1981, 36.

[15] Schubert, F., Die Frau in der DDR. Ideologie und konzeptionelle Ausgestaltung ihrer Stellung in Beruf und Familie, Opladen 1980, 1.

[16] Helwig, G., Jugend und Familie in der DDR. (Anm. 1), 41-57; Grandke, A., Familienförderung als gesellschaftliche und staatliche Aufgabe, Berlin (Ost) 1981; H. Kuhrig, H. Liebe und Ehe im Sozialismus, in: Einheit 7/8, 1982, 800-808.

[17] Kabat vel Job, O.: Geschlechtsspezifische Einstellungen und Verhaltensweisen bei Jugendlichen (Anm. 14); Kabat vel Job, O./A. Pinther/M. Reißig: Jugend und Familie in der DDR (Anm. 14), 65/66.

[18] Hauser, K./R. Hauser: Die Erziehung der Kinder zu pflicht- und verantwortungsbewußtem Verhalten in der Hauswirtschaft, in: Informationen 6/1980, 58-76.

[19] Helwig, G., Jugend und Familie in der DDR (Anm. 1), 46.

[20] Kabat vel Job, O.: Geschlechtsspezifische Einstellungen und Verhaltensweisen bei Jugendlichen (Anm. 14), 27.

[21] Jaide, W./B. Hille (Hrsg.): Jugend im doppelten Deutschland, Opladen 1977.

[22] Hille, B.: Familie in der DDR als Vermittlerin sozialistischer Werte und Normen? In: Lebensbedingungen in der DDR. 17. Tagung zum Stand der DDR-Forschung in der Bundesrepublik Deutschland 12-15. Juni 1984, Köln 1984, 95-105.

[23] Helwig, G.: Jugend und Familie in der DDR (Anm. 1), vgl. Dokument im Anhang und das Zahlenmaterial, 52ff.

[24] Schubert, F., Die Frau in der DDR (Anm. 15), 149.

[25] Helwig, G.: Jugend und Familie in der DDR (Anm. 1), 56.

[26] Brigitte/Deutsches Jugendinstitut: Mädchen '82. Eine repräsentative Untersuchung über die Lebenssituation und das Lebensgefühl 15-19jähriger Mädchen in der Bundesrepublik. Hamburg 1982, Burger, A./G. Seidenspinner: Ein vergessenes Thema: Die Mädchen und die Jugenddebatte, in: Die neue Jugenddebatte, hrsg. v. Deutschen Jugendinstitut, München 1982, 141-159.

[27] Schwarz, K.: Bericht 1982 über die demographische Lage in der Bundesrepublik Deutschland. In: Z. für Bevölkerungswissenschaft Bd. 170, Heft 2/1982, 155-221: Nichteheliche Lebensgemeinschaften in der Bundesrepublik Deutschland. Schriftenreihe des Bundesministers für Jugend, Familie und Gesundheit, Bd. 170, Stuttgart 1985.

[28] Pross, H.: Die Männer. Reinbek 1978; Infas (Institut für angewandte Sozialwissenschaften) Veränderungen in der Aufgabenteilung und Partnerschaft. Ergebnisse der Infas-Studien von 1975 und 1983 im Vergleich. Bonn/Bad Godesberg 1984; Erler, G./M. Jaeckel/Sass, J., Mütter zwischen Familie und Beruf. München 1983.; Allerbeck, K./W. Hoag: Jugend ohne Zukunft? Einstellungen, Umwelt, Lebensperspektiven, München 1985, 111-129.

[29] Krebsbach-Gnath, C. u. a.: Frauenbeschäftigung und neue Technologie München 1983.

[30] Arbeitsmarkt- und Strukturdaten 1980 1984. Institut für Arbeitsmarkt und Berufsforschung der Bundesanstalt für Arbeit, Nürnberg 1985.; Jahoda, M., Wieviel Arbeit braucht der Mensch? Arbeit, Arbeitslosigkeit im 20. Jahrhundert, Weinheim 1983.

[31] Berufsbildungsbericht 1984. Bundesminister für Bildung und Wissenschaft, Bonn 1984.

[32] Sechster Bericht der Bundesregierung, Bonn 1984.

[33] Berufsbildungsbericht 1984 (Anm. 31).

[34] Knab, D.: Mädchenbildung, in: Handbuch der pädagogischen Grundbegriffe, hrsg. v. J. Speck, /G. Wehle, Bd. 2, 1970, 57–92.; Pross, H., über die Bildungschancen von Mädchen in der Bundesrepublik, Frankfurt 1969.

[35] Noelle-Neumann, E.: Eine Generation später. Bundesrepublik Deutschland 1953–1979. Institut für Demoskopie Allensbach, Allensbach 1981.

[36] Faulstich-Wieland, H.: Computer auch für Mädchen?, in: Bildschirm Jahresheft III, Velbert 1985, 148–151.

[37] Vgl. Hinweise in Anm. 34.

[38] Bamberg, E./G. Mohr: Frauen als Forschungsthema: Ein blinder Fleck in der Psychologie, in: Mohr, G./M. Rümmelt/D. Rückert: Frauen. Psychologische Beiträge zur Arbeits- und Lebenssituation, München 1982, 1–19; in demselben Band: Schmerl, C.: Einige Gedanken zur Sozialisation von Frauen, 20–37.

[39] Bornemann, E.: Das Patriarchat, Frankfurt 1975; Schenk, H.: Die feministische Herausforderung. 150 Jahre Frauenbewegung in Deutschland, Frankfurt 1977.

[40] Schenk, H.: Die Problematik der Akzentuierung des „Weiblichen“ am Beispiel der Idee der „Mütterlichkeit“ in der ersten Frauenbewegung in: Soziologische Analysen. Referate beim 19. Deutschen Soziologentag. Dokumentation der Technischen Universität Berlin, Berlin 1979.

IV. Frauen forschen

1. Frauenforschung für Frauen? (1983)

1. Frauenforschung unter Legitimationsdruck – zur Gründung des Instituts „Frau und Gesellschaft"

In dem Maße wie sich die gesellschaftlichen Verhältnisse erneut gegen die Frauen wenden, gerät auch die Frauenforschung unter verstärkten Außendruck. Sie ist direkt und indirekt herausgefordert, Notwendigkeit und Inhalte der Forschung zu begründen sowie zur politischen Verwertung und Umsetzung der Erkenntnisse Stellung zu nehmen. Gleichzeitig nimmt die finanzielle Förderung ab. Für die knapper gewordenen Forschungsmittel werden bei den meisten Forschungsförderern andere Prioritäten gesetzt.
Als Ende 1981 das CDU-regierte Bundesland Niedersachsen ein Forschungsinstitut „Frau und Gesellschaft" gründete, das Benachteiligungen der Frau in Familie, Beruf und Öffentlichkeit aufweisen und Wege zur Verwirklichung der Gleichberechtigung zwischen Mann und Frau aufzeigen soll, fand diese Einrichtung unter Frauen keineswegs ungeteilte Zustimmung. Die Vorbehalte lagen auf mehreren Ebenen. Staatlich geförderte, institutionalisierte Frauenforschung steht im Verdacht, staatlich und von den jeweils regierenden Parteien gelenkte und kontrollierte Forschung zu sein. Es wird unterstellt, die Gründung in einem CDU-regierten Land beinhaltet von vornherein, daß die so finanzierte Forschung dem Erhalt der traditionellen Frauenrolle diene.
Andere Vorbehalte und Einwände kamen hinzu und erschienen nicht weniger gewichtig. Die Aussage der Gründungskommission, es solle ein Spezifikum dieses Instituts sein, daß Frauenforschung nicht losgelöst von Männerforschung betrieben werde, löste heftige Kritik aus.[1] Heide Göttner-Abendroth und Lising Pagenstecher von der Sektion Frauenforschung in der Deutschen Gesellschaft für Soziologie veröffentlichten ihre ablehnende Stellungnahme in der Courage (5/1982) und später in den Feministischen Studien (1/1982).

Sie erklärten: „In diesem Sinne war Forschung bisher fast ausschließlich Männerforschung, das heißt Forschung, die von den im Wissenschaftsbetrieb herrschenden Männern gemacht wurde und in der Männer (als die Menschen überhaupt) unentwegt im Mittelpunkt standen. Von dieser Forschung haben wir genug! Sie braucht nicht noch durch ein neues teures ‚Frauenforschungsinstitut' verlängert werden, weil sie überall an den Universitäten ohnehin etabliert ist". (144)[2]

Ablehnung des niedersächsischen Instituts „Frau und Gesellschaft" setzte bereits auf breiter Front ein, noch bevor die Arbeit aufgenommen wurde. Der

Einwand der politisch Engagierten in der Frauenfrage, insbesondere der Gewerkschaften und der SPD lautete zunächst, daß statt zusätzlicher Forschung Frauen begünstigende politische Maßnahmen erforderlich seien. Die Priorität lag für sie eindeutig bei der Schaffung einer Gleichstellungsstelle nach Hamburger Vorbild.
Inzwischen konnten die Fronten aufgebrochen und Vorbehalte abgebaut werden. Es folgt eine Phase konstruktiver Gespräche, und aus der Ablehnung entwickelten sich Ansätze zur Zusammenarbeit. Die im Institut in Gang gekommene, bereits geleistete und geplante Arbeit fand mehr Zustimmung als Kritik, und neben der Arbeit in der Bundesrepublik entwickelte sich eine rege Zusammenarbeit mit europäischen und internationalen Organisationen und Universitäten. Dazu zählen die Unesco Kommission, die EG und die OECD. Seit kurzem arbeitet das Institut in dem neu gegründeten Ausschuß der EG zur Förderung der Frauen in nicht-traditionellen Berufen mit und vertritt in dem von Madame Sullerot geleiteten Ausschuß die Bundesrepublik.
Das neu gegründete Institut ist bislang - auch nach den niedersächsischen Richtlinien zur institutionellen Forschungsförderung - ein Kleinstinstitut mit 6 wissenschaftlichen Planstellen. Der Ausbau zum Bundesinstitut wird angestrebt. CDU- und SPD-regierte Länder zeigen sich gleichermaßen zurückhaltend, die einen verweisen auf finanzielle Engpässe, die anderen ziehen es vor, Frauenforschung an einzelnen Universitäten im eigenen Bundesland schwerpunktmäßig zu fördern.
Dennoch gehen die Bemühungen um die Beteiligungen einzelner Bundesländer weiter und führen vielleicht bei ausreichender Beharrlichkeit und guter Forschungsarbeit zum Ziel.
In diesem Zusammenhang gilt mein besonderer Dank dem Deutschen Frauenrat für die konsequente Unterstützung des Instituts und dem Engagement in einzelnen Bundesländern für den Ausbau des Instituts.
Im Rahmen meiner Ausführungen möchte ich auch nicht unerwähnt lassen, daß es ohne die Initiative Niedersachsens unmöglich gewesen wäre, ein solches Institut ins Leben zu rufen; und entgegen vielfach auch in der Öffentlichkeit geäußerten Befürchtungen, das Institut sei in seiner Forschung weisungsgebunden, ist ausdrücklich festzustellen, daß die Forschungsarbeit weder inhaltlich gesteuert noch kontrolliert wird. Die im Bericht der Gründungskommission verankerte Unabhängigkeit der Forschung wird respektiert.
Gewiß wäre es naiv, davon auszugehen, daß staatliche Forschungsförderung und Unabhängigkeit der Forschung in keinem Spannungsverhältnis zueinander stehen. Die Aufgabe der institutionalisierten Forschung ist es, den Handlungsspielraum abzusichern und dort zu verteidigen, wo er gefährdet ist. Dieses Institut sucht die Kooperation mit den Frauenforscherinnen an Universitäten, mit Frauen in Verbänden, Initiativen, Gewerkschaften und Kirchen wie auch mit der autonomen Frauenforschung; wenngleich sich hier die

Kooperation noch als schwierig erweist. Es ist nicht nur die „Männerfrage", die Probleme aufwirft, sondern auch die Frage des „richtigen" wissenschaftstheoretischen und politischen Bewußtseins, so wie die Sorge von seiten der autonomen Frauenforschung, dieses Institut könne eine geringere Förderung der autonomen Frauenforschung zur Folge haben. Festzustellen ist, daß der Hauptanteil der Forschungsmittel in den vergangenen Jahren gerade der autonomen Frauenforschung zugute gekommen ist und daß die bisherige Beteiligung des Instituts an staatlicher Forschungsförderung dazu in keinem Verhältnis steht. Darüber hinaus geht es hier nicht um die Frage des Abbaus oder der Beeinträchtigung universitärer und außeruniversitärer, autonomer Frauenforschung. Es sind unterschiedliche Schwerpunkte zu setzen, und oberstes Ziel müßte die Wahrung der Kontinuität in der Frauenforschung sein. Mit dem Abbau der Frauenforschung würde die Öffentlichkeit ein wichtiges Sprachrohr in der Frauenfrage verlieren, entfiele oder verringerte sich das Fundament politischer Argumentation und politischen Handelns.
Forschung ist weder Erfüllungsgehilfe noch verlängerter Arm der Politik. Sie hat kritisierend, aufklärend und soweit möglich prognostizierend tätig zu werden. Ihre Aufgabe ist es, statistische Erhebungen, empirisch repräsentative und qualitative Analysen und Studien durchzuführen, um Tatbestände deutlich zu machen, Probleme aufzuzeigen und Lösungsansätze alternativer Art zu entwickeln. Notwendig sind Grundlagenforschung und angewandte Forschung. Ohne Grundlagenforschung verliert die angewandte Forschung auf Dauer ihre wissenschaftstheoretische Fundierung. Zentrale Fragestellungen sind außerdem nur durch interdisziplinäre Forschung zu bearbeiten.
Angesichts der gegenwärtigen Probleme der Frauen fast aller Altersgruppen scheint mir der Erhalt und Ausbau der Frauenforschung von besonderer Dringlichkeit zu sein, um die Belange der Frauen und die für viele sich verschärfenden Konflikte in der Öffentlichkeit weiterhin bewußt zu machen und den in der Frauenfrage engagierten Gruppen, Organisationen und Institutionen Informationen und Argumente an die Hand zu geben. Von daher möchte ich in meinem nächsten Punkt über die Notwendigkeit der Frauenforschung und von den an sie gestellten Anforderungen sprechen.

2. Notwendigkeit und Aufgaben der Frauenforschung

Seit Jahren erheben sich in der Öffentlichkeit und Politik vermehrt jene Stimmen, die statt verstärkter Förderung der Frauenforschung eine wirksamere Frauenpolitik fordern. Immer wieder bricht der Streit darüber aus, was die Frauenforschung den Frauen bringe. Die auf Forschung und wissenschaftliche Politikberatung gesetzten Hoffnungen sind inzwischen mehr als gedämpft, und es besteht gegenwärtig und umgekehrt die Gefahr, die gesellschaftliche und politische Bedeutung der Frauenforschung stark zu relativieren. In dem Maße wie Ergebnisse der Frauenforschung keine politische Umsetzung finden, erhöht sich die Skepsis gegenüber dem Einfluß der Frauenforschung auf die Politik. Unbeachtet bleibt dabei, von welcher Wichtigkeit es gerade für die Politik ist, die strukturellen und individuellen Veränderungen kontinuierlich zu verfolgen, Langzeit- und Kurzzeitveränderungen aufzuzeigen. Dabei kommt es entscheidend darauf an, den verschiedenartigen Wellenbewegungen Rechnung zu tragen, da einheitlich verlaufende Trends nicht die Regel sind. Die 68er Frauengeneration mit ihren Zielen und Initiativen ist nur bedingt vergleichbar mit der Frauengeneration der 80er Jahre. Das gilt für Fragen des Berufs, der Vereinbarkeit von Familie und Beruf wie auch für das politische Engagement. Restriktive Bedingungen auf dem Ausbildungssektor und dem Arbeitsmarkt bleiben nicht ohne Rückwirkung auf berufliche Zielvorstellungen und Lebensplanungen der Frauen. Lebensplanung und Lebensvollzug sind für die Frauen verschiedenen Alters anspruchsvoller und zugleich schwieriger geworden. Frauenforschung hat die Aufgabe, die gegenwärtig vorausschaubaren Gegebenheiten und Entwicklungen für Frauen aufzuzeigen, Perspektiven zu entwickeln und beizutragen zur Durchsetzung der Gleichberechtigung der Frauen in allen Lebensbereichen.

Der Rollenwandel der Frau weist keine Stetigkeit auf; es handelt sich um einen spannungsreichen, in historischer Langzeit- und Kurzzeitperspektive diskontinuierlichen Prozeß.

Selbst wenn man nur auf die Kriegs- und Nachkriegsgeschichte der Frauen zurückblickt, werden die wechselnden Tendenzen in Abhängigkeit von der jeweiligen Arbeitsmarktlage und den dominanten gesellschaftlichen Wertmustern deutlich.

Ein geschichtliches Novum ist das von der Mehrheit der Frauen erreichte Bildungsniveau; es schafft die grundlegende Voraussetzung für den Erwerb beruflicher Qualifikationen, für veränderte Erwartungen an Partnerschaft, Ehe und Familie, für ein gestiegenes Selbstbewußtsein und ein verändertes Verhalten in allen Lebensbereichen. Aber das Erreichte erweist sich nicht unbedingt als stabil. Die Situation der Frauen ist gekennzeichnet von Aufbruchstimmung, Aktivität und Initiative wie von enttäuschten Hoffnungen, fehlenden Perspektiven, Resignation und Rückzug.

Arbeitsmarkt- und Sozialstaatskrise beeinträchtigen die Chancen beruflicher Integration und sozialer Sicherung in bedrohlichem Ausmaß. Die junge Frauengeneration möchte beides, Beruf und Familie.[3] Ein beträchtlicher Teil jener, die die Erwerbstätigkeit zugunsten der Familientätigkeit unterbrochen haben, strebt eine berufliche Wiedereingliederung an, in zu vielen Fällen ohne Aussicht auf Erfolg.

Offen ist, welche Auswirkungen die gegenwärtigen Schwierigkeiten auf das Ausbildungs- und Berufsverhalten der Frauen haben werden. Offen ist auch, in welchem Maße sich die Frauen am Arbeitsmarkt behaupten werden, neue Berufe und veränderte Formen in bezug auf Arbeitsorte und Arbeitszeiten praktizieren werden.

Einstellungen und Verhaltensweisen scheinen sich in bestimmten Bereichen in kürzeren Zeiträumen zu verändern. Umso wichtiger ist es von daher, eingetretene oder zu erwartende Veränderungen zu ermitteln und für die Planung privaten und öffentlichen Handelns verfügbar zu machen.

Forschung hat sich ganz wesentlich an Problem- und Krisenbewältigung zu beteiligen, indem sie sich nicht mit der Analyse des Ist-Zustandes zufriedengibt, sondern Innovationsforschung betreibt und sich selbst an der Suche nach neuen beruflichen, sozialen, kulturellen und politischen Perspektiven beteiligt.

Insofern ergeben sich aus den gesellschaftlich abgeleisteten Notwendigkeiten der Forschung auch zugleich spezifische Anforderungen, die mit den wissenschaftsimmanenten in Einklang zu bringen sind.

Die in den 70er Jahren in der Bundesrepublik entwickelte Frauenforschung ist angetreten, die kulturellen, sozialen, wirtschaftlichen und politischen Leistungen, aber auch die Probleme der Vernachlässigung, der Ungleichbehandlung bis hin zur Unterdrückung der Frauen aufzuarbeiten. Ziel war und ist die Aufhebung der Ungleichheit, die Durchsetzung chancengleicher Beteiligung an allen Lebensbereichen.

Frauenforschung hat gekämpft für eine geschlechtsspezifische Betrachtungsweise, und dennoch werden nach wie vor viele Forschungsprojekte geschlechtsneutral angelegt, die Daten werden so interpretiert, als träfen sie auf Männer und Frauen in gleicher Weise zu. Beispielhaft sind anzuführen Projekte zur Frage der Belastung am Arbeitsplatz oder zur Frage veränderter Einstellungen zu Erwerbsarbeit und Berufskarriere.[4] In beiden Arbeitsbereichen zeigen sich erhebliche Unterschiede für Männer und Frauen. Geschlechtsneutralität kennzeichnet die traditionelle Forschung ebenso wie die Vernachlässigung, ja Ausblendung der frauenspezifischen Leistungen in Kultur, Wirtschaft und Politik. Wenn ein Bereich berücksichtigt wird, dann noch am ehesten der soziale, denn dort setzt sich die unsichtbare, unbezahlte, nicht anerkannte und doch lebensnotwendige Arbeit der Frauen fort. Sie sind überall gefragt, wo es um kostenlose Leistungen geht.

Die autonome Frauenforschung kämpft für die Einheit von Theorie und Praxis, von Wissenschaft und politischer Aktion und stellt Parteilichkeit und Betroffenheit über kritische Distanz, explizit interessengeleitete Forschung über „Objektivität“. Sie hält gerade letztere für einen Trugschluß und eine Selbsttäuschung, weil alle Forschung von einem spezifischen Interesse bestimmt sei, das nur in der Regel nicht transparent gemacht werde.[5] Ich kann in diesem Rahmen nicht systematisch auf die Fragen der Wertfreiheit und Objektivität der Forschung eingehen, aber eines erscheint mir in bezug auf interessengelei-

tete Forschung von besonderem Belang, nämlich die Frage, wie geht der Forscher mit jenen Fragen und Befunden um, die nicht in seine Konzeption und Interessenlage passen, z. B. Wünsche von Frauen, die Erwerbstätigkeit aufgeben zu wollen, oder die Wünsche nach vermehrter Teilzeitarbeit, oder Daten, in denen sich möglicherweise eine geringere oder eine höhere Bereitschaft der Frauen zeigt, sich den veränderten Bedingungen am Arbeitsmarkt anzupassen? Für mich Zählt es zu den unabdingbaren Anforderungen an den Forscher, die Realität des Frauenalltags in ihren verschiedenartigen und auch gegenläufigen Erscheinungsformen darzustellen. Eine andere Frage ist, worin die unterschiedlichen Präferenzen begründet und wie verbale Äußerungen zu interpretierten sind.
Ist es das Ziel der Forschung, zu *selbstbestimmterer Lebensführung der Frauen beizutragen,* so hat Forschung nicht das Recht, Frauen zu bevormunden, ihnen das allein richtige Bewußtsein vermitteln zu wollen. Der Forscher hat sich in diesem Sinne, gerade auch im Rahmen der von ihm durchgeführten Projekte, zurückzunehmen und sich als jemand zu begreifen, der die Alltagskompetenzen der einzelnen Frauen ernstnimmt, Frauen nicht belehren will, sondern auch von ihnen lernen will. Emanzipation der Frauen kann sowohl inhaltlich wie strategisch sehr Unterschiedliches bedeuten. Weiterbildungsprojekte mit Landfrauen haben beispielsweise gezeigt, daß Lebensbedingungen und Lebensvollzug der in der Landwirtschaft tätigen Frauen so wenig mit denen von Angestellten und Industriearbeiterinnen vergleichbar sind, daß weder die Probleme noch die Problemlösungen identisch sein können.
Immer nachdrücklicher ist die Forderung zu stellen, daß in der Frauenpolitik mehr Bezug genommen wird auf den Lebenszyklus und Familienzyklus der Frauen sowie die regional und sozial unterschiedlichen Lebenslagen. Einheitlichkeit der Maßnahmen und der ihnen unterstellten Wirkungen ist kein ausreichendes Prinzip politischer Handlungslehre, sondern die Einheitlichkeit in bezug auf das übergreifende Ziel der Gleichberechtigung bedarf der nach *Lebenszyklus* und *Lebenslage* differenzierten *Teilziele* und *Maßnahmen.* Selbständige und mithelfende Frauen brauchen andere Hilfen zur Vereinbarkeit von Familie und Beruf als die größere Zahl der Angestellten und Arbeiterinnen. Mit diesen Thesen zur selbstkritischen und offenen Grundhaltung der Forschung und der Forderung nach Berücksichtigung unterschiedlicher Lebenslagen und Lebens- sowie Altersphasen sollen Anforderungen an Frauenforschung beispielhaft deutlich werden.
Frauenforschung ist zu einer unerläßlichen Notwendigkeit geworden. Sie hat nicht nur auf Fraueninitiativen, auf Probleme und Konflikte reagiert, sondern zugleich auch Impulse gesetzt. Sie trug dazu bei, Frauenfragen in der Öffentlichkeit bewußt zu machen, eine Öffentlichkeit für sie zu schaffen und weit verbreitete Vorurteile in der Einstellung zu männlichen und weiblichen Eigenschaften und Fähigkeiten abzubauen, traditioneller Aufgabenteilung mit den damit verbundenen Trennungen der Lebensbereiche entgegenzuwirken.

3. Vorbehalte und Belastungen

Dennoch hat Frauenforschung noch immer um wissenschaftliche Anerkennung zu ringen.

Frauenforschung steht bei vielen, insbesondere bei Wissenschaftlern, in Verdacht, etwas Sektiererhaftes, Unseriöses, Überflüssiges zu sein. Überheblichkeit und Ängste liegen hier dicht beieinander. Gefürchtet werden die Angriffe auf die etablierte, vornehmlich von Männern betriebene Wissenschaft, die Auseinandersetzung mit den männlichen „Unterdrückern", die „Revolutionierung" der Frauen. Neben den stärker ideologisch geprägten Abwehrversuchen bestimmen Verteilungskämpfe und Konkurrenz die Auseinandersetzung. Diese Auseinandersetzung verschärft sich in dem Maße, wie das wissenschaftliche Personal reduziert wird und sich die Chancen des wissenschaftlichen Nachwuchses drastisch verschlechtern. Der Anteil der Wissenschaftlerinnen, der ohnehin bisher nicht nennenswert war (5 Prozent), geht zurück, frei werdende Stellen werden mit Männern besetzt, und ganz gering sind die Zugangschancen der Frauen zu Professorenstellen.

Umstritten sind Forschungsinhalt und Methoden. Den Frauenforscherinnen wird vorgeworfen, sich zu einseitig mit bestimmten Fragestellungen wie weibliche Eigenart, Sexualität, Lesbierinnen, Gewalt und Unterdrückung zu befassen. Teilweise mag dies zutreffen, aber dabei wird vergessen, daß es sich hierbei um lange Zeit nicht beachtete und tabuisierte Probleme handelt und diese Bereiche in der traditionellen Forschung ausgespart wurden. Kritisiert und angegriffen wird die Überbetonung der individuellen und kollektiven Betroffenheit, die ihren Niederschlag methodisch in individuellen Fallbeschreibungen, Biographien und qualitativen Interviews findet. Auch hier kann in vielen Fällen methodische Einseitigkeit konstatiert werden, aber ebenso deutlich muß gesagt werden, daß die Schwächen repräsentativer empirischer Sozialforschung gerade seit den 60er Jahren verstärkt deutlich gemacht wurden und die Notwendigkeit ergänzender qualitativer Methoden unbestritten ist. Weder die biographische Methode noch der Ansatz der Einzelfallstudie ist verbreitet. Zutreffend ist, daß sie in Verbindung mit den Prinzipien der Betroffenheit und Parteilichkeit Hauptforschungsansatz in der autonomen Frauenforschung sind und die strittigen Fragen weniger auf der methodischen als auf der wissenschaftstheoretischen Ebene liegen. Gefragt wird nach der Aussagefähigkeit hinsichtlich Objektivität und Generalisierbarkeit. Von daher ist von Seiten der Wissenschaft primär die Frage der intersubjektiven Überprüfbarkeit und nicht die einer formal bestimmten Objektivität anzugehen.

Frauenforscherinnen, die zugleich quantitativ und qualitativ arbeiten, stehen bei den autonomen Frauenforscherinnen vorschnell in dem Verdacht, sich den Standards der Männer anzupassen. Ich möchte darauf mit Simone de Beauvoir antworten. Es gilt die in der Männergesellschaft geltenden Standards zu beherrschen, um sich ihrer bedienen, sie kritisieren und modifizieren zu können. Sie wendet sich gegen eine weibliche Kultur und Wissenschaft, wenn sie erklärt:

„Ich glaube nicht, daß die Frauen, wenn sie die Gleichberechtigung erreicht haben, etwas ganz besonders Interessantes, Poetisches, eben weibliche Werte entwickeln. Es ist eine Tatsache, daß die universale Kultur, die Zivilisation und die Werte alle von Männern geschaffen wurden. Doch genauso sollten die Frauen in Gleichheit mit den Männern sich die von Männern geschaffenen Werte aneigenen, statt sie abzulehnen. Beim Schaffen der universalen Werte haben ihnen die Männer sehr oft ihre eigene virile Note gegeben. Sie haben beides - Universalität und Männlichkeit - auf eine sehr tückische und subtile Art und Weise vermischt. Es handelt sich also darum, das eine vom anderen zu trennen, die Trübung zu entfernen. Das ist möglich, und das ist eine der Aufgaben, die die Frauen haben . . . Die Frau wird und ebenso der Mann, etwas schaffen, das so anders und so neu ist wie das der anderen Männer. Aber ich denke nicht, daß sie neue Werte schaffen wird. Wenn man das glaubt, dann glaubt man an eine weibliche Natur - wogegen ich mich gewehrt habe." (Schwarzer, 1983, 42)[6]

Soweit Simone de Beauvoir. Ich stimme ihr nicht zu in der Aussage, daß alle Werte von Männern geschaffen wurden. Zur Zivilisation und zum menschlichen Leben und Überleben haben die Frauen entscheidend beigetragen, aber ausschlaggebend ist, daß die öffentlich anerkannten Werte primär von den Männern bestimmt wurden und die von den Frauen eingebrachten Werte auf das Häusliche, das Private beschränkt blieben und die öffentliche Kultur zu wenig erreichten.

Ein Zweites ist mir wichtig an den Aussagen Simone de Beauvoirs: Eine Veränderung dieser Gesellschaft kann nicht gegen, sondern nur mit den Männern erfolgen. Die zweigeteilte Gesellschaft, die der sogenannten männlichen, patriarchalischen und der weiblichen, sanften Kultur, kann kein Modell für die Zukunft sein. Es geht vielmehr um die Erweiterung der Kultur, um mehr Ganzheitlichkeit, um einen neuen Umgang mit Subjektivität, mit Emotionalität und Rationalität. Hier können Männer und Frauen in Wissenschaft und Politik voneinander lernen. Die engagierte Frauenforschung hat wichtige Impulse gegeben, neue Fragestellungen aufgenommen und frauenpolitisch vieles in Gang gesetzt. Die entscheidende Frage ist, in welcher Weise sie sich ihrerseits auf Kooperation mit institutionalisierter Forschung und mit männlichen Forschern einläßt und die Autonomieansprüche relativiert. Angesichts der drängenden Fragen und Probleme der Frauen ist ein Stück mehr Kooperation und Solidarität unbedingt erforderlich.

Andererseits ist von der etablierten Wissenschaft eine größere Toleranz gegenüber neuen Fragestellungen und Methoden zu fordern. Es geht nicht an, daß nur solche Inhalte akzeptiert werden, die nach herrschender Meinung als seriös und wissenschaftlich relevant anerkannt sind. Es genügt nicht, Arbeitsschwerpunkte wie Frauenbildung, Ausbildung in traditionellen und nichttraditionellen Frauenberufen, Aufstiegschancen von Frauen, Vereinbarkeit von Familie und Beruf, Frauen in den Massenmedien, in Politik und Recht zu akzeptieren.

4. Gesellschaftspolitische Funktionen der Frauenforschung

Frauenforschungsfragen entstehen nicht einseitig in Auseinandersetzung mit gesellschaftlichen und politischen Tendenzen und Zielsetzungen. Nahtlose Übergänge zwischen Politik und Forschung sind in vielfacher Hinsicht problematisch. Doch Forschung sieht u. a. eine Aufgabe darin, an der Bewältigung gesellschaftlicher Probleme mitzuwirken. So ist es ihre Aufgabe, Probleme aufzuspüren, zu benennen, fundiert zu untersuchen, Tatbestände, Ursachen und Auswirkungen aufzuzeigen. Dieses gilt für alte und neue Frauenprobleme, z. B. spezielle Probleme von mithelfenden Familienangehörigen, verdeckte und offene Benachteiligungen, neue Formen von Frauenarmut etc.

Eine andere Aufgabe besteht in der wissenschaftlichen Überprüfung gesellschaftspolitischer Ziele und ihrer praktischen Umsetzung. Gerade in der Frauenpolitik scheiden sich die Geister, wenn es darum geht, das bisher Erreichte zu bewerten. Es kann nicht unbemerkt bleiben, daß das Ziel der Gleichberechtigung, das bisher am stärksten im allgemeinbildenden Schulwesen durchgesetzt wurde, in anderen Bereichen, nämlich Ausbildung, Beruf, Politik, keineswegs erreicht wurde. Solange die Lebensbereiche nicht stärker aufeinander abgestimmt werden: Familie, Bildungswesen, Arbeitswelt und Politik mit ihren eigenen Organisationsstrukturen und Zielen fortbestehen, kann Gleichberechtigung nicht realisiert werden. Arbeitszeiten, Betreuungs- und Unterrichtszeiten wie auch die zeitliche Organisationsstruktur in Kultur und Politik sind so gut wie gar nicht auf die privaten und familiären Belange von Männern und Frauen abgestellt.

Solange sich das partnerschaftliche Ehe- und Familienverständnis darauf beschränkt, den Partnern die Entscheidung über die Aufgabenverteilung in Familie und Beruf zu überlassen, ohne die Rahmenbedingungen der Arbeitswelt, in Kindergärten und Schulen entsprechend zu ändern, bleiben die Vorstellungen von Partnerschaft in Familie und Beruf ein Wunschdenken.

In dem Maße wie die Frauenfrage, vor allem der Rollenwandel der Frauen, zu einer der gesellschaftlichen Hauptfragen geworden ist, haben Politik und Forschung gemeinsam an Lösungen zu arbeiten, die das Generalproblem Familien- und Berufsorientierung von Frauen und Männern aufheben. Alle Ansätze alter und neuer Familienpolitik sind daran zu messen, wie sie die Frauenfrage angehen. Die demographische Entwicklung in unserem Land wird sich kaum ändern, wenn es nicht gelingt, Vereinbarkeit von Familie und Beruf für die einen zu erhöhen, und für die anderen Unterbrechung der Erwerbstätigkeit und Rückkehr in den Beruf entscheidend zu verbessern. Eine Familienpolitik, die sich auf einen gerechteren Familienlastenausgleich beschränkt, dabei aber nicht dem Rollenwandel der Frauen Rechnung trägt, kann nicht für sich in Anspruch nehmen, zukunftsweisende Gestaltung der Rahmenbedingungen zu praktizieren. Die gegenwärtigen Einsparungen gehen zu einseitig zu Lasten der

Frauen. Die Kürzung des Mutterschaftsgeldes wurde offenbar als eine Maßnahme von geringem öffentlichem Zündstoff angesehen. Gerade in diesem Punkt läßt sich aber deutlich machen, wie sehr sich eine Bewußtseinsveränderung vollzogen hat. Frauen und ihre Interessenverbände artikulieren sich, setzen sich zur Wehr und reagieren mit stillen und offenen Protesten. (Die geringe Geburtenzahl ist nicht der konsequente Ausdruck des Wunsches nach keinem oder nur einem Kind, sondern auch Reaktion auf spezifische Umweltbedingungen und Erfahrungen.)

Wissenschaft ist aufgerufen, zu den jetzt vorgeschlagenen frauenunfreundlichen Lösungen in der Hinterbliebenenreform, zur Nichtanerkennung von Erziehungszeiten, zu frauenfeindlichen Regelungen der Erwerbs- und Berufsunfähigkeitsrenten Stellung zu nehmen. Sie hat aufzuzeigen, wie sich alte Benachteiligungen fortsetzen und durch neue verschärft werden. Der Zugang zum Arbeitsmarkt bleibt für zunehmend mehr Frauen Wunschdenken, die Unterbrechung der Erwerbstätigkeit ist für viele gleichbedeutend mit der langfristigen Aufgabe der Erwerbstätigkeit. Die Wahlfreiheit nimmt nicht zu, sondern gegenwärtig noch ab. Immer mehr Frauen mit arbeitslosen Männern sind gezwungen, auf jedes Arbeitsangebot einzugehen, um zum wirtschaftlichen Unterhalt der Familie beizutragen. Schon jetzt kombinieren viele Frauen, Akademikerinnen wie Angestellte und Arbeiterinnen, mehrere Jobs, um auf diese Weise ihren Lebensunterhalt zu verdienen.

Angesichts der bedrückenden Jugendarbeitslosigkeit und der politischen Priorität in diesem Bereich werden die Probleme der mittleren und älteren Frauengeneration in Wissenschaft und Politik vernachlässigt. Erst seit bewußt wird, in welchem Ausmaß sich in der Alterspyramide der Bundesrepublik der Anteil der über 60jährigen verstärkt, werden die neuen Belastungen der Frauen thematisiert, wird gefragt, wer die Versorgung, Pflege und Zuwendung für die Alten, Behinderten und Kranken gewährleisten soll. Mehr Familiensolidarität ist vom Prinzip her eine zutreffende und gerechtfertigte Forderung – aber wer soll diese Solidarität einlösen, wenn nicht erneut die Frauen? In welches Spannungsverhältnis gerät diese Forderung zu dem Ziel der chancengleichen Integration der Frauen in das berufliche und öffentliche Leben?

Die Forschung sollte keine Zurückhaltung zeigen, wenn sie angesichts der sich verschlechternden Arbeitsmarktbedingungen eine neue Verunsicherung der Frauen beobachtet: Verunsicherung in bezug auf die berechtigte Beteiligung an der Erwerbsarbeit, im Umgang mit dem Vorwurf der Doppelverdienerin, in der neuen Herausforderung der Frauen zu mehr ehrenamtlichem Engagement.

Mehr Gleichberechtigung für Frauen erfordert eine verstärkte Auseinandersetzung mit dem eingeleiteten und zu verstärkenden Rollenwandel des Mannes. Die erhöhte Erwerbsbeteiligung der Frauen hat bislang nur sehr wenig zu einer partnerschaftlicheren Aufgabenteilung in der Familie beigetragen. Auch die jüngsten Untersuchungen bestätigen noch einmal, daß zwar Einstellungsänderungen, aber keine durchgreifenden Verhaltensänderungen aufweisbar sind. Gerade diese Befunde zeigen, wie notwendig es ist, die Rahmenbedingungen in der Arbeitswelt und im Recht sowie in der Sozialpolitik zu verändern.

Die hier angesprochenen Probleme stellen nur einen Ausschnitt der zentralen Frauen- und Männerfragen dar. Zu vertiefen ist die Auseinandersetzung mit den neuen Technologien und den Umweltfragen. Forschung muß in diesem Zusammenhang selbstkritisch fragen, ob sie sich dieser Probleme gleichsam *antizipativ* oder auch nur *reaktiv* angenommen hat. Das Timelag zwischen langfristigen, einschneidenden technologischen oder auch sozialen Veränderungen und der wissenschaftlichen und gesellschaftlichen Bearbeitung dieser Probleme erweist sich als immer gravierender. Dringlicher denn je ist die Schaffung von Expertengremien, die die Aufgabe des Vordenkens wahrnehmen und die Gesellschaft rechtzeitig auf gravierende Veränderungen und neue Anforderungen vorbereiten. Die Forschung kann einen wesentlichen Beitrag zu mehr prospektiven politischen Problemlösungsansätzen leisten. Sie ist jedoch in ihrer Wirksamkeit davon abhängig, ob die Analysen und Vorschläge der Forschung von seiten der Politik zur Kenntnis genommen werden.

Lassen Sie mich abschließend noch einen wichtigen Gedanken anführen.

Ich gehe davon aus, daß Forschung in letzter Instanz dem Individuum, der Person verpflichtet ist. Chancen und Behinderungen personaler Entfaltung bilden für mich oberstes Kriterium wissenschaftlicher Arbeit in der Frauenforschung. Gleichberechtigung beinhaltet von daher nicht Gleichmacherei und Nivellierung, sondern Achtung der Gleichwertigkeit von Mann und Frau. Forschung kann von daher nicht einseitig systemorientiert erfolgen und die Entfaltungschancen von Frauen in die engen Schranken des Systems verweisen. Ausgangspunkt muß vielmehr ein Wechselwirkungsmodell sein, bei dem gesellschaftliche Rahmenbedingungen und individuelle Handlungsmuster berücksichtigt werden. Dies kann nur in dem Maße erreicht werden, wie Frauenforschung bei den Frauen als *Individuen,* bei *unterschiedlichen Altersgruppen und Lebenslagen* ansetzt. Es bedarf der historischen, rechtlichen, ökonomischen, sozialen und kulturellen Studien. Ziel der Untersuchungen ist der Aufweis historischen Wandels, des Abbaus von Stereotypen und Vorurteilen.

Frauenforschung, die sich der Selbstbestimmung von Frauen verpflichtet weiß, hat sich jedweder Bevormundung zu enthalten, sondern vielmehr dazu beizutragen, die Handlungsspielräume von Frauen zu erweitern und die individuelle Entscheidungsfähigkeit zu erhöhen.

Frauenforschung ist ein wesentliches Element der politischen Auseinandersetzung mit Frauenfragen. Sie ist beteiligt an der Zielfindung, aber auch an der Kritik an Zielen und Wegen. Sie kann im Rahmen ihrer Möglichkeiten gesellschaftlichen Druck ausüben, Ungereimtheiten und Unterlassungen sowie schwerwiegende Benachteiligungen aufzeigen. Frauenforschung würde ihrem Anspruch nicht gerecht, wenn sie sich lediglich unterstützend und kritisierend in bestehende Entwicklungen und Trends einschaltet. Sie hat zugleich die Aufgabe, gesellschaftliche Erneuerung über Frauenforschung perspektivisch und konkret aufzuzeigen, Ansätze zu ihrer Umsetzung aufzuweisen. Das gilt für die familiären und öffentlichen Aufgaben, Fragen der Beteiligung der Frauen am Gemeinwesen, an der Bildung, Arbeitswelt und in den Medien.

Anmerkungen

1 Bericht der Gründungskommission des Forschungsinstituts Frau und Gesellschaft, Hannover 1981 Info des Instituts Frau und Gesellschaft, H. 1/1983.

2 Frauenforschung aus Männersicht. Zum politischen Trick der Gründung des CDU-Instituts „Frau und Gesellschaft" in Hannover, in: Feministische Studien, Heft 1/1982, 143–147.

3 Zur Situation der Frau in Baden-Württemberg, Institut für Demoskopie, Allensbach, im Auftrage des Ministeriums für Arbeit, Gesundheit und Sozialordnung Baden Württemberg, Stuttgart 1983 (Min. f. A. G. u. S., Rotebühlplatz 30, 7000 Stuttgart 1).

4 FU-Projekt Arbeitspolitik und Öffentlichkeit. Wachstum, Umweltschutz, Beschäftigung. Zum Wirtschaftsbild der Bundesdeutschen. E. Noelle-Neumann/B. Strümpel, M. v.-Klippstein. Forschungsstelle Sozialökonomik der Arbeit. Berlin, F. S. A. Prinz, 1983.

5 Duelli-Klein, R./Nerad, M./Metz-Göckel, S. (Hrsg.): Feministische Wissenschaft und Frauenstudium, Göttingen 1982.
Bock, U./Braszeit, A./Schmerl, Ch. (Hrsg.): Frauen an den Universitäten. Zur Situation von Studentinnen und Hochschullehrerinnen in der männlichen Wissenschaftshierarchie. Frankfurt 1983.

6 Schwarzer, A.: Simone de Beauvoir. Gespräche über zehn Jahre, Reinbek 1982.

2. Kritische Frauenforschung in der Bundesrepublik (1985)

1. Frauenforschung - Aussagen zur Selbstdarstellung in weiblichen Forschungsvereinigungen

Frauenforschung, ein ungeliebtes Kind an den Universitäten und Hochschulen, hat sich seit der Mitte der 70er Jahre an verschiedenen Hochschuleinrichtungen, Forschungsinstituten und auch außerhalb der Hochschulen etablieren können. Die Widerstände sind keineswegs ausgeräumt, aber die selbstorganisierten Frauenforscherinnen vermochten sich einen Weg durch das Dickicht der Widerstände zu bahnen.[1]

Frauenfragen werden entweder in fachspezifischen oder disziplinenübergreifenden Ringvorlesungen oder in gesonderten, von Frauengruppen organisierten Veranstaltungen thematisiert. Das Engagement für Frauenfragen in Forschung und Lehre weicht an den einzelnen Hochschulen erheblich voneinander ab. Universitäten wie Berlin, München, Bremen, Oldenburg, Bielefeld oder Münster werden in diesem Zusammenhang häufiger erwähnt als andere Hochschulorte. Heftig umstritten ist die Einrichtung institutionalisierter Zentren bzw. Schwerpunkte für Frauenforschung.

Um Einblick in die Ziele, Arbeitsformen und das Selbstverständnis kritischer Frauenforschung in der Bundesrepublik zu erhalten, bieten sich unterschiedliche Möglichkeiten an: das Studium von Frauenforschungsvorhaben, Interviews mit Frauenforscherinnen, die Auseinandersetzung mit der einschlägigen Literatur. Mir erschien die Lektüre der Rundschreiben des „Vereins für Sozialwissenschaftliche Forschung und Praxis für Frauen" und die der „Sektion Frauenforschung in den Sozialwissenschaften in der Deutschen Gesellschaft für Soziologie"[2] einen ersten aufschlußreichen Zugang zu den anstehenden Fragen zu ermöglichen. Sie vermitteln Eindrücke und Einsichten in die Besonderheiten und Probleme der Frauenforschung. Schon bei erster Lektüre fällt auf, wie engagiert, persönlich und anregend die Rundbriefe abgefaßt sind. Deutlich spürbar sind ein betontes Wir-Bewußtsein, das Bemühen um wechselseitige Unterstützung, ein hohes Engagement und ein informeller Stil. Frauenforscherinnen treten untereinander dafür ein, arbeitsteilig für die gleiche Sache zu kämpfen in Wissenschaft und Politik. Mit gemeinsamen Aktionen wenden sie sich an die Ministerien, die Wissenschaftsorganisationen, die Medien, Universitätsvertreter und Forschungsförderer.

Anders als in den vertrauten wissenschaftlichen Gesellschaften vermitteln die geplanten und durchgeführten Vorhaben der Forscherinnen den Eindruck vorwärtsdrängender Dynamik, Entschlossenheit und Einsatzbereitschaft, Belastbarkeit sowie Begeisterung für die von ihnen vertretene Sache. Eine ganz wichtige Voraussetzung für das Gelingen der Arbeit ist offenbar der Zusammenhalt unter den Frauen, das Bewußtsein, vor den Aufgaben nicht allein zu stehen.
Nicht zu übersehen sind auf der anderen Seite die Ambivalenzen und Widersprüche, die sich zwischen unterschiedlichen Ansprüchen, aber auch zwischen Anspruch und faktischem Verhalten auftun. Auf der einen Seite steht die Forderung nach Zusammenhalt, Koordination der Forschung, orts- und disziplinenübergreifender Kooperation, auf der anderen Seite herrscht die Vorstellung von Autonomie und das damit einhergehende Nebeneinander von Frauenforschungsprojekten, von getrennten Aktionen. Frauengruppen grenzen sich voneinander ab, die zugleich die Notwendigkeit der Zusammenarbeit erkennen.
Vergleichbares gilt für die Einstellung zu wissenschaftlichen Publikationen: einerseits besteht eine abgrundtiefe Skepsis gegenüber wissenschaftlichen Publikationen, insbesondere in bezug auf den Stellenwert für die gesellschaftliche Veränderung der Frauensituation, andererseits forcieren sie eine Fülle von Frauenstudien neuen Stils: Niederschriften persönlicher Erfahrungen, Biographien, Einzelfalldarstellungen, Dokumentationen zu historischen, rechtlichen, psychologischen, sozialen und politisch aktuellen frauenrelevanten Themen.
Ambivalent ist die Einstellung zur Einbindung der Frauenforschung in den traditionellen Wissenschaftsbetrieb bei gleichzeitiger Wahrung der Autonomie, sei es nun innerhalb oder außerhalb der etablierten wissenschaftlichen Einrichtungen. Diese setzt sich fort in Fragen der Kooperation mit den ‚bürgerlichen' Wissenschaften oder der strikten Abgrenzung zu ihr sowohl in bezug auf die Forschungskonzepte als auch in bezug auf die Methoden[3]: „Weibliche" Wissenschaft wendet sich gegen die „Pseudowissenschaftlichkeit" empirischer Methoden, paßt sich ihnen aber gleichzeitig an, obwohl sie verbal für eine Aktionsforschung eintritt und die Methoden der qualitativen Handlungsforschung favorisiert. Weibliche Wissenschaft behauptet tiefgreifende Unterschiede zwischen männlicher und weiblicher Forschungslogik sowie dem Theorie-Praxis-Verhältnis, greift aber ihrerseits immer wieder auf männlich geprägte Wissenschaftstheorie und -methodik zurück. Frauenrelevante Themen im Zugriff männlicher Wissenschaftler widersprechen zutiefst dem Verständnis weiblicher Wissenschaft und lösen Abwehr und Ängste aus.
Frauenforscherinnen sind auf der Suche nach einem eigenen Weg, stoßen aber auf Schritt und Tritt auf vorgegebene und anerkannte Forschungsstandards; sie wollen Autonomie, sind aber zugleich eingebunden in Forschungsnormen

und Richtlinien der Forschungsförderung, der sie sich kaum entziehen können und auch oft genug nicht entziehen wollen.
Der Begriff der „kritischen" Frauenforschung ist unter den Forscherinnen weniger im Umlauf als der der feministischen Frauenforschung. Das was feministische und kritische Frauenforschung verbindet, ist die Abgrenzung zur ‚bürgerlichen' Wissenschaft, die Einheit von Theorie und Praxis, die Verpflichtung der Forschung gegenüber der Frauenfrage. Die Hervorhebung und zusätzliche Betonung des Kritischen betrifft somit die Forschungskonzeption und den Zusammenhang zwischen Forschung und Frauenpolitik. Kritisch hat sich die Wissenschaft gegenüber ihren eigenen Fragestellungen, ihren Untersuchungsmethoden und ihrem Gesellschaftsbezug zu verhalten. Frauen sind nicht Objekte, sondern am Forschungsprozeß zu beteiligende Subjekte bzw. Individuen. Hört Frauenforschung auf, sich der gesellschaftlichen Situation der Frauen kritisch zu widersetzen, verliert sie nach Auffassung der feministischen Frauenforschung ihre Wirksamkeit, aber auch ihre Legitimation. Feministische oder kritische Frauenforschung mißtraut der ‚bürgerlichen' Frauenforschung. Das gilt sowohl für die Fragestellungen und Methoden als auch für die zugrundeliegende gesellschaftspolitische Position. Befürchtet wird ein Verrat an der Frauenfrage durch vorschnelle Kompromisse, Halbherzigkeiten oder politisch neutrale Einstellungen.[4]
Eine konstruktive Zusammenarbeit zwischen Wissenschaftlerinnen und Wissenschaftlern unterschiedlicher theoretischer und politischer Positionen wird solange nicht möglich sein, wie einerseits die Ambivalenzen und Widersprüche unter den feministischen Forscherinnen selbst fortbestehen und andererseits der Anspruch aufrechterhalten wird, daß frauenrelevante Fragen nur angemessen von Frauen erforscht werden können, da tiefgreifende Unterschiede zwischen ‚männlicher' und ‚weiblicher' Wissenschaft vorausgesetzt werden.

2. Frauenbewegung und Frauenforschung

Frauenbewegung und Frauenforschung sind untrennbar miteinander verbunden. Das Selbstverständnis der Forscherinnen ist bestimmt von der Absage an patriarchalische Organisationen und Institutionen und der aktiven Teilnahme am Frauenprotest.[5]
In der Bundesrepublik konzentrierten sich die Initiativen in den frühen 70er Jahren in Verbindung mit den Kampagnen gegen den § 218 Strafgesetzbuch (StGB) auf den Aufbau einer weiblichen Gegenkultur. Ziel ist die Schaffung autonomer Frauengruppen und Projekte. Parallel dazu entwickelte sich in der Gesellschaft ein Interesse daran, diese Initiativen zu integrieren, zu kommerzialisieren und politisch zu kanalisieren durch eine institutionalisierte Politik

für Frauen, verstärkte Öffentlichkeitsarbeit und Einrichtung der Enquête-Kommission Frau und Gesellschaft.[6]
Im offenen Gegensatz dazu stand das dezidierte Interesse der autonomen Frauenbewegung, ihre Eigenständigkeit zu wahren und ihre Interessen außerhalb der etablierten Politik und Forschung zu artikulieren und durchzusetzen.[7]
Die ‚neue' Frauenbewegung knüpft an die Frauenemanzipation des 19. und frühen 20. Jahrhunderts an. In der 1971 von Otto Gmelin und Helene Saussure publizierten Studie „Bankrott der Männerherrschaft. Materialien zu Problemen der Frauenemanzipation" wird die Auffassung vertreten, daß die Frauenbewegung in der restaurativen Phase der Adenauer-Ära einen entscheidenden Rückschlag erfahren habe.[8] Die Neugründung des vor 1933 arbeitenden bedeutenden Berliner Instituts für Frauenfragen sei systematisch verhindert worden. Die Diskussion begann erneut in den frühen 60er Jahren. Beispielhaft sind zwei Themenhefte der Zeitschrift „Das Argument" von 1962 zu Schwerpunktthemen wie „Emanzipation der Frau" und „Sexualität und Herrschaft" anzuführen.
Neue Impulse gingen Ende der 60er Jahre von Berlin aus. Es entstanden zahlreiche Arbeitskreise für Frauenemanzipation und Weiberräte. Im Anschluß an die stürmische Protestbewegung gegen den § 218 StGB organisierten sich in der Folgezeit die autonomen Frauen in allen Großstädten der Bundesrepublik und Westberlins. Neben Frauenzentren, Frauencafés, Frauenkneipen, Frauenbuchläden und Frauenhäusern entfaltete sich eine breite Medien- und Öffentlichkeitsarbeit über Frauenbücher, Filme, Frauenzeitschriften.
Inzwischen sind die spektakulären Auftritte seltener geworden. Gisela Gassen versucht die gegenwärtige Stimmung in dem von ihr 1981 herausgegebenen Band mit dem Titel „Wohin geht die Frauenbewegung?" wie folgt wiederzugeben:

„Die einzelnen ziehen den Schluß, daß sich die Frauenbewegung in abflachenden Wellen weiterbewege, andere sprechen sogar von der großen Schlappe und vom Rückzug in die Innerlichkeit".[9]

G. Gassen bezieht sich bei ihren Einschätzungen der Situation auf die vierte Berliner Sommeruniversität und fragt, ob die Frauenbewegung nicht zu einer Projektbewegung geworden ist und konstatiert eine sich breitmachende Lustlosigkeit und Resignation. Es fehlt offenbar an einer tragfähigen Perspektive für die künftige Arbeit der Frauenbewegung. Notwendig erscheint eine Diskussion darüber, wer zur Frauenbewegung gehört und wie die unterschiedlichen Initiativen in Frauenfragen zu bündeln sind. Allein in Westberlin zählt G. Gassen annähernd 100 Frauengruppen bzw. Projekte.
Die ‚neue' Frauenbewegung nennt sich autonom und meint damit Unabhängigkeit von Instituten, Verbänden und Gruppen der etablierten Gesellschaft,

aber auch Unabhängigkeit der einzelnen Frauengruppen untereinander und vor allem keine Zusammenarbeit mit Männern. Aber diese autonome Frauenbewegung ist nur ein Teil, wenn auch der größte dessen, was die Frauenbewegung insgesamt ausmacht. Viel zu wenig Beachtung fanden bis vor kurzem die traditionellen Frauenverbände, wie z. B. der Deutsche Frauenbund, der Deutsche Staatsbürgerinnenverband, die konfessionellen Frauenorganisationen und die Frauengruppierungen in den Parteien sowie berufsständische Frauenverbände. Angesichts der zu konstatierenden Heterogenität der Gruppierungen kommt Gassen zu dem Ergebnis: „Die Frauenbewegung als definierbare Einheit gibt es nicht".[10]

Die gegenwärtige Situation ist bestimmt von der Suche nach neuen Arbeitsformen und Strategien. Für die Frauenforschung stellt der Zusammenschluß der feministischen Sozialwissenschaftlerinnen im Verein „Sozialwissenschaftliche Forschung und Praxis für die Frauen" einen entscheidenden Schritt zu koordinierter interner und öffentlicher Arbeit dar. Ihr Publikationsorgan „Beiträge zur feministischen Theorie und Praxis" erscheint in unregelmäßiger Folge.[11]

Das Bemühen der Sozialwissenschaftlerinnen zu einem eigenen Zusammenschluß ging von einer Initiativgruppe auf dem Soziologentag 1976 in Bielefeld aus. Zunächst wurde das Ziel verfolgt, eine Sektion für Frauenforschung in der Deutschen Gesellschaft für Soziologie zu gründen. In dieser Absicht wurden drei größere Tagungen abgehalten: in Frankfurt und Berlin 1977, Darmstadt 1978. In Darmstadt wurde beschlossen, die Sektionsgründung getrennt von einer auch andere Disziplinen umfassenden Organisation voranzutreiben. Das Ergebnis der Darmstädter Diskussion war die Gründung des oben genannten Vereins. Er setzt sich folgende Ziele:

1. Durchsetzung eines emanzipatorischen Verständnisses von Frauenforschung.
2. Tendenzielle und inhaltliche Aufhebung der Trennung zwischen Theorie und Praxis, zwischen Wissenschaftlerinnen und Frauen.
3. Allgemeine Bewußtmachung des widersprüchlichen Lebenszusammenhangs aller Frauen,
4. Aufarbeitung der Lebens- und Zeitgeschichte von Frauen.
5. Erarbeitung offensiver Strategien zur Veränderung der Lebenslage von Frauen
6. Öffentlichmachen von Diskriminierungen
7. Durchsetzen von feministischen Forschungs- und Lehrprojekten
8. Schaffung einer Organisation zur Durchsetzung spezifischer Fraueninteressen.

Neben dem in Köln ansässigen Verein „Sozialwissenschaftliche Forschung und Praxis für Frauen" konnte inzwischen die Sektion Frauenforschung in der Deutschen Gesellschaft für Soziologie gegründet werden. Bereits im Juli 1981 lagen 10 Rundbriefe dieser Sektion vor mit einem reichhaltigen Repertoire an wissenschaftlichen Aktivitäten und Forschungsvorhaben.

Offen ist, ob es in den nächsten Jahren zu einer Intensivierung der Forschung unter Vernachlässigung der Praxis geht, ob die autonomen Frauengruppen weiter kriseln oder gar auseinanderbrechen oder ob es gelingt, den eingeschlagenen Weg und die fixierten Ziele schrittweise durchzusetzen.

3. Zum Selbstverständnis der kritischen Frauenforschung

Kritische bzw. feministische Frauenforschung versteht sich als Alternative zur „bürgerlichen Wissenschaft". Ihre Spezifika sind:

a) Bearbeitung frauenrelevanter Themen, wobei das Spektrum dessen, was als frauenrelevant gilt, unbegrenzt ist. Ausschlaggebend ist die emanzipatorische Zielsetzung. Feministische Fragestellungen sind so in Forschung und Lehre einzubringen, daß die Frauenbefreiung gefördert wird. Jede Theorie, die auf Erhaltung des Status quo aus ist, muß als frauenfeindlich gelten.

Aus dem frauenrelevanten Themenkatalog sind beispielhaft anzuführen:

1. Biographien, Lebensläufe
2. Paragraph 218
3. Karriereforschung
4. Gewalt gegen Frauen
5. Frauen und Hausarbeit
6. Frauen und Medien
7. Historische Frauenforschung
8. Vergleichende Frauenforschung (internationale Perspektive)
9. Frauen und Politik
10. Frauen und Sexualität
11. Frauen und Altern
12. Frauen und Wissenschaft
13. Feminismus und Psychotherapie/Psychoanalyse
14. Männeremanzipation/Sexismus
15. Weiblichkeit - Männlichkeit
16. Frauenemanzipation.

b) Das hat zur Folge, daß Frauen im Wissenschaftsbetrieb aus der ihnen auferlegten Neutralität heraustreten und sich zu einer offenen Parteilichkeit bekennen. Die **Parteilichkeit** ist Richtschnur der theoretischen Auseinandersetzung.

c) Frauenforschung unterscheidet sich vom herrschenden Wissenschaftsverständnis dadurch, daß **Betroffenheit** in den Fragestellungen und den Methoden nicht verleugnet wird.

d) Unterschiede bestehen in besonderer Weise in bezug auf die Theoriebildung, die Begrifflichkeit und die Methoden. Zentrales Anliegen ist die „Erarbeitung einer die Frauenfrage umfassenden Gesellschaftstheorie". Kritisiert werden die Unzulänglichkeiten in der Rollentheorie, in der ökonomischen Theorie, z. B. verfügbare Theorien produktiver und unproduktiver Arbeit.

e) Die Auseinandersetzung um diese Gesellschaftstheorie und das Nachdenken über neue Methoden der Forschung kann nicht im akademischen Schonraum erfolgen. Da terminologische und methodische Fragen letztlich Machtfragen sind, kann eine feministische Gesellschaftstheorie nur in engster Verbindung mit den politischen Kämpfen der Frauen entstehen.

f) Daraus folgt, daß ein neues Wissenschaftsverständnis nicht losgelöst von den Praxisfeldern entstehen kann. Durch die Einbeziehung von konkreten Erfahrungen (durch Hineinnahme von Subjektivität) sollen in der Frauenforschung die strukturelle Trennung von **Theorie** und Praxis aufgehoben, Subjektivität und Erfahrungen eingebracht werden. Aber leitendes Erkenntnisinteresse ist nicht der Erfahrungsaustausch und die Mängelanalyse, sondern die theoretische Erklärung für die Ausbeutung und Unterdrückung der Frau mit dem Ziel der kollektiven Veränderung.

g) Feminismus ist der Kampf gegen die gesellschaftlich definierte Frauenrolle, die Ablehnung der Definition des Frauseins durch den Mann bzw. der patriarchalischen Kultur. Reaktionär ist der Feminismus allerdings dann, wenn er sich an den alten Vorstellungen vom wesensgemäß Weiblichen orientiert. Auf diese Weise könnte sich erneut eine biologistische Argumentation durch die Hintertür einschleichen, die die Feministinnen gerade entlarven wollen.

„Der Feminismus ist in zweifacher Weise bedroht", meint H. Schenk: „durch eine Vereinnahmung von links und der neuen Weiblichkeit, die in Wahrheit eine ganz alte ist. Es gibt Frauengruppen, die akzeptieren wollen, daß weiblich identisch ist mit Körperverbundenheit, Naturnähe, Gefühlsbestimmtheit, Irrationalität. Der Frauenbewegung ist die Warnung Marcuses bewußt zu machen, daß nichts der Frauenemanzipation so sehr schaden kann wie eine neue Idealisierung von Weiblichkeit. Der neue Weiblichkeitsmythos besteht in der radikalen Ablehnung ‚männlicher Denkstrukturen', der Ablehnung der Rationalität und Wissenschaft".

In einem Aufsatz von Karin Petersen, in „Courage" 1979 heißt es:

„Das ständige Umgehen mit rationalen Systemen, Erkenntnissen, meßbaren Fakten ist kümmerlich. Dieses Wirklichkeitsdenken geht einher mit Unterdrückung, alles muß handhabbar, verfügbar sein, logisch, sichtbar, formbar mit der Spitzhacke, nur kein Blick für das, was durch die Gitter dieses Aneignungsrasters fällt. Alles beruht auf Trennung und Beherrschung, Zerstörung und willkürlicher Zusammensetzung ... Wem nützt die Aufklärung, die Reduzierung auf sichtbare Ursache-Wirkung-Komplexe. Angestrebt und bejaht wird eine neue weibliche Spiritualität, Interesse an Magie und Spiritualismus, an Mythen und Märchen, an vorgeschichtlichen Matriarchaten und Göttinnenkult mit ihren Ritualen."
H. Schenk spricht in diesem Zusammenhang vom Wiedererleben bzw. Wiedererwerben medialer Fähigkeiten.[12]

Gesucht wird nach einer neuen Weltsicht, einem veränderten Verhältnis zur Natur, das nicht vom Prinzip des Beherrschens bestimmt ist, zum Körper, zum anderen Menschen.
Zum neuen Weiblichkeitsmythos werden diese Ansätze jedoch, wenn wie bei V. Krechel Mutterschaft, Körper, Natur, Gefühl ins Zentrum weiblicher Identität gestellt wird. Man kann Feminismus nicht als Theorie, als Denkgebäude fassen, wohl aber als Grundstruktur des Bewußtseins.[13]
Von Frauenforscherinnen wird der Mangel an theoretischer Arbeit beklagt. Das Theoriedefizit der Frauenbewegung ist keinesfalls das Ergebnis einer spezifisch weiblichen Schwäche, sondern ist die Folge der bewußten Ablehnung von Theorie überhaupt durch große Teile der Frauenbewegung, weil die heute herrschende technokratische Theoriebildung und Analyse als etwas Männ-

liches, gleichzeitig aber auch als die einzig mögliche Form von Theorie überhaupt angesehen wird. Heute beginnen mehr und mehr Frauen zu verstehen, daß die unhistorische und undialektische Umkehrung und Umwertung der gesellschaftlichen Spaltung in weibliche und männliche „Rollen", der Verzicht auf „Kopfarbeit", weil angeblich männlich, und der Rückzug auf „Herz- und Baucharbeit", weil weiblich und darum angeblich besser, die alten Verhältnisse nicht aufbricht, sondern durch die Propagierung einer „neuen Weiblichkeit" geradezu stabilisiert. Diese Erkenntnis macht das Bemühen um theoretische Klarheit zu einer dringenden Forderung der Bewegung. Die große Resonanz, die die bisherigen Sommeruniversitäten in Berlin fanden, ist deutlicher Hinweis auf das Bedürfnis vieler Frauen nach besserer theoretischer Fundierung für ihre Auseinandersetzung. Dieses Bedürfnis hat vor allem Frauen im Wissenschaftsbetrieb veranlaßt, nach neuen Wegen zu suchen.

Frauenforschung läßt sich generell unterscheiden in Forschung über Frauen und Forschung um Frauen und durch Frauen. Im letztgenannten Bereich geht es um eine frauenspezifische Aufarbeitung von Themen, die in besonderer Weise Frauen betreffen.

Die stärker feministisch orientierte Frauenforschung konzentriert sich vor allem auf Bereiche, in denen die Frauen spezifische Diskriminierungen erfahren. Die Forschungsarbeit wird primär von Einzelwissenschaftlerinnen an Universitäten und Instituten geleistet, die untereinander einen Gedanken- und Erfahrungsaustausch organisieren. Koordinationsfunktionen erfüllen hier in erster Linie die beiden Organisationen:

1. Sozialwissenschaftliche Forschung und Praxis für Frauen e.V.
2. die Sektion Frauenforschung in der Deutschen Gesellschaft für Soziologie.

Ein zentrales Forschungsinteresse gilt dem Bereich Gewalt gegen Frauen. Momentan läßt sich auch in der Frauenforschung eine zunehmende Tendenz in Richtung auf eine **historische** Vorgehensweise und Themenstellung feststellen. Dabei findet sich die eingangs formulierte Unterscheidung in ein Forschen über und eine Forschung um Frauen und durch Frauen wieder, indem einerseits geforscht wird über Frauen in historischer Sichtweise und andererseits bzw. darüber hinaus historische Forschung verbunden wird mit neuen, weiblichen Methoden der Sozialwissenschaft.[14]

Zum zentralen Ausgangspunkt für eine Neuformulierung von Frauenforschung wird das Thema der **Betroffenheit.**

Hier kommt es über neue Ansätze im Bereich historischer Frauenforschung hinaus zu wichtigen Anregungen im Schnittpunkt von Aktionsforschung und qualitativer Methodologie.

Im Entstehen ist der Bereich Forschung über die ausländischen Frauen in der Bundesrepublik. Das Problem der Betroffenheit und frauenspezifischer Forschung erhält hier einen anderen Stellenwert, da es allenfalls deutsche Frauen sind, die über türkische Frauen forschen. Die Forschung setzt vor allem an zwei neuralgischen Punkten an:

1. den Sprachkenntnissen der Ausländerinnen und
2. Gesundheitsproblemen.

Forschungsprojekte über Modelle des Deutschunterrichts mit türkischen Frauen laufen an verschiedenen Universitäten (u. a. Frankfurt). Am Institut für Sozialmedizin in Bochum wird ein Projekt vorbereitet, das die Gesundheitsprobleme ausländischer Frauen erforschen soll. Das kurz umrissene Wissenschaftsverständnis läßt Stärken und Schwächen der Frauenforschung deutlich werden. Feministische Frauenforschung erfordert Parteinahme für die Frauenfrage, Engagement für die Veränderung der Situation und Rolle der Frau. Sie kann und will nicht trennen zwischen Betroffenheit, wissenschafts- und gesellschaftskritischer Analyse und praktischer Arbeit am Abbau der Benachteiligungen.
Feministische Frauenforscherinnen wissen um die ungelösten Fragen und Aufgaben. Bewußte Abgrenzung gibt der Bewegung Profil, birgt aber auch die Gefahr der Isolation, der Gettoisierung und der mangelnden Herausforderung durch Kontrapositionen. Daß diese Gefahren zunehmend problematisiert werden, zeigt sich in der internen Diskussion um Erweiterung der Forschungsfelder und der Methoden. Es schlägt sich ebenso nieder in der Warnung vor einem verkürzten Theorie-Praxis-Verständnis. Einer simplen In-Eins-Setzung von wissenschaftlichem Arbeiten mit ‚Praxis' wird ebenso eine Absage erteilt wie der Tendenz, Alltagshandeln und Aktionen mit ‚Forschung' zu verwechseln.[15]
Die Forderung nach einer ‚weiblichen' Wissenschaft relativiert sich bei genauerer Lektüre feministischer Frauenforschungstheorie in ihrem Anspruch und ihrer Begründung. Es handelt sich eher um einen wissenschaftstheoretischen und wissenschaftspolitischen Kampfbegriff als um eine allgemeine Ablösung der ‚männlichen' durch eine ‚weibliche' Wissenschaft. Im Mittelpunkt steht vor allem die Überzeugung, daß die Frauen in der Wissenschaft so gut wie nicht vorhanden sind und auch ihre Fragestellungen und Sichtweisen nicht einbringen konnten:

„Es ist die heutige Wissenschaft, die nicht für Frauen gemacht ist. Es wird Zeit, daß Frauen ihre Vorstellungen und ihr Leben in die Wissenschaft einbringen. Und es ist Zeit zu benennen, was **wir** Frauen **wie** in die Wissenschaft einbringen wollen.... Keine dieser Methoden ist neu, und ich glaube auch nicht, daß wir Frauen ‚Neues' zu erfinden hätten. Wir haben vielmehr Bekanntes in die Richtung einer auf die Wirklichkeit und ihre Veränderung bezogenen Wissenschaft hin zu orientieren".[16]

In der Tat hat die Frauenforschung in ihrem Erkenntnisinteresse und ihrer Theorie wichtige Anleihen bei der marxistischen und kritischen Theorie gemacht, um die Unterdrückung und Benachteiligung zu erklären und aufzuklären, um die dialektische Beziehung zwischen Individuen und gesellschaftlichen Strukturen deutlich zu machen, um Wissen und Handeln der Frauen in sozialen Kontexten zu interpretieren. Verstärkt wendet sie diese Ansätze auf die Theorie und Geschichte der Frauenbewegung an, um die bisher entwickelten Strategien der Frauenemanzipation historisch-kritisch aufzuarbeiten und sie in ihren gesamtgesellschaftlichen Dimensionen auf ihre praktische Bedeutung hin zu untersuchen. Mangel besteht - aber das gilt auch für die nichtfeministische Wissenschaft - an interdisziplinär angelegter Theoriebildung, an sozialkritischer, soziologisch und sozialpsychologisch fundierter Theorie der Frauenemanzipation.

Frauen bringen ihre Vorstellungen und ihr Leben in die Wissenschaft über die biographische Methode, über subjektive Standpunkte, Betroffenheit, Aufarbeitung von Alltag ein. Wissenschaft soll konkret und lebendig sein, Intellekt und Gefühl in gleicher Weise zur Geltung bringen.

Zwar werden die ‚männlichen' Denkstrukturen von Rationalität und Wissenschaft durchgängig vehement abgelehnt, aber gleichzeitig ist zu lesen, daß analytischer Verstand, daß Methodenvielfalt, auch Kenntnis der ‚männlichen' Empirie erforderlich ist. Überwunden werden soll eine blutleere Wissenschaft, ein Forscherbewußtsein, das seine Subjektivität verdrängt und den je subjektiven Implikationen von Forschung nicht Rechnung trägt.

Die Unterscheidung von ‚männlicher' und ‚weiblicher' Wissenschaft kann somit über die wissenschaftspolitische Komponente hinaus allenfalls eine wichtige heuristische Funktion haben, aber nicht mehr. Auch die Aktionsforschung ist Teil einer kritischen Sozialforschung, die prinzipiell keine Zuordnung zu ‚männlicher' oder ‚weiblicher' Wissenschaft verträgt, wenngleich gerade sie in der Frauenforschung ihre verstärkte Anwendung gefunden hat. Sie gewährleistet in höherem Maße eine Integration von Forschung und Praxisveränderung. Aber sie läßt weniger Generalisierungen zu und ist in wichtigen Teilbereichen auf die klassische Empirie angewiesen. Aktionsforschung wird bevorzugt, da sie von vornherein den distanzierten, kontemplativen, sich heraushaltenden Forscher konzeptionell und praktisch verneint. Doch auch sie entspricht nur dann den Anforderungen feministischer Forschung, wenn sie durch ihre Theorie und Methode in der Lage ist, die Praxisprozesse in der Richtung fortschreitender Emanzipation und Humanisierung voranzutreiben.

Noch besteht eine Spannung, wenn nicht sogar die Kluft zwischen Theorie und Praxis. Die feministische Frauenforschung macht diese Diskrepanz erneut bewußt, ohne aber ihrerseits eine Lösung oder einen Lösungsweg aufzeigen zu können.

Sie fordert Parteilichkeit statt Neutralität und Wertfreiheit. Identifikation mit dem Forschungsproblem und mit den an der Forschung Beteiligten, schließt aber die Forderung an Forschung nicht aus, die sich auf Distanzierung, Ver-

pflichtung zu ideologie-kritischer Auseinandersetzung mit den je eigenen Prämissen und Zielen sowie der Überprüfung der Forschungsergebnisse bezieht.
Feministische bzw. kritische Frauenforschung hat in der Bundesrepublik entscheidenden Einfluß genommen auf die Forschung über und mit Frauen und das öffentliche Bewußtsein in entscheidenden Punkten vorangebracht.
Es wäre zu bedauern, wenn durch unproduktive Einseitigkeiten, Polarisierungen und gettoisierte Forschungsorganisation und -praxis die Chancen zu einer verbesserten Situation der Frau in Wissenschaft und Praxis vertan würden.
Aber im gleichen Atemzug ist an die Adresse der Forschungsförderer in den Ministerien, Stiftungen und Universitäten die Forderung zu richten, frauenrelevante Forschung anders als bisher projektbezogen und institutionalisiert in die Forschungsförderung einzubeziehen. Frauenverbände und gerade auch der Akademikerinnenbund[17] sollten hier eine Aufgabe sehen, die von ihnen selbst vertretenen Ziele verstärkt in die Öffentlichkeit zu tragen und in Kooperation mit der feministischen Frauenforschung die Frauenfrage voranzutreiben.

Anmerkungen

1 Brock, U./Braszeit, A./Schmerk, Chr. (Hrsg.): Frauen an den Universitäten. Zur Situation von Studentinnen und Hochschullehrerinnen in der männlichen Wissenschaftshierarchie, Frankfurt 1983; Sommerkorn, J.: Frauen als Lehrende und Lernende an der Hochschule, in: Sommerkorn, J. (Hrsg.): Identität und Hochschule, Hamburg 1981, 74–106.

2 Vgl. Sektion Frauenforschung in den Sozialwissenschaften in der Deutschen Gesellschaft für Soziologie (Sektionsbriefe der Jahre 1981/82).

3 Duelli-Klein, R./Nerad, M./Metz-Göckel, S. (Hrsg.): Feministische Wissenschaft und Frauenstudium, Göttingen 1982; Ostner, J.: Wissenschaft für die Frauen-Wissenschaft im Interesse der Frauen, in: Böhm, G.: Alternativen der Wissenschaft, Frankfurt 1980; Fraueninformationsblatt, hrsg. von der Zentraleinrichtung zur Förderung von Frauenstudien und Frauenforschung an der Freien Universität Berlin; von Soden, K./Zipfel, G.: 70 Jahre Frauenstudium, Frauen in der Wissenschaft, Köln 1979.

4 Mies, M.: Methodische Postulate zur Frauenforschung, in: Beiträge zur feministischen theorie und praxis, 1/1978 und 11/1984, 7–26; Methoden in der Frauenforschung, Symposion an der Freien Universität Berlin vom 30.11.–2.12.1985, hrsg. von der Zentraleinrichtung zur Förderung von Frauenstudien und Frauenforschung an der Freien Universität Berlin, Frankfurt 1984.

5 Schenk, H.: Die feministische Herausforderung, München 1980, 83 ff.

6 Frau und Gesellschaft I. Zwischenbericht der Enquête-Kommission, Deutscher Bundestag, Zur Sache 1/1977, Presse- und Informationszentrum des Deutschen Bundestages, Bonn 1977; Frau und Gesellschaft II. Bericht 1980 der Enquête-Kommission und Aussprache 1981 im Plenum des Deutschen Bundestages, Zur Sache 1/1981, Presse- und Informationszentrum des Deutschen Bundestages, Bonn 1981.

[7] Vgl. dazu in erster Linie die „beiträge zur feministischen theorie und praxis“ und Schenk, H., Die feministische Herausforderung, München 1980, 83ff.

[8] Gmelin, O./Saussure: Bankrott der Männerherrschaft, Materialien zu Problemen der Frauenemanzipation, Frankfurt 1971.

[9] Gassen, G.: Wohin geht die Frauenbewegung?, 22 Protokolle, Stuttgart 1981, (Fischer 3720).

[10] Dies., Wohin geht die Frauenbewegung, 12.

[11] Der Verein wurde 1978 gegründet, Die von ihm vertretenen Positionen und Arbeiten werden veröffentlicht in: „beiträge zur feministischen theorie und praxis“, Hrsg.: Sozialwissenschaftliche Forschung und Praxis für Frauen e.V. (1. Januar 1978).

[12] Petersen, K.: Die ängstlichen Netze der eigenen Beschränktheit, in: Courage 6/1979, 18–20; Schenk, H., Die feministische Herausforderung, München 1980, 160.

[13] Krechel, U.: Selbsterfahrung und Fremdbestimmung, Bericht aus der neuen Frauenbewegung, Darmstadt 1976.

[14] Woesler de Panafiou, C.: Wie weiblich kann Wissenschaft sein?, in: Psychologie Heute, Nr. 7/1981, 30–34.

[15] Mütter, U.: Reflexive Soziologie und empirische Sozialforschung, Frankfurt 1979; dies.: Gibt es eine „spezielle“ Methode in der Frauenforschung?, in: Methoden der Frauenforschung, a.a.O., Berlin 1984.

[16] Woesler de Panafiou, C.: Wie weiblich kann Wissenschaft sein?, in: Psychologie Heute, 7/1981, 31.

[17] Vgl. Mitteilungsblatt des Deutschen Akademikerinnenbundes e. V. International Federation of University Women, Berichte der Jahrestagungen 1981 und 1982 zur Frauenforschung, 61/1982 und 63/1983.

3. Helge Pross: Frauenforschung im Dienst der Gleichberechtigung. Orientierung und Vermächtnis (1985)

1. Prämissen und Ziele

Helge Pross hat ein wissenschaftliches Werk hinterlassen, in dem die Frauenfrage als zentraler Forschungsbereich ausgewiesen ist. Seit Mitte der 60er Jahre hat sie diese Thematik in die übergeordnete Frage nach der Verwirklichung von Demokratie in der Bundesrepublik, nach Abbau sozialer Ungleichheit und Durchsetzung der Gleichberechtigung von Mann und Frau integriert. Von dieser Idee ist sie durchdrungen, lebt ihr wissenschaftliches Werk. Sie will kein Frauengetto, keine Sonderbehandlung der Frauenfrage, sondern die konsequente gesellschaftliche Integration, umfassende Gleichberechtigung in allen Lebensbereichen. Wie ein roter Faden zieht sich durch alle Untersuchungen das Problem der Gleichberechtigung in Beruf, Familie und Politik. Sie erbringt den Nachweis, daß diese in der Bundesrepublik wie in anderen Industriestaaten in Ost und West noch Stückwerk ist. In jeder ihrer Veröffentlichungen stellt sie die Frage nach den gesellschaftlich notwendigen und durchsetzbaren Veränderungen, nach einer Frauenpolitik, die bestehende Widersprüche reduziert und zugleich den Belangen von Frauen, Männern und Kindern Rechnung trägt.

Helge Pross versteht Wissenschaft nicht als Fortsetzung der Politik mit anderen Mitteln (Pross 1983, 199), aber die Wissenschaft hat politische Ziele. Diese ergeben sich einerseits aus den Normen der Gleichberechtigung zwischen den Geschlechtern und andererseits aus den Gleichberechtigungsdefiziten, den besonderen Belastungen, Benachteiligungen und Lebensrisiken. Sie weist Verbesserungen und nach wie vor bestehende Defizite auf. In ihre Analysen werden durchgängig internationale Vergleichsdaten einbezogen, sei es zum Ausbildungsbereich, zur Erwerbsbeteiligung, zur Rechtslage oder zur Mitwirkung und Mitbestimmung in der Politik. Mit den Analysen verbindet sie die Kritik am Status quo, verbinden sich jedoch zugleich Forderungen an die Politik. Das impliziert aber nicht eine Fusion von Wissenschaft und Politik, gegen die sich Helge Pross mit Nachdruck wendet. Sie plädiert für die Trennung beider Bereiche im Sinne von Max Weber. Eine Verknüpfung beider Bereiche hätte nach ihrer Auffassung zur Folge, daß sich Wissenschaft fremdgesetzten Zielen zu unterwerfen hätte. Außerwissenschaftliche Kräfte würden dann die wissenschaftliche Arbeit beherrschen. Eine in politische Machtkämpfe eingebundene

Wissenschaft müßte zwangsläufig unfrei sein. Sie betont, daß es etwas anderes sei, politische Ziele zu haben oder auch anzuerkennen oder sich in die Abhängigkeit von der Politik zu begeben und damit die Wissenschaft selbst zum Instrument einer bestimmten Politik zu machen. Aufgabe der Wissenschaft sei es, Distanz zu wahren zwischen Wissenschaft und Politik. Beschreibung, Erklärung und politisches Handeln sind als getrennte Vorgänge zu sehen, nur so sei das Spezifische von Wissenschaft, die kritische Auseinandersetzung mit der - auch durch Politik beeinflußten - Realität zu sichern. Helge Pross versteht ihr wissenschaftliches Engagement als ideologiekritische Arbeit, durch die klischeehafte, tradierte Vorstellungen vom Wesen und der Natur von Mann und Frau, die das Selbst- und Fremdbild beider Geschlechter bestimmen, abgebaut werden. Diese ideologiekritische Aufklärungsarbeit hat sie seit den 60er Jahren für alle wichtigen Lebensbereiche der Frauen geleistet: für Bildung und Ausbildung, Familienarbeit und außerhäusliche Berufstätigkeit, für die Beteiligung der Frauen an der Politik. Sie verstummte nicht in ihrer Kritik an wissenschaftlich unhaltbaren Aussagen zur Wesensbestimmung von Mann und Frau, zur symbiotischen Mutter-Kind-Beziehung und der damit einhergehenden Vaterausgrenzung, zur fehlenden technischen Begabung der Mädchen, zur Unfähigkeit des Vaters, kleine Kinder betreuen, pflegen und erziehen zu können. In der nicht abreißenden Aufklärungsarbeit, gestützt auf ideologiekritische Analysen, sah Helge Pross eine unverzichtbare gesellschaftspolitische Funktion von Wissenschaft.

Aber das Wissen um politische Ziele und das Bekenntnis zu politischen Zielen berechtigt die Wissenschaftlerin nicht, Frauen politisch zu bevormunden, die eigenen Ziele zum Maßstab der Bewertung zu machen. Die Grenze ist durch die Selbstbestimmung des einzelnen gesetzt.

Helge Pross gibt sich nicht zufrieden mit Thesen und Meinungen. Sie argumentiert mit empirisch abgesicherten Daten und trennt jeweils deutlich zwischen belegbaren Tatsachen und Hypothesen. Grundlage ihrer sozialwissenschaftlichen Aussagen bilden Befunde der Statistik und Empirie. Sie beschränkt sich nicht auf die Deskription von Strukturen, Einstellungen und Verhaltensweisen, sondern forscht nach Ursachen, sucht nach Erklärungen. Durchgängig erteilt sie eindimensionalen Erklärungsansätzen eine Absage. Ihr eigener Zugriff ist jeweils ein mehrdimensionaler, wobei ihre Analysen zugleich bei den Strukturen und den Individuen ansetzen. Dabei geht sie nicht nur von der Interdependenz zwischen Strukturen und individuellen Verhaltensmustern aus, sondern ebenso von der Interdependenz zwischen Strukturen und Geschlechterrollen, zwischen dem Rollenwandel der Frau und dem des Mannes. Grundlegende Kritik übt sie an einer einseitigen Ausrichtung auf die Frauenfrage, bei der Frauen wiederum Frauenprobleme untersuchen, ohne die Auswirkungen des Rollenwandels der Frauen auf die Männer in die Analyse einzubeziehen (Pross 1978, 9ff).

„Frauenfragen sind Männerfragen. Deshalb muß das Verhältnis der Geschlechter und nicht ein isoliert betrachteter Komplex von Frauenfragen Gegenstand der Erörterung werden“ (Pross 1978, 11).

Sie selbst trägt diesem Anspruch Rechnung, indem sie ihre Analysen zum einen in den Bereichen Bildung, Beruf und Familie ansetzt, zum anderen bei Frauen und Männern, den ihnen zugewiesenen und von ihnen verinnerlichten Rollen, ihrem Selbst- und Fremdbild ansetzt. Insofern verweist die Frage nach der erreichten und nicht erreichten Gleichberechtigung auf einen ganzheitlichen Ansatz, der sowohl die Lebensbereiche in ihren wechselseitigen Bezügen wie auch die Rollenzuweisungen und die Interaktion von Mann und Frau in diesen Lebensbereichen untersucht. Verfolgt man die Abfolge der Untersuchungen, so setzt Helge Pross mit der Studie zur Gleichberechtigung im Beruf (1973) bei der Analyse objektiver Gegebenheiten in Verbindung mit individuellen Wertorientierungen, Präferenzen und Notwendigkeiten an. Die Ursachenanalyse erfolgt ebenso auf der ökonomischen und politischen, der ideologischen und kulturellen sowie der individuellen Ebene. Fortschritte und Rückschläge in der Durchsetzung einer umfassenden Gleichberechtigung hängen vom Zusammenwirken einzelner Faktoren ab.

Helge Pross will aufklären, Entwicklungen mit beeinflussen,aber gleichzeitig bricht sich ihr Engagement an den tatsächlichen gesellschaftlichen Gegebenheiten, an der nach wie vor bestehenden Bereitschaft der Frauen, die traditionellen Rollen hinzunehmen, an dem geringen Interesse der Männer, ihre Situation zu verändern. Ihre Zukunftsvisionen leben von den ermutigenden Zeichen und Tendenzen, von dem anhaltenden und noch steigenden Bildungs- und Berufsinteresse der Frauen, von der Überzeugung, daß das Erreichte nicht zurückzuschrauben ist, und von der Hoffnung, daß insbesondere die Frauen auf eine umfassendere Gleichberechtigung drängen.

Helge Pross ist davon überzeugt, daß die Gleichberechtigung nicht durchgesetzt werden kann, wenn es nicht gelingt, die Vereinbarkeit von Familie und Beruf für Frauen und Männer durchgreifend zu verbessern. Von daher konzentrieren sich ihre Analysen auch schwerpunktmäßig auf diese Bereiche. Die daraus resultierenden Befunde und Interpretationen sollen in den nachfolgenden Abschnitten in ihren Kernaussagen herausgearbeitet und bewertet werden. Sie konzentrieren sich auf die Komplexe: Emanzipation und Gleichberechtigung sowie Geschlechterrollen im Wandel. Die von Helge Pross formulierten Thesen zur Frauenfrage weisen in vielen Punkten Übereinstimmungen mit der feministischen Frauenforschung auf. Sie selbst hat sich jedoch nicht als feministische Frauenforscherin verstanden und die Prämissen und Ziele ihres Wissenschaftsverständnisses wiederholt formuliert. Dazu zählen auch die auf dem Berliner Symposion zu „Methoden der Frauenforschung“ (1983) von ihr vertretenen Positionen.

2. Emanzipation und Gleichberechtigung

Helge Pross geht äußerst sparsam mit dem Schlagwort Emanzipation um. Sie spricht weit mehr von Benachteiligungen, von Defiziten der Gleichberechtigung, von Abhängigkeit und Unfreiheit. Der zurückhaltende Einsatz dieses Begriffs sollte aber nicht zu falschen Schlüssen führen. Sie identifiziert sich mit dem Emanzipationsprozeß der Frauen, wünscht ihn ebenso für die Männer und hält ihn für eine unabdingbare Voraussetzung einer faktischen Gleichberechtigung. Ohne Zuerkennung und Zuschreibung individueller Rechte und Kompetenzen kann es keine Gleichberechtigung geben. Der Emanzipationsprozeß kann nicht folgenlos bleiben, weder für den einzelnen noch für die Gesellschaft. Aber wer die Emanzipation bejaht, kann nicht die Folgen negieren wollen. Mit unerwünschten Folgen sind beispielsweise die Zunahme der Ehescheidungen oder der Geburtenrückgang gemeint. Helge Pross warnt vor eindimensionalen Erklärungen, vor dem Einsatz monokausaler Theorien und fordert dazu auf, der Vielzahl einflußnehmender Faktoren und den vielfältigen Interdependenzen Rechnung zu tragen. Es sei zu einfach, die Emanzipation pauschal für unerwünschte gesellschaftliche Entwicklungen verantwortlich zu machen. Sie fordert, sensibler zu werden für die Folgeprobleme und hier nach Lösungen zu suchen, die dazu beitragen, Ambivalenzen und Widersprüche im Alltag der Frauen und Männer zu reduzieren.
Besonders pointiert hat sie ihre Position zur Frauenemanzipation in dem Beitrag „Familie und Frauenemanzipation“ (1981) dargelegt. Zur Frage „Was heißt Frauenemanzipation?, erklärt sie:

„Emanzipation meint ‚Freilassung‘ – Freilassung des Sohnes aus der väterlichen Gewalt, der Kinder aus der Vormundschaft der Eltern, der Erwachsenen aus der Sklaverei, die Freilassung des Menschen aus Abhängigkeit und Unmündigkeit. Emanzipation bezieht sich auf das Recht von Individuen und Gruppen, in einer freien Gesellschaft als Gleiche unter Gleichen über die gemeinsamen Angelegenheiten zu bestimmen. Emanzipation setzt voraus, daß der einzelne die Möglichkeit hat, die Fähigkeit zu Selbst- und Mitbestimmung zu erwerben, sich zu bilden, zu informieren, zu engagieren. Sie setzt heute voraus, daß eine Gesellschaft sich durch das System der politischen Demokratie selbst regiert“ (Pross 1981, 9).

Seit der Mitte des vorigen Jahrhunderts – so führt Helge Pross aus – traf der Gedanke, auch in Deutschland die Frauen „freizulassen“ auf ein breites Echo. Aber dieser Prozeß erwies sich als außerordentlich mühsam. Die rechtliche und wirtschaftliche Abhängigkeit bestand ebenso bis weit in das 20. Jahrhundert fort und die Beteiligung der Frauen an Bildung, Ausbildung und Politik mußte gegen harte Widerstände erkämpft werden.
Gleichberechtigung im engeren Sinn ist ein notwendiger und unersetzbarer Bestandteil der Emanzipation. Formal ist dieser Prozeß in der Bundesrepublik durchgesetzt worden, d. h. rechtlich ist die Gleichberechtigung weitestgehend

erreicht. Das bedeutet aber nicht, daß Frauen schon in allen vor- und außerrechtlichen Belangen gleichgestellt sind.

„Emanzipation meint zwar zuerst und vor allem Gleichheit vor dem Gesetz, aber sie meint nicht nur Gleichheit vor dem Gesetz. Sie schließt darüber hinaus die gleichrangige faktische Mitwirkung von Männern und Frauen in allen gemeinsamen Angelegenheiten und die faktische Gleichheit der Möglichkeiten für die persönliche Entwicklung ein" (Pross 1981, 11).

Daß wir in der Bundesrepublik von der Verwirklichung dieser umfassenden Konzeption noch weit entfernt sind, weist Helge Pross nicht nur in ihrem Beitrag „Familie und Frauenemanzipation" nach. Sie wurde weder in der Bildung/Ausbildung noch in der Arbeitswelt und schon gar nicht in der Politik erreicht. Die Berufstätigkeit der Frau ist zur Selbstverständlichkeit geworden, aber noch immer konzentrieren sich die Frauen in wenigen Berufen; von Lohngleichheit kann nicht die Rede sein und in der Politik bilden Frauen ebenso wie in den führenden Berufspositionen eine Minderheit.
Helge Pross bewertet die bisher erreichte Entwicklung wie folgt:

Das Hauptprinzip der Frauenemanzipation: gleichrangige Mitwirkung und Mitbestimmung von Männern und Frauen in den gemeinsamen Angelegenheiten und gleiche Chancen für die persönliche Entfaltung wurde bisher nicht realisiert. Es ist ein Fernziel geblieben, sehr fern. Die Widerstände dagegen haben zum Teil mit der Familie zu tun ... Mit Sicherheit wird auch die jetzt junge und jüngere Generation seine volle Verwirklichung nicht erleben. Bezogen auf die Gegenwart enthält die Idee der Emanzipation einen utopischen Überschuß. Sie bleibt eine Norm, deren bloße teilweise Einlösung auch in Zukunft zu Unruhe, reformierender Aktivität und weiterer schrittweisen Annäherung führen wird" (Pross 1981, 12).

Diese Kritik macht nicht blind für bereits eingetretene Verbesserungen: die Gleichstellung von Frauen und Männern vor dem Gesetz, den erreichten Bildungs- und Ausbildungsstand von Frauen und Mädchen, die Selbstverständlichkeit außerhäuslicher weiblicher Berufsarbeit. Es erscheint undenkbar, daß hinter das Erreichte zurückgegangen wird, daß die Frau oder die Frauenpolitik diese Entwicklung zurückschrauben können.
Helge Pross leugnet nicht, daß die Veränderungen der weiblichen Daseinsumstände die Familie tangieren. Sie bestreitet jedoch, daß die Frauenemanzipation die Familie vernichtet oder sich umgekehrt die Familie als ein unüberwindliches Hindernis der Frauenemanzipation erweist. Aber die Frauenemanzipation ist nur ein Faktor, der zum Wandel der Familie beigetragen hat. Die heute in den Familien angestrebten Lebensstile und Beziehungen, die Entwicklung zur Partnerschaftlichkeit wie auch die wachsende Individualisierung wären ohne die Frauenemanzipation nicht möglich gewesen. Die Bedeutung von Ehe und Familie ist heute – so belegt Helge Pross – keineswegs rückläufig.

Die Ehe ist jedoch stärker Selbstzweck. Sie wird nicht zum Zweck der Versorgung, sondern aus Liebe eingegangen. Insofern ist die Ehe heute nachdrücklicher personenbezogen, mehr individualisiert. Helge Pross ist überzeugt, daß die Freilassung der Frauen aus der totalen Unmündigkeit große Gewinne gebracht hat. „Gewinne an Freiheit, Bildung, Selbstbestimmung, Gewinne an persönlichem Glück“ (Pross 1981, 27).

Diese Gewinne haben neue Probleme geschaffen, Frauen, Kinder und Männer sind mit neuen Schwierigkeiten konfrontiert. Sie sind nicht einfach der Frauenemanzipation zuzuschreiben, sondern haben darüber hinaus Ursachen in dem nur langsam fortschreitenden Rollenwandel des Mannes wie auch in der mangelnden Bereitschaft und Fähigkeit der Gesellschaft, alte Rollenvorstellungen aufzugeben und analog zur Gleichberechtigungspolitik die Lebensbereiche umzugestalten und entsprechend den veränderten Bedürfnissen von Frauen, Männern und Kindern neu zu organisieren.

Einen wesentlichen Faktor bildet jedoch die Emanzipation der Männer, weil ohne sie auch die Emanzipation der Frau nur bedingt realisiert werden kann. Angesichts der Tatsache, daß wir - so Helge Pross - in einer wesentlich von Männern beherrschten Gesellschaft leben, hängt es vor allem „von Männern, von männlicher Einsicht, Flexibilität und Verantwortlichkeit“ ab, ob und in welchen Formen die Familie im Zeitalter der Frauenemanzipation überlebt. Die Gesellschaft muß der Tatsache Rechnung tragen, daß die Identitätsprobleme von Frauen aus ihrer paradoxen sozialen Situation und nicht aus individuellen Schwächen resultieren. Die den Frauen zugestandene Freiheit erhöht die Chance der Individualisierung, schafft aber auch Unsicherheiten, die belastend sind (Pross 9/1969, 2471). Nach ihrer Auffassung unternehmen die westlichen Industriegesellschaften wenig, um dem weiblichen Bevölkerungsteil bei der Bewältigung der besonderen Schwierigkeiten zu helfen. Statt dessen verstärken sie die Konflikte, die sich nicht nur negativ auf die Frauen auswirken. Vordringlich erscheint ihr, das überkommene Bild der Frau als das zu erkennen, was es ist, eine falsche, die Entfaltungsfreiheit von Frauen unzulässig einengende, die Individualisierung zu stark behindernde Doktrin. Nötig ist, Frauen mehr Spielraum für die Entwicklung ihrer Neigungen und Talente zu geben (Pross 1974, 4). Nur auf diese Weise könnten die neuen Zerreißproben, die Loyalitätskonflikte und die Identitätskrisen von Frauen gelöst werden. Die Identitätskrise vieler Frauen ist nicht Ausdruck individueller Schwäche, sondern die Folge der paradoxalen Situation erwerbstätiger und nicht-erwerbstätiger Frauen.

Sie reflektiert immer wieder jene Tatbestände, die sich für Frauen als besonders belastend erweisen.

- die Zerrissenheit der Frauen zwischen den Ansprüchen aus Familie und Erwerbsleben;
- die Aufrechterhaltung geschlechtsspezifischer Arbeitsteilung und die damit einhergehende Segmentation des Arbeitsmarktes in männer- und frauentypische Berufe;
- die Beschränkung der Gleichberechtigungspolitik auf den Abbau der gravierendsten Verstöße und Mängel.

Einerseits haben sich die Widersprüche zwischen der traditionellen und der nicht-traditionellen Frauenrolle durch Bildung und Berufsausübung erhöht, andererseits werden diese Widersprüche durch die starke Familienorientierung der Frauen - sowohl der erwerbstätigen als auch der nicht-erwerbstätigen - entschärft. Gerade die Befunde ihrer Arbeitnehmerinnenstudie in der EWG (1973) wie die der Hausfrauenerhebung (1975) veranlassen Helge Pross zu der Feststellung, daß bei einem Großteil der Frauen in der Bundesrepublik noch immer eine „Balance zwischen Zufriedenheit mit der häuslichen Existenz und dem Wunsch nach Abkehr von ihr" bestehe (Pross 1976, 438). Diese Balance ist aber nur scheinbar ungefährlich, denn die Spannungen und Konflikte verlaufen häufig latent, schlagen sich nach außen oftmals in Inaktivität oder auch in Resignation nieder. Frauen scheinen sich in das „Unabänderliche" zu fügen. Es sind gleichsam funktionale Reaktionen auf soziale Bedingungen. Diese erleichtern und verstärken die Untätigkeit der für die Durchsetzung der Gleichberechtigung Verantwortlichen. Eine gezielte Gleichberechtigungspolitik wurde in der Bundesrepublik vernachlässigt, weil weder ökonomische noch soziale Zwänge dazu bestanden.

In dieser Richtung urteilte Helge Pross Anfang und Mitte der 70er Jahre. Aber schon zu dieser Zeit machte sie nachdrücklich auf die Risiken der sich zuspitzenden widersprüchlichen sozialen Situation der Frauen aufmerksam. Ansehen und Wert der Hausfrauenrolle sind weiter gesunken, die Abkehr von der häuslichen Rolle wird sich verstärken und gleichzeitig sind die Erwartungen an die Qualität familialer Leistungen gestiegen. Die Folgen könnten eine wachsende Unzufriedenheit der Frauen und eine weitere Verunsicherung sein, bei der weder die beruflichen noch die familialen Erwartungen erfüllt werden. Die Frauen - so läßt sich folgern - befinden sich in einem doppelten Vakuum: sie sind weder in die Familie noch in den Beruf integriert (Pross 1973, 172/173; 1976, 438/439; 1981, 19/20).

Die frühen 70er Jahre waren noch gekennzeichnet durch einen relativ hohen Arbeitskräftebedarf. Dieser wirkte sich positiv auf die erhöhte Erwerbsbeteiligung der Frauen aus. Aber der Arbeitskräftebedarf ist als isolierter Faktor von begrenztem Einfluß. Am Beispiel der DDR und der Sowjetunion weist Helge Pross nach, welche Faktoren in den sozialistischen Staaten einen hohen Grad beruflicher Integration bewirkten. Neben Arbeitskräftemangel und niedrigen Durchschnittseinkommen wurde die berufliche Integration durch die Ideologie von der Emanzipation der Frau durch Erwerbsarbeit entscheidend vorangetrieben (Pross 1973, 171/172). Das gilt quantitativ wie qualitativ, allerdings um den Preis der in den westlichen Industriestaaten anerkannten Wahlfreiheit. Die berufliche Integration blieb auch in den sozialistischen Staaten weitestgehend folgenlos für die traditionelle Arbeitsteilung in der Familie.

In den westlichen Industriestaaten, vor allem in der Bundesrepublik wurde zu wenig getan, um den Frauen ein breiteres Berufespektrum und berufliche Aufstiegsmöglichkeiten zu eröffnen. Ebenso gravierend sind die Unterlassungen in der Entlastung der Frauen von Familienaufgaben durch ein erweitertes Angebot an Kinderbetreuungseinrichtungen, Ganztagsschulen, Betriebskantinen etc... Entlastung von Familienaufgaben heißt nicht Aufhebung oder Überwindung von Familie und Familientätigkeit. Helge Pross sind beide Lebensbereiche gleich wichtig. Ihr Interesse ist auf eine größere Durchlässigkeit gerichtet. Sie tritt für eine Anerkennung der Gleichrangigkeit der Familien- und der Erwerbsarbeit ein. Dazu ist es unabdingbar, die äußeren Bedingungen zu verbessern. Notwendig sind die eigenständige soziale Sicherung der nichterwerbstätigen Frauen mit Kindern, verbesserte Chancen zur Erwerbstätigkeit während und nach der aktiven Familienphase, Entlastung der Frauen von Familienaufgaben und Veränderung der gegenwärtigen Aufgabenteilung zwischen den Geschlechtern. In der Bundesrepublik kam es weder zu einer gezielten beruflichen Integrationspolitik für Frauen (trotz aufweisbarer Ansätze wie z. B. Arbeitsförderungsgesetz, Ausbildungsförderung, Modellversuche zur Erschließung gewerblich-technischer Berufe) noch zu einer gezielten Familienpolitik.

Auch die Familie – so führten Helge Pross und Rosemarie von Schweitzer in ihrer Studie 1976 zum wirtschaftlichen und sozialen Wandel der Familienhaushalte aus – ist „kein der Politik gleichsam exterritoriales Terrain, das sich durch Prozesse der Selbststeuerung am Leben hält und sich zeitgemäß entwickelt" (v. Schweitzer/Pross 1976, 441).

Wie gut oder wie schlecht die Familie ihre Aufgaben erfüllt, hängt wesentlich von sozialen Bedingungen ab, denn das familiale Handeln ist weitgehend reaktiv, es antwortet auf die die Familie umgebenden Sozialstrukturen.
Mit diesen Aussagen zu notwendigen Maßnahmen einer „Humanisierung der familialen Arbeitswelt" wird deutlich, daß Helge Pross die Förderung der beruflichen Integration ohne gleichzeitige Förderung der Familie für eine Sackgasse hält, die das gegenwärtige Dilemma nur noch vergrößert. Sie sieht keine Lösung in der Einführung einer Berufspflicht, sondern für sie ist die Wahlfreiheit als Prinzip und Handlungsperspektive unaufgebbar (Pross 1973, 173). Die Lösung der gegenwärtigen Probleme kann nach ihrer Auffassung nur in einer besseren Vereinbarkeit von Familie und Beruf, einer größeren Durchlässigkeit zwischen den Bereichen bestehen (Pross 1981, 23). Frauenleben begrenzt sich ebensowenig, wie es für den Mann der Fall sein sollte, auf den Beruf und die Erwerbswelt. Helge Pross will den Zugang der Frauen zu allen Lebensbereichen. Dazu zählen verstärkt jene, die ihr bisher nur eingeschränkt oder gar nicht zugängig waren: Beruf und Politik; denn eine umfassende Persönlichkeitsentfaltung setzt die Mitwirkung an unterschiedlichen Aufgaben voraus. Von daher wäre es abwegig, ihre Option für die Wahlfreiheit im Sinne einer konservativen Festlegung der Frau auf die Familie zu interpretieren. Die von ihr gewünschte Wahlfreiheit impliziert ein Nein gegenüber einseitigen und auf Einheitlichkeit ausgerichteten Lösungen.

Frauen und Männer bilden in bezug auf ihre Bedürfnisse, Fähigkeiten und Präferenzen keinen homogenen Block. Das Prinzip des einen Weges stünde nach Auffassung von Helge Pross nicht in Übereinstimmung mit dem Wahl- und Entscheidungsrecht von Mann und Frau. Aber ihr Demokratieverständnis und ihr Anspruch an die Demokratie wie auch ihre Sicht des Menschen begründen ihr Bekenntnis zur Wahlfreiheit. Diese hat den Stellenwert einer Leitnorm, für die strukturell und individuell die Voraussetzungen noch zu schaffen sind; denn Wahlfreiheit setzt bestimmte rechtliche, soziale, ökonomische und kulturelle Bedingungen voraus.
Unter den gegenwärtigen Bedingungen ist Wahlfreiheit nicht gegeben, ist die Propagierung dieses Prinzips voller Tücken, denn es täuscht Möglichkeiten vor, die realiter nicht gegeben sind. Helge Pross weiß um diese Problematik. Sie weist ausdrücklich darauf hin, daß Wahlfreiheit in den westlichen Demokratien bislang primär dazu beiträgt, traditionelle Orientierungen zu stützen und Gleichstellung zu verhindern. Aber eindeutig formuliert sie ihre Option:

„Erstrebenswert erscheint ein Zustand, in dem Frauen und Männer mehr Möglichkeiten haben, ihre Daseinsweise oder die Formen der Verteilung von häuslichen und außerhäuslichen Pflichten freier zu wählen" (Pross 1973, 172/173).

Trotz Zunahme der Frauenarbeitslosigkeit seit Mitte der 70er Jahre hat Helge Pross ihre Positionen in der Frauenfrage nicht verändert. Das betrifft sowohl ihre Forderungen zu einschneidenden Veränderungen in der Arbeitswelt (vermehrtes Angebot an qualifizierter Teilzeitarbeit, verstärkte berufliche Integration der Frauen in einer Altersphase über 40, verbesserte Aufstiegschancen, selbstverständlicherer Wechsel zwischen Familien- und Erwerbstätigkeit) als auch zu Maßnahmen, die Frauen von Familienaufgaben entlasten.
Sie geht davon aus – und darin bestätigen sich die jüngsten Zahlen der Arbeitskräftestichproben der EG (1984) – daß die Frauen trotz erschwerter Zugangsbedingungen verstärkt auf den Arbeitsmarkt drängen. Zur Frage der Arbeitslosigkeit der Frauen hat Helge Pross zuletzt 1980 in einem Aufsatz Stellung genommen. Darin wehrt sie sich einerseits gegen eine Bagatellisierung der Frauenarbeitslosigkeit, insbesondere im Hinblick auf die psychischen Auswirkungen. Andererseits stellt sie die These in Frage, daß Arbeitslosigkeit das Recht der Frauen auf Erwerbsarbeit relativiere und das Hausfrauenideal stärke. Es trifft nach ihrer Auffassung weder zu, daß Arbeitslosigkeit von Frauen für eine gewünschte Erwerbsunterbrechung genutzt wird, noch daß Frauenarbeitslosigkeit das Ergebnis einer verstärkten Frauendiskriminierung ist (Pross 1980, 124ff).
Die in der Arbeitsmarktforschung immer wieder genannten „Defizite" der Frauen wie fehlende berufliche Qualifikation, zu geringe berufliche Mobilität und Konzentration auf wenige Berufe weist Helge Pross begründet zurück. Sie sind zum einen in der Segmentation des Arbeitsmarktes und der geschlechts-

spezifischen Arbeitsteilung und zum anderen in der fehlenden beruflichen Fortbildung und Umschulung bedingt. Als Hauptgründe stellt sie jedoch die Diskrepanz zwischen erhöhter Nachfrage und fehlender Ausweitung der Frauenarbeitsplätze heraus sowie die fehlenden Hilfen für Frauen zur Umstellung auf veränderte Arbeitsmarktbedingungen und Qualifikationsanforderungen. Im Grunde wiederholt Helge Pross in ihrem Beitrag zur Frauenarbeitslosigkeit die schon 1973 in der EG-Studie vertretene These, daß in der Bundesrepublik zu wenig zur Herstellung der Gleichberechtigung von Mann und Frau im Beruf geschieht. Sie sieht die Belastungen für die Frauen weniger in Kampagnen, die die Frauen auf ihre Hausfrauenrolle abdrängen wollen, auch nicht in den alten und sich vielleicht verstärkenden Diskriminierungen, sondern primär in der Gleichgültigkeit und Untätigkeit der politisch Verantwortlichen. Diese Gleichgültigkeit ist bei Wirtschaft und Verwaltung nach ihrer Auffassung gegeben. Die Krise des Arbeitsmarktes aufgrund der neuen Technologien wird in diesem Beitrag nicht angesprochen. Insofern wird auf die drastisch sich verschärfenden Probleme nicht eingegangen. Die Tatsache, daß Helge Pross in diesem Zusammenhang weder auf versteckte und offene Diskriminierungen der Arbeitgeber in Wirtschaft und Verwaltung noch auf die Verunsicherung der Frauen durch die Angriffe auf „Doppelverdiener" eingeht, hat meines Erachtens seinen Grund in erster Linie darin, daß es ihr entscheidend auf eine andere Stoßrichtung ankommt. Sie setzt zwei Größen in Beziehung zueinander: die Nachfrage nach Arbeitsplätzen von seiten der Frauen und das Arbeitsplatzangebot. Die höhere Arbeitslosigkeit von Frauen ist für sie ein erneutes Indiz für die fehlende berufliche Förderung der Frauen und das unverändert fortbestehende Dilemma der ungelösten Probleme in der Vereinbarkeit von Familie und Beruf. In Zeiten der Arbeitslosigkeit verstärkt sich die soziale Ungleichheit: das ist ihr Fazit.

Die von Helge Pross kritisierte Untätigkeit von Staat und Gesellschaft zur gezielten Förderung der Gleichberechtigung ist nicht mißzuverstehen als Forderung nach Angleichung der Geschlechter, d. h. als Anpassung der Frau an männliche Eigenschaften und Verhaltensweisen. Ihr Gleichberechtigungsverständnis setzt beim Individuum und den gesellschaftlichen Rahmenbedingungen an.

Helge Prosse distanziert sich ebenso von individuellen Schuldzuschreibungen wie radikalen Lösungsansätzen. Die von ihr angeführten Ursachen wie z. B. geschlechtsspezifische Arbeitsteilung, Segmentation des Arbeitsmarktes sind in der Frauenforschung gängig und anerkannt. Doch im Unterschied zu Helge Pross sehen feministische Frauenforscherinnen die tieferliegende Ursache im Patriarchat. Diese Auffassung hat sich Helge Pross nicht oder nur bedingt zu eigen gemacht, jedenfalls nicht im Sinne einer expliziten Erörterung. Sie stellt fest, daß Männer die herrschende und beherrschende Rolle in Beruf und Politik einnehmen. In ihrer Hausfrauen- wie auch der Männerstudie kommt sie zu dem Ergebnis, daß Männer bisher kein oder nur äußerst geringes Interesse an einer Veränderung der ihnen zugewiesenen Rolle haben. Die beherrschende Rolle des Mannes in der Gesellschaft ist ein Faktum, doch im Sinne des von Helge Pross verfolgten mehrdimensionalen Ansatzes ist die Patriarchatstheorie ein Faktor unter anderen, der Gleichheit zwischen den Geschlechtern verhindert.

Für Helge Pross ist die soziale Ungleichheit stärker strukturell als geschlechtsspezifisch bedingt. Ihr kommt es darauf an, komplexe Probleme unter unterschiedlichen Gesichtspunkten zu betrachten und zu analysieren. Sie will sensibilisieren für die gegenläufigen, vielfach ambivalenten Reaktionen von Frauen und Männern auf vorgegebene und sich verändernde Bedingungen. Gleichberechtigung ist von daher nicht einseitig an die Veränderungen materieller Bedingungen gebunden. Sie sind eine entscheidende Voraussetzung für individuelle Veränderungen, für den Erwerb kognitiver und sozial-emotionaler Kompetenzen, für Veränderungen im Erleben und im Verhalten. Vom langsamen, aber stetigen Rollenwandel der Geschlechter erwartet Helge Pross positive Rückwirkungen auf die Strukturen. Bereits jetzt mehren sich die Anzeichen für erhöhte politische Legitimationszwänge; der Druck der Frauen auf die Politik wird - so meint Helge Pross - zunehmen, weil Frauen jene abwählen oder nicht wählen, die die Belange der Frauen ignorieren oder gegen sie verstoßen.

Helge Pross verliert sich weder in Schwarzmalerei noch in vordergründigem Optimismus. Sie läßt sich durch plakative oder vordergründige plausible Thesen nicht überrumpeln. Sie konstatiert, prüft, differenziert, wägt ab und stiftet Nachdenklichkeit, regt an zum Weiterdenken. Sie wartet nicht auf mit einfachen Lösungen für komplexe Probleme, sondern mutet auch der Politik ein auf unterschiedliche Lebensumstände und Bedürfnisse bezogenes Handeln zu. Um das politisch Notwendige mit allem Nachdruck bewußt zu machen, ist sie sich nicht zu schade, dieselben Tatbestände und Forderungen konsequent und unablässig zu wiederholen.

Gleichberechtigung ist ein Ziel, das nach Auffassung von Helge Pross nicht unbedingt auf geradem Wege, kontinuierlich und ohne Rückschläge zu erreichen ist. Aber sie ist überzeugt, in der Frauenfrage hat die Restauration keine Chance, der Weg weist in Richtung weitergehender Reformen. Das Interesse der Frauen an Veränderung ist größer als das an der Fortführung der bestehenden Verhältnisse. Das schließt die vielkritisierte Inaktivität breiter Gruppen nicht aus. Beide Tendenzen bestehen durchaus nebeneinander.

Allerdings sieht Helge Pross in der Bundesrepublik keine Bedingungen für radikale Aktionen, revolutionäre Umbrüche. Sie leugnet nicht den kurzfristig durch die feministische Frauenbewegung auf die Politik gezielten Druck, schmälert auch nicht deren Verdienste in der Frauenfrage. Aber insgesamt hält sie die Stoßkraft der feministischen Bewegung für gebrochen. Die Verände-

rungen zugunsten einer verbesserten Gleichberechtigung werden durch den allgemeinen sozialen Wandel auf struktureller und individueller Ebene erfolgen. Dieser Wandel vollzieht sich nach Helge Pross nicht als ein sich selbst steuernder Prozeß, sondern als Ergebnis von Wirkfaktoren, unter denen der gezielten Gleichberechtigungspolitik ein besonderes Gewicht zukommt.
Gleichberechtigungspolitik ist nicht nur ein Erfordernis der Demokratie, sondern zugleich ein Erfordernis des Sozialstaates, der sich nicht darauf beschränken kann, die Fähigen zu fördern, sondern besondere Hilfen jenen zu gewähren, die durch besondere Lebensumstände in der Entfaltung ihrer Chancen beeinträchtigt sind.

3. Geschlechtsrollen im Wandel

Erkenntnisse zu Stand und Entwicklung der gleichberechtigten beruflichen Integration verweisen auf komplizierte Prozesse der Interaktion zwischen Männern und Frauen in den sie umgebenden Lebensbereichen. Ausbildungs- und Berufsinteressen, Verteilung der Berufspositionen und Verteilung der Aufstiegschancen wie auch die Gewichtung der Lebensbereiche Beruf und Familie sind das Ergebnis zugewiesener und angeeigneter Geschlechtsrollen.
Es scheint, als sei es Helge Pross gerade durch die Arbeit an der Arbeitnehmerinnenstudie und der darin verfolgten Ermittlung von objektiven und subjektiven Daten verschärft bewußt geworden, welches Gewicht den in einer Gesellschaft entwickelten Geschlechtsrollen zukommt. Sie resultieren eben nicht nur aus der gesellschaftlichen Arbeitsorganisation, aus ökonomisch begründeter Arbeitsteilung, sondern in sie gehen ideologische und wie Helge Pross es ausdrückt metaphysische Vorstellungen ein. Ohne Wissen um die Selbstbilder von Mann und Frau und die wechselseitigen Rollenerwartungen fehlen die Grundlagen für intervenierende Maßnahmen in Erziehung, Bildung, Ausbildung, Beruf und im Recht.
Das Interesse an den Geschlechtsrollen, das sie über eine Reihe von Jahren verfolgt hat, stellt zwar einen eigenen, vielleicht den Schwerpunkt ihrer wissenschaftlichen Arbeiten zur Frauenfrage dar, aber dieser Schwerpunkt ist die konsequente Weiterführung ihrer Frage nach der Entwicklung der Gleichberechtigung.
In der repräsentativen Untersuchung über die Selbstbilder der Männer und ihre Bilder von den Frauen setzt sich Helge Pross in ihren einleitenden theoretischen und methodischen Vorüberlegungen auch mit der Frage der Wertentscheidung und der Werturteile wissenschaftlicher Interpretationen empirischer Daten auseinander. Sie hält es für notwendig, daß der Wissenschaftler die Maßstäbe seiner Werturteile expliziert und ihren Sinn begründet. Ihr leitender Wertbegriff ist der der Gleichberechtigung:

„Die Wertbegriffe, die meine Interpretation der Antworten leiten, ergeben sich aus Zielvorstellungen für die weitere Entwicklung der Gleichberechtigung. Ich interpretiere die Antworten (der Befragten) im Hinblick auf das, was sie für die Herstellung von Gleichberechtigung als Gleichheit der Entfaltungschancen von Männern und Frauen, und als gleichrangige Mitbestimmung von Frauen in allen Lebensbereichen bedeuten" (Pross 1978, 33).

Indem sie ihr Erkenntnisinteresse und ihre Wertentscheidung explizit macht, sagt sie zugleich etwas aus über die grundlegende Bedeutung der Geschlechtsrollen für die weitere Entwicklung der Gleichberechtigung. Eine ihrer wiederkehrenden Aussagen lautet, daß sich Einstellungen und Verhaltensweisen von Frauen und Männern in Abhängigkeit von den äußeren Lebensbedingungen herausbilden und auch verändern (vgl. die häufigen Verweise auf Entwicklungen im Recht, im Bildungs- und Ausbildungswesen), aber es kommt noch anderes hinzu. Das Handlungsfeld Beruf wirkt sich zwar unmittelbar und mittelbar auf Einstellungen, Verhaltensweisen und Wertorientierungen aus, aber die Art und Weise, wie die berufliche Tätigkeit wahrgenommen und bewertet wird, ist entscheidend mitbestimmt vom Verständnis der eigenen Geschlechtsrolle im Vergleich oder in Abgrenzung zu der des Mannes.
Im Unterschied zur sozialen Rolle werden mit dem Begriff der Geschlechtsrolle primär die Erwartungen an die Geschlechter und die der wechselseitigen Geschlechtererwartungen benannt. Es geht um die Erwartungen, die Männer und Frauen an sich selbst und an das andere Geschlecht richten, und zwar an gewünschte Zuweisungen von Positionsrollen an die Geschlechter sowie an gewünschte Eigenschaften und Verhaltensweisen. Solche Erwartungen schließen aber auch Annahmen über tatsächliche Eignungen und Eigenschaften ein. Helge Pross geht von folgender Definition von Geschlechtsrollen aus:

„Geschlechtsrollen sind Statusrollen, an die biologische Gegebenheit „Mann" und die biologische Gegebenheit „Frau" anknüpfende allgemeine Verhaltensregeln für das jeweilige Geschlecht. Anknüpfung an biologische Gegebenheiten heißt nicht, diese legten die Inhalte der Verhaltensregeln fest. Wäre das der Fall, bliebe unverständlich, warum die Regeln in verschiedenen Gesellschaften und verschiedenen Epochen so stark differieren und warum sie Wandlungen unterliegen" (Pross 1978, 27).

Geschlechtsrollen knüpfen zwar an biologische Tatbestände an, aber unter Hinweis auf die Rollentheorien von Goode und Parsons unterstreicht Helge Pross, daß Geschlechtsrollen im wesentlichen gelernt werden.
Wichtiger ist unter dem Gesichtspunkt ihrer leitenden Fragestellung die Aussage, daß die Geschlechtsrollen aufeinander bezogen sind. Das bedeutet, daß die Geschlechtsrollenidentität der Frau nicht losgelöst von der des Mannes und umgekehrt entwickelt werden kann. Sie ist der Auffassung, daß die Geschlechter so eng aufeinander bezogen sind,

„daß Wandlungen in der Soziallage des einen unweigerlich Wandlungen in der Soziallage des anderen nach sich ziehen" (Pross 1978, 11).

Für die Handlungsebene folgt daraus, daß die Frauenfrage nur im Verbund mit der Männerfrage gelöst werden kann. Die Einsicht in diese Interdependenz hat bei Helge Pross das Interesse an vergleichenden Analysen männlicher und weiblicher Verhaltensmuster, Handlungschancen und Handlungsbarrieren in den verschiedenen Lebensbereichen verstärkt. Dabei geht es nicht einseitig um Öffnung der traditionell männlichen Handlungsbereiche für Frauen, sondern umgekehrt um die Öffnung der traditonell weiblichen Bereiche für Männer. Insofern enthält das Konzept der Geschlechtsrollen ein Programm, das darauf abzielt, geschlechtsbedingte Beschränkungen für Frauen und Männer zu überwinden, die sozialen Grenzen zwischen den Handlungsfeldern der Geschlechter durchlässiger zu machen, die Trennung von Männerwelt und Frauenwelt aufzuheben. Ziel muß sein, Probleme des einen Geschlechts als Probleme des anderen Geschlechts zu begreifen (Pross 1978, 14).

Was folgt aus diesen Tatbeständen?

Helge Pross geht von einem nur langsam sich vollziehenden Geschlechtsrollenwandel aus. Die Fakten deuten nicht auf rasche Änderung, auf eine kurzfristig zu erzielende Gleichberechtigung. Strukturen und Geschlechter befinden sich in einer Situation und einem Prozeß, von denen keine beschleunigten Entwicklungen zu erwarten sind.

Was berechtigt Helge Pross zu diesen Einschätzungen?

Ihre Beurteilung der Situation stützt sich auf folgende Tatbestände: Selbstdeutungen sowie Verhaltensweisen der Frauen und die von außen kommenden Rollenerwartungen klaffen nicht so weit auseinander, daß eine bedrohliche, krisenhafte Situation gegeben ist, die zu kurzfristigen Reformen zwingt. Die Männer nehmen nach wie vor erheblichen Einfluß auf Selbstdeutung, Lebensplanung und geschlechtsspezifische Verhaltensmuster von Mädchen und Frauen. Diese Tendenz ist in der Ober- und Unterschicht stärker als in der Mittelschicht.

Die individuellen Handlungsspielräume haben zugenommen. Bildungsstand, Berufsposition und individuelle Problemlösungsstrategien lassen inzwischen in mehr Einzelfällen befriedigende Kompromisse im Umgang mit der eigenen und der Geschlechtsrolle des Mannes zu. Die überkommene Geschlechtsrolle des Mannes hat sich insoweit geändert, als traditionell hierarchische Zweierbeziehungen tendenziell egalitärere und partnerschaftlichere Züge aufweisen, so daß die Machtpositionen im privaten Bereich ausgeglichener verteilt sind als im beruflichen, politischen und öffentlichen Bereich.
Diese überwiegend von Helge Pross in den 70er Jahren ermittelten Trends werden durch neuere Untersuchungen anderer Wissenschaftler der letzten Jahre im wesentlichen bestätigt. Bestimmte, von Helge Pross für ihren Untersuchungszeitraum aufgezeigte Tendenzen sind in der Richtung gleichgeblieben, haben sich jedoch verstärkt. Der Wunsch nach Vereinbarkeit von Familie und Beruf hat zugenommen (Brigitte 1982; MAGS - NW 1984; Kaufmann/Strohmeier 1985). Das Diskrepanzerlebnis zwischen Wunsch und Wirklichkeit

in der Lebensplanung hat die Identitätskrisen vor allem der jungen Frauen verschärft (Urdze/Rerich 1981; Erler/Jaeckel/Sass 1983; Beck-Gernsheim 1984). Sie hat zu einer noch größeren Zahl kinderloser Paare und zu Familien mit einem Kind geführt. Die Abwertung der weiblichen Familienrolle in der Selbstdeutung der Frauen geht nicht einher mit einer Abwertung der Familie. Ihr kommt eine hohe Wertschätzung auch in der jungen Frauengeneration zu (Buroer/Seidenspinner 1982; Allerbeck/Hoag 1984). Diese verbindet sich mit der Vorstellung vieler junger Frauen, die Erwerbstätigkeit nach der Geburt eines Kindes für ein bis drei Jahre ohne Nachteile im Beruf zu unterbrechen.
Stärker als von Helge Pross angenommen, hat sich die Eigeninitiative, Aktivität, das Selbstbewußtsein und Durchsetzungsvermögen bei den Frauen entwickelt (Noelle-Neumann 1981; Schmitchen 1984).
Mehr Frauen organisieren sich in Gewerkschaften und Berufsverbänden, aber auch in Parteien. Zuzustimmen ist der Beobachtung von Helge Pross, daß sich nur eine Minderheit politisch artikuliert. Aber sie übersieht meines Erachtens bestimmte neuartige Formen politischer Reaktionen von Frauen, in denen verstärkt eigenständiges politisches Urteil und politische Willensbekundung zum Ausdruck kommen. Bei Landtags- und Bundestagswahlen geben immer mehr Frauen den Parteien ihre Stimme, von denen sie eine frauenfreundliche, die Gleichberechtigung fördernde Politik erwarten. Diese Verhaltenstendenzen führen bislang nicht zu gezielten öffentlichen politischen Aktionen und politisch motivierten Zusammenschlüssen von Frauen. Offen ist, ob Zusammenschlüsse in Alternativen, die gerade von Frauen favorisiert werden, längerfristig angehalten und eine größere Breitenwirkung erzielen (Brand/Büsser/Rucht 1983).
Zu kurz kommt bei Helge Pross die Berücksichtigung des Einflusses der Massenmedien auf das Selbstbild der Frauen, ihre Einstellungen und Verhaltensweisen. In den letzten Jahren ist die Frauenfrage aus der marginalen Stellung in den Massenmedien herausgenommen worden. Sie füllt einen breiten Raum in der Berichterstattung und Kommentierung aus. Das wird nicht nur in der Frauenpresse und der Frauenliteratur, sondern auch durch die in den letzten Jahren geschaffenen Frauenreferate und Gleichstellungsstellen auf Länder - und zunehmend auch auf Gemeindeebene deutlich. Es ist nicht zu verkennen, daß wichtige Forderungen der autonomen Frauenbewegung von der offiziellen Politik aufgenommen wurden und Eingang in die Frauenpolitik gefunden haben. Die Zahl der Gleichstellungsstellen, ihre personelle Ausstattung und ihre Kompetenzen reichen noch nicht aus, um den ihnen gestellten Auftrag zu erfüllen, doch zeigen die bereits vorliegenden Rechenschaftsberichte, wie intensiv und auf wievielen verschiedenen Ebenen Benachteiligungen aufgedeckt und frauenfördernde Maßnahmen eingeleitet und durchgesetzt werden. Die Einrichtung solcher Gleichstellungsstellen und die von ihnen ausgehenden politischen Impulse sind von begrenzter Reichweite, aber es erscheint mir wichtig, daß durch sie Öffentlichkeitsarbeit und Bewußtseinsbildung in und außerhalb der Verwaltun-

gen bzw. der Behörden geschieht, es erscheint mir auch wichtig, daß durch diese Einrichtungen Anlaufstellen für Frauen geschaffen wurden.
Die Gleichberechtigungsfrage ist herausgetreten aus dem Stadium, in dem sie in gesonderten Kommissionen, wie der vom Bundestag 1976 eingesetzten „Enquête-Kommission Frau und Gesellschaft" (Frau und Gesellschaft, 1977 und 1981) behandelt wurde. An dieser Kommission hat Helge Pross ebenso mitgewirkt wie an der vom Bundestag eingesetzten Kommission „Soziale Sicherung der Frau". Überholt scheint auch die Phase, in der wie beim ersten Frauenbericht der Bundesregierung, den Helge Pross mit Unmutsäußerungen und mit kritisch-konstruktiver Kritik kommentierte, in der regierungsamtliche Berichte traditionelle Rollenverständnisse fortschreiben können, so daß kaum zu unterscheiden ist zwischen einem Familien- und einem Frauenbericht (Pross 1967, 4ff.; 1968, 198ff.).

4. Helge Pross und die Frauenforschung

Helge Pross' Einstellung zur Frauenforschung ist gekennzeichnet durch Zustimmung und Abgrenzung. Sie hat mehrfach auf die feministische Bewegung Bezug genommen, aber sich erst 1983 dezidiert geäußert (Methoden in der Frauenforschung, Frankfurt 1984, 198ff.).
Verbunden weiß sie sich mit den Frauenforscherinnen in der Frage der gesellschaftlichen Bedingtheit von Wissenschaft, sei es in der Wahl ihrer Gegenstände oder ihrer Problemformulierungen oder ihres Erkenntnisinteresses. Aus den von ihr in verschiedenen Zusammenhängen formulierten Auffassungen geht mehr implizit, teilweise auch explizit, hervor, daß die frauenbezogene Forschung nicht nur eine Erweiterung der wissenschaftlichen Gegenstandsbereiche darstellt, sondern daß damit eine qualitative Veränderung, eine Weiterentwicklung von Forschung erfolgt, und zwar durch neue Problemwahrnehmungen, spezifische, dem Gegenstand angemessene Fragestellungen und Forschungsmethoden (Pross 1978, 1984). Dies vollzieht sich nicht ohne Wissenschaftskritik, die sich zugleich auf Theorie und Methode bezieht (Müller 1979, 1984, 36ff.). Entscheidend ist von daher nicht die Frage nach der „speziellen" Methode (Ursula Müller) in der Frauenforschung, sondern die nach der der Forschung zugrundeliegenden Theorie. Die Methodendiskussion kann nicht losgelöst von wissenschaftstheoretischen Fragen geführt werden, und das war auch für Helge Pross eine Selbstverständlichkeit.
Die in der Frauenforschung aufweisbaren wissenschaftstheoretischen Positionen sind – was für die Frauenforschung spricht – keineswegs einheitlich (Metz-Göckel 1984).
Zu den Streitfragen zählen die Auseinandersetzung um Betroffenheit und Parteilichkeit, Subjektivität und Wertfreiheit, Geschlechtsneutralität von For-

schung und der Einsatz von quantitativen, genauer gesagt von standardisierten und „offenen“ Methoden (Feministische Studien 1981 und Folgejahrgänge; Sektion Frauenforschung 1979 ff., Methoden in der Frauenforschung 1984).
Es soll und kann in diesem Kontext keine vertiefte Auseinandersetzung mit den einzelnen Fragen und Streitpunkten erfolgen. Die Auseinandersetzung konzentriert sich auf die Aspekte, die für Helge Pross' Wissenschaftsverständnis und ihre frauenbezogene Forschung leitend sind.
An ihrem wissenschaftlichen und politischen Engagement zur Durchsetzung der Gleichberechtigung kann kein Zweifel sein. Aber sie ist leidenschaftlich für eine Trennung der Ebenen, für die Abgrenzung von Wissenschaft und Politik eingetreten. Kurz vor ihrem Tod hat sie dies in bezug auf die Frauenforschung bekräftigt und im Rahmen des Berliner Symposions zu „Methoden in der Frauenforschung“ ihre Vorbehalte und ihr Nein zu der von einzelnen Frauenforscherinnen geforderten Einheit von Frauenbewegung und Frauenforschung zum Ausdruck gebracht (Pross 1984, 199/200); Mies 1978; Woesler de Panafieu 1981 und 1983).
Nach der vorausgegangenen Darstellung ihrer Prämissen und Ziele, ihrer Auseinandersetzung mit der Situation der Frau in den verschiedenen Lebensbereichen ist deutlich geworden, daß es Helge Pross um mehr und anderes geht, als nur den Status quo zu beschreiben oder ihn gar zu bestätigen (Müller 1984, 38).
Helge Pross hat auf breiter Ebene, in ihren empirischen Studien und zahlreichen Aufsätzen und Handbuchartikeln die Situation der Frau mit ihren Widersprüchen, Ambivalenzen und Konflikten thematisiert und herausgearbeitet. Sie hat in diesem Zusammenhang auch bewußtgemacht, wie schwierig es ist, den Teufelskreis der Wechselbeziehungen zwischen gesellschaftlichen Strukturen und individuellen Reaktionen auf diese Strukturen zu durchbrechen. Die gegebenen Probleme sind nicht das Ergebnis biologisch oder kulturell bedingter Unterschiede zwischen unterschiedlichen Wert- und Normenvorstellungen, Einstellungen und Verhaltensweisen von Männern und Frauen, sondern diese sind das Ergebnis von komplizierten Wechselbeziehungen zwischen ökonomischen, sozialen, politischen und kulturellen Tatbeständen. Die wachsende Einsicht in die vielschichtigen Ursachen der sozialen Ungleichheit zwischen den Geschlechtern begründet das Nein zur Annahme *einer* Ursache, dem Patriarchat. Mit der Ursachenanalyse verbindet sich bei ihr die gesellschafts- und ideologiekritische Arbeit von Wissenschaft, die sie als notwendig und für Wissenschaft als konstitutiv ansieht. Das wird deutlich in ihrer Kritik an der geschlechtsspezifischen Arbeitsteilung, an den die Persönlichkeitsentfaltung stark einschränkenden Weiblichkeitslehren, an der geschlechtsspezifischen Verteilung gesellschaftlicher und politischer Macht, aber ebenso an einer wissenschaftlichen Theorie- und Methodenentwicklung, die der spezifischen Situation der Frauen, ihren andersartigen Bedingungen und Interessen nicht Rechnung trägt.

In diesem Zusammenhang könnten ihre Aussagen, daß die Frauenforschung nicht neu sei und daß in ihr generell keine anderen Vorgehensweisen benötigt würden als für Studien über andere Gruppen und Themen mißverstanden werden. Ihre Auffassung besagt:

„Es gibt keine spezifisch weiblichen Problemlagen, die den bekannten Erhebungs- und Auswertungsmethoden nicht zugänglich wären. Die Probleme von Frauen sind komplex, aber das sind Probleme von Männern auch, also Probleme, zu deren Ermittlung die verschiedenen empirischen Methoden entwickelt wurden" (Pross 1984, 203).

Daraus könnte gefolgert werden, daß Frauen als stark vernachlässigter und z. T. ignorierter Forschungsgegenstand aufgenommen werden, ohne die Forschung disziplinär oder interdisziplinär zu verändern. Das ist nicht ausgeschlossen, geschieht auch in der Forschung, aber ist von Helge Pross nicht intendiert. Sie fordert ausdrücklich zu einer Umorientierung in den Fragestellungen, im Umgang mit gängigen Wissenschaftskategorien und zur Reflexion der außerwissenschaftlichen Komponenten auf. Daher ist nicht die Methodenfrage das entscheidende, sondern die der Methodenfrage vorausgehende Auseinandersetzung mit den wissenschaftstheoretischen Zielen und Bedingungen der frauenbezogenen Forschung. Es geht dabei gerade auch um den Umgang mit den an der Forschung beteiligten Personen (Subjekten), den ihnen zugesprochenen Kompetenzen, d. h. ihre Problemsicht, ihre Wertentscheidungen, ihre sprachlichen Ausdrucksmöglichkeiten. Hier hat die Theoriediskussion im Rahmen der Aktionsforschung maßgeblich zu einem veränderten Objektverständnis von Wissenschaft und zur Stärkung des Subjekt - Subjekt - Bezugs beigetragen.

Helge Pross zielt mit ihrer Argumentation für einen breiten Methodeneinsatz auf eine möglichst große Reichweite und Geltung wissenschaftlicher Erkenntnisse ab (Pross 1984, 202). Nicht identifizieren kann sie sich mit Frauenforschungspositionen, die für eigene Methoden in der Frauenforschung plädieren oder den Anspruch einer „weiblichen" Wissenschaft erheben (vgl. dazu die Auseinandersetzung bei Novotny 1982). Es ist zu unterscheiden zwischen „weiblicher" Wissenschaft und dem Tatbestand geschlechtsspezifischer Lebenszusammenhänge, Erfahrungen, Sichtweisen und Erkenntnisinteressen. Sie hält es für notwendig, aufgrund gegebener Unterschiede Forschungsfragen aufzunehmen, die durch eine verbreitete Geschlechtsneutralität der Forschung unbeachtet und unbearbeitet blieben. Das gilt für große Bereiche der Statistik und deren Erhebungsprämissen und Erhebungskategorien, aber auch für die Ursachenforschung der Gleichberechtigungsdefizite oder die von Helge Pross vorgeschlagene Untersuchung zu der Frage politischer Prioritäten von Frauen und Männern oder den Auswirkungen einer von Männern bestimmten Gleichberechtigungspolitik auf Frauen (vgl. zu dieser Problematik Becker-Schmidt 1983).

Helge Pross geht nicht von einer wertfreien Wissenschaft aus. In die Wissenschaft gehen Wertungen ein; diese sind in die Wissenschaft als Institution und als Prozeß eingebunden. Diese Wertungen werden maßgeblich durch die am

Forschungsprozeß Beteiligten eingebracht. Diese Wertungen und die ihnen zugrundeliegenden Werturteile sind transparent zu machen. Helge Pross hat ihre politischen Ziele und die sie bestimmenden Werturteile deutlich herausgearbeitet und begründet. Eine ihrer wichtigsten Prämissen lautet jedoch, daß die politischen Ziele in der Wissenschaft keineswegs einheitlich sind. Ein und derselbe Tatbestand wie z. B. die Erwerbstätigkeit von Frauen kann zu unterschiedlichen Bewertungen und politischen Folgerungen führen. Solche unterschiedlichen Ziele und die in ihnen ausgedrückte Wertdifferenz könnten nur durch eine gewaltsame Unterdrückung der jeweils abweichenden Positionen beseitigt werden. Die Pluralität von politischen Zielen und Werten ist nicht nur in der Politik, sondern auch in der Wissenschaft anzuerkennen. Wird die Frauenforschung - so wie Maria Mies es fordert - in die sozialen und politischen Aktionen zur Frauenbewegung integriert, so ist es kaum oder gar nicht möglich,

„die Bewegung und deren Sprecher nicht öffentlicht (zu) kritisieren und abweichende Ergebnisse (zu) publizieren" (ebd., 200).

Betroffenheit kann auch anders als über unmittelbare Mitwirkung an der Frauenbewegung hergestellt sein, sie kann aufgrund theoretischer und praktischer Erfahrungen gegeben sein (vgl. dazu die Diskussion unter Frauenforscherinnen bei Hellmer 1984). Die Forderung von Maria Mies nach der Einheit von Forschung und Frauenbewegung führt m. E. nicht nur zu einer Ausgrenzung von Frauen aus der Frauenforschung, sondern auch zu einem Wahrheits- und Geltungsanspruch von Wissenschaft, der nur eine einzige wissenschaftstheoretische und wissenschaftspolitische Position zuläßt.
Betroffenheit wie auch Parteilichkeit sind nicht wissenschaftliche, sondern existenzielle Haltungen. Im Unterschied zur Wissenschaft ist das durch Betroffenheit und Parteilichkeit gekennzeichnete Wissen *wahr* und nicht der Überprüfung durch Wissenschaft zu unterziehen. Die Wissenschaft dient allenfalls als Mittel, Problemlösungen für das bereits als wahr erkannte verfügbar zu machen. Die Wissenschaft bzw. die in ihr Tätigen müßten Prinzipien wie die der Offenheit, der Wahrheitssuche, der Überführung gängiger Urteile in Vor-Urteile aufgeben. Der oder die einzelne kann für sich nicht parteilich sein. Parteilichkeit schließt die Identifikation mit anderen, der Lebenswelt zugehörigen Individuen ein. Sie besteht in der Ausrichtung auf ein gemeinsames weltanschauliches Konzept und seiner Durchsetzung (Baumgartner 1977, 434/435).
Parteilichkeit und Parteinahme für Frauen, wie sie von Frauenforscherinnen gefordert wird, unterscheidet sich von den Wertentscheidungen Helge Pross' dadurch, daß sie diese Wertentscheidungen und die daraus resultierenden politischen Ziele selbst der wissenschaftlichen Kontrolle unterzieht. Das schließt auch die Auseinandersetzung mit anderen Zielen, anderen Wertprämissen und anderen Erkenntnissen ein.

Einzugehen ist noch auf die Frage der Beteiligung von Männern an der frauenbezogenen Forschung. Helge Pross hat diese Beteiligung bejaht, ihre Argumente sind bemerkenswert und sind nicht vorschnell gleichzusetzen mit einer geschlechtsneutralen Forschungsposition. Es geht nicht um die Nichtbeachtung geschlechtsspezifischer Ausprägung der am Forschungsprozeß Beteiligten, es geht auch nicht darum, die Beteiligung auf die „aufgeklärten", an der Veränderung der männlichen Geschlechtsrolle interessierten Wissenschaftler zu begrenzen. Ziel muß m. E. sein, übereinstimmende und unterschiedliche Fragestellungen und Erkenntnisse von Frauen und Männern in der Forschung zuzulassen, um auf diese Weise eine intersubjektive Auseinandersetzung und Wahrheitsfindung zu ermöglichen. Es kommt außerdem als wichtiges Argument hinzu, daß die Bildung neuer Frauengettos problematisch ist, wenn das Ziel erreicht werden soll, die geschlechtsspezifische Trennung von Lebensbereichen zu überwinden.

Helge Pross hat sich vehement gegen politische und wissenschaftspolitische Vereinnahmungen ausgesprochen: Sie hat nachdrücklich vor abstrakten „Salonutopien herrschaftsfreier, konkurrenzfreier Gesellschaften" gewarnt und ist der Vorstellung entgegengetreten, die Individuen könnten frei von allen gesellschaftlichen Regelungen autonom über sich selbst bestimmen. Diese Warnung spricht sie aus, nicht weil die Inhalte solcher Utopien nicht wünschenswert wären, sondern sie spricht sie aus in Verantwortung - wie ich meine - vor den Menschen, die durch solche Fernziele in ihren eigenen Anstrengungen und Möglichkeiten erheblich belastet werden können.

Für Helge Pross ist es von geringer Bedeutung, ob sie mit ihrer Forschung der Soziologie der Frau oder der Frauenforschung zugeordnet wird. Für sie sind ihre eigenen Fragestellungen und Aussagen entscheidend. Frauen bilden eine eigene Gruppe mit je besonderen Erfahrungen, Problemen und Perspektiven. Ziel ist nicht die Ausrichtung der Frau auf männliche Normen, sondern der Durchbruch zu solchen Werten und Normen, durch die Frauen und Männer bestehende Grenzen, Verengungen und wechselseitige Behinderungen in der persönlichen Entfaltung überwinden. Frauenforschung kann dazu einen zentralen Beitrag leisten.

5. Perspektiven

Helge Pross hat als Wissenschaftlerin eine große öffentliche Wirkung erzielt. Das hat spezifische Gründe, die in ihrer Person, ihrem Wissenschaftsverständnis, ihrem Engagement und ihrer Vermittlungsfähigkeit begründet sind. Ihr wissenschaftlicher Beitrag zur Frauenforschung war weniger auf theoretische, von Empirie und Realität abgehobene Entwürfe gerichtet, als auf eine wirklichkeitsnahe Forschung. Vermutlich ist es diese Orientierung am Hier und

Jetzt verknüpft mit konkreten Zukunftsperspektiven, die es erleichterte, in die Gesellschaft hineinzuwirken und diese gesellschaftliche Funktion von Wissenschaft auch erfolgreich wahrnehmen zu können.

In ihren Publikationen hat sie sich immer wieder mit dem Auftrag und den Funktionen von Wissenschaft auseinandergesetzt. Sie hat die Öffentlichkeit nicht im unklaren darüber gelassen, warum und wozu sie Wissenschaft betreibt. Dabei trägt sie weder ein Wissenschaftsethos noch ein gesellschaftliches Credo vor sich her. Aber sie setzt Maßstäbe für das Engagement des Wissenschaftlers und der Wissenschaftlerin in Wissenschaft und Gesellschaft, für wissenschaftliche Leistung, für den Umgang mit Werten und Überzeugungen.

Gegenüber Theorien hohen Abstraktionsgrades hegt sie Skepsis, weil sie überzeugt ist, daß die Aussagen der Wissenschaft konkret, nachvollziehbar und überprüfbar sein sollten. Spekulationen über Ursachen der sozialen Ungleichheit der Geschlechter, über Zusammenhänge zwischen gesellschaftlichen Strukturen und Verhaltensmustern der Geschlechter sind in Gefahr, die Annahmen über die „Wirklichkeit" schon für die Wirklichkeit selbst zu halten und die empirische Kontrolle zu vernachlässigen. Wissenschaft wird fragwürdig, wenn sie die „Wirklichkeit" von Frauen und Männern außer acht läßt, gleichzeitig aber Aussagen darüber macht, wie sie sein sollte. Aufgaben der Wissenschaft sind die Problemidentifikation, der Aufweis der Problemdimensionen, der Versuch, Ursachen- und Wirkungszusammenhänge zu erklären und Problemlösungsansätze zu ermitteln.

Helge Pross beschränkte sich nicht darauf, die Ergebnisse gesellschaftsrelevanter Forschung nur einer engen Wissenschaftsöffentlichkeit verfügbar zu machen und dort die wissenschaftliche Disputation zu suchen. Sie trug ihre Forschung in eine breitere Öffentlichkeit. Nicht von ungefähr führte sie alle empirischen Untersuchungen zur Gleichberechtigung und zur Geschlechtsrollenproblematik in Zusammenarbeit mit der Zeitschrift „Brigitte" durch. Das hatte Konsequenzen für die adressatenbezogene Erhebung, die Aufbereitung und Vermittlung der empirischen Befunde. Helge Pross beweist durch ihre Art der Vermittlung, daß Wissenschaftssprache auch verständlich sein kann und daß die Wirksamkeit von Gedanken entscheidend davon abhängt, wie sie übermittelt werden. Ihre Fragen, ihre Forschungsbefunde wie auch ihre politischen Folgerungen erreichten die Massenmedien und die Politik.

Ihr Interesse, Sozialwissenschaft nicht gesellschaftsfern zu betreiben, hat aber andererseits ihr Bewußtsein besonders geschärft für die Risiken des politischen Mißbrauchs von Wissenschaft, für politische Vereinnahmung. Wissenschaft hat ihre Eigenständigkeit und Glaubwürdigkeit zu wahren durch Ausübung ihrer konstruktiv-kritischen Funktion sowie Wahrung wissenschaftlicher Standards in Theorie und Methode.

Für Helge Pross waren diese Normen unaufgebbar und leitend für ihre Forschung und wissenschaftliche Politikberatung.

Nicht nur als Wissenschaftlerin, sondern gerade auch als Person tritt sie ein für Toleranz gegenüber Andersdenkenden, Wertpluralität und Meinungsvielfalt, sie schreckt zurück vor verabsolutierenden Urteilen, Intoleranz und Dogmatik. Sie gibt ein Beispiel für Entschiedenheit des Denkens, Urteilens und Handelns, vermeidet aber Radikalität und Polarisierung. Charakteristisch für ihren Umgang mit Problemen ist eine fragende, abwägende und bei aller Entschiedenheit offene Haltung.

Helge Prosse drängt auf Veränderungen, mahnt aber zugleich zu Geduld, Ausdauer und Beharrlichkeit. Der Verwirklichung der vollen Gleichberechtigung stehen noch immer nur langsam abzubauende Widerstände entgegen, aber die Widerstände dürfen nicht dazu verleiten, die positiven Anzeichen eines Wandels zu unterschätzen. In der Frauenfrage schließt Helge Pross eine erneute Restauration aus. Die Idee der Gleichberechtigung ist nach ihrer Überzeugung in der Bundesrepublik stärker als die restaurativen Kräfte. Diese Überzeugung gibt Helge Pross weiter, verbunden mit der Aufforderung, die Zukunftsperspektive der Gleichberechtigung zu einer verpflichtenden Aufgabe mit höchster Priorität zu machen. Der angestrebte Wandel wird nicht ohne Reibungsverluste, Konflikte und Krisen sein. Aber solche Reibungsverluste sind unerläßlich, wollen Menschen zu neuen Ufern gelangen.

Literatur

Allerbeck, K./W. Hoag: Jugend ohne Zukunft? Einstellungen, Umwelt, Lebensperspektiven, München 1984

Baumgartner, H. M.: Die subjektiven Voraussetzungen der Historie und der Sinn von Parteilichkeit, in: R. Koselleck, W. J. Mommsen und J. Rüsen, Objektivität und Parteilichkeit, Beiträge zur Historie, Bd. 1, München 1977, 425–440

Becker-Schmidt, R.: Entfremdete Aneignung, gestörte Anerkennung, Lernprozesse: Über die Bedeutung von Erwerbsarbeit für Frauen, in: Sektion Frauenforschung in den Sozialwissenschaften in der Deutschen Gesellschaft für Soziologie (Hrsg.): Beiträge zur Frauenforschung am 21. Deutschen Soziologentag, Bamberg 1982, München 1983², 11–30

Beck-Gernsheim, E.: Vom Geburtenrückgang zur Neuen Mütterlichkeit? Über private und politische Interessen am Kind, Frankfurt 1984

Brand, K.-W. Büssen, D., Rucht, D.: Aufbruch in eine andere Gesellschaft, Neue soziale Bewegungen in der Bundesrepublik, Frankfurt 1983

Burger, A./Seidenspinner, G.: Ein vergessenes Thema: Mädchen und die Jugenddebatte, in: Deutsches Jugendinstitut (Hrsg.): Die neue Jugenddebatte, München 1982, 141–158

Deutscher Bundestag, Presse- und Informationsdienst (Hrsg.), Frau und Gesellschaft, Zwischenbericht der Enquête-Kommission, in: Zur Sache, 1, 1977

Deutscher Bundestag, Presse- und Informationsdienst (Hrsg.), Frau und Gesellschaft (II), Bericht 1980 der Enquête-Kommission und Aussprache 1981 im Plenum des Deutschen Bundestages, in: Zur Sache, 1, 1981

Erler, G./Jaeckel, M./Sass, J.: Mütter zwischen Beruf und Familie, Familienpolitik mit Mutterschaftsurlaub, Elternurlaub oder Erziehungsgeld? Was Frauen davon halten. Modelle und Meinungen aus fünf europäischen Ländern, München 1983

Haug, F.: Marxismus und Frauenpolitik oder: Was ist feministischer Marxismus? in: Jahrbuch für Sozialökonomie und Gesellschaftstheorie, Opladen 1984, 11–28.
Helmer, Ch.: Zum Verhältnis von feministischer Theorie und Praxis. Gedanken zu Maria Mies' Postulaten und Heide Göttner-Abendroths methodologischen Überlegungen zur Frauenforschung, in: Beiträge zur feministischen Theorie und Praxis 12, 1984, 138–146
Metz-Göckel, S.: „Frauenforschung" ist nicht bloß Frauenforschung, Feministische Wissenschaft und Frauenstudien, in: Gebhard-Benischke, M., Knapp, U., (Hrsg.), Was Frauen tun können, um die Hochschule zu verändern, Alsbach 1984, 80–144.
Mies, M.: Methodische Postulate einer engagierten Frauenforschung, in: Beiträge zur feministischen Theorie und Praxis 1, 1978
Müller, U.: Reflexive Soziologie und empirische Sozialforschung, Frankfurt/New York 1979
Müller, U.: Gibt es eine „spezielle" Methode in der Frauenforschung?, in: Methoden in der Frauenforschung, Symposion an der Freien Universität Berlin (Hrsg.),Zentraleinrichtung zur Förderung von Frauenstudien und Frauenforschung an der Freien Universität Berlin, Berlin 1984, 29–51
Noelle-Neumann, E.: Eine Generation später, Allensbach, 1981
Novotny, H.: Wie männlich ist die Wissenschaft? Eine wissenschaftliche Analyse, Colloquium am Wissenschaftskolleg zu Berlin, 21. April 1982
Pross, H.: Kolop ohne Geist. Der Frauenbericht der Bundesregierung, in: Blätter für deutsche und internationale Politik 4, 1967, 3–8
Pross, H.: Perspektiven für die Zukunft: Untersuchungen und Maßnahmen im Anschluß an den Frauenbericht der Bundesregierung, in: Festschrift für Otto Brenner zum 60. Geburtstag, Frankfurt/Main 1967, 197–209
Pross, H.: Erste Ergebnisse einer Umfrage über den kriminellen Abort, in: Kepp/ Koester (Hrsg.), Familienplanung, Stuttgart 1968, 14–19
Pross, H.: Über die Bildungschancen von Mädchen in der Bundesrepublik, Frankfurt 1969
Pross, H.: Gleichberechtigung im Beruf? Eine Unternehmerinnenuntersuchung mit 70000 Arbeitnehmerinnen in der EWG, Frankfurt 1973
Pross, H.: Hausfrauen in Deutschland, in: Hauswirtschaft und Wissenschaft 4, 1974, 187–192
Pross, H.: Wandlungen und Konstanten der Frauenerwerbsarbeit, in: Arbeitsmedizin Sozialmedizin Präventivmedizin 11, 1976, 150–152
Pross, H.: Alter und Geschlechtsrollen. Veränderungen in der Situation der Frauen und mögliche Folgen für Altern und Alter, in: Zeitschrift für Gerontologie 11, 1978, 61–67; auch in: U. Lehr (Hrsg.), Seniorinnen. Zur Situation der älteren Frau, Darmstadt 1978
Pross, H.: Strandgut in der Krise: Arbeitslosigkeit von Frauen in der Bunderepublik, in: Hamburger Jahrbuch für Wirtschafts- und Gesellschaftspolitik 25, 1980, 123–136
Pross, H.: Familie und Frauenemanzipation, in: Emanzipation und Familie, Schriftenreihe der Niedersäschsischen Landeszentrale für politische Bildung, Fakten, Meinungen, Argumente, Folge 7, Rosdorf 1981, 7–30
Schmidtchen, G.: Die Situation der Frau, Trendbeobachtungen über Rollen- und Bewußtseinsänderungen der Frauen in der Bundesrepublik Deutschland, Berlin 1984
Schweitzer, von, R./Pross, H.: Die Familienhaushalte im wirtschaftlichen und sozialen Wandel, in: Kommission für wirtschaftlichen Wandel, 98, Göttingen 1976
Pross, H.: Die Wirklichkeit der Hausfrau, Reinbek 1975, (1979^3)
Pross, H./Lehr, U., Süssmuth, R.: Emanzipation und Familie, Schriftenreihe der Niedersächsischen Landeszentrale für politische Bildung, Hannover 1981
Urdze, A./Rerrich, M. S.: Frauenalltag und Kinderwunsch, Motive von Müttern für oder gegen ein zweites Kind. Frankfurt/New York 1981
Zentraleinrichtung zur Förderung von Frauenstudien und Frauenforschung an der Freien Universität Berlin (Hrsg.), Methoden in der Frauenforschung, Symposion an der Freien Universität Berlin vom 30. 11.–2. 12. 1983, Frankfurt 1984

Epilog:
Chancen für die Frauen

Chancen für die Frauen (1984)

1. Zielvorgaben

„Chancen für die Frauen" - unter diesem Motto steht der frauenpolitische Kongreß der CDU Berlin. Er will ein Forum für die Auseinandersetzung mit zentralen Frauenfragen in den Bereichen Erziehung, Ausbildung, Beruf, Familie und Öffentlichkeit sein. Die zu diesem Kongreß eingeladenen Experten haben die Aufgabe übernommen, Fragen und Einsichten der Wissenschaft zu den Themen der Arbeitsgruppen einzubringen. Sie wollen dadurch zur Verbesserung der Chancen für Frauen beitragen, daß sie stereotypen Vorstellungen und wissenschaftlich nicht haltbaren Auffassungen zur Aufgabenteilung in der Familie, zur Erwerbsrolle von Mann und Frau, zur unterschiedlichen Bedeutung der Mutter und des Vaters im Erziehungsprozeß des Kindes entgegenwirken. Durch die von ihnen eingebrachten Gesichtspunkte wollen sie zu einem sensibleren und vorurteilsfreieren Umgang mit Frauen in besonders problematischen Lebenssituationen verhelfen.
Das betrifft beispielsweise ebenso Fragen des Zusammenlebens mit ausländischen Frauen und Familien wie Einstellungen und Verhaltensweisen gegenüber Frauen, die als Mißhandelte Zuflucht in Frauenhäusern suchen, oder die aufgrund persönlicher Probleme zu Alkoholikerinnen geworden sind.
Vorrangiges Ziel ist offenbar der Aufbruch und Durchbruch zu einer Frauenpolitik, die dem Rollenwandel von Mann und Frau konsequent Rechnung trägt. Diese Zielsetzung drückt sich sowohl in den für diesen Kongreß vorbereiteten Thesen als auch in dem Positionspapier der Berliner CDU zum „Rollenwandel der Frau" aus.
In diesen Vorlagen werden Gleichberechtigung, Gleichwertigkeit und Partnerschaft in ihren Konsequenzen für die Rolle von Mann und Frau in Familie, Beruf und Öffentlichkeit thematisiert.
Dem Rollenwandel wird Rechnung getragen durch Forderungen wie „Es muß anerkannt und als selbstverständlich empfunden werden, daß Männer wie Frauen für Haushaltsführung und Kindererziehung gleichermaßen befähigt sind" (These 3 des Positionspapiers) oder „Es muß anerkannt und als selbstverständlich empfunden werden, daß Frauen wie Männer eine Erwerbstätigkeit ausüben" (These 6 des Positionspapiers).

Eine deutliche Abgrenzung erfolgt darüber hinaus gegenüber jenen, die die Erwerbstätigkeit von Müttern und Frauen primär aus finanziellen Motiven begründen und rechtfertigen. Es heißt in These 5 des Positionspapiers:

„Es muß anerkannt und als selbstverständlich empfunden werden, daß Erwerbstätigkeit nicht nur Gelderwerb, materielle Unabhängigkeit und soziale Absicherung im Alter bedeutet, sondern auch das Selbstbewußtsein stärkt und vielfach zusätzliche Möglichkeiten zur Kommunikation und Teilnahme am Gemeinschaftsleben vermittelt."

Hier werden deutlich andere Perspektiven verfolgt als in früheren Grundsatzerklärungen zu Frauen- und Familienfragen der CDU.
Wenn die Frage nach den Chancen der Frauen angesichts der gegenwärtig sich drastisch verschlechternden Bedingungen und Möglichkeiten zur Durchsetzung der Gleichberechtigung von Mann und Frau nicht als zynisch zurückgewiesen werden soll, so gilt es, zunächst einmal bewußt zu machen, daß es gerade angesichts der einschneidenden Veränderungen in Technik, Wirtschaft und Arbeitswelt dringend erforderlich ist, Einstellungs- und Verhaltensänderungen in der Gesellschaft zu bewirken, durch die die Trennung der Lebensbereiche und die geschlechtsspezifische Arbeitsteilung verringert oder gar überwunden werden können.
Dabei ist allerdings davon auszugehen, daß ein Bewußtseins- und Einstellungs- sowie Verhaltenswandel nur in dem Maße erfolgt, wie sich auch die gesellschaftlichen Bedingungen, d. h. die rechtlichen Rahmenbedingungen, die Organisation des Erwerbslebens und des öffentlichen Lebens verändern. Eine Politik, die für mehr Wahlmöglichkeiten von Männern und Frauen eintritt, muß auf Gesetzgebung und Verwaltung einwirken, um die äußeren Voraussetzungen für mehr Wahlfreiheit zu verbessern. Einstellungen und Verhalten von Männern und Frauen sind abhängig von den gegebenen Bedingungen und Erwartungen.

2. Welche Chancen sind gemeint?

Lassen Sie mich die Einführung in diesen Kongreß trotz der gegenwärtigen Ausbildungs- und Arbeitsmarktkrise, die sich besonders nachteilig auf Frauen auswirkt, mit den positiven Perspektiven und Möglichkeiten beginnen. Es gilt nicht nur zu warnen, sondern auch zu ermutigen, aufzufordern zu Lebensformen und Lebensstilen, die bislang verwehrt oder nicht möglich erschienen.
Dieses ist z. B. ein Frauenkongreß und kein Familienkongreß. Wir haben eine gesellschaftliche Entwicklung erreicht, die es prinzipiell und auch faktisch ermöglicht, die geschlechtsspezifische Arbeitsteilung und die Trennung der Lebensbereiche zu überwinden.

Die technologische Entwicklung hat u. a. die Aufhebung der traditionellen Arbeitsteilung mit ihrer Unterscheidung in schwere und leichte körperliche Arbeit begünstigt. Die gängige Einteilung in Frauen- und Männerberufe mit ihren überkommenen Arbeitsschutzbedingungen für Frauen ist weitgehend überholt. Heute ist primär ein Ausbau der Arbeitsschutzbestimmungen für alle zu fordern. Dennoch wird es geraume Zeit dauern, bis sich die Einstellung - frauentypische und frauenuntypische Berufe - als nicht mehr zutreffend erweist. Die Umdenkungsprozesse vollziehen sich nur langsam. Das hat sich sehr deutlich im Rahmen des Modellversuchs „Frauen in gewerblich-technischen Berufen" gezeigt.

Die technische Entwicklung hat ein weiteres prinzipiell erleichtert: die größere Vereinbarkeit von Familie und Beruf durch eine flexiblere Arbeitsorganisation in der Arbeitswelt.

In den vergangenen Jahrhunderten blieben die Belange der Familie bei der Gestaltung des Arbeitslebens im Erwerbsbereich unberücksichtigt. Gegenwärtig ist aufgrund der technologischen Entwicklung und eines veränderten Bewußtseins bei Männern und Frauen die Voraussetzung dafür erfüllt, Erwerbstätigkeit und Familientätigkeit ohne Produktivitätsverlust zu verändern. Die „Veränderung der Berufe" ist schon lange keine utopische Forderung mehr.

Der Rollenwandel der Frau, die veränderten Bedingungen der Lebensplanung und -gestaltung von Frauen verstärkt den Druck auf die Gesellschaft, bisher praktizierte Formen der Arbeitsteilung zwischen den Geschlechtern zurückzunehmen und die Vereinbarkeit der Lebensbereiche zu erhöhen. Erwartungen an die Familienrolle der Frau, an die Kinderzahl in den Familien lassen sich nicht mehr länger gegen die Interessen der Frauen durchsetzen. Vor allem die jungen Frauen möchten beides, Familie und Beruf. Sie möchten ihre Erwerbsarbeit zeitlich befristet unterbrechen oder reduzieren, ohne gravierende Nachteile zu erfahren.

Noch ist die partnerschaftliche Aufgabenteilung in der Familie in hohem Maße eine Hoffnung auf die Zukunft hin, aber die Familienorientierung der jungen Männer hat deutlich zugenommen, und die Männer- und Vaterforschung der letzten beiden Jahrzehnte hat entscheidend dazu beigetragen, die einseitig überbewertete Bedeutung der Mutter für die Erziehung und Entwicklung von Kindern zu relativieren und die Wege für eine gleichgewichtige Beteiligung der Väter an den Aufgaben der Kindererziehung zu bahnen.

Ein Umdenken beginnt auch in der Bewertung der in der Familie geleisteten Arbeit. Es geht dabei nicht - wie viele meinen fordern zu müssen - um die Aufwertung der Familientätigkeit und die Abwertung der Erwerbstätigkeit, sondern um die Anerkennung der Gleichwertigkeit und Gleichgewichtigkeit beider Bereiche.

Gerade der Zugang zu beiden Bereichen ermöglicht Erfahrungen und Kontakte, die sich wechselseitig ergänzen. Wechselnde Tätigkeiten mit oftmals

gegensätzlichen Anforderungen und sehr unterschiedlichen Formen der Bestätigung ermöglichen eine Persönlichkeitsentfaltung, die nicht mehr länger durch Spezialisierung auf einen Lebensbereich beeinträchtigt wird.
Wenn die berufliche Integration der Frau und die familiale Integration des Mannes durchgesetzt würden, entfielen vermutlich Probleme der Isolation, der Unzufriedenheit und Überforderung.
Männer und Frauen würden die Chance erhalten, gemeinsam die Sorge und Verantwortung für menschenwürdiges und menschenwertes Leben von Gesunden und Kranken, Kindern, Jugendlichen und alten Menschen zu übernehmen. Männer und Frauen könnten sich besser als bisher ergänzen, über mehr gemeinsame als getrennte Erfahrungen verfügen. Getrennte Lebenswelten könnten miteinander verbunden werden, und der Kampf zwischen erwerbstätigen und nicht erwerbstätigen Frauen, zwischen Männern und Frauen könnte beendet werden.

3. Der Beitrag der Frauen zur Erweiterung ihrer Chancen

Die Umorientierung in der beschriebenen Richtung konnte erst in dem Maße einsetzen, wie sich die Frauen ihrer Möglichkeiten und Bedürfnisse, ihrer personalen Rechte und gesellschaftlichen Rolle bewußt wurden. Begriffe wie Diskriminierung oder Sexismus kamen erst in dem Maße in Umlauf, wie die in diesen Begriffen ausgedrückten Sachverhalte von jenen Frauen öffentlich thematisiert wurden, die kämpferisch gegen die bestehenden Benachteiligungen vorgingen.
Es wurde den gesellschaftlichen Ursachen der Diskriminierung nachgegangen und Benachteiligungen wurden aufgedeckt. Frauen setzten sich zur Wehr. Jene, die protestierten und sich verweigerten, hatten Mühe, sich denen verständlich zu machen, die vor dem Rollenwandel zurückschreckten und die erwartete Eigeninitiative und Eigenverantwortlichkeit als Überforderung zurückwiesen.
In diesem Sinn ist es problematisch, von Chancen für Frauen in einer undifferenzierten Weise zu sprechen, denn die Lebenslage von Frauen, die Wertpräferenzen wie auch die Einstellungen und Verhaltensweisen weichen in vielen Punkten voneinander ab. Die Auseinandersetzung mit dem Frauenalltag und die Erarbeitung gesellschaftlicher und individueller Entlastung muß bei den verschiedenartigen Lebenslagen der Frauen ansetzen und den einzelnen Lebensphasen stärker Rechnung tragen.
So wird in der Lebens- und Familienzyklusforschung unterschieden zwischen der Postadoleszensphase, der Phase der Familiengründung und der aktiven Elternschaft sowie der nachelterlichen Gefährtenschaft und der Verwitwung im hohen Lebensalter.

Ich denke, daß bei der Vorbereitung der Arbeitsgruppe der Gesichtspunkt der unterschiedlichen Bedingungen und Beanspruchungen in den einzelnen Phasen des Lebens- und Familienzyklus' zu kurz gekommen ist. Das gilt zum einen für die Situation von Frauen mit Kindern im Schul- und Ausbildungsalter und zum anderen für die nachelterliche Lebensphase wie auch für die Situation der Alleinerziehenden, der Alleinlebenden und der älteren Frauen, seien sie nun verheiratet oder verwitwet. Ebenso wichtig wie die Beachtung der Lebensphasen ist die Berücksichtigung der unterschiedlichen Lebenslagen. Mir erscheint es notwendig, auf die Bedürfnisse und Rechte der alleinerziehenden und alleinstehenden Frauen sowie die Chancen und Probleme der weitgehend vernachlässigten älteren Frauen in den Arbeitsgruppen einzugehen. Insbesondere die älteren Frauen haben zu einem wesentlichen Teil die Wege mitgeebnet für einen Rollenwandel der Frau, haben als Pionierinnen für die Gleichberechtigung gekämpft. Gerade Berlin ist eine historische Stätte für die alte und neue Frauenbewegung und könnte der Ort für ein Miteinander der Frauenorganisationen im Engagement für eine Veränderung unserer gesellschaftlichen Strukturen und unserer Denk- und Verhaltensmuster sein.
Unverkennbar ist, daß ein Großteil der Frauen ihren Kompetenz- und Betätigungsbereich seit den 60er Jahren entscheidend ausgeweitet hat. Belege dafür sind das veränderte Bildungsverhalten, das erreichte Bildungs- und Ausbildungsniveau, die verstärkte Teilhabe der verheirateten Frauen und Mütter am Erwerbsleben, die Weiterbildungsbereitschaft sowie die verstärkte außerhäusliche öffentliche Orientierung und Aktivierung. Auf diese Gesichtspunkte wird in den Arbeitsgruppen zu Chancen der Frauen im Erwerbsleben und Bildungs- und Ausbildungsprobleme vertieft eingegangen werden.
Das Gesagte trifft nicht auf alle Frauen zu, hier sind Unterschiede je nach Schichtzugehörigkeit, Lebensraum und Altersgruppe zu berücksichtigen. Aber insgesamt hat ein Prozeß eingesetzt, der eine Reduktion des weiblichen Betätigungsfeldes auf die Familie nicht mehr zuläßt. Mehr Frauen als in der Vergangenheit sind sich ihrer Fähigkeiten und Möglichkeiten bewußt, decken Verletzungen und Vergehen gegen die personale Würde der Frau auf, engagieren sich für die Belange jener Frauen, die geringere Chancen zur Artikulierung ihrer Interessen und zur Veränderung ihrer Lebenssituation haben als sie selbst. Von daher ist zu erwarten und zu vermuten, daß die gegenwärtige Arbeitsmarktkrise nicht erneut dazu genutzt werden kann, die Frauen aus dem beruflichen und öffentlichen Bereich zu verdrängen.
Partnerschaftliche Aufgabenteilung in der Familie ist zu einer nahezu selbstverständlichen Erwartung in der jungen und mittleren Frauengeneration geworden. Das bedeutet noch nicht, daß in der familialen und schulischen Erziehung die Einübung in traditionelle Frauen- und Männerrollen überwunden ist. Aber die Chancen zu mehr partnerschaftlichem Umgang nehmen insbesondere in der Gruppe der Mädchen und Jungen mit gehobenen Schulabschlüssen zu. Den-

noch bleibt gerade in der Überwindung der überkommenen Sozialisationsmuster für Jungen und Mädchen noch eine Menge zu tun.
In diesem Zusammenhang ist allerdings auch darauf hinzuweisen, daß Eltern und Lehrer es nur bedingt in der Hand haben, welche Einstellungen und Verhaltensweisen im Kind und Heranwachsenden ausgebildet werden. Wir wissen, daß beispielsweise das elterliche Modell des Verhaltens in Familie und Beruf übernommen, aber auch partiell oder überwiegend zurückgewiesen werden kann. Die Entwicklung von Kindern ist entscheidend bestimmt durch ihre Eigenaktivität. Insofern ist es auch nicht möglich, von dem Verhalten der Müttergeneration generalisierend auf das der Töchter zu schließen und von dorther Prognosen zu wagen. Wir müssen vielmehr davon ausgehen, daß selbst innerhalb einer Frauengeneration höchst unterschiedliche Orientierungen - auch in der Gewichtung der Familien- und Erwerbsrolle - gegeben sind.
Die Tatsache, daß sich bei den in der Brigitte-Untersuchung befragten 15-19jährigen verstärkt der Wunsch nach einer Vereinbarkeit von Familie und Beruf abzeichnet, sagt noch nichts darüber aus, ob diese Präferenz in einer späteren Lebensphase, z. B. nach 10jähriger Berufstätigkeit oder nach einer festen Partnerbindung noch in gleicher Weise bestehen bleibt. Daraus folgt, daß Maßnahmen in der Berufsförderung, in der Weiterbildung oder in der Erstausbildung stärker flexibilisiert werden müssen.
Die in den letzten Jahren durchgeführten empirischen Erhebungen bestätigen sich wechselseitig in der Erkenntnis, daß die Bedeutung des familialen Bereichs mit der verstärkten Berufsorientierung der Frauen nicht abgenommen hat. Viele, um nicht zu sagen die meisten der befragten Frauen wollen ihre Erwerbstätigkeit einschränken oder unterbrechen, um sich Zeit für ihre Kinder nehmen zu können und um die Entwicklung der Kinder ohne Streß und Überlastung zu begleiten. Allerdings verbinden sie mit diesem Wunsch die Erwartung auf eine Wiederaufnahme der Erwerbstätigkeit. Sie wehren sich gegen eine berufliche Erwerbstätigkeit als Folge ihrer Entscheidung für die Übernahme familialer Aufgaben.
Frauen haben durch ihr Verhalten mit dazu beigetragen, den Rollenwandel der Männer zu initiieren oder weiter zu bewegen. Von ihnen hängt es des weiteren ab, ob sie den Mann in die Erziehung ihrer Kinder integrieren, ob sie Aufgaben abgeben und teilen können.
Die Frauenbewegung hat ihren Anteil an einem wenn auch zu langsam sich entwickelnden neuen Männer- und Vaterverständnis, am Abbau männlicher Rollenklischees und an der Entdeckung des Vaters als zentraler Bezugsperson der Kinder im frühen und späteren Lebensalter.
Frauen sind es, die verstärkt auf eine Veränderung der Arbeitswelt drängen und eine „Veränderung der Berufe" fordern. Das beinhaltet die Erwartung selbstbestimmterer und flexiblerer Arbeitszeiten, sowie dezentralisierte Arbeitsplätze in Wohnnähe und insgesamt Arbeitsplatzbedingungen, die nicht zu körperlicher oder nervlicher Erschöpfung führen. Diese Forderungen von

Frauen, die verstärkt von einem Teil der Männer akzeptiert und mitverfochten werden, haben keinen utopischen Charakter, sondern lassen sich realisieren.
Trotz des aufweisbaren Umdenkungsprozesses und der eingetretenen Veränderungen in den Einstellungen und Verhaltensweisen von Frauen und Männern hat sich an den Strukturen im Bildungswesen, in der Arbeitswelt und in der Öffentlichkeit bislang wenig oder gar nichts geändert.
Die getrennt voneinander organisierten Lebensbereiche nehmen in keiner Weise aufeinander Bezug. Es ist bisher weder gelungen, diese Bereiche zeitlich und räumlich aufeinander abzustimmen noch in ihren inhaltlichen Anforderungen in Einklang zu bringen.
Die Entscheidung für Familie hat privaten Charakter. Doch die Politik hat zu handeln, wenn aus dieser Entscheidung und den damit verbundenen Verpflichtungen gravierende Benachteiligungen gegenüber Ehepaaren, ohne Kinder erwachsen. Mit der Geburt eines Kindes verringern sich die Chancen von Mann und Frau, vor allem aber der Frau, einen bis dahin praktizierten partnerschaftlichen Lebensstil fortzuführen oder eine Lebensplanung vorzunehmen, bei der sie über Fortführung der Erwerbstätigkeit oder Wechsel zwischen Familien- und Erwerbstätigkeit entscheiden können. Mit den familialen Verpflichtungen werden die geringeren beruflichen Weiterbildungs- und Aufstiegsinteressen, aber auch die schlechteren Aufstiegschancen und der geringe Anteil an öffentlichen Ämtern für Frauen begründet. Tatbestand ist jedoch, daß es bei vielen Frauen nicht an Interesse und Bereitschaft, sondern an den Möglichkeiten zur Realisierung ihrer Bedürfnisse und Wünsche fehlt.
Obwohl die weitverbreitete Vorstellung von der „natürlichen" Familienorientierung der Frau, von der „natürlichen" Bestimmung zur Mutterschaft widerlegt werden konnte, gelten Frauen nach wie vor als die primär Zuständigen für Familie, und sie lassen sich auch in den meisten Fällen auf diese Aufgabe einseitig festlegen. Obwohl die aktive Familienphase und die starke zeitliche Beanspruchung durch Kinder bei den meisten Frauen heute weniger als 10 Jahre eines Lebens mit verlängerter Lebenserwartung ausmacht, beherrscht dieser Lebensabschnitt die Sozialisation der Frau von der Wiege bis ins hohe Alter. Wie anders ist es zu verstehen, daß eine so geringe Bereitschaft bei den privaten und öffentlichen Arbeitgebern besteht, in die Ausbildung von Mädchen und Frauen mehr zu investieren.

4. Möglichkeiten und Probleme für Frauen angesichts der Arbeitsmarktkrise und der technologischen Entwicklung

Fragen wir nach den Chancen für Frauen im Jahre 1984, so kann das nicht losgelöst von der allgemeinen und besonderen Arbeitslosigkeit von Frauen, von den Neuen Technologien und ihren Auswirkungen auf Arbeitswelt und Familie sowie von der Kürzung bildungs- und sozialpolitischer Leistungen für Frauen erfolgen.

Die weitreichenden Veränderungen in der Arbeitswelt und die aktuelle und voraussichtlich länger anhaltende Verknappung der Erwerbsarbeit bedeutet eine Gefährdung des in der Gleichberechtigungspolitik Erreichten. Die berufliche Integration der Frau ist gefährdet. Partnerschaftliche Aufgabenteilung in Familie und Beruf ist gegenwärtig erhöhten Außenbelastungen und damit auch subjektiven Verunsicherungen ausgesetzt. Die gegenwärtige Arbeitsmarktkrise trägt erneut zur Verfestigung der traditionellen Aufgabenteilung bei und mindert die Teilhabe der Frauen an der außerhäuslichen Erwerbswelt und die der Männer an der Familientätigkeit.

Das zeigt sich in dem für Frauen erschwerten Zugang zur Berufsausbildung sowie zu der zunehmenden Abgrenzung und Verdrängung der Frauen aus der Arbeitswelt.

Den jungen Mädchen wird eine zu einseitige und verengte Berufswahl angelastet. Tatbestand ist, daß Mädchen bis zum 7. Schuljahr ein breites Spektrum in ihren Berufswünschen aufweisen. Dieses Spektrum verengt sich bei der Berufswahlentscheidung, beim Übergang von der Schule zum Beruf. Wo liegen die Gründe für diese Vorbehalte? Bei den Eltern, den Lehrern, den Berufsberatern oder beim tatsächlichen Angebot an Lehrstellen und schulischen Ausbildungsplätzen? Nur ein Drittel der Mädchen hat Zugang zu einer Lehrstelle, nahezu 70% der Mädchen gehen einer Berufsausbildung in einer beruflichen Vollzeitschule nach, weil sie auf dem Arbeitsmarkt als Auszubildende nicht erwünscht sind. Zwei Drittel der arbeitslosen Jugendlichen sind Mädchen. Sie werden in die Sonderprogramme abgedrängt, ohne ihre Berufschancen in vielen Fällen deutlich zu erhöhen. Qualifizierte schulische Leistungen, überdurchschnittlich gute Abschlüsse in der beruflichen Bildung, positive Berufseinstellungen und berufliche Mobilität reichen gegenwärtig nicht aus, um die Chancen auf einen Arbeitsplatz zu erhöhen. Welche Berufe sollen Mädchen wählen? In den gewerblich-technischen Berufen sind ihre Ausbildungs- und Vermittlungschancen nicht größer als in den traditionellen Frauenberufen. Wie sollen sie dem Teufelskreis entkommen? Trotz vieler Schwierigkeiten im Zugang zu den gewerblich-technischen Berufen gilt es, die spezifische Förderung der Mädchen in diesem Bereich fortzuführen.

Die Ausgangslage hat sich verändert. Zu den allgemeinen Erschwernissen kommt, daß Frauen – insbesondere als „Doppelverdiener" – auf dem Arbeitsmarkt unerwünscht sind. Unter dem Druck der offensiven Kritik gegen die „Doppelverdiener" fragt ein Teil der verheirateten Frauen, ob sie überhaupt ein Recht auf Erwerbsarbeit haben.

Positiv ist festzustellen, daß der Zuwachs an erwerbstätigen Frauen bis vor kurzem anhielt, was vor allem auf den geringen Abbau der Arbeitsplätze im Dienstleistungsbereich im Vergleich zum Produktionsbereich zurückzuführen ist.

Trotzdem ist der Anteil der arbeitslosen Frauen höher als der der Männer, und für die nächsten Jahre ist zu erwarten, daß mit der forciert betriebenen Einführung der neuen Technologien eine große Zahl von Frauen ihren Arbeitsplatz verliert. Hinzu kommt, daß bereits jetzt ein Verdrängungsprozeß in diesem Bereich stattfindet. Zum einen rücken Männer in technisierte Arbeitsplätze im Dienstleistungsbereich mit höheren Qualifikationsanforderungen nach, zum anderen ist zu beachten, daß Frauen, sofern sie auf den neuen Arbeitsplätzen eingestellt werden, in vielen Fällen die älteren Frauen verdrängen, die als weniger lernfähig und lernbereit eingeschätzt werden und häufig auch entsprechend diesem Vorurteil reagieren.
Andererseits wächst die Zahl der Frauen, die aufgrund der Arbeitslosigkeit des Ehepartners oder infolge von Ehescheidung zur Übernahme einer Erwerbstätigkeit gezwungen sind. Sie müssen die familialen Belange, aber auch die Erwartungen an eine befriedigende berufliche Tätigkeit zurückstellen und sich auf unqualifizierte Erwerbsarbeit mit oftmals familienunfreundlichen Arbeitszeiten einlassen. Das gilt sowohl für die Schichtarbeiterinnen als auch für Frauen, die auf Abruf dem Arbeitsmarkt zur Verfügung stehen.
Das Angebot an Teilzeitarbeitsplätzen steht in keiner Relation zur Nachfrage, und außerdem ist zu beachten, daß in jüngster Zeit wieder mehr Frauen Vollzeitarbeitsplätze anstreben oder anstreben müssen, weil der Mann arbeitslos geworden ist.
Ein anderer Teil der Frauen sieht sich gezwungen, mehrere Arbeitsstellen zu kombinieren, um das notwendige Familieneinkommen zu erzielen. Dabei handelt es sich nicht selten um Familienkonstellationen, in denen noch eine traditionelle Aufgabenteilung in der Familie vorherrscht.
Das gestiegene Arbeitsplatzrisiko schränkt die Chancen der Frauen und Männer ein, familiale Interessen und Bedürfnisse beim Arbeitgeber einzubringen. Wünsche an die Arbeitszeit oder an den Arbeitsort gefährden den Zugang zum Arbeitsmarkt oder den Erhalt des Arbeitsplatzes. Frauen stellen sich auf diese Situation verstärkt ein, indem sie den Mutterschaftsurlaub nur bedingt in Anspruch nehmen, auf Erziehungsgeldansprüche, wie sie in Berlin bestehen, teilweise verzichten und die Erwerbstätigkeit nach Möglichkeit nicht unterbrechen. Den Frauen ist bewußt, daß gegenwärtig Unterbrechungen der Erwerbstätigkeit den unwiderruflichen Ausstieg aus dem Erwerbsleben nach sich ziehen können, denn die Chancen der Wiedereingliederung nach der Familienphase haben sich drastisch verschlechtert.
Das führt bei vielen Frauen zu neuen Belastungen und Überforderungen. Der Ausbau der privaten und öffentlichen Betreuungsplätze für Kinder ist nicht in gleichem Maße erfolgt wie die Zunahme der freiwilligen und erzwungenen Erwerbstätigkeit der verheirateten und vor allem der alleinerziehenden Mütter. Das gegenwärtige Angebot deckt nicht einmal den Bedarf ab, der für jene Kinder gegeben ist, deren Eltern einer ganztägigen Erwerbstätigkeit

nachgehen müssen. Die Einsparungen in den öffentlichen Sozialhaushalten erhöhen den Anteil familialer Pflegeleistungen im Krankheitsfall, mit denen sich eine außerhäusliche Erwerbsarbeit vielfach kaum noch vereinbaren läßt. Dort, wo die Frauen all diese Leistungen freiwillig übernehmen, müssen sie erfahren, daß ihre privat geleistete Arbeit in keiner Weise anerkannt wird, weder steuerlich noch rentenrechtlich.
Immer mehr Frauen wachsen der Sozialhilfe zu, darunter auch ein steigender Anteil von hochqualifiziert ausgebildeten Akademikerinnen.
Die psychischen Krisen und körperlichen Erkrankungen nehmen zu, Suchtprobleme werden vermehrt von den Beratungsstellen gemeldet, und die Arbeitsmarktprobleme erhöhen die Ablehnung gegenüber den Ausländern und Ausländerinnen. Gleichzeitig verschärfen sich die Konflikte in den Familien. Schuldzuweisungen, Unverständnis, Hilflosigkeit und auch Gewalttätigkeit sind oftmals die Folgen der erhöhten Beanspruchung und Belastungen in der Arbeitswelt.

5. Anstöße und Anregungen

Eine Politik für Frauen darf diese Gesichtspunkte und Tatbestände nicht außer acht lassen, wenn sie einer weiteren Verschlechterung der Chancen für Frauen vorbeugen und entgegenwirken will.
Zeiten gesellschaftlicher Umbrüche und einschneidender Veränderungen sind jedoch auch immer Zeiten, in denen sich neue Möglichkeiten zur Gestaltung des gesellschaftlichen und individuellen Lebens auftun. Unsere Phantasie ist in aller Regel zu stark an die Gegenwart gefesselt. Es gilt jedoch, unsere Kreativität freizusetzen für die Entwicklung neuer gesellschaftlicher Strukturen und Lebensformen, die als Alternativen zur Gegenwart gestaltet und erprobt werden müssen.
Es gilt, den Alltag aller Frauen, d. h. aller Altersgruppen und Lebenslagen einzubeziehen. Es geht um die Chancen der jungen Frauengeneration, die sich z. Z. in Ausbildung und auf Arbeitsplatzsuche befindet, um Perspektiven für die wachsende Zahl arbeitsloser Frauen, aber ebenso um die Chancen für Frauen in der dritten Lebensphase.
Die Auseinandersetzung mit den Chancen der Frauen kann nicht losgelöst von den veränderten technischen und gesellschaftspolitischen Bedingungen erfolgen. Wir müssen uns fragen lassen, welche Perspektiven wir den Mädchen und Frauen ohne Ausbildungs-, Studien- oder Arbeitsplatz eröffnen.
Welche Chancen haben Sozialhilfeempfängerinnen, eine ihrer Arbeitsbereitschaft und ihren Arbeitsfähigkeiten entsprechende Form der materiellen Existenzsicherung und der gesellschaftlichen Integration zu finden?
Können wir die für viele Frauen bestehenden Sonderbelastungen glaubwürdig vertreten? Gibt es überzeugende Antworten darauf, daß vor allem Frauen

gleichzeitig vom Arbeitsplatz verdrängt und von den Leistungskürzungen massiv betroffen sind? Was kann und muß politisch geschehen, damit der sich verbreitenden Enttäuschung und Verbitterung, aber auch der Resignation und dem Rückzug ins Private vorgebeugt oder entgegengewirkt wird?
Wann endlich entscheiden sich die Politiker, ihre programmatischen Erklärungen politisch umzusetzen? Wenn es wirklich darum geht, Frauen zu entlasten, ihnen mehr echte Wahlfreiheit zu geben, und damit dem Rollenwandel der Frau und des Mannes konsequenter Rechnung zu tragen, dann müßte sich diese Zielsetzung in politischen Taten, in unübersehbaren Zeichen niederschlagen. Wann endlich werden Lösungen, über die mehr als ein Jahrzehnt und oft noch länger debattiert wird - sei es nun Erziehungsgeld, Elternurlaub oder die Anerkennung der Erziehungsleistungen im Rentenrecht - realisiert? In Berlin wurden solche Zeichen gesetzt. Sie reichen nicht aus, aber es wäre ein großer Fortschritt, wenn das Berliner Erziehungsgeldkonzept in anderen Bundesländern und vom Bund übernommen würde.
Wann endlich erhalten Männer und Frauen überzeugende Beweise, daß Partnerschaft in Familie, Beruf und Öffentlichkeit gewollt ist, z. B. dadurch, daß Väter in familienpolitische Leistungen einbezogen werden?
Bejahen die Teilnehmer dieses Kongresses, daß Frauen wie Männer ein Recht auf Erwerbstätigkeit haben, dann hat das Konsequenzen für die Gestaltung der Arbeitswelt, für die Absicherung der Betreuung der Kinder, für die Ausgestaltung von sozialpolitischen Leistungen und die an die Inanspruchnahme geknüpften Bedingungen.
Frauenfragen beschränken sich nicht auf die Chancen im Erwerbsleben, nicht nur auf den beruflichen Ersteinstieg und die berufliche Wiedereingliederung, sondern es geht um die Mitverantwortung und Mitbestimmung der Frauen zur Humanisierung der Arbeitswelt und der Lebensbedingungen von Menschen außerhalb der Arbeitswelt.
Es geht um lebenswichtige Entscheidungen für Erwachsene und Kinder. Frauen sind mitverantwortlich für die Zukunft unserer Lebenswelt, für die Umwelt, Wohnung und Freizeit, für unsere Kultur und damit für unsere Wertewelt. Diese Verantwortung setzt mehr politische Beteiligung und Mitentscheidung voraus. Frauen haben ihre Sichtweisen, ihre Einfühlsamkeit, ihre Intuition und Phantasie und vor allem auch ein unkonventionelles Denken einzubringen. Bei dieser Arbeit gilt es, zugleich wirklichkeitsnah und praktisch, aber auch vorausschauend und wirklichkeitsverändernd vorzugehen.
Perspektiven lassen sich nur entwickeln mit einem bestimmten Quantum an utopischem Denken. Warum sollten die Frauen nicht auch ihren Anteil an den in der Menschheitsgeschichte entworfenen kleinen und großen Utopien haben? Ich möchte Ihnen Mut machen zu konkreten Utopien und Sie auffordern zu anregenden, phantasievollen und kritischen Gegenwarts- und Zukunftsentwürfen.

Quellenverzeichnis

(Dank gilt den Herausgebern für die Zustimmung zum Abdruck)

Lassen wir der Resignation keine Chance - Zur notwendigen Kontinuität in der Frauenpolitik, in: Frauenforschung 1/83, hrsg. von Rita Süssmuth, Institut Frau und Gesellschaft, Hannover 1983, 42–49

Mann und Frau im Zusammenleben heute, in: Harald Petri (Hrsg.): Soziale Verwurzelung im gesellschaftlichen Strukturwandel zwischen gestern und morgen. Schriftenreihe Praktische Psychologie; Bd. VII, Bochum 1983, 127–179

Die Rückkehr des Mannes in die Familie, in: Familie, hrsg. vom Diakonischen Werk der Evangelischen Kirche in Deutschland, Stuttgart 1985, 37–60

Wandlungen im Bindungsverhalten. Liebe und Treue im Blick auf nichteheliche Lebensgemeinschaften. Teil I und II, in: Herder Korrespondenz 35 (1981), H. 4, 195–199 und 35 (1981), H. 5, 246–252

Kinder beunruhigen uns - Zur Bedeutung des Kindes im Leben des Erwachsenen, in: Neue Lebensentwürfe im Widerstreit zum Kind?, hrsg. vom Familienbund der Deutschen Katholiken, Schriftenreihe, H. 1, Aachen 1980, 13–32

Familie und Beruf - Familie statt Beruf, in: Deutscher Hausfrauenbund (Hrsg.), Bericht des 8. Internationalen Frauenkongresses des Deutschen Hausfrauenbundes (Krefeld 30. 6. und 1. 7. 1981), 5–12

Neue Probleme - alte Konzepte. Thesen zur Neuorientierung der Familienpolitik, in: Frauenforschung 2/83, hrsg. von Rita Süssmuth, Institut Frau und Gesellschaft, Hannover 1983, 81–95

Familienbildung vor neuen Aufgaben, in: Leitbilder für Familie und Familienpolitik. Festgabe für Helga Schmucker zum 80. Geburtstag, hrsg. von Rosemarie von Schweitzer, Berlin 1981, 237–257

Sozialanthropologische Aspekte einer kinderarmen Gesellschaft, in: Sabine Rupp/Karl Schwarz (Hrsg.), Beiträge aus der bevölkerungswissenschaftlichen Forschung. Festschrift für Hermann Schubnell, Schriftenreihe des Bundesinstituts für Bevölkerungsforschung, Bd. 11, Boppard 1983, 397–408

Frauenbeschäftigung und neue Technologien - Konsequenzen für die Qualifizierung, in: Frauenforschung 1 und 2/85, hrsg. von Rita Süssmuth, Institut Frau und Gesellschaft, Hannover 1985, 56–74, (zusammen mit Ilona Valentin-Pralat)

Erziehung in Familien Selbständiger - ein Sonderfall geschlechtsspezifischer Arbeitsteilung, in: Die Frau im Mittelstand, hrsg. vom Mittelstandsinstitut Niedersachsen und dem Institut Frau und Gesellschaft, Schriftenreihe des Mittelstandsinstituts Niedersachsen e.V. Bd. 7 und Schriftenreihe des Instituts Frau und Gesellschaft Bd. 1, Hannover 1983, 21–31

Frauen in Führungspositionen. Maßnahmen zur Verbesserung der Zugangschancen, in: Claudia Bernardoni/Vera Werner (Hrsg.), Der vergeudete Reichtum. Über die Partizipation von Frauen am öffentlichen Leben. Deutsche UNESCO-Kommission, Bonn 1983, 135–148 und 225–226

Abgedrängt in die Subkultur? Junge Frauen zwischen Arbeitslosigkeit und Selbsthilfe, in: Wolfgang Mitter/James Swift (Hrsg.); Erziehung und die Vielfalt der Kulturen. Der Beitrag der Vergleichenden Erziehungswissenschaft. (Bericht der 11. Konferenz der Comparative Education Society in Europa, Würzburg, 3.–8. 7. 1983), Köln 1985, 663–676

Ehrenamtliche Tätigkeit als Ausweg aus der Krise von Sozialstaat und Arbeitsmarkt? in: Gerhard Krems (Hrsg.), Arbeitsgesellschaft im Wandel, Veröffentlichungen der Katholischen Akademie Schwerte, Dokumentationen 11, Schwerte 1984, 26–39

Frauenforschung für Frauen? Notwendigkeiten und Fragestellungen der achtziger Jahre, in: Informationen für die Frau 11-12/83, 6–11

Kritische Frauenforschung in der Bundesrepublik, in: Frauen in Forschung und Lehre, Studien zu Bildung und Wissenschaft 12, hrsg. vom Bundesminister für Bildung und Wissenschaft, Bonn 1985, 23–34

Mädchen und Frauen in beiden deutschen Staaten, in: Bernhard Dilger/Friedrich Kuebart/Hans-Peter Schäfer (Hrsg.), Vergleichende Bildungsforschung: DDR, Osteuropa und interkultureller Vergleich, Festschrift für Oskar Anweiler (Berlin Verlag Arno Spitz), Berlin 1985